中央编译局文库编辑委员会

主　任：衣俊卿
委　员：衣俊卿　俞可平　张卫峰　魏海生　王学东　杨金海
　　　　　　柴方国　尹汾海　何增科　季正聚　郗卫东　张文成
　　　　　　李惠斌　杨雪冬　李京洲　和　龑　薛晓源　陈家刚

中央编译出版社文库编辑中心编辑小组

和　龑　韩继海　薛晓源　邢艳琦　谭　洁　尹承东　贾宇琰　叶　芳
冯　章　董　巍　苗永姝　郑　锦　杜永明　李小燕　侯天保　李媛媛

国家"十二五"重点图书

国际共产主义运动历史文献

第7卷

主　编　王学东
副主编　戴隆斌（常务）童建挺

第一国际总委员会文献（1870—1871）

本卷主编　林德山

全国百佳出版社
中央编译出版社
Central Compilation & Translation Press

《国际共产主义运动历史文献》顾问委员会

衣俊卿 俞可平 顾锦屏 高　放 张中云 殷叙彝 胡文建
宋洪训 顾家庆 洪肇龙 杨光远 林勋建 和　龚

《国际共产主义运动历史文献》编辑委员会

主　　编：王学东
副 主 编：戴隆斌（常务）童建挺
编　　委：（以姓氏笔画为序）
　　　　　王　瑾 邢艳琦 许宝友 张文成 张文红
　　　　　陈新明 林德山 胡振良 彭萍萍 薛晓源

参加本卷译校工作的有

陈慧生 杜章智 冯世熹 徐广华 刘丽明
罗铁鸽 周裕昶 冯如馥 汤润千 陆希治

参加本卷编辑出版工作的有

叶　芳 王　瑾 韩继海 郑　锦

丛书编务统筹

苗永姝 郑　锦 李媛媛

总　序

　　国际共产主义运动，是由以马克思主义为指导的无产阶级政党领导的国际性的无产阶级革命运动，其宗旨是推翻资产阶级统治和一切剥削制度，建立和发展社会主义制度，进而最终实现人的彻底解放，建立共产主义社会。

　　国际共产主义运动迄今已有一百六十多年的历史。19世纪40年代，马克思、恩格斯在创立科学社会主义理论的同时，努力把它与当时西欧无产阶级的革命实践相结合，于1847年6月创建了第一个国际性的无产阶级政党——共产主义者同盟，亲自拟定并于1848年2月公开发表了同盟纲领《共产党宣言》。这标志着国际共产主义运动的兴起。

　　自从共产主义者同盟建立以来，历经第一国际（国际工人协会）、第二国际、第三国际（共产国际），国际共产主义运动由小到大、由弱到强，从西方推进到东方、从欧洲扩展到全球，终于突破资本主义链条上一个又一个薄弱环节，取得了社会主义由一国到多国的胜利。二战后社会主义阵营的建立、民族解放运动的胜利进军、社会主义国家革命与建设的重大成就，为国际共产主义运动史书写了辉煌的篇章。20世纪末，由于东欧剧变、苏联解体，国际共产主义运动遭遇了严重挫折。但是，历史并没有因此而终结。由《共产党宣言》奠基的国际共产主义运动仍在曲折中前进。各资本主义国家中的共产党、工人党仍在不断探索无产阶级取得解放的道路；中国等社会主义国家仍继续高举社会主义伟大旗帜，为完善社会主义、最终实现共产主义而不懈奋斗。

国际共产主义运动一百六十多年跌宕起伏的发展历程，积累了卷帙浩繁的文献档案，留下了丰富的历史遗产。深入发掘和充分利用这些文献档案，对于我们准确地了解和把握国际共产主义运动的发展进程及各个时期的特点，科学地研究和总结国际共产主义运动丰富且宝贵的经验教训，具有极其重要的意义。特别是无产阶级国际组织，作为国际共产主义运动的重要载体，其文献档案对于国际共产主义运动史研究更是具有特殊的重要意义。

　　早在1984年春，中国国际共产主义运动史学会就发起编辑出版《国际共产主义运动史文献》。当时由中共中央编译局、中国社会科学院马列主义毛泽东思想研究所和近代史研究所、中共中央党校和中国人民大学等单位共同组建了编辑委员会。编委会商定：这套文献主要收编共产主义者同盟、第一国际、第二国际、第三国际、共产党和工人党情报局这五个国际组织已发表的全部文献档案，包括历次代表大会、代表会议和其他重要会议的记录、决议和有关文件；收编材料力求齐全；凡外国有选编完整的版本者，根据外国版本翻译；凡文件散见于外国不同出版物者，尽力搜集完整，组织力量统一编译；文件完全按照原件翻译，译文力求准确，不作修改删节，以便读者根据完整、准确的第一手材料了解这些国际组织的历史。在当时代管全国哲学社会科学基金的中国社会科学院科研局的资助下，经过编辑委员会、编译工作者和中国人民大学出版社的共同努力，这套文献于1986年开始陆续出版，截至1997年共出版了21卷。

　　到上世纪末，文献的编辑出版工作遇到了巨大困难。首先是编委会发生了重大变故，主编林基洲、副主编王颖和校纪英相继谢世；其次是出版经费难以为继。为继续出版这套文集，中国国际共产主义运动史学会多方努力，组成以会长顾锦屏为主编的新编委会，从全国哲学社会科学规划办公室争取到一笔资助，于1999—2001年又出版了两卷。此后，因缺乏经费，编辑出版工作完全陷于停顿。

2010年，在中共中央编译局和中国国际共产主义运动史学会的鼎力支持下，中央编译出版社以这套文献申报国家出版基金项目，获得立项资助。中共中央编译局对此项目高度重视，在国家出版基金资助的基础上，给予了相应的资金支持，组建了新编委会，成立了专门机构负责文献整理和编辑工作，并将这套文献纳入"中央编译局文库"出版规划。

经新编委会研究决定，这套文献定名为《国际共产主义运动历史文献》，在其前身《国际共产主义运动史文献》的基础上重新编辑出版。通过进一步广泛搜集资料和适当改变编辑方式，新《文献》的资料更详尽、收文更齐全。例如，在原《文献》的某些卷次中，对已出版的马克思主义经典著作中译本只列目录，不收正文，而新《文献》则全部依据最新的中译本收录，以方便读者查阅。此外，《国际共产主义运动历史文献》扩大了文献资料的搜集和选材范围，采用开放式结构，规模暂定60卷，约2500万字。

中共中央编译局和中国国际共产主义运动史学会对这套文献的编辑出版工作给予了强有力的支持，中央编译出版社为这套文献的立项和出版做了大量艰苦细致的工作，文献的前两任编委会和编译工作者在十分困难的条件下为这套文献奠定了良好的基础，中国人民大学出版社为这套文献的重新编辑出版提供了帮助，在此一并表示衷心感谢。

《国际共产主义运动历史文献》

编辑委员会

2011年12月20日

编辑说明

第一国际总委员会，是第一个世界无产阶级国际组织"国际工人协会"（即第一国际）的各国"全国性组织和地方性组织之间进行联系的国际机关"。起初它在文件中简称为委员会（Committee），有时也称为中央委员会（Central Committee）或者中央理事会（Central Council），直到1866年末才最终采用了总委员会（General Council）的名称。

根据协会章程，代表大会每年确定总委员会驻在地，并选举总委员会委员。总委员会的主要职责是：执行代表大会的决议，监督会员组织严格遵守协会的基本原则，沟通情况，协调关系，指导开展各种活动；代表协会就各种重大问题表明立场和态度；筹备协会代表大会，向大会报告协会活动情况，提出供大会讨论的重要问题。总委员会有权增加新的委员和暂定会员组织及个人的会员资格；在紧急情况下，可以提前召开协会代表大会。总委员会从其委员中选出为处理各种事务所必需的负责人员，即主席（英文President，该职务1867年取消，以后文件所称"主席"［Chairman］均指会议主席）、财务委员、总书记、各国通讯书记等。总委员会内部设有章程没有规定的常设委员会即小委员会及其他机构。总委员会通过在报刊上发表有关报道的方式对外公布其会议情况。

总委员会自诞生之日起，一直在第一国际的各种活动中扮演着重要角色，对它的发展起了关键作用，其中马克思、恩格斯占据着协会精神领袖的地位。《第一国际总委员会文献》展示了总委员会活动，证明了马克思、恩格斯在第一国际中的地位与作用,反映了19世纪下半期欧美工人运动的发展,是研究国际共产主义运动、欧美国家工人运动和马克思主义发展传播史的宝贵资料。

20世纪上半叶,德国和苏联零星出版了一些第一国际总委员会文献。60年代,苏联开始系统整理出版完整的总委员会文献。1961年,苏共中央马列研究院根据该院党务档案馆收藏的会议原件和会议记录照相复制本,编辑了俄文版《第一国际总委员会会议记录》,并由莫斯科国家政治图书出版社出版。它们分别是:(1)《第一国际总委员会会议记录(1864—1866)》(伊·巴赫主编,伊·巴赫和瓦·斯米尔诺娃整理);(2)《第一国际总委员会会议记录(1866—1868)》(伊·巴赫主编,伊·巴赫、玛·玛丽尼切娃和娜·麦舍里亚科娃整理);(3)《第一国际总委员会会议记录(1868—1870)》(伊·巴赫主编,瓦·斯米尔诺娃和塔·瓦西里耶娃整理);(4)《第一国际总委员会会议记录(1870—1871)》(伊·巴赫主编,В.Г.马索罗夫、安·科罗捷耶娃整理);(5)《第一国际总委员会会议记录(1871—1872)》(伊·巴赫主编,安·科罗捷耶娃、塔·瓦西里耶娃整理)。俄文版附有脚注和卷末注释、人名索引、报刊索引、地名索引等。

1964年,为了纪念第一国际成立一百周年,苏共中央马列研究院以俄文版为基础,第一次用原文编辑英文版《第一国际总委员会会议记录》,并由莫斯科进步出版社出版。英文版各卷由尼·涅波姆尼亚夏娅辨认英文原件,莉·贝利亚科娃、莫·皮尔曼整理付印。英文版各卷在内容和编排上与俄文版相同,除纠正明显的笔误、拼错的单词和人名、地名之外,英文版对原文未作改动。

20世纪60年代,中国开始翻译出版第一国际文献包括总委员会文献,但数量极其有限。80年代末,中国学者以苏联英文版《第一国际总委员会会议记录》为基础,编译出版了中文版《第一国际总委员会会议记录》（五卷本），并由中国人民大学出版社出版。中文版保留了苏联英文版的卷次、结构、内容、各卷前言，以及注释、人名索引、报刊索引，对正文也未作删改，仅略去了地名索引。

2011年，在国家出版基金资助下，中央编译局《国际共产主义运动历史文献》编委会以中文版《第一国际总委员会会议记录》为基础，重新编辑出版《第一国际总委员会文献》。重新编辑的主要工作包括：（1）调整卷次，改为四卷，略去英文版各卷前言，加写编辑说明；（2）对照英文版原文对中译文中的明显错误作了修订，参照中央编译局编译马克思主义经典著作的标准重新统一了人名、地名、组织机构名、报刊名等专用名，修订了部分人名索引；（3）所收入的马克思、恩格斯著作和书信，以及他们撰写的有关文件报告，一律采用中央编译局编译的最新版本；（4）保留插图，注释除略去个别内容明显重复的内容之外，基本未作删节；（5）为了进一步帮助读者理解文献内容，在必要的地方增加了注释，并注明"——编者注"。

重新编辑的《第一国际总委员会文献》共分4卷，分别是：（1）《第一国际总委员会文献（1864—1867）》，（2）《第一国际总委员会文献（1868—1869）》，（3）《第一国际总委员会文献（1870—1871）》，（4）《第一国际总委员会文献（1871—1872）》。每卷的主要内容包括：国际工人协会总委员会记录，小委员会会议记录，马克思和恩格斯撰写的有关文件报告和著作、信件，国际工人协会总委员会文件等。

目 录

国际工人协会总委员会记录本

（1870年1月4日—1871年10月24日） …………………… 1

1870年 ……………………………………………………………… 3

 1月4日会议 ………………………………………………………… 3

 1月11日会议 ……………………………………………………… 6

 1月18日会议 ……………………………………………………… 8

 1月25日会议 ……………………………………………………… 10

 2月1日会议 ………………………………………………………… 12

 2月8日会议 ………………………………………………………… 15

 2月15日会议 ……………………………………………………… 16

 2月22日会议 ……………………………………………………… 17

 3月1日会议 ………………………………………………………… 18

 3月8日会议 ………………………………………………………… 19

 3月15日会议 ……………………………………………………… 21

 3月22日会议 ……………………………………………………… 23

 3月29日会议 ……………………………………………………… 25

4月5日会议 …………………………………………………… 26
4月12日会议 ………………………………………………… 27
4月19日会议 ………………………………………………… 29
4月26日会议 ………………………………………………… 30
5月3日会议 …………………………………………………… 33
5月10日会议 ………………………………………………… 35
5月17日会议 ………………………………………………… 39
5月24日会议 ………………………………………………… 42
5月31日会议 ………………………………………………… 48
6月7日会议 …………………………………………………… 50
6月14日会议 ………………………………………………… 51
6月21日会议 ………………………………………………… 53
6月28日会议 ………………………………………………… 55
7月5日会议 …………………………………………………… 58
7月12日会议 ………………………………………………… 61
7月19日会议 ………………………………………………… 68
7月26日会议 ………………………………………………… 71
8月2日会议 …………………………………………………… 76
8月9日会议 …………………………………………………… 81
8月16日会议 ………………………………………………… 84
8月23日会议 ………………………………………………… 86
8月30日会议 ………………………………………………… 88
9月6日会议 …………………………………………………… 92
9月9日非常会议 ……………………………………………… 95
9月13日会议 ………………………………………………… 96
9月20日会议 ………………………………………………… 97

9月27日会议 …… 102
10月4日会议 …… 103
10月11日会议 …… 105
10月18日会议 …… 109
10月25日会议 …… 114
11月1日会议 …… 116
11月8日会议 …… 120
11月15日会议 …… 121
11月22日会议 …… 122
11月29日会议 …… 123
12月6日会议 …… 125
12月13日会议 …… 126
12月20日会议 …… 128

1871年 …… 136

1月3日会议 …… 136
1月3日会议记录补遗 …… 138
1月17日会议 …… 139
1月24日会议 …… 142
1月31日会议 …… 144
2月7日会议 …… 151
2月14日会议 …… 157
2月21日会议 …… 163
2月28日会议 …… 167
3月7日会议 …… 174
3月14日会议 …… 178
3月21日会议 …… 184

3月28日会议 ·· 188

4月4日会议 ··· 191

4月11日会议 ·· 194

4月18日会议 ·· 199

4月25日会议 ·· 202

5月2日会议 ··· 207

5月9日会议 ··· 210

5月16日会议 ·· 216

5月23日会议 ·· 221

5月30日会议 ·· 224

6月6日会议 ··· 225

6月13日会议 ·· 228

6月20日会议 ·· 234

6月27日会议 ·· 239

7月4日会议 ··· 245

7月11日会议 ·· 249

7月18日会议 ·· 252

7月25日会议 ·· 257

8月1日会议 ··· 262

8月8日会议 ··· 267

8月15日会议 ·· 272

8月22日会议 ·· 275

8月29日会议 ·· 277

9月5日会议 ··· 281

9月12日会议 ·· 285

9月16日总委员会会议（非常）记录 ················· 288

  9月26日会议 …………………………………………………… 291
  10月2日会议 ……………………………………………………… 296
  10月6日非常会议记录 …………………………………………… 300
  10月10日会议记录 ……………………………………………… 302
  10月16日非常会议记录 ………………………………………… 307
  10月17日会议 …………………………………………………… 311
  10月24日会议 …………………………………………………… 316

卡尔·马克思和弗里德里希·恩格斯的手稿 ……………… 321
  总委员会致瑞士罗曼语区联合会委员会 ………………………… 323
  计 告 ……………………………………………………………… 331
  国际工人协会总委员会致日内瓦的俄国支部委员会委员 ……… 332
  总委员会关于瑞士罗曼语区联合会委员会的决议 ……………… 334
  日内瓦建筑业的同盟歇业 ………………………………………… 335
  国际工人协会第五次年度代表大会 ……………………………… 337
  在美因兹召开的国际代表大会的议程 …………………………… 338
  给各支部的机密通知 ……………………………………………… 339
  1871年6月11日总委员会小委员会会议 ………………………… 339
  卡·马克思和弗·恩格斯就伦敦代表会议的筹备工作给
   总委员会的建议 ……………………………………………… 340
  卡·马克思和弗·恩格斯应以总委员会名义在代表会议上
   提出的建议 …………………………………………………… 341
  1871年9月9日小委员会会议 …………………………………… 343
  1871年9月11日小委员会会议 …………………………………… 345

国际工人协会总委员会文件 ································ 347
 国际工人协会总委员会关于普法战争的第一篇宣言 ········· 349
 给社会民主工党委员会的信 ································ 355
 国际工人协会总委员会关于普法战争的第二篇宣言 ········· 357
 致国际工人协会比利时各支部第六次代表大会 ············· 366
 致国际工人协会西班牙联合会委员会 ······················· 368
 致《人民国家报》编辑部 ··································· 371
 国际工人协会总委员会 ····································· 373
 总委员会关于将托伦开除出国际工人协会的决议 ············ 375
 法兰西内战
  国际工人协会总委员会宣言 ····························· 376
  附 录 ··· 423
 关于茹尔·法夫尔的通告的信 ······························ 427
 致《泰晤士报》 ·· 427
 关于侯里欧克的信的声明 ··································· 429
 致《旁观者》(及《观察家》)编辑 ························· 430
 关于侯里欧克和鲁克拉夫特的信的声明 ····················· 431
 美国驻巴黎大使华施贝恩先生 ······························ 433
 致国际工人协会比利时联合会委员会 ························ 438
 关于涅恰耶夫盗用国际名义的声明 ·························· 440
 关于1871年法国人支部章程的决议 ························· 441
 1871年9月17日至23日在伦敦举行的国际工人协会代表
  会议的决议(协会总委员会发布的通告) ················ 444
 国际工人协会的共同章程和组织条例 ························ 456

注　释 …………………………………………………… 475

人名索引 ………………………………………………… 555

报刊索引 ………………………………………………… 597

插　图

德国社会民主工党委员会1870年9月5日的宣言（第1页），
　　有恩格斯的批注 ……………………………………… 99
记录本中有关恩格斯被选入总委员会的一页 …………… 100
总委员会委员出席会议情况登记表（1871年1月至3月）… 133
关于《法兰西内战》第2版出版的传单 ………………… 242
流亡者救济基金委员会的捐款单 ………………………… 269
总委员会就1871年伦敦代表会议发表的通告（英文本，法文本和德文本）
　　……………………………………………… 447、448、449

国际工人协会总委员会记录本

（1870 年 1 月 4 日—1871 年 10 月 24 日）

1870 年

委员会会议①
1月4日

出席委员：科恩、杜邦、埃卡留斯、约·黑尔斯、威·黑尔斯、哈里斯、荣克、列斯纳、马克思、米尔纳、斯特普尼。

公民**约翰·黑尔斯**主持会议。

宣读并批准了上次会议的记录。

书记宣读了新民主会[1]寄来的一封信；委托书记按照请求寄去一份《蜂房报》作为样品。

又宣读了长岛的罗伯特·休谟寄来的一封信，信中评论了英国工人和爱尔兰工人之间的分裂。

根据公民**马克思**提议，**荣克**附议，一致通过任命罗伯特·休谟为国际协会通讯员，并委托书记答复他的来信，通知他这一任命，要求他觉得必要时随时写信给本委员会报告美国情况。

宣读了都柏林的伊萨克·巴特的一封来信，他愿为实现英国工人和爱尔兰工人之间的团结提供援助；委派书记复信。

德国社会民主党执行委员会来信，为正在罢工的瓦尔登堡矿工请求

---

① 本日记录由埃卡留斯记在记录本第33—35页上。

贷款[2]，为此委派德国书记[①]复信说明当前不可能有所帮助，并对各个书记提出总的指令：各书记在通讯中要说明在当前条件下没有希望从伦敦获得金钱援助。

德国社会民主党委员会需要3000张会员证卡片，安排寄出。

公民**荣克**报告说，苏黎世的国际会员已创办了一份新报纸。[②]在他们的纲领要点中有：教会与国家分离；学校与教会分离；中等学业的免费教育；病人的免费护理；铁路国有化；禁止12岁以下儿童进入工厂劳动；12—16岁儿童的劳动时间限定为每日8小时；成年人的劳动时间限定为10小时；工厂置于政府视察员的监督之下。洛克勒的《进步报》和日内瓦的《平等报》反对这个纲领，说它政治性太强。这两个报纸反对政治。[3]

公民**马克思**评论说，减少劳动时间是已由两届代表大会决定了的。[③] 只有迫使当今的政府照此办理，这一条才能得到实现。《进步报》和《平等报》没有理由抱怨。

公民**荣克**又说，苏黎世的装订工人正在罢工。西班牙帕尔马的石匠协会加入了国际协会。

公民**马克思**报告说，小委员会已经答复了《平等报》的非难。[④]

他代表小委员会提议赛拉叶为比利时书记。提议通过。

---

① 马克思。
② 《哨兵报》。
③ 指1866年9月日内瓦召开的国际工人协会第一次代表大会决议和1868年9月布鲁塞尔召开的第三次代表大会决议中关于减少工时的决定。
④ 指马克思受总委员会的委托起草并由总委员会在1870年1月1日的非常会议上决定的《总委员会致瑞士罗曼语区联合会委员会》。

候选人提名

公民**马克思**提议，**列斯纳**附议卡尔·普芬德①；**威·黑尔斯**提议，**荣克**附议弗·布拉德尼克。

公民**荣克**然后起立说：我现在执行一个令人至为悲痛的任务，这就是宣告我们的一名委员罗伯特·肖的去世。他是我们的事业中最忠诚的工作者之一。在改革运动②期间，我们所有的英国人几乎都多少有些忽视总委员会的会议，而他总是不离职守。星期三我收到他的女儿来信，说她的父亲病情恶化。马克思和我在星期四去看望他。他是清醒和镇定的，说话像一个估计到自己已不会再活多久的人；他是有充分准备的。星期一我收到一封信，说他去世了。他是在星期五去世的，那是在我们见到他15个钟头以后。他将在星期三两点钟下葬。我想总委员会应该出席葬礼。

公民**马克思**说，如果荣克前去，他愿意和他一起去；**黑尔斯**和**杜邦**也表示愿去。

公民**科恩**提议，指派一个正式代表总委员会的代表团；代表团由公民**杜邦**、**约·黑尔斯**、**荣克**和**马克思**组成。通过。

公民**马克思**提议，**科恩**附议：委派总书记撰写一封悼念信致肖夫人及其家属。通过。

公民**科恩**又提议，把肖逝世的消息通知国外各通讯员。通过。[4]

根据公民**马克思**的提议，推迟了爱尔兰问题的讨论。

公民**埃卡留斯**宣布，木工和细木工联合会的托特纳姆大院路分会已

---

① 此处原文为 *Charles Pfander*。——译者注
② 指1865年成立的英国改革同盟（The Reform League）所进行的改革运动。

决定加入国际协会。

公民威·黑尔斯说，在考文垂弹性织品织工协会的年会上，伦敦代表们提出决议：整个联合组织加入国际协会。这一决议有待各分会批准生效。有五个分会，已知三个是赞成的。几个星期后可以决定下来。

公民马克思宣布，伯克上校终于不行了，他亡故了。英国的报纸对有关他的事保持沉默；爱尔兰的报纸说曾经给他吃了大量的水银。

委员会于 11 时休会。

主席　约翰·黑尔斯
书记　约·格·埃卡留斯

委员会会议[①]

1 月 11 日

出席委员：科恩、杜邦、埃卡留斯、约翰·黑尔斯、威廉·黑尔斯、荣克、列斯纳、米尔纳、赛拉叶、斯特普尼、唐森、韦斯顿、扎比茨基、哈里斯。

公民约翰·黑尔斯主持会议。

宣读并批准了上次会议的记录。

收到自的里雅斯特寄来的一封信，信中请求寄去国际协会章程及可供该城工人协会参考的其他文件。

委托书记复信并寄去文件。

寄自纽约霍博肯的一封来信通知说，该地的德国劳工同盟加入国际协会，随信寄来 2 英镑作为会费。[5] 入会得到批准。

---

① 本日记录由埃卡留斯记在记录本第 35—36 页上。

一封来自索恩河畔讷维尔的信重申，罢工的棉布印染工人请求援助。

委派书记本人给曼彻斯特通讯员写信，了解罢工情况。①

马赛的公民巴斯特利卡来信说，他已开始为公民奥哲尔捐款[6]，又指出几处有希望吸收会员的地方。

巴黎外科器械工人工会的公民约内为取得对罢工工人的援助征求意见。

总委员会同意进行援助，办法是向设菲尔德的同业提出请求。

一封日内瓦委员会的来信说，该支部不赞成《平等报》的行动。总委员会拒绝社会主义民主同盟的建议，这是正确的。该同盟并不是日内瓦支部的一个部分，它是单独行动的。编辑委员会[7]的七名成员已经辞职，辞职已被接受。

公民**科恩**说，雪茄烟工人协会退出国际协会的提议已经过充分讨论，并被绝大多数成员投票否决。

公民**韦斯顿**通知说，他将提出一项讨论自由贸易及其影响问题的提议。

委托书记置办印有抬头的信笺1000张。[8]

委员会于11时休会。

主席　乔·E. 哈里斯
书记　约·格·埃卡留斯

---

① 见本卷1870年1月25日委员会会议记录。——编者注

委员会会议[①]

1月18日

出席委员：杜邦、埃卡留斯、约·黑尔斯、威·黑尔斯、哈里斯、荣克、列斯纳、米尔纳、莫特斯赫德、韦斯顿、扎比茨基。

公民**哈里斯**主持会议。

宣读并批准了上次会议的记录。

宣读了纽约 J. W. 格里戈里的一封来信，信中邀请英国人移民佛罗里达。

授权书记公布该信。[9]

宣读了日内瓦阿·戈克的一封来信，信中说已缴纳了会费。[10] 委托瑞士书记[②]询问菲·贝克尔戈克所谈是否属实。

公民卡尔·普芬德和弗雷德里克·布拉德尼克当选为总委员会委员，承认公民施穆茨为海尔维第的代表。

公民**荣克**说，马克思病重不能参加会议，赛拉叶在家养病，布恩正在外地讲演。

那不勒斯支部已给德国寄去了 12 英镑[11]；普福尔茨海姆的宝石匠已给瓦尔登堡的矿工寄去了 147 英镑 10 先令。

沃尔芬比特尔的公民施皮尔给他[③]写了一封关于矿工罢工的十分迫切的信；委派总书记向该国各个矿工协会提出请求。

然后公民**韦斯顿**开始了自由贸易及其影响问题的讨论。他说，论争

---

① 本日记录由埃卡留斯记在记录本第37—39页上。
② 荣克。
③ 应指荣克。——译者注

重新开始以来，已完全转变为对保护贸易制度的攻击。我们在消费时都是自由贸易主义者，但在生产时则是保护贸易主义者。自由贸易辩护士们惯于发表一些热烈的演说，但如果我们拿那些讲话来与事情的现状一比较，我们就发现他们所预料的并未实现。布莱特在伯明翰的讲演中说，与教育问题并列的对法国的贸易条约问题，已经略微地讨论过了，讨论那个问题的时间已过；自由贸易问题在1840—1850年间已讨论过了。[12]我对这话的回答是：讨论时间的长短，并不能保证已经找到真理。他进一步说，现在许多人不了解20年前自由贸易问题是怎样得到完全解决的。许多曾经被认为完全解决了的问题，照后来的经验看来并未解决，这证明解决问题所依据的结论是错误的。我并不想拥护保护贸易制度，但是我却不敢给自由贸易辩护。布莱特说，因为保护贸易名声不佳，所以无赖和傻瓜都谈论起贸易互惠了。但是为什么非生产者想要自由贸易呢？岂不是为了从别人的劳动中取利？因为外国的东西比在本国制造便宜，所以把它们弄进国内来，这样做只是因为它们能产生更大的利润，这是窃取。保守党人认为他们可以用保护贸易制度获利，所以他们赞成保护贸易制度。假若由生产者来决定，假若发现有一种像茶叶这样的物品不能在国内生产而我们拿它去交换别的东西，那就不会是自由贸易。假设有两个郡，比方说肯特郡和康沃尔郡，每个郡都生产了它自己需要的一切东西，只是肯特郡在生产食品上有特别便利的条件，而康沃尔郡在生产工业品上有特别便利的条件。这就可能在交换产品中得到好处。但双方的物资所有者都是资本家，他们要在价钱最便宜的地方购买他们所需要的东西。肯特郡的消费者由于在康沃尔郡购买纺织品，就使他们的一部分生产者失了业，失业的人数比康沃尔郡因需求的增长所要雇用的人数还要多。富人积蓄了钱，他们把钱一部分用于再生产的途径，一部分用于挥霍享乐。富人要用比以前少的价钱来购买一切东西，所以穷人就不能增加所得，而且还得不到像以前那样多。因此自由贸易就对非生产者有巨大的好处，但对生产者若不是有害，也是一点好处也没有。理查·科布顿想使每个人都有全工可做，都有充足的工资可拿。可是，这怎么办得到呢，如果我们在凡是能花最少的钱买到东西的地方都用最低价格购买一切东西的话。自由贸易就像拳击一样，每一个制造商抓住另一个的喉咙要掐死他。这是战斗，在这个战斗中，许多人争夺那几笔只能由几个人赢得的彩金。

公民约·黑尔斯说：我内心里是有某些原则的，但我要求讨论中能容纳各种观点。我希望有人提议暂停讨论，到下次会议再恢复讨论。

公民埃卡留斯提议中止讨论。

公民米尔纳声称，他自己是个自由贸易主义者，是在这个词的充分意义上的自由贸易主义者。又说，到现在为止，这个问题只是在曼彻斯特学派[13]的观念上进行了讨论。

委员会于11时休会。

主席　约翰·黑尔斯
书记　约·格·埃卡留斯

委员会会议①

1月25日[14]

出席委员：布拉德尼克、杜邦、埃卡留斯、约·黑尔斯、威·黑尔斯、荣克、列斯纳、米尔纳、帕内尔、吕尔、施穆茨、斯特普尼、韦斯顿。

公民约·黑尔斯主持会议。

宣读并批准了上次会议的记录。

书记报告，收到了一封曼彻斯特来信，信中答应把索恩河畔讷维尔

---

① 本日记录由埃卡留斯记在记录本第39—40页上。

城的呢绒印染工人的请求信送请有关方面予以注意。

公民**荣克**说，马克思收到了汉诺威机械工人协会的来信，他们希望与英国机械工人协会进行联系。[15]他提议派一个代表团去访问机械工人协会委员会。

提议获得通过，指定荣克、阿普尔加思和埃卡留斯组成代表团。

一封马赛来信告知：该城联合起来的行业已保证给研磨工人一笔借款，借款达1500法郎，规定每人1法郎。

一封布鲁塞尔来信报告：兰斯的一个工会已声明加入国际，并请求本委员会寄去入会证书，但不要公开寄去。[16]

委派公民杜邦答复。

公民**杜邦**［提议］，法国①的任何一个工会团体如果任命了一名通讯书记来与总委员会通信，即应被认为在实际上加入了协会。通过。

公民**荣克**提议，给意大利寄去一信，提醒那里的会员：他们还没有满足作为会员的条件。通过。

公民**列斯纳**收到一封巴塞尔来信，索取有关合作社或共济会的报道。

公民**黑尔斯**说，他可以提供一些。

会上宣告：公民孔博在巴黎成立了一个国际支部。[17]

然后公民**埃卡留斯**再次开始讨论自由贸易影响的问题；在公民米尔纳和荣克发言之后，根据公民约·黑尔斯的提议，讨论再次中止。

公民**施穆茨**报告，海尔维第人将于2月4日星期五召开一次节日集会，邀请本委员会委员参加。

主席　乔·哈里斯
书记　约·格·埃卡留斯

---

① "法国"一词是后来插入的。

委员会会议①

2月1日

出席委员：**布拉德尼克、杜邦、埃卡留斯、威·黑尔斯、哈里斯、荣克、列斯纳、米尔纳、吕尔、斯特普尼、赛拉叶、施穆茨、帕内尔**。

公民**哈里斯**主持会议。

宣读并批准了上次会议的记录。

书记报告，收到了曼彻斯特的一封来信，信中建议写信给索尔福德的棉布印染工人协会，告知索恩河畔讷维尔城的罢工事件。

公民**荣克**〔说〕，阿普尔加思尚无时间安排访问机械工人协会的代表团。②

他已收到瑞士书记③关于代表大会活动情况的报告。[18] 公民佩雷说，集体主义者在土地问题上获得了胜利，并使他转变过来。瑞士中央委员会已任命了管理《平等报》的新人选。[19]

公民**赛拉叶**收到一封布鲁塞尔来信。比利时委员会赞成总委员会对《平等报》上的攻击所作的回答。[20]

公民**约·黑尔斯**因病缺席，**米尔纳**先生再次开启了关于自由贸易影响的讨论。他说，那是每一个人似乎都完全懂得的问题，但把它付诸讨论时，却谁也什么都不懂了。他坚持说，我们从来没有过自由贸易。假若对产品完全放任，我们就会自然地趋向于从产品最好的地方交换一切东西。难道还有什么事比每一个生产者都会以最大限度的自由来进行生

---

① 本日记录由埃卡留斯记在记录本第40—43页上。
② 见委员会1870年1月25日会议记录。——编者注
③ 佩雷。——译者注

产和交换这件事更简单吗？自由贸易主义者朝着这个方向迈进了一些，但在当今条件下却完全不利于工人。我们需要弄清楚的是我们怎样才能使机器对工人有利，我们在这方面还毫无作为，我们甚至还没有一项原则或是一个国际价目表。①在我们能够有所作为之前，我们必须先了解劳动的价值，并且获得完全的交换自由。当前我们在各个方面都受到阻碍。小的生产者抵抗不了大的，我们必须使小的生产者能够得到公平的机会。你若对用什么方法才能实现这一点心中无数，那么你是不会得到什么实际结果的。我愿听听公民荣克关于钟表行业这个专门问题的意见。有些人说只要英国人愿意，他们生产的钟表就能够像瑞士人生产的一样便宜，其他一些人的意见则正相反。

公民荣克说：我认为英国方式是错误的。瑞士人制造表来出卖，英国人则把表当成遵守时间的科学仪器，并且他们在最普通的品种上也坚持这种原则。在瑞士使用了大量的机器，这些机器在英国甚至连最大的制造商也不会购买。在瑞士，工人们一次制造出大量的同样大小、同样品种的表来，在英国则从来也没有过这种情况。英国人继续保持着与100年前一样的生产方式，而只要还坚持这种生产方式，他们就不能同瑞士人竞争。这里有许多聪明的工人，但是他们只能做一件具体的工作，如果要求他们做点别的什么工作，他们就不行了。英国钟表工人挣的钱也比瑞士工人少。英国表一向总是很难看的东西，没有人为了爱漂亮戴它。他们近来取得了很大的进步，而瑞士人则在准时方面取得了进步。英国人戴的表大约100块［之中］有95块是瑞士造的。从法国进口的那些也是定居在那里的瑞士人制造的。但是在高价表方面，瑞士人却不能与英国人竞争。一只值20英镑的英国表在瑞士是不等值的，是不能按同样的价格制造出来的。

---

① "或是一个国际价目表"这几个字是后来插入的。

公民**布拉德尼克**说：我想说几句关于<u>丝带业</u>的话。英国丝带业的状况也与其国内钟表业的状况相同。我们的货物分量比较重，比较耐用些；法国货更好看些，耗用的丝也较少些，而太太、小姐更喜欢法国货。英国人不得不把他们的货物标上法国制造来出卖。虽然取得了很大的进展，但是我们还是赶不上法国人，不过差距已经缩小了。

公民**威·黑尔斯**说，法国人在丝带图案和染色方面遥遥领先。自由贸易伤害了英国人，但并未达到英国人妄说的那种程度。自由贸易却更经常地被用来作为降低工资的借口。圣艾蒂安的工人与这里的工人有同样的怨言，那末究竟谁是受害的一方呢？当条约生效时，在考文垂有足够维持几年的存货，而由于制造商们打定主意要毁约，就把存货一下子都投进了市场。此外，由于引进了蒸汽织布机，一个工人干的活就有过去四个用手摇织布机干活的工人那么多。经过美国战争[21]，法国市场关闭了，这样一来就有加倍的存货投进了英国市场。

公民**哈里斯**说，他赞成交换同等劳动价值的互惠主义。曼彻斯特学派根本不考虑劳动者。造成祸害的根源问题在实行自由贸易以前就存在了。人家告诉我们，会有20名雇主寻求1名工人。移民运动就是对此的答复。数字是不可靠的，输出和输入表现不了人民的福利状况。贫穷和犯罪自确立自由贸易就已经有增加，工人到处处于劣境。我们必须同自由贸易主义者和保护贸易主义者都无所牵连。①

主席　詹·科恩
书记　约·格·埃卡留斯

---

① 记录在此中断，往下是三行空行，然后是签名。

委员会会议①

2月8日[22]

出席委员：杜邦、科恩、埃卡留斯、哈里斯、荣克、米尔纳、赛拉叶、韦斯顿。

公民**科恩**主持会议。

宣读上次会议记录，并在改正一处遗漏后予以批准。

一封日内瓦来信说：目前在《平等报》上发出的质问并不是支部提出来的，而只是由编辑提出来的，支部还对这一攻击提出了抗议。《进步报》不是支部的报纸。任命了联合会委员会的那次代表大会[23]也任命了《平等报》的编辑人员，但是联合委员会的这种暂时放弃职权的现象现在已告结束；委员会将自己管理报纸。罗班和佩龙曾试图扼杀这张报纸。支部对总委员会有充分信心，并对所提出的不出版通报的理由感到满意。他们希望知道［本］委员会是否满意他们的解释。一致同意这一解释是令人满意的。

收到一封巴黎来信，信中实证主义无产者协会请求加入国际协会；这一请求获得批准。信中又说，许多支部正在重建起来，一个新的支部将在圣但尼成立，一俟这些支部开始工作，它们将成立一个中央委员会，以便进行通信。近来警方未曾侵扰他们。

根据公民**杜邦**提议、公民**荣克**附议，全体一致同意发给若昂纳尔和孔博②证书。

收到了一封阿姆斯特丹来信，附有建立联系各工会的中央委员会的

---

① 本日记录由埃卡留斯记在记录本第43—44页上。
② "和孔博"这几个字是后来插入的。

章程草案，征询总委员会对该章程的意见。

委派公民荣克和赛拉叶审查该章程。

公民**科恩**发言谈到比利时雪茄烟工人的一次罢工意图；谈到输入比利时工人并以低于工价的工资雇用他们干活。管理部门已起草了一份致比利时人的公开信，他们希望总委员会见到此信并把它翻译出来，但愿这不是无理要求。

雪茄烟工人协会书记公民**沃克**宣读了这一公开信，该信得到一致赞成。

公民埃卡留斯和荣克承担翻译该信的工作。

公民**米尔纳**通知说，他以后要提出一项议题：考虑是否应该建立一个国际工价簿，以促进有组织的工人团体之间的直接交换。

委员会即此休会。

主席　乔·米尔纳
书记　约·格·埃卡留斯

委员会会议①

2月15日

出席委员：杜邦、埃卡留斯、哈里斯、荣克、列斯纳、米尔纳、吕尔、赛拉叶、唐森、韦斯顿。

公民**米尔纳**主持会议。

宣读并批准了上次会议的记录。

公民**杜邦**收到一封自里昂寄来的长信，但还没有时间细读它。这封信谈到了该城国际协会新老会员之间存在着不和。

---

① 本日记录由埃卡留斯记在记录本第44—45页上。

决定把这一问题提交小委员会作出报告。[24]

巴黎的协会会员抗议法国政府在罗什福尔事件中的行动,发表的抗议书已寄到总委员会。

公民**杜邦**和**赛拉叶**认为,筑街垒的运动是自发的。[25]

公民**吕尔**交来作为德意志工人教育协会代表的证书;委员会予以承认。

公民**杜邦**收到了几份鲁昂支部发行的名为《社会改革报》的新报纸。为了避免缴纳保证金,已安排好该报在比利时付印。已为举行罢工的纺织工人捐到700英镑。

讨论国际工价簿问题看来难以取得进展,于是委员会休会。

主席　本·鲁克拉夫特
书记　约·格·埃卡留斯

委员会会议①

2月22日

出席委员：杜邦、埃卡留斯、约·黑尔斯、哈里斯、荣克、列斯纳、米尔纳、吕尔、赛拉叶、斯特普尼、唐森、韦斯顿、鲁克拉夫特。

公民**鲁克拉夫特**主持会议。

宣读并批准了上次会议的记录。

收到一封设菲尔德来信,内称外科器械工人协会已经解散;佛罗里达的格里戈里先生的一封来信,报告他打算到英国来招雇移民;长岛的罗·休谟的一封来信,谈美国的劳工运动;维也纳的诺马耶的一封来信,征求对［他］所卷入的那次审判的意见。[26]

最后一信提交小委员会。

---

① 本日记录由埃卡留斯记在记录本第45—46页上。

又收到星期日同盟委员会寄来的一封信，信中要求付给房租。

委派书记寄去一个适当的答复，说明房租延迟未付的原因。

公民**荣克**宣读报纸摘录，大意是说所有在罗什福尔事件声明上签字的巴黎会员的住所都已被搜查；对孔博已发出了逮捕状。在若昂纳尔处发现了杜邦的来信，报纸说那些信件提供了针对皇帝的阴谋活动的证明，说枪击了警察的机械工人梅吉已经弄到一张到图伊勒里宫去的舞票。

在那不勒斯，在国际开会的地方搜查了文件，而警察并未出示搜查证。主席、书记和一位律师因抗议搜查遭到非法逮捕。该会有3000名会员，已存在了两年，从未干预政治。

《觉醒报》刊载了摘自一张西班牙报纸的一段文字，内称奥地利、意大利和法国的政府对国际将采取严厉措施。马德里支部已对一家报纸的诽谤提出诉讼，这家报纸指责那里的协会接受国外钱财来制造动乱。

公民**荣克**说，他见到了鞋匠协会西蒂分会的书记：他们的境况不好，但不久将缴纳他们的会费。

公民**米尔纳**提议，**唐森**附议：委派各书记吁请国内外加入协会的各团体缴纳会费。一致通过。

国际工价簿的提议再次延期讨论。

        主席　阿·阿·沃尔顿
        书记　约翰·格·埃卡留斯

委员会会议[①]

3月1日

出席委员：杜邦、埃卡留斯、荣克、列斯纳、米尔纳、吕尔、沃尔

---

① 本日记录由埃卡留斯记在记录本第46—47页上。

顿、韦斯顿。

公民**沃尔顿**主持会议。

宣读并批准了上次会议的记录。

一封巴黎来信报告,在巴黎成立了一个德国人支部。[27]

答复该信中提出的询问:已决定该支部直接与总委员会通信。

公民**杜邦**说,瓦尔兰已被释放出狱。[28]

公民**荣克**说:在贝桑松,为《社会改革报》捐了款,还成立了一个协会的支部。在里尔和鲁贝也成立了支部。又遭到更多的搜查。在巴黎的德国社会主义者已抗议逮捕瓦尔兰。[29]

公民**林特恩**代表木工和细木工联合会托特纳姆大院路分会来参加会议。一致通过准许他参加会议。

公民**杜邦**解释了赛拉叶缺席的理由;荣克解释了马克思缺席的理由。

小委员会定于星期六开会。[30]

委员会即此休会。

主席　詹·科恩
约·格·埃卡留斯

委员会会议①

3月8日

出席委员:科恩、杜邦、埃卡留斯、哈里斯、荣克、列斯纳、米尔纳、斯特普尼、赛拉叶、唐森。

宣读并批准了上次会议的记录。

---

① 本日记录由埃卡留斯记在记录本第47—48页上。

收到美国通讯员罗·休谟的一封来信，信中表达了写信人对劳工问题的意见。[31]

里昂天鹅绒织工协会的一封来信请求告知伦敦同行的详细情况，并希望与伦敦天鹅绒织工协会通信。

委派公民黑尔斯和米尔纳去访问天鹅绒织工协会。

收到里昂公民里沙尔的一封来信，信中通知将在13日召开一次盛大的代表会议，并索取3000张会员证卡片。

委派公民杜邦寄去卡片。

小委员会作了下述报告：

公民们！1869年巴塞尔代表大会曾作出决定，协会会员之间如发生分歧，总委员会应当充当仲裁人。根据以上决定，国际工人协会里昂支部请求总委员会裁决阿尔伯·里沙尔和旧里昂支部的成员舍特尔、科尔米埃、安·勃朗、沙诺、万德里之间的纠纷。

总委员会研究了该支部寄来的材料，认为所提指责是毫无根据的，并肯定了为解决这一问题而特别任命的两个委员会——一个是1867年洛桑代表大会任命的，另一个是1869年日内瓦代表大会任命的——的决定；总委员会仍然认为，阿尔伯·里沙尔任国际工人协会通讯书记是符合章程和条例的。

此外，鉴于旧支部的成员呼吁激进的市民对这个只有协会会员应知道的问题作出裁决，是违背协会的章程、精神和利益，并且是有利于敌人的，因此，总委员会强烈谴责旧支部的这种行为。

总委员会利用这次误解所造成的自己的处境，要求协会全体会员在公开发表任何文章或公开采取某种行动之前，必须向它报告。因为这种做法①会挑起个人之间的仇恨（这在任何时候都是应该竭力避免的），

---

① 指上述四支部的做法。——编者注

会造成我们队伍的分裂，而且正当我们会员的全部行动、全部力量和全部精力应当集中起来争取国际工人协会原则的迅速胜利的时候，这样做只会有利于我们的敌人。

一致通过了这一报告[32]；委员会休会。

托马斯·莫特斯赫德，3月5日①

约翰·格奥尔格·埃卡留斯

委员会会议②

3月15日

出席委员：杜邦、埃卡留斯、约·黑尔斯、荣克、列斯纳、林特恩、鲁克拉夫特、马克思③、米尔纳、莫特斯赫德。

公民**莫特斯赫德**主持会议。

宣读并批准了上次会议的记录。

收到《蜂房报》编辑寄来的一封信，拒绝接受书记④对上星期的报道中删去了休谟先生信件的指责。

收到巴黎实证主义无产者协会书记⑤寄来的一封信，信中载有加入该协会的条件。他们不接受保皇党人、神学家、形而上学者以及一切非建立在可证实的法则上的学说。他们自称为共和主义的社会主义派。他们争论说：财富来源于社会；但是在财富的占用上，私人的权利必须受到尊重。他们争取不要上帝和国王的社会革新，并希望通过传播实证主

---

① 这是批准记录的日期。
② 本日记录由埃卡留斯记在记录本第49—50页上。
③ 马克思的名字是后来插入的。
④ 埃卡留斯。
⑤ 拉波特。

义者的学说来实现这一革新。

公民马克思说,他们反对除了孔德教派之外的一切教派,但是他们的章程过于排外,并且是违背国际协会的总章程的。[33]

公民鲁克拉夫特问,为什么要向他们询问那些细节。

公民杜邦回答,曾经向他们索取他们的章程和条例,这就是他们的答复。

公民米尔纳建议,委派公民杜邦在复信中指出不符合之处。

公民马克思、莫特斯赫德等人反对把他们作为实证主义者来接纳入会。

公民杜邦认为,他们是错误的,但又认为,由于他们积极参加运动,所以拒绝接纳他们是失策的。

查看了记录,上面写着他们已被接纳了。①

然后通过了公民米尔纳的提议。

公民瓦尔兰的一封来信说,协会在巴黎正在复兴。现有五个行业的工会已经入会;公民杜朗正在争取成立一个宝石匠支部,因为整个行业工会不愿加入。公民瓦尔兰受巴黎会员的委托参加了里昂的会议。[34]已通过把巴黎各支部联合起来。[35]他被监禁了14天,未经审问出任何问题后又被释放了。

公民鲁克拉夫特预告,他将在以后的会议上提出法国人分部②的问题,以备考虑。

然后就天鹅绒行业进行了长时间的交谈,随后委员会休会。

詹·科恩

约翰·格·埃卡留斯

---

① 见本卷1870年2月8日会议记录。——编者注
② 指在伦敦的法国人分部。

委员会会议①

3月22日

出席委员：科恩、杜邦、埃卡留斯、荣克、列斯纳、莫特斯赫德、吕尔、赛拉叶、韦斯顿。

公民科恩主持会议。

宣读并批准了上次会议的记录。

收到巴黎的德国人支部的一封来信，索取会员证卡片和英国工人报刊。

委派书记复信并为卡片事询问潘迪。

又收到纽约的德国人支部的一封来信，信中提出了某些建议。

决定将此信交美国的德语书记³⁶处理。

公民荣克宣读了日内瓦的菲·贝克尔的一封来信，贝克尔说他已参加了《平等报》编辑部，以防出错。他对瑞士书记②提给他的问题感到颇为困惑，他把这称为小学生盘问老师。巴黎〔德国人〕支部告诉他说，总委员会已责成他们与伦敦通信，他把这看作打算撇开他。³⁷公民荣克说，巴黎通讯员并未告诉贝克尔说他曾询问过他们是否可与伦敦通信。

委派书记在他给巴黎的复信中提及此点。委派荣克在他给贝克尔的复信中提及此点。

菲·贝克尔还说，他从来没有替总委员会向戈克收过钱③，只是在

---

① 本日记录由埃卡留斯记在记录本第50—51页上。
② 荣克。
③ 见本卷总委员会1870年1月18日会议记录。——编者注

上个月替日内瓦委员会收了2英镑；他认为这是有人在耍阴谋。

一封日内瓦来信报告，成立了一个俄国人支部，请求加入国际。[38] 信中说，国际运动扩展到俄国，对泛斯拉夫主义将是一个有力的遏制。初步工作很成功，已开始与波兰人、捷克人和斯拉夫人通信。该支部要求公民马克思当他们在总委员会的代表，因为运动的实际性质在德国和在俄国非常相似，马克思的著作十分普遍地为俄国青年所了解和欣赏，他总是揭露那些所谓俄国爱国者的阴险活动。他们决不接受任何在伦敦的俄籍居民当他们的代表。这个支部不同意巴枯宁的观点。他们要揭露在西方鼓吹一种原则、在东方鼓吹另一种原则的做法。

一致通过接纳这个支部加入协会。

一封巴黎来信声明石印工人协会加入国际协会，该会共有350名会员①，已决定从基金中提交会费。请求告知维也纳、柏林和伦敦各工[会]的地址，以便为安排一个一致的工价表进行通信联系。

委派书记写信向伦敦排字工人了解详细情况。

巴黎镀锡铁皮工人协会现有250名会员，也声明加入协会。

一致通过接纳入会。

纽约的克吕泽烈将军被任命为协会通讯员。

还收到里昂的里沙尔的来信和马赛的巴斯特利卡的来信，信中说本月13日的会议是一次巨大的成功。[39]

委员会于11时休会。

主席　本·鲁克拉夫特
书记　约·格·埃卡留斯

---

① "共有350名会员"一语是后来插入的，用以更改原来"三四百名会员"的说法。

委员会会议①

3月29日

出席委员：**杜邦、埃卡留斯、哈里斯、荣克、列斯纳、林特恩、鲁克拉夫特、吕尔、赛拉叶、斯特普尼、唐森**。

公民**鲁克拉夫特**主持会议。

宣读并批准了上次会议的记录。

纽约德国劳工同盟来信请求发给代表大会报道和协会章程。**⁴⁰**

一封巴塞尔来信报告说，该城各支部，除一个最老的支部外，已合并成一个；但那个支部却对其余这些支部的遗憾心情抱幸灾乐祸的态度，反而希望它们遭到排斥。

委派瑞士书记②把此事交瑞士的中央委员会处理，其任务是调查此事并向总委员会报告。

一封巴斯洛内特来信请求给公民③颁发证书，以便在该城建立一个支部。请求人说他是马赛海员协会的一个老会员，现在成了受雇于政府的物理教师，因为他认为当教师比当兵好。他的信念已让他从马赛迁到了巴斯洛内特，也就是向下边走了一步。这个城里［没有］什么重要的工业，只有手工业工人和农业劳动者。

同意发给证书。

公民**荣克**报告说，将要召开一次瑞士罗曼语区各支部的代表大会；在马德里将要召开一次西班牙的代表大会。他提议由公民赛拉叶给马德

---

① 本日记录由埃卡留斯记在记录本第52页上。
② 荣克。
③ 指沙尔·阿勒里尼。

里写一封信，提醒该支部他们还没有按照章程办事。公民**杜邦**附议。通过。

通过了一项全体一致表决的决议：总委员会因公民马克思久病未愈而对他表示关切。[41]

委员会于10时15分［休会］。

主席　约翰·黑尔斯
书记　约·格·埃卡留斯

委员会会议[①]

4月5日

出席委员：杜邦、埃卡留斯、约·黑尔斯、威·黑尔斯、荣克、列斯纳、莫里斯、米尔纳、莫特斯赫德、赛拉叶、斯特普尼、唐森。

公民**约·黑尔斯**主持会议。

宣读并批准了上次会议的记录。

接到星期日同盟的一封来信，再次函索房租欠款。

现有500名会员的巴黎彩画匠协会来信，请求加入国际协会。

一封贝桑松来信索取协会章程。

一封布雷斯特来信报告，成立了一个有14名会员的支部，请求加入国际协会，由孔斯旦·勒多雷任通讯员。

一封巴黎来信报告：一个互助信贷部门的支部正在成立中。

批准了加入协会的申请，承认了通讯员。

公民**埃卡留斯**报告：维也纳新城的诺马耶已被开释。

巴黎德国人支部的公民**彼得逊**出席了会议，他说他将要去丹麦参观

---

① 本日记录由埃卡留斯记在记录本第52—53页上。

访问。

根据公民**列斯纳**的提议，一致同意发给彼得逊证书，使他能在他认为合适的时候建立支部或通讯联系。

公民**荣克**说，机械工人协会愿在星期四晚上接待代表团。

由于书记那天晚上不能参加，委派杜邦代他前去。

在财政问题上，公民**荣克**提议公民杜邦写信给巴黎；公民**赛拉叶**自愿写信给布鲁塞尔。

公民**荣克**又提议：起草出代表大会议程寄给各支部，这将促使各支部缴纳会费。

公民**米尔纳**认为这是最好的一项建议。

公民**黑尔斯**主张起草一个关于必要开支的财政声明；又预告他将在下次的晚间会议上提议任命一个财政委员会。

委员会于10时半休会。

主席　海·荣克
书记　约·格·埃卡留斯

委员会会议[①]

4月12日

出席委员：杜邦、埃卡留斯、荣克、列斯纳、马克思、普芬德、赛拉叶。

公民**荣克**主持会议。

宣读并批准了上次会议的记录。

巴黎瓦尔兰来信报告，他曾到里尔去，为一个协会领导下的工会机

---

① 本日记录由埃卡留斯记在记录本第54—55页上。

构举行成立仪式。各个工会将由一个联合会委员会来指导。

第戎的商业雇工在[一封]致瓦尔兰的信中宣告他们加入国际协会。

公民**荣克**收到了由拉绍德封寄来的一封长信,信中告知在代表大会上发生了分裂。由于多数人投票赞成接纳日内瓦社会主义民主同盟,日内瓦和拉绍德封的代表退出了大会,自己继续开代表大会。[42]

暂缓宣读该信,委托公民荣克向双方写信了解事情的详细情况。

公民**马克思**收到自鹿特丹寄来的请求证书的信[43],请求人告发有人持假证书活动。

公民**马克思**又报告说,国外的协会会员对《蜂房报》的行为多有怨言,并预告将在下次会议上提出这一问题予以考虑。

根据公民拉法格的推荐,公民**马克思**提议把证书给予巴黎的昂利·韦莱,他是一家《自由思想》①杂志②的编辑。通过。[44]

公民**杜邦**提请委员会注意,当局对在克勒索罢工事件中遭监禁的矿工宣布了严厉判决,并建议总委员会发表一个声明。

提案通过,并指定公民马克思和杜邦起草声明。[45]

公民**荣克**汇报同机械工人联合会委员会的会谈经过。该委员会意欲商讨与德国和法国的机械工人联合会的通讯联系,并要求了解各国机械工人团体的状况和管理详情。该委员会已同意书面回答所提出的各项具体问题。

委派法国书记和德国书记去索取详情材料。[46]

公民**荣克**认为,以后在发给证书时应多加小心,在发给公民彼得逊时就不够小心。

---

① *La L. bre Pens e.*
② 原文是《自由贸易》杂志。

书记说，公民彼得逊是一个社会党的老信徒，他是巴黎的德国人分部的成员，正在哥本哈根参观访问，他在那里可能开辟十分需要的通讯联系。

委员会于10时半休会。

主席　约翰·韦斯顿
书记　约·格·埃卡留斯

委员会会议①

4月19日

出席委员：**杜邦、埃卡留斯、哈里斯、荣克、马克思、莫里斯、斯特普尼、赛拉叶、韦斯顿**。

公民**韦斯顿**主持会议。

宣读并批准了上次会议的记录。

收到纽约通讯员休谟的一封来信，并附有一份请求书，要求为各个国家中的不同民族任命特别代表。

公民**马克思**不同意这一请求，因为总委员会中已有各个不同民族的代表，其余的则必须由协会的通讯员来代表。[47]

这封信指出，在美国，工会运动趋于采取秘密社团的方式。这一点已为纽约的德国通讯员的一封来信所证实，该通讯员呼吁总委员会进行干预，设法劝阻休谟和杰瑟普参与其事。

一致认为，总委员会在当前情况下还不能判断这一问题上的是非，但书记应去搜集情报，弄清迫使在美国采取秘密社团方式的原因是什么。

---

① 本日记录由埃卡留斯记在记录本第55—56页上。

公民**荣克**报告，在瑞士成立的那个新派别⁴⁸已经创办了一份报纸①，他们并且自称是真正的组织。在两派声明之间存在着矛盾。他收到老瑞士书记②寄来的一封长信，说他已退出委员会。新委员会的支持者约有600名会员，日内瓦委员会的支持者约有2000名会员。

公民**赛拉叶**报告，收到了布鲁塞尔的一封来信，信中说由于要附寄一部分会费的缘故，迟发了这封信，但是钱还没有拿到。又说，在代表大会的记录中并没有关于法国人分部的决议。⁴⁹

公民**马克思**提出请本委员会注意《蜂房报》的行为。

公民查理·默里被承认为伦敦西头靴匠协会的代表。

杜邦和**赛拉叶**提名公民弗路朗斯⁵⁰和吕利埃。

委员会于11时休会。

主　席　约翰·黑尔斯
总书记　约·格·埃卡留斯

委员会会议③

4月26日

出席委员：**阿普尔加思、布恩、杜邦、埃卡留斯、约·黑尔斯、荣克、米尔纳、莫特斯赫德、普芬德、吕尔、列斯纳、马克思、赛拉叶、斯特普尼**。

公民**黑尔斯**主持会议。

宣读并批准了上次会议的记录。

---

① 《团结报》。
② 佩雷。
③ 本日记录由埃卡留斯记在记录本第56—59页上。

公民马克思报告,荷兰支部和弗兰芒支部举行了一次代表大会;协会正在荷兰取得进展。[51]

公民**荣克**报告,他收到了吉约姆寄来的一封信,信中说所有的详细情况将在《团结报》① 上发表,并表示希望总委员会不急于作出判断。[52]

哥本哈根的公民彼得逊寄来一信,报告成立了一个民主协会,它可能成为国际的一个支部。要求寄去文件,又表示希望任命公民科恩为丹麦的通信书记。[53]

马赛的公民巴斯特利卡报告,在瓦尔省科戈兰、贡法龙、拉加尔德弗雷内和科洛布里耶尔等地成立了新支部。

收到巴黎彩画匠协会寄给伦敦彩画匠协会的一封公开信。

公民**荣克**提议,应派一个代表团前往伦敦彩画匠协会送去此信。

通过这一提议,指定公民阿普尔加思、黑尔斯和荣克为代表。

公民**杜邦**报告,巴黎各支部重建了它们的中央委员会[54],该委员会已发布了一个反对公民投票的宣言。在宣言上签名的人中有:卡梅利纳、孔博、弗朗坎、拉法格、雷蒙、贝图米厄。[55]

公民**马克思**建议总委员会断绝与《蜂房报》的一切联系。他说,该报删掉了我们的决议,肢解了我们的报道,又由于拖延发表而伪造日期,甚至删去了提及正在讨论的爱尔兰囚犯的一些问题。

而且《蜂房报》的调子是与本协会的章程和纲领相抵触的。它宣传与资本家调和,而协会则已向资本家的统治宣战。

此外,我们的海外各分部也抱怨说,我们把报道交《蜂房报》发表,就是给了这家报纸以道义上的支持,使人们认为我们赞成它的方针。我们的宣传不用它比利用它更好些。

关于爱尔兰高压法[56],这家报纸连一句反对政府的话也没有说。

---

① *La Solidarité*——编者注

公民**莫特斯赫德**说，诚实的人都要与《蜂房报》断绝关系，越快越好。他支持这一提议。

公民**荣克**说，他羞于把《蜂房报》寄往国外。他时常被质问：《蜂房报》落后这么远，这是怎么搞的。这家报纸损害了工人运动。他希望把同《蜂房报》决裂公之于众。有一点棘手的是：本委员会有几名委员同时也是《蜂房报》委员会的成员，如果公布反对《蜂房报》的声明，那末他们的职位若保存在此处，就不能保存在彼处了。

公民**阿普尔加思**认为，他就得对付这个困境。前些时，所有权有了改变，这家报纸交给了工人代表同盟来自主经营。他曾经认为它还可能成为一份好报纸，因此他的名字就上了委员会。但是他极其重视他与国际的联系，所以他能够心甘情愿地辞去他在《蜂房报》的职务。

公民**米尔纳**认为，处理《蜂房报》的方针问题有失总委员会作为国际组织的身份。

公民**莫特斯赫德**也对《蜂房报》持米尔纳那种蔑视态度，但考虑到国外的协会，这一决裂必须予以公开。他同意公民阿普尔加思关于列名《蜂房报》委员会的说明。他说，国外公众不假思索地把《蜂房报》始终看成是工人的报纸。该报向来是奶水混杂，淡薄无味；现在奶已蒸发，光是水了。

公民**米尔纳**说，如果要公开此事，作一个简单的决议是不成的；应予说明理由。

一致通过这一决议。

根据公民**阿普尔加思**的提议，一致决议由公民马克思起草一个用来公开发表的声明，在下次会议上提出。

公民**马克思**要求延期发表关于克勒索审判的声明。到处都寄去了钱，如果伦敦只送言论，就会造成不良影响。通过。

书记提出：任命财务委员会的提议在上次会议上还未曾予以考虑。

公民**莫特斯赫德**和**黑尔斯**赞成任命这样一个委员会去筹集必要的基金。

公民**阿普尔加思**提议，**列斯纳**附议：任命一个财务委员会。通过。

于是一致决议：公民莫特斯赫德、鲁克拉夫特和哈里斯组成财务委员会。

委员会于10时半休会。

主席　罗·阿普尔加思

书记　约·格·埃卡留斯

［委员会］会议①

5月3日[57]

出席委员：科恩、杜邦、阿普尔加思、埃卡留斯、约翰·黑尔斯、威廉·黑尔斯、哈里斯、荣克、列斯纳、马克思、吕尔、鲁克拉夫特、默里、斯特普尼、唐森。

公民**阿普尔加思**主持会议，宣读并批准了上次会议的记录。

宣读了公民斯特普尼的一封信，信中说由于书记的薪水很少，又由于总委员会需要有一个能够寄存本协会全部文件的地方，他愿为基金捐款10英镑。公民斯特普尼的第二封信通知说，由于巴黎发生的事件，他要辞去他的财务委员的职务。

书记补充说，公民斯特普尼曾在口头上向他说明，他认为他这种社会地位的人竟在工人协会内占有这样重要的职位是不合适的。又说不管发生什么事，他对协会的目标和宗旨的感情不会改变。

公民**约·黑尔斯**提议，考虑了所提出的理由，辞职应予接受，并应

---

① 本日记录由埃卡留斯记在记录本第59—61页上。

对他的帮助和同情表达本委员会的感谢。一致通过了这一提议。

主席于是向公民斯特普尼传达了所通过的事项,斯特普尼重申了他支持协会、同情协会的保证。

公民**荣克**报告,收到了现居威尔士的一名年轻的比利时教授寄来的一封信,他要求加入协会,并成为协会的一名最忠诚的战士。

里昂公民理查的一封来信,报告在理查①成立了一个新支部;公民瓦尔兰正外出旅行,以便建立一些新分部。此信附有一张6英镑7先令的支票,其中10法郎是圣艾蒂安支部的,其余的是里昂的。

然后公民**马克思**提请本委员会注意这一情况:在法国,许多协会会员已被逮捕;政府报纸曾竭力向外散布说,协会曾插手于一次针对皇帝的阴谋。[58] 为了驳斥那些中伤之词,他提议如下:②

法国政府以最近臆造的阴谋为理由,不仅逮捕了我们巴黎支部和里昂支部的许多成员,还利用其宣传喉舌造谣中伤,说**国际工人协会**是这一臆造阴谋的同谋者。根据我们章程的宗旨,我们在英国、在大陆上和在美国的所有分部的一项确定的专门任务不仅是要作为工人阶级组织的核心,而且要支持各国一切有助于达到我们最终目标——**工人阶级的经济解放**——的政治运动。但同时,这些章程却限定我们协会的一切支部要在光天化日之下活动。尽管我们的章程对这一点并未明文规定,作为自认与工人阶级一体的协会,其特有的性质也是与任何形式的秘密团体不相容的。如果工人阶级,即构成各个民族的大多数、创造一切财富甚至连篡权者也总是盗用它的名义来攫取统治权的阶级要搞阴谋的话,那末它就会像太阳冲破黑暗一样公开进行,工人阶级充分地意识到,在他们的势力所及的范围之外再没有合法的政权。

---

① 误,应为里昂。
② 在这里,即记录本中第60页粘入一张马克思手书的这一决议的原文。

如果法国政府所告发的这个阴谋的其他情节，也像它对**国际工人协会**的中伤那样是虚假的、无事实根据的，那么最近这次阴谋就足以同它的以荒诞留名的前两次阴谋并列了。⁵⁹旨在反对我们法国各支部的这些叫嚣和暴力手段，纯粹是要为一个单一的目的服务——**操纵公民投票**。①

这一提议由公民**哈里斯**附议获得全体一致通过，并安排予以签署。一份抄件交给了报纸记者科宁斯比和哈特韦耳，他们经特别允许出席了会议。又安排把几份抄件寄交国外报纸。⁶⁰

然后议决缴纳六个月的房租。

公民**荣克**提名，**赛拉叶**附议：公民阿戈萨和波拉为总委员会委员。

委员会于10时半休会。

托马斯·莫特斯赫德

1870年5月10日

委员会会议②

5月10日

出席委员：**杜邦、埃卡留斯、哈里斯、荣克、列斯纳、莫里斯、默里、米尔纳、鲁克拉夫特、吕尔、赛拉叶、斯特普尼、莫特斯赫德、韦斯顿**。

公民**莫特斯赫德**主持会议。

宣读并批准了上次会议的记录。

---

① 粘贴至此结束。
② 本日记录由埃卡留斯记在记录本第61—64页上。

公民**赛拉叶**报告，收到了自帕尔马①寄来的一封信，他还没有时间把信文翻译出来。

荣克说，在法国，我们的会员有很多人被捕。在里昂，警察没收了所有的东西。在鲁昂，奥布里被捕入狱。

公民**莫里斯**说，拿破仑起初以容许成立协会来吓唬资产阶级，这只是为了显示必须由他本人来镇压工人。

公民**荣克**评论说，协会不是被容许，只是被容忍罢了。[61]

然后财务委员会报告，过去的资产负债表尚未决算出来；本年开始时有 15 英镑 7 先令 1 便士余额；包括余额在内的总收入为 51 英镑 8 先令 7 便士，支出为 47 英镑 7 先令 5 便士；房租欠款共计 4 英镑 4 先令。估计应付 1869 年欠款共计达 5 英镑以上。

公民**莫特斯赫德**说，财务委员会打算寄信给拖欠会费的各团体；又说有必要把代表大会议程起草出来以便要求缴纳本年的会费。

公民**莫里斯**想要知道协会欠他多少卡斯尔街的房租。他并不需要这笔钱，但他想知道这个数目。他又要求悬挂一面黑板，把有欠款的各个团体写在上面。

公民**荣克**说，有些欠了款的团体从来没有被询问过，也不知道它们欠了多少。西蒂区鞋匠协会（书记是约曼逊）加入了协会，但我们从来没有给他们写过信。机械工人协会主席丹特也曾询问过他欠了多少钱。

书记说他从来没有收到过西蒂区鞋匠协会的信件，也没有收到过他们加入协会的声明。关于卡斯尔街的房租，从账簿上看，委员会曾于 1867 年 6 月至 1868 年 6 月在那里开过会。

公民**莫特斯赫德**说，这是他从来没听说过的债务。

---

① 这里原来写的是"巴塞罗那"。

公民**鲁克拉夫特**说，这里没有什么问题，只有一点误会；公民莫里斯并不是要收房租，他是要把房租赠送给协会。

公民**莫特斯赫德**继续作财务委员会的报告，并提议交3英镑13先令的房租，其余额则停付。

公民**荣克**认为，应优先付还印刷会员证卡片的科塔姆，协会还欠着他6英镑。此外，法国书记公民杜邦花了相当多的邮费。所以他提议，只付两个月的房租，而把1英镑给杜邦。

主席说，这些负债，他一笔也没有听书记说过。

书记说，他完全忘记了提起这笔负债；但是假若提起旧债，还有比这更早的债呢。在日内瓦代表大会欠下的40英镑旧债，只还了21英镑；后来又从德尔那那里借了2英镑10先令，当时他是财务委员。

这就提出了一个问题：老查账员没有尽到职责。

公民**米尔纳**颇为气愤地拒绝这一指责。他说，他当时是身在其位，但他认为，他在另一名查账员公民韦斯顿不在场的时候独自签署账簿是不正当的；由于账簿条理不清，就更是如此了。

公民**韦斯顿**说，由于他那时正在参与一项农村工作，所以他不能出面查账。

公民**鲁克拉夫特**说，并不是想要找出是谁的过错，所要求的只是老查账员应该在下星期二以前开个会。

主席说，当前正讨论的问题是财务委员会的报告。

公民**荣克**提出修正案：支付2几尼房租和1英镑邮费，邮费付给法国书记。

公民**列斯纳**支持这一提议，提案一致通过。

主席提醒委员会：财务委员①辞职已被接受，需要任命一名新

---

① 考埃尔·斯特普尼。

委员。

公民**列斯纳**提议，公民**默里**附议：公民**韦斯顿**担任财务委员。

公民**韦斯顿**接受了，并认为他不会有许多工作要做。

一致推选公民**吕利埃**为本委员会委员；他说：以往革命的失败是由于缺乏工人阶级内部的团结，协会就应当克服这一点。他将尽力予以协助。

公民**荣克**说，马克思因病缺席，现以他的名义提出关于伦敦法国人联合分部的下列决议。这个联合分部在大约两年以前就不再是国际协会的成员了，但它却总在使用国际协会的名义。①

鉴于：

由一个自称"**国际工人协会法国人联合分部**"的**在伦敦的法国人团体**发出的声明、决议和宣言，新近已被发表在大陆的报纸上，并被认为是"**国际工人协会**"的文件；[62]

"**国际工人协会**"当前正受到奥地利政府和法国政府的严酷迫害，它们极欲抓到最不足为凭的借口来证明这种迫害是有理由的；

在这种情况下，总委员会如果允许任何不是"国际"成员的团体使用"国际"名称并以"国际"名义活动，那就要承担严重的责任；

总委员会特此声明：所谓的**在伦敦的法国人联合分部**两年以前已经不再是"国际"的一部分，也不再与无论是在伦敦的总委员会或是在大陆上的任何一个协会的分部有任何关系。

1870年5月10日于伦敦②

公民**荣克**提议，**莫里斯**附议：把这一文件寄给所有的报纸。[63]通过。

---

① 在记录本第63页上，粘贴着一张马克思手书的这一决议的字纸。纸已撕开，其下一半贴在第64页上。
② 粘贴至此结束。

公民**荣克**又提议：以后正式文件都应有全体总委员会委员署名，不管他们是否出席会议。

公民**哈里斯**认为这是一个没有正当理由的任意行动，但是如果必须这样做，他将服从。提议得到通过。

公民**韦斯顿**渴望及时起草出代表大会议程来讨论，以便让代表们知道总委员会的意见。他认为合作问题是一个重要的问题。

委员会于10时45分休会。

主席　乔·E. 哈里斯
书记　约·格·埃卡留斯

委员会会议①

5月17日

出席委员：**阿戈萨、波拉、杜邦、埃卡留斯、哈里斯、荣克、列斯纳、马克思、莫里斯、米尔纳、普芬德、莫特斯赫德、赛拉叶、斯特普尼、韦斯顿**。

公民**哈里斯**主持会议。

宣读并批准了上次会议的记录。

公民阿戈萨和波拉被一致推选为本委员会委员。

公民**荣克、埃卡留斯**和**赛拉叶**认为：他们两人曾作为日内瓦支部成员这一事实，就是对他们的有力推荐。

公民**埃卡留斯**提议，**杜邦**附议：任命公民阿戈萨为意大利书记。一致通过。

公民**马克思**宣读一封德国社会民主党总书记的来信，信中请求总委

---

① 本日记录由埃卡留斯记在记录本第64—67页上。

员会同意在德国召开下届代表大会。⁶⁴公民马克思说,在当前情况下,巴黎是考虑不到了,又因在比利时和瑞士都开过代表大会,所以德国就成为可取的地方。因此他提出下列决议,经公民**米尔纳**附议,又在公民**荣克**作了赞成的发言后,一致通过:

鉴于:

巴塞尔代表大会规定巴黎为国际工人协会应届代表大会的集会地点;

鉴于法国目前的体制,代表大会不能在巴黎举行;

然而为了准备代表大会的召开,又必须立即作出决定;

章程第3条责成本委员会在必要时改变代表大会所规定的集会地点;

德国社会民主工党中央委员会建议总委员会把应届代表大会的集会地点移至德国;

总委员会在5月17日的会议上一致决定:国际工人协会应届代表大会今年9月5日在美因兹召开。⁶⁵

公民**赛拉叶**宣读了来自帕尔马的一封信,信中说:一切阻碍在该地成立协会的障碍都已扫清。石匠、木匠、鞋匠及其他行业的工人成立了一个联合委员会,由20个团体的代表组成。他们已经成立了消费和生产合作社。自从建立联合会以来,他们已经提高了工资,缩短了工作时间。他们还成立了一个包括300名会员的海员联合会。

公民**赛拉叶**又宣读了布鲁塞尔的德·帕普的一封来信,来信附有3英镑19先令2便士会费。信中说,瓦尔兰、孔博和于阿尔已自巴黎出走,现在布鲁塞尔。德·帕普收到了那不勒斯的卡波鲁索寄来的一封信,信中说警方正拼命要把他们镇压下去。德·帕普要求本委员会对瑞士的事件发表意见。

来自巴塞罗那的一封信通知说,将寄来一份关于马德里代表大会的

报道。⁶⁶

公民**荣克**收到日内瓦的佩雷（Perret）寄来的一封私信，他希望本委员会迅速对瑞士的争端作出判断。巴斯特利卡在日内瓦平安无事。

公民莫里亚梅的一封来信说，公民投票⁶⁷将促进社会革命并取得胜利。

收到法国《南方信使报》上的一篇文章。文章说，国际是前所未有的最强大的团体，说国际按照自己的意愿来指使和制止罢工；又说前次警方的起诉只是暂时抑制了协会的活动，而未能使它瓦解。

公民**马克思**提出下列关于《蜂房报》的决议，公民**韦斯顿**附议：①

鉴于：

（1）国际工人协会总委员会曾经建议大陆上的和美国的各个国际支部订阅《蜂房报》，把它看作总委员会的正式机关报，看作英国报刊中代表工人阶级运动的报纸；

（2）《蜂房报》不仅从总委员会的正式报道中删掉了可能使它的资助人不满的那些决议，而且还用删节的办法有系统地歪曲报道了总委员会许多会议的主旨；

（3）特别是最近更换了所有人以来⁶⁸《蜂房报》仍以工人阶级的唯一喉舌自居，但实际上它已变成了一小撮资本家的喉舌；这些资本家想要把无产阶级运动拴在他们的牵绳上，想要把它用作达到他们的阶级目的和党派目的的工具；

国际工人协会总委员会在1870年4月26日会议上一致决定与《蜂房报》断绝联系，并决定向协会在英国、大陆和美国的各个支部公开宣告这一决议。②

一致通过。⁶⁹

委派意大利书记起草一封致卡波鲁索的信件，并于下次会议上提交

---

① 以下，在记录本第66页上粘贴着一张马克思手书的这一决议的字纸，其下一半贴在第67页上。
② 粘贴至此结束。

总委员会。

公民**哈里斯**提交一封财务委员会准备寄给有拖欠的团体的信件;信件通过。

杜邦建议,**埃卡留斯**附议:小委员会起草代表大会议程;通过。

公民**米尔纳**补入小委员会。

公民**莫里斯**提议,公民**列斯纳**附议:寻求另外的开会地点。通过。

公民**杜邦**提议、**列斯纳**附议:鉴于发生了巴黎的逮捕事件,任命拉法格为特别通讯员。一致通过。

委员会于10时45分休会。

约翰·韦斯顿
约·格·埃卡留斯

委员会会议①

5月24日

出席委员:**波拉、杜邦、埃卡留斯、黑尔斯、哈里斯、荣克、列斯纳、鲁克拉夫特、莫里斯、米尔纳、吕尔、赛拉叶、斯特普尼、唐森、韦斯顿**。

公民**韦斯顿**主持会议。

宣读了上次[会议]的记录,并作了一处改正②后予以批准。

书记宣读了波士顿的朱利安·哈尼的一封来信,信中评论了法国事件、大规模监禁协会会员和公民投票骗局,并表示希望拿破仑被公审并

---

① 本日记录由埃卡留斯记在记录本第67—70页上。
② 改正显然在关于《蜂房报》的决议本文的第二点内,即把原"保护人"一词改成了"资助人"。

被处以死刑。信文的另一部分对本委员会在爱尔兰政治犯问题上所采取的行动表示不赞成，声称憎恶芬尼亚主义，并争论说爱尔兰乃是不列颠帝国的一个组成部分。写信人寄来1英镑作为他的会费。

纽约的**左尔格**来信说，该城的一个包括20个团体的德国劳工同盟的委员会已通报赞成加入协会。写信人询问克吕泽烈将军是不是协会的通讯员。[70]

书记宣读了纽约通讯员休谟关于法国事件的下列声明，声明发表在《纽约民主主义者报》上。①

法国工人不是阴谋家，揭露并抨击"联合通迅社"和路易·拿破仑警方间谍的诽谤

1870年5月4日于纽约

致《民主主义者报》编者：

4月初，作为欧洲的国际工人协会代理人的责任，我给你送上了伦敦的一次由老战士乔治·奥哲尔主持的会议的决议。我这样做，是因为格莱斯顿先生在此以前曾拒绝亲自听取他的挨饿同胞的恳求。虽然我是一个美国公民，但请允许我代表他们为你的善意致谢。

我现在向你，被压迫者的朋友，再一次请求帮助。事情是这样的：在过去的一个星期之内，这里发表了大约六封电报，谴责国际协会唆使谋害法兰西共和国前总统路易·拿破仑的性命。对于那些本身熟识现设于伦敦的总委员会成员的人，就不需要告诉他们那些话完全是虚假的、不足道的了。在法国，一个如此陈腐的警察**谣言**将使政府在城市中失掉

---

① 记录本中此处接连贴了三张报纸剪报。

它在各县区所赢得的那么多选票。可以把 Jacques Bonhomme① 也证明为一个很够格的摩尔根,直到选举过后为止。捏造这样的胡言,把这种愚蠢的谎言贴上"来自法国的可靠情报"标签塞给"联合通讯社"的人员,从而把他们的钱财骗到手,这真是够残酷的了。

国际工人协会的会员们并不是懒惰的阴谋家,并不打算为了推翻法国当今政府的目的,带着一面破烂的鹰旗在布洛涅登陆,他们也不想谋杀那里的任何人。因为,他们并非皇族[71],他们如果成功地实现了这样一个目的,就很可能会被送上断头台问斩。他们唯一的目的和宗旨,不过是要使一切生产者获得其辛勤劳动的产品,或获得其产品的公平的交换品;为了实现这一公正的目的,他们已经宣布打算在巴黎召开他们的下一届代表大会,讨论实现其愿望的适当方法问题。如果路易·拿破仑那时能够到场(这可是个疑问),那末他就会有机会(通过法国警察)来大肆没收协会的文件,而不致于非得像去年我们的代表途经法国去巴塞尔时那样,对他们进行一个个的袭击。

"国际工人协会"代理人**罗·威·休谟**敬上②

J. 塞拉·马丁牧师已被黑人委派为他们在国际劳工代表大会的代表,该代表大会定于9月在巴黎开会。③

————

工人 伦敦总书记的来信

下面这封寄给本城一名工人的来信对各行业的工人组织都会是有意

---

① 雅克老憨——一个法国农民取的名字。
② 第一张报纸剪报至此结束。
③ 第二张报纸剪报至此结束。

义的：

国际工人协会总委员会[72]
1870年4月23日于伦敦

亲爱的先生，总委员会指示我在回答您上月26日的信件时说明：国际协会认为出生于不同国家的工人并不具有什么特殊的民族利益。

我们的目的之一是从工人心胸中消除还可能留存着的任何民族反感，甚至民族仇恨。所以本委员会不能赞同您的请求书中提出的那种主张。克吕泽烈将军的感情为法国警察所伤害，这可能就是为什么各个工会给了他证书，从而引起他在他自己和驻华盛顿的法国大使之间作出一番比较的原因。驻华盛顿的法国大使必得维护一个王朝的自身利益，以及法国工商业者的财产利益。而巴黎的工人在大西洋彼岸则没有这种利益需要照看，以防受到美国工人的可能的侵犯。我们认为居住在美国的法国工人的利益，与所有其他美国工人的利益是完全相同的。

为了促进可能因语言不同或者因生活方式不同而隔离开的那些人互相联系，我们设有通讯员，他们经管这些事情，我们也委托他们管理其他事情。

与美国的联系分派给了总委员会的各个不同民族的书记。克吕泽烈将军和佩勒蒂埃先生是我们在美国的法国通讯员。他们与我们的法国书记①通信。齐格弗里特·迈耶尔和福格特是我们的德国通讯员。他们与

---

① 杜邦。

这里的德国书记①通信。总书记②处理英国人的通信。除了如杰瑟普这样的工会职员外，我们期望您作为我们在不同民族一旦发生误会时的通讯员，去努力把问题平息。但我们不能允许无论法国人或德国人具有一种对立于或特殊于任何别国工人的利益，而且我们总是鼓励他们去积极参加、去投身于他们住在国特别是美国的工人运动。

关于秘密社团运动，我受委托要求您在方便的时候把您的意见告诉我们，说明使得秘密活动成为必要的原因是什么。我们受嘱劝说您和友人杰瑟普公开地站出来反对秘密活动。但我们猜想有这种秘密活动的必要，要不然它就不会开始风行，而且就我们来说对这样的问题提出劝告也会显得冒昧。但是我们希望知道那些原因，并使欧洲的工人们知道它们，他们刚刚才从搞秘密活动中挣脱出来的。

您的忠实的，

总书记　约·格·埃卡留斯③

书记报告，有四家日报和三家周报已经发表了代表大会将在德国举行的公告。

公民**荣克**说，由于决议未被全文发表，已产生恶果。巴黎的报纸已经从《泰晤士报》上转载了公告，即使寄出决议它们也不会采用了。在那个公告中没有提出理由。

公民**莫里斯**想要知道为什么关于《蜂房报》的决议没有发表；他提议把决议寄给所有的报纸以及所有的工会和委员会的成员。

书记说，人家建议他不要把这两件东西同时寄出，而要把第二个文件即关于《蜂房报》的决议推迟一下。关于代表大会的决议，他确信

---

① 马克思。
② 埃卡留斯。
③ 报纸剪报至此结束。

如果他把［这个决议］作为一份正式文件寄出，它是不会被刊登出来的。

公民**哈里斯**支持莫里斯的提议，并说人家告诉他的话看来是正确的。他和米尔纳两人曾经受到责备，说他们只是充当了别人手里的傀儡，说马克思、荣克和书记对他们为所欲为。他可不愿意被任何人当作工具，不管这个人可能有多么聪明能干。

由于把这两件事情混在一起了，产生了一些杂乱的谈话。

主席说，现在要讨论的问题是：是否决议要按通过的原样寄出，或者，是否可以允许由书记自己裁决，只寄出他认为更适宜寄出的材料。主席主张后者。

公民**黑尔斯**主张要寄出的是总委员会认为适当的东西，而不是书记认为适当的东西；他并提议以后一切通讯文件都应按照总委员会的指示寄出，这样做就会解脱书记的一切责任。

公民**哈里斯**支持这一提议，他不愿听凭书记去改动决议。12个人必然［比］1个人知道得多；而且，如果书记可以被允许只发表他喜欢的东西，那末由总委员会来通过决议就毫无意义了。

公民**米尔纳**不能了解，一个人怎么能够把改动决议的事情由他自身担当起来呢！或者，怎么能够在决议通过以后，却把它们封锁在本子上呢！发言得到赞同。

公民**荣克**说，有时决议通过了，却并不准备寄给报纸。关于《蜂房报》的决议是准备发表的，但是并没有作出在上个星期内要把它寄出的明确指示。如果报纸刊登决议，就无须把它寄给各个团体了；所以不如先寄给报纸试试看。

书记说，那个决议已经在［一家］德文报纸上发表了。

针对决议怎么能够在通过以前就已发表的质问，他改正说，发表的并不是那个最后的决议，而是在4月26日达成的那个与《蜂房报》断绝关系的决定。通过一封私人信件把这个决定通知了编者，编者就发表了［它］。

公民**荣克**说，这样做会使他与他的通讯员的关系陷于困境。他不但不是像哈里斯所宣称的那样的幕后操纵者，他自己反倒陷入尴尬的处境。

公民**哈里斯**提议，**荣克**附议：把关于《蜂房报》的决议寄给各报，暂缓考虑把决议寄给各工会团体。通过。

公民**波拉**说，意大利书记①住入医院，［不］能起草委托他起草的文件。

公民**杜邦**说，据克吕泽烈的一封来信说，纽约的德国人团体已加入协会。

公民**莫里斯**通知：在下次会议上他［将］提议在墙上挂一块黑板，写上加入协会的团体的名字。②

委员会于10时45分休会。

本·鲁克拉夫特
书记　约·格·埃卡留斯

委员会会议③

5月31日

出席委员：波拉、埃卡留斯、黑尔斯、哈里斯、荣克、列斯纳、吕利埃、莫里斯、米尔纳、鲁克拉夫特、斯特普尼、唐森、韦斯顿。

---

① 阿戈萨。
② 误，应指未缴纳会费的团体。
③ 本日记录由埃卡留斯记在记录本第71—72页上。

公民**鲁克拉夫特**主持会议。

一封制革工人协会的来信通知说，由于总委员会通过了爱尔兰决议，该会感到必须断绝与协会的关系，因为该会对参与政治的工人团体决不信任。

纽约的休谟寄来的一封信通知说，克吕泽烈将军宣布他自己是协会的代表，并且成立了一些支部。

公民**荣克**通知，杜邦缺席，他的妻子快要去世了；赛拉叶患病。

巴黎的一封来信，对授权给人们在联合会以外成立支部一事表示不满，认为现在丝毫不需要这种权力。这种权力授予个人的危险，已见于克吕泽烈将军在纽约的行动。该中央委员会假若没有说过他从总委员会得到了证书，早就要抗议这种越权代表法国工人的行动了。他们不久将有一张自己的报纸。他们不相信在巴黎召开代表大会是不可能的。他们提出在韦尔维耶开会。

公民**荣克**解释证书是怎样授予克吕泽烈将军的，说如果当维克多·雨果对克吕泽烈将军的一封信的答复业已发表时还不能把证书寄出，克吕泽烈将军是会提出抗议的。

书记提议，委派各书记写信给国外的通讯员，说明克吕泽烈将军是协会的纽约通讯员之一，他已授权成立支部。

公民**黑尔斯**认为，这并不需要作特别指示。

公民**米尔纳**认为，可以同意这样做。提议通过。

一封里昂来信要求寄去有关领带编织行业的情况。

委派公民黑尔斯和莫特斯赫德提供情况。

一封马德里来信说，由于组织工作耽误［了］写信。要求寄去一份英国和美国的工人报纸的名单，并请求就有关西班牙全国代表大会的几个问题提出意见。

公民**黑尔斯**提议，把此信提交小委员会于下星期二备好复信。

公民**荣克**介绍了美国来的奥斯本·华德，他已同意我们的论点，并要求加入协会。

公民**华德**对他途经欧洲的见闻作了一些评论。他认为当前开展着的合作势必产生一个合作社资产阶级。生产和分配的问题是一个政治问题；任何一个不以劳动谋生的人若不是一个乞丐，就是一个强盗。他见到过的最好的合作的榜样是在巴塞罗那。

公民**荣克**然后介绍一个现正罢工的巴黎铸铁工人的代表团。

公民**黑尔斯**提议，本委员会委派一个代表团陪同他们，以便把他们介绍给各工会。

公民**荣克**附议。

委派荣克和黑尔斯组成该代表团。

公民**莫里斯**通知：他将提议买一个簿子来录存所有寄往国外信件的抄件。

表决了给纽约的休谟寄去证书。

委员会于11时后休会。

主席　乔·米尔纳
书记　约·格　埃卡留斯

委员会会议①

6月7日

出席委员：波拉、杜邦、埃卡留斯、哈里斯、荣克、米尔纳、吕尔、唐森、赛拉叶、默里。

公民**米尔纳**主持会议。

---

① 本日记录由埃卡留斯记在记录本第72—73页上。

宣读并批准了上次［会议］的记录。

公民**杜邦**说，阿戈萨病得很重，他被劝告到法国南部去。他卖掉了他的一些工具，以筹办他往巴黎一带去的路费。公民杜邦提议，本委员会开给他一封可在巴黎借支1英镑的证明信。

公民**荣克**支持这一提议，提议通过。

公民**哈里斯**自美国报纸上证实，"圣克里斯平"不是秘密团体，他们已根据马萨诸塞立法机关的一项法令合并成为一个协会。

公民**荣克**报告说，他已经同巴黎的代表们一起到铸铁工人那里去过。铸铁工人表示了巨大的同情，但是无力援助。他们在过去的三年之中已经为捐款花了12.9万英镑，其中一部分是借来的钱。每一名会员的捐款已达每星期2先令5便士半，但他们已不能全部征收上来。现在已经降到每星期1先令。吉尔先生已经给巴黎铸铁工人写了一封很长的信来详细解释这一情况，并致意说，假若情况不是这样，他们本来会把援助当成他们的义务的。

他还拜访了机械工人，受到了很好的接待；此事将交执行委员会表决。

委员会于10时半休会。

主席　乔·E. 哈里斯
书记　约·格·埃卡留斯

委员会会议①

6月14日

出席委员：**波拉、杜邦、埃卡留斯、哈里斯、荣克、列斯纳、米尔**

---

① 本日记录由埃卡留斯记在记录本第73—74页上。

纳、唐森。

公民**哈里斯**主持会议。

宣读并批准了上次会议的记录。

书记报告说,机械工人联合会的书记艾伦先生寄来一篇最近的月报,内称该会的委员会在月报中建议,为巴黎罢工的铸铁工人在全协会作一次2便士的捐款活动,还附寄来赞同这一建议的长篇讲话。这篇月报是要转交给巴黎铸铁工人协会委员会的。

公民**杜邦**说,阿戈萨已经拒绝使用本委员会决定给他的借支,理由是这样可能使他陷入困难。公民杜邦认为这是出于自尊。

书记报告说,他收到一包巴黎支部出的报纸,报纸名称是《社会主义者报》,是在瑞士的纳沙泰尔印刷的。[73]

公民**荣克**报告,他收到了一封来自口内瓦的电报,电报说建筑业业主们已经决定建筑业总同盟歇业,并于上星期六把这一决定付诸实行。

两年以前,为争取将日工作时间减为10小时,并规定每小时的工资额,曾举行了一次罢工。[74]司法和警务部长①那时提出了一项协议:工人在冬季每天工作9小时,在夏季每天工作11小时。但次年春季每天工作11小时时,业主们却拒绝比冬季9小时多付工资。当时作出的另一个妥协规定每小时工资45分。抹灰泥工人在协定上签了字,但却始终未能使业主照付工资。于是他们在最近罢了工。业主们因此满城贴出布告,请求联邦政府驱逐外国人并解散国际协会,并说如果抹灰泥工人不在9日复工,建筑场地就要在11日关闭。他们已经这样做了。

钟表业工人在联合宫召开了一次人数极多的大会,有5000工人参加,抗议业主们的这一行动。[75]

经过一阵交谈之后,**荣克**提议下星期二召开一次会议,以决定能够

---

① 康佩里奥。

做些什么事情。

公民**杜邦**附议，提议一致通过。

公民**赛拉叶**说，他收到的一封巴塞罗那来信说，举行了一次大规模的城市会议，会议拥护国际协会。代表大会将于19日在巴塞罗那召开。他们需要工会章程。巴斯特利卡已经平安到达巴塞罗那。[76]

然后他陈述了小委员会已经同意为答复上次那封来信要怎样做。

委员会于11时休会。

签名　托马斯·莫特斯赫德，

1870年6月21日

书记　约·格·埃卡留斯

委员会会议[①]

6月21日

出席委员：波拉、杜邦、埃卡留斯、布拉德尼克、威·黑尔斯、哈里斯、荣克、列斯纳、吕利埃、米尔纳、莫特斯赫德、默里、斯特普尼、唐森、韦斯顿、施穆茨。

泥水匠协会和家具制造工人联合会的代表也出席了会议。

一致推选公民**莫特斯赫德**主持会议。

宣读并批准了上次会议的记录。

公民**赛拉叶**报告，收到了一封布鲁塞尔来信，内装一张200法郎的邮政汇票作为会费，另有提交下次代表大会的两个问题。

公民**荣克**报告，收到了一封安特卫普来信，内称因为我们的正式文件未经荷兰书记签字，我们在荷兰的朋友们有所不满。有个鹿特丹人请

---

① 本日记录由埃卡留斯记在记录本第75—76页上。

求发给他证书，以便在那里成立一个支部。①他很有名，可以信赖，但是应有一个条件，即他须与阿姆斯特丹建立通讯联系。据称瓦尔兰现在在安特卫普工作，但似乎不甚愉快；弗兰芒人是个相当沉郁的民族。写信人要求寄去一份英国报纸来交换《工人报》。

由于提出的英国报纸不是总委员会能够同意的，这个问题搁置下来。

然后公民**荣克**开始就日内瓦的同盟歇业发言。在简短地重述了导致同盟歇业的事实后，他接着说，歇业以后，曾有三名大参议会的议员质询司法和警务部长康佩里奥，问他打算怎么办；康佩里奥回答说，他要尊重劳动自由。

成立了一个支持被歇业工人的委员会，由其他行业的成员组成，但被歇业的工人可以参加。建筑业主们殴打了工人，并且互相巡察场地，阻止干活。

有些同建筑业主订有建筑合同的业主，则照常召请工人去干活，现在正在这样干着。荣克认为，如果呼吁支援，各工会当前还没有足够的财力来保证办到。而如果办不到，这就要给人留下坏印象。可是，日内瓦人总得尽到他们的责任，还是应该做一点事情。

主席说，如果本委员会不发出呼吁，那就会玩忽职责。

公民**哈里斯**说，他并不是一个工会会员，但是他认为，向英国各工会发出一封公开信是本委员会至少能够做到的事情。他提议向组织起来的各个行业发出一封吁请援助的公开信。

泥水匠委员会代表萨列尔先生附议该建议。

公民**韦斯顿**认为，一次次的罢工和同盟歇业妨碍了本委员会的活动，但是由于本委员会是各国工会团体之间的联络环节，他除了对这项

---

① 显然指菲力浦·冯·勒兹根·冯·弗洛斯。

提议衷心支持外，没有别的可说。

主席说，本委员会并不煽动或命令罢工与歇业，但是当发生了罢工和歇业时，本委员会就要尽它的职责。这次是英国的同盟歇业方式在大陆上的初次试用。可是，同盟歇业并没有使伦敦的建筑业者得到过什么好处。

公民**荣克**要求把这一提案内容扩大，把欧洲大陆和美国的各工会团体和各协会分部也包括进去。

一致通过了这一建议。

根据主席的建议，公民**韦斯顿**提议，委托公民马克思起草这一公开信。

公民**列斯纳**附议。

一致通过。

公民**吕利埃**预告说，两个星期之后他将提议：考虑不用罢工的方法来进行反对资本的斗争。

根据**书记**的提议，决定付给科塔姆先生印刷会员证卡片的6英镑欠款。

委员会于11时休会。

主席　海·荣克

书记　约·格·埃卡留斯

委员会会议①

6月28日

出席委员：**阿普尔加思、波拉、杜邦、埃卡留斯、约·黑尔斯、哈**

---

① 本日记录由埃卡留斯记在记录本第77—78页上。

里斯、荣克、列斯纳、鲁克拉夫特、马克思、吕利埃、赛拉叶、斯特普尼、韦斯顿。

公民**荣克**主持会议。

宣读并批准了上次会议的记录。

公民**马克思**报告，收到了一封德国来信，信中说美因兹市的大理石厅业经市长首肯，供作代表大会开会之用。[77]

纽约的德国劳工联盟来信，坚决主张应派代表参加美国劳工代表大会。[78]

委派公民马克思复信，说我们的财力不允许这样做。

还要求寄去会员证卡片。寄去200张。

公民**杜邦**报告说，鲁昂的地方代表大会遭到查禁。

公民**赛拉叶**说，西班牙代表大会通过了致总委员会的一份声明。他们接受了协会章程等文件，并向本委员会表示祝贺。[79]

一封日内瓦来信要求本委员会尽快作出决定。[80]

公民**马克思**认为，本委员会所能做的唯一的事情，就是让从协会开始建立时起就帮助协会的日内瓦委员会①自然发展。这个委员会已在各方面完成了它的任务，而且在瑞士代表大会上比另一派人有更多的拥护者，虽然代表比他们少几个。关于接纳同盟加入协会的表决也应予以通知。[81]新委员会可挑选一个地区性的名称。

公民**韦斯顿**说，如果他们鼓吹回避政治，并照此实行，那就没有资格作组织者。同盟只是在遵守国际章程这个条件下才被默认的。

阿普尔加思附议，提案一致通过。

公民**马克思**提议，把总委员会自伦敦迁移到布鲁塞尔。我们不能让总委员会驻在伦敦成为一种特权。代表大会也许不接受这项建议，那时

---

① 瑞士罗曼语区联合会委员会。

我们可以进行解释。

公民**鲁克拉夫特**附议；他说许多大陆上的人认为，我们让自己承担的责任太多了。代表大会必须对此作出论断。

公民**哈里斯**想要知道，我们是否有一个英国支部。

公民**杜邦**表示赞同。

公民**阿普尔加思**说，所有的老会员都知道，我们并没有一个英国支部。

公民**吕利埃**想要知道，为什么不①选择布鲁塞尔。

他被告知，只有比利时和瑞士是协会能够在大陆上合法存在的国家。

公民**米尔纳**很高兴地支持这一提案，因为在大陆上他们可以把问题搞得透彻些。他知道这个国家②的不称职之处。

公民**韦斯顿**大体上赞成这一提案。他说，如果说我们不称职，那是因为我们没弄到资金。

公民**黑尔斯**提议：暂停讨论这一问题。

公民**杜邦**反对暂停讨论。

公民**黑尔斯**提出修正案：本委员会请下届代表大会考虑，把总委员会迁离伦敦是否适当。

公民**杜邦**［说］，这个修正案只能引起思想混乱。总委员会既不能设在法国，也不能设在德国，必须提出一个从此地迁去的地方。

公民**马克思**说，本委员会一向受到人们善待，已经被重新任命四次了。他提议把那些决议寄给所有的支部。

公民**黑尔斯**提议，把它们与代表大会的议程一起寄出。

---

① 从上下文看，此处"不"字是衍文。——译者注
② 指英国。——译者注

通过了原来的提案。

公民**黑尔斯**预告,将建议重新考虑这个问题。

杜邦提名斯托尔为总委员会委员,**赛拉叶**附议。

本·鲁克拉夫特
书记　约·格·埃卡留斯

委员会会议①

7月5日

出席委员:**波拉、布拉德尼克、科恩、杜邦、埃卡留斯、约·黑尔斯、威·黑尔斯、荣克、列斯纳、鲁克拉夫特、马克思、米尔纳、默里、斯特普尼、赛拉叶、唐森、韦斯顿**。

公民**鲁克拉夫特**主持会议。

宣读并批准了上次会议的记录。

公民**马克思**报告,收到德国社会民主党执行委员会的一份报告,但没有时间读它,还不了解它的内容。他将为下次会议译出其主要部分。

公民**杜邦**收到西班牙的巴斯特利卡的一封来信,据他说已把西班牙代表大会的一份报道寄给本委员会,但还没有收到。已选定马德里为西班牙委员会的所在地;前已到达巴塞罗那的六名代表组成了委员会。

巴黎人希望本委员会驳斥检查官奥卢瓦的不实之辞。[82]

公民**马克思**说,要这么做,他们必须先送来控告状;根据报纸报道来驳斥是不行的。

公民**杜邦**提议,应以正式决议委派他向巴黎支部索取控告状。他说,他还为别的事情写[过]信,但是什么答复都未[曾]收到。

---

① 本日记录由埃卡留斯记在记录本第79—82页上。

提案得到通过。

公民**荣克**说，据日内瓦罢工公报载称，资产阶级一般是对建筑业主的行为不满的。有些工厂主曾努力要实现一项解决办法，但徒劳无功，因为建筑业主一概不听。工会的医生把工会欠他的钱赠送给工会了。

然后宣读了一封纽约公民休谟的来信，信中表示接受证书，说他将印制会员证，并将要求工会职员在他们各自的团体范围内成立支部。他认为，他可以把这样做的权力委托给这些职员，他希望知道这个想法正确与否。

书记提议：承认这一权力。

公民**科恩**赞成这一提议。

公民**约·黑尔斯**认为，一旦允准了向下面的再委托，就将无法控制。

主席说，在成立了协会的国家中，这样的权力是不需要的，因为新成立的团体可以加入协会。但是在美国，目前我们什么也没有。一俟成立了支部，支部就会任命自己的职员了。

公民**马克思**说，克吕泽烈现在只是纽约法国人支部的通讯员。

公民**米尔纳**说，只要纽约的各团体拥护［休谟］，休谟是可以只用正规的方法办好吸收会员这件事情的。建议他只执行我们所要求做的事情。

公民**黑尔斯**担心这样做会使协会分裂成几个派别。曾经通过了一项关于法国的决议：凡是任命了通讯员的团体即应被认为加入了协会。如果许可休谟委托权力给一个人，那就不能拒绝他委托权力给另一个人。谁也不能预料这会导致什么情况。

书记说，他并不担心这个。他已在附寄证书的信中清楚地告诉休谟：一俟他吸收的会员自己组成了一个团体，他作为总委员会代理人的职务就告结束。那时会员们就必［须］任命他们自己的通讯员。一旦他们任命了，他就不再是总委员会的通讯员，而是该支部对总委员会的通讯员了。

公民**马克思**说，休谟只可以按照章程办事；我们需要一个这样子的人。

公民**黑尔斯**提议：要求休谟尽快地成立一个美国支部。

公民**默里**附议。

书记反对说，发给休谟证书就是为了成立支部。公民黑尔斯的提议只能妨碍他活动。当前的情况是：他可以在一个地方组织一个支部，并［使］之与总委员会联系，然后继续在另一个地方组织支部。

公民**荣克**建议：由书记按照本委员会的意见起草一封复信，于下星期提出；还希望讨论推荐人选与发给证书的一整套做法。

米尔纳提出对公民黑尔斯建议的修正案：该信件须经批准。

公民**荣克**附议。他说，我们的大陆通讯员从未做过对下面的再委托，他们只是有时推荐出人来由本委员会去委托。

公民**默里**说，本委员会对委托权力应该慎重，也许会把权力委托给密探的。

马克思赞成这一合乎章程的修正案；只要书记知道应当用什么精神写信，这个问题就可以决定下来了。

这一修正案以 9 票赞成，5 票反对获得通过。

根据公民**默里**附议的公民**科恩**的提议，委托书记印出 500 份关于同盟歇业事件的传单。

然后公民**黑尔斯**重新提出总委员会迁移的问题。他不反对那一决议，但是总委员会的地点是个重要问题。他提议：当本委员会认为代表大会应考虑总委员会的迁移时，本委员会也就是认为代表大会必须不忽视这一事实，即需要一个世界性的组合体。一个纯粹民族性的支部的视野总是民族性的。它做不到我们所要求的事情。如果各民族在布鲁塞尔就像在伦敦那样都有代表,它就同意。

威·黑尔斯附议。

公民**荣克**提请转入本日议程。

公民**米尔纳**附议。英国支部的作为甚少,他感到惭愧;如果能为总委员会找到更好的地点,他会高兴的。

公民**默里**不希望总委员会离开伦敦,他认为总委员会在别处[不]会有同样的影响力。

公民**马克思**不反对休会以便充分考虑这个问题。如果黑尔斯的决议案得到通过,那就等于既主张考虑总委员会的迁移问题,又告诉代表大会伦敦是总委员会所能坐落的唯一地点。

公民**科恩**说,若不取消这个决议案,就不能重新考虑这个问题。

随即议定,把这个问题推延到下次会议讨论。

委员会于11时休会。

本·鲁克拉夫特
书记 约·格·埃卡留斯

委员会会议①

7月12日

出席委员:阿普尔加思、波拉、埃卡留斯、约翰·黑尔斯、威·黑尔斯、哈里斯、荣克、列斯纳、鲁克拉夫特、马克思、米尔纳、默里、赛拉叶、斯特普尼、斯托尔、唐森、韦斯顿、扎比茨基。

公民**鲁克拉夫特**主持会议。

---

① 本日记录由埃卡留斯记在记录本第82—88页上。

宣读并批准了上次会议的记录。

书记宣读了己把同盟歇业事件传单寄去的地名表。

公民哈里斯建议，与波士顿的杂志①通信，并与奥尔德斯盖特大街金兹阿姆斯的抹灰泥工人协会通信。

勒梅特尔刚从巴黎来到，给杜邦带来一份书写的文件；但因杜邦已离开伦敦[83]，文件交给了本委员会保管。他对本委员会与法国人分部之间竟存在着分歧深感遗憾。他曾在巴黎受审；有几名被告人认为：在这需要最大程度的全体一致的时候，竟作出并公布了含敌意的宣言，这是很不幸的。他认为分歧只是个人的。巴黎联合会②希望达成一项协议；如果他能帮助使［协议］实现，他会很感高兴。

公民马克思认为，巴黎联合会竟提出这样一个建议来，是不对的。本委员会将把与此事有关的一切行动向代表大会提出，但现在还不能对此进行考虑。

主席认为，应继续进行正常事务的讨论。

公民米尔纳希望那个建议的主旨可被接受下来。

公民阿普尔加思说，恭听了那一建议，又因我们对存在着的分歧持有自己的见解，本委员会现应讨论正常事务，而在适当的时候再考虑这个问题。

勒梅特尔说，巴黎人不能每天派来一名代表。他想知道他现在是否能带一个答复回巴黎去，或者是否要在以后的会议上考虑这个问题，并把答复寄到巴黎。他并不是作为一名代表前来的，而只是代表几个朋友。他没有证件，因为没有机会按正规手续办理。

公民荣克收到过一封镀锡铁皮工人协会寄给杜邦的信；并没有什么

---

① 显然是指《美国工人周报》。
② 原用词为"巴黎人"，改为"巴黎联合会"。

困难阻碍过发给证件。

公民**马克思**说，本委员会不能接受没有证件的代表带来的这一建议。

公民**约·黑尔斯**看不出有什么理由要向大家都认识的人等待证件。他提议接受和考虑这个建议，并给以回答。

公民**哈里斯**附议。巴黎人已经费事派来一名代表，他们有权要求听取他们的意见，考虑他们的建议。

公民**赛拉叶**说，大多数被告人已经否定了法国人分部的行动；他赞成把问题向代表大会提出。为了宣告我们的人是没有责任的，已经公布了关于法国人分部的决议。他不相信巴黎联合会和这件事有什么关系；那只是几个朋友的意思罢了。

公民**荣克**说，首先，勒梅特尔只是一名法国人分部的成员，而不是协会的会员。有些对法国人分部的行为一无所知的年轻会员也许会支持法国人分部，但是老会员们是反对它的。如果总委员会必得接受法国人分部成员提出的问题，那末每个星期都会有个什么人带着声明前来，而总委员会也就必得接受这个声明。总委员会与法国人分部之间的分歧并不只是一种意见上的分歧，而是原则上和行动方式上的分歧。老巴黎会员们认为总委员会对法国人分部是过于宽容了。

公民**马克思**说，总委员会必须与之交往的唯一方面是巴黎联合会，所能做的最好的事情是写信给巴黎，询问他们对总委员会针对法国人分部所采取的行动是否有所不满；如果他们需要解释，可以寄给他们。

公民**黑尔斯**希望，不要认为［他］是同意法国人的行为的；但是我们不妨对这一分裂表示惋惜，并接受一个可以达成协议的提案。

决定写信给巴黎联合会，有两票反对。

法国通讯

一封由康格里夫转来的实证主义者①的来信说，可耻的起诉是耽搁了写信的原因，并且使我们越发需要联合了。他们认为，对于一个虽然在原则上有某些不同、但是正在为着共同目的而工作的团体，国际许可它加入协会，这是件高尚的事情。他们已寄来了会费。

巴黎镀锡铁皮工人在一封信中报告说，他们举行了一次全会，任命了一名出席代表大会的代表。这乃是对政府的一个抗议。

公民**荣克**报告说，机械工人联合会所决议给予巴黎铸工协会的贷款，是他们以前所未有的绝大多数票通过的。但在递送这笔钱的方式上犹豫不决。

公民**阿普尔加思**说，递送这样一大笔钱是有危险的，因为警察的眼睛正在盯着每一个与这件事有关的人。他曾和几个朋友商议过，他们认为由一个人把钱带往巴黎去是可取的。这费不了多少钱，又能产生广泛的影响。他想如果本委员会予以委托的话，机械工人可以做这件事。他提出下列决议：

"总委员会热诚感谢给予巴黎铸铁工人的这笔相当大的捐款。由于考虑到巴黎的不安定事态，考虑到若以通常方法邮寄，则此款有落入歹人之手的危险，我们采取了这样一种妥当的办法，即委托机械工人协会总书记携带此款交到巴黎铸工协会负责职员之手。这种办法除能保证此款的安全交付外，还可对争端的解决产生巨大的道义影响。"

他进而建议：派一个代表团携带上述委托书到机械工人协会委员会去，并委托该代表团邀请机械工人派代表参加下届代表大会。

---

① 指"无产阶级实证主义者协会"。

公民韦斯顿附议，提议一致通过。

书记提议：由阿普尔加思和荣克组成该代表团。通过。

然后恢复讨论中断了的考虑总委员会迁移的问题。

公民米尔纳认为，并没有把工作像应该的那样做好。如果别人有机会把工作做得更好，他会高兴的。

公民马克思愿意讲一下现正考虑的是什么问题，以供前未出席的人了解情况。曾提议写信给各支部，请它们考虑把总委员会迁离伦敦是否合适。如果它们赞成迁离，则建议迁往布鲁塞尔。这一提案业［已］通过，但是公民黑尔斯已表示反对；又因尚未向各书记发出指令，这一表决也尚未传达。公民黑尔斯认为这个问题尚未经过充分考虑，并且希望使它采取另外一种形式。总委员会的选举一向是在代表大会的最后时刻进行，而迁移它的提案在有些人看来会像是不信任投票。所以这个问题应根据委员会的建议作预先讨论。

公民黑尔斯认为马克思理解错了。他并不要求取消那个决议，或对它作任何形式的改动，而只是要求用一个声明来限定它。他反对米尔纳认为本委员会没有做好工作的观点。不须委员们发表对自己工作的看法，应由别人来下判断。现在他要提议：当本委员会认为需要各支部充分讨论迁移总委员会的可取性时，必须注意的是总委员会应该有一种全世界的性质。应该特别搞清楚的是：这个负责指导的委员会之所以必须是国际性的，是因为我们希望产生一种国际感。他所呆过的其他地方，没有一处曾把问题讨论得像在这个委员会那样具有这么多种多样的意见，并且把问题弄得这么清楚明白。本委员会必须是全世界性的。他知道布鲁塞尔是一个大城市，那里也可能具备一切必要的条件。他要求本委员会建议举行这个讨论，但同时也提出应予注意之点。

他的提议的方针在性质上与已经通过的那个不同；那个提案是要发到各支部去预先讨论的，从而为代表大会作好准备。他并不反对这样做，但是他不希望把他的提议预先发出。他甚至不希望在代表大会上宣读他的提议，但他的提议可以作为对代表们的指导。他不想惹人不快，但是必须着重声明：任何民族的精神不得占支配地位。无论在委员会会议上意见有多么不同，但在提出的方式上已经取得一致。如果他的提议得不到通过，他也不会反对马克思的提议的。

主席说，我们全都同意本委员会应该是全世界性的，也全都同意应请各支部讨论这个问题。因此我们已可以作出决定了。公民黑尔斯的建议只是要表达出一种意见罢了。

书记说，公民黑尔斯现在的建议已经作了相当大的修改。各支部将讨论这个问题；讨论只能在代表大会开会以前进行，不能在代表大会上进行。他的建议的其余部分已由协会章程作了规定。其中恰好规定了总委员会应由参加协会的各个民族的工人组成。[84]没有什么需要特别指出的了，因为这个章程已极为清楚明白，而各支部熟悉章程则是当然的事情。

公民**荣克**反对作为意见来表达，更甚于对作为一个确定性决议的反对。既已决定了本委员会的迁移问题应予讨论，然后又告诉代表大会必须选择如此这般的一个地点，他是耻于把这种指导作为提议带到代表大会上去的。

公民**马克思**说，第一个国际协会就是在布鲁塞尔成立的；伦敦的民主派兄弟会曾经是它的一个分会。[85]

然后把提案付诸表决；仅有3票赞成。

然后**书记**提出代表大会小组委员会关于代表大会议程的报告。

小组委员会建议：

1. 把土地变为公有制的实际路线和方法。比利时提案，即在农业工人中成立支部并使之与城市工人相联系，作为本项下的附属问题。

2. 关于工人阶级的政治活动与社会运动之间的联系。[86]

3. 取消国债，给予公平赔偿。

4. 把一切发行钞票的银行改变为国家银行。

5. 关于在全国范围内进行合作生产的条件。

6. 必须执行 1866 年日内瓦代表大会关于劳动统计的决议。

主席问为什么取消了工人议会代表权问题。

公民**马克思**：那只不过是一个英国问题。只是在英国，工人阶级的政治问题才是议会代表权问题。对政治性的工人运动有种种考虑方式，我们必须有一个广泛的形式把它们包括起来。

公民**哈里斯**问，那项关于银行的决议中是否包含信贷问题。

公民**米尔纳**：这个问题即使换别的不同的方式也不能使它成为国际性问题。

公民**马克思**说，那种英国的银行法案[87]在大陆上是不存在的。在德国，他们有一种价值低如 3 先令的纸币。

公民**哈里斯**说，银行是信贷的自然结果；信贷是银行之母。

书记然后代表小组委员会建议采纳议程。

第一个问题不能予以否决，因为它是由上届代表大会决定了要在下一届代表大会上考虑的。通过。

关于第二个问题，公民**黑尔斯**说它会引起过多的问题。它将引起一场关于政治活动理论的讨论。所以他要建议把它改成下述文意："工人阶级所应采取的最佳政治活动。"这将保证协会去做些事情。

因无人附议，这一提议不能成立；小组委员会的提议获得通过。

第三、四、五、六各项未予讨论即获得通过。

公民**黑尔斯**然后提出一个反对战争的宣言，作为第七项问题，公民**韦斯顿**附议，公民**默里**支持。

公民**荣克**认为，重申这一宣言是没有用处的，这一宣言已经在好几届代表大会上宣布过了。可以承续以前决议的唯一提案，是废除常备军的实际办法。资产阶级的各届议会都曾宣布过反对战争，但是它们又决议拨款去维持常备军来镇压工人。

公民黑尔斯说,他愿意接受荣克的意见,把他的提案改为"废除常备军的最好办法和防止战争"。

公民**马克思**说,他赞成总委员会作出一个反对战争的宣言,以防战争万一爆发。

主席裁定,这不属于提交给他的问题,但是他赞成这一提案。他与公民荣克意见不同,他认为反对战争的宣言重复多少次也不要紧。

然后把这个问题付诸表决。

7票赞成,7票反对。

主席投了表示赞成的决定性的一票。

委员会于11时15分休会。

本·鲁克拉夫特

书记 约·格·埃卡留斯

总委员会会议①

7月19日

出席委员:波拉、埃卡留斯、约·黑尔斯、威·黑尔斯、荣克、列斯纳、马克思、米尔纳、默里、鲁克拉夫特、普芬德、赛拉叶、斯特普尼、唐森、韦斯顿。

公民**鲁克拉夫特**主持会议。

宣读并批准了上次会议的记录。

书记②报告说,收到美因茨正在罢工的鞋匠来信,信中要求在英国

---

① 本日记录由埃卡留斯记在第三册记录本第88—90页上。
② 埃卡留斯。

宣传这一罢工。[88]

公民荣克收到一封来自日内瓦的感谢总委员会决议的信。[89]他们必须同各种阴谋诡计进行斗争，决议将会支持他们。日内瓦的资产阶级对钟表匠支持因同盟歇业而被解雇的建筑工人感到震惊。[90]

在那不勒斯，警探建立了一个国际新支部。

总委员会的决议已从日内瓦用电报通知给巴枯宁。公民荣克要求会议委托他在大陆报纸上发表这项决议。[91]这一要求被通过。

他已通知绍德封方面，如果他们鼓吹完全放弃政治活动，那他们就将失去担任领导工作的资格。

来自巴黎的一封信中说，4月份的时候巴黎联合会有10个团体，而现在则有36个团体，并且还有一些新的团体正在酝酿中。有10个团体向总委员会交了会费，信中附有一张100法郎的银行券。

办报的尝试花掉了16镑。报纸的第1号只有一份一份地通过邮局寄出去的才送到了订户手里，通过铁路托运寄出的包裹被没收了，第2号则全部被没收。[92]审讯的报道将以小册子的形式发表，并将寄给总委员会若干册。[93]

对劳动的统计正在进行中。

缪拉来信说，起诉并没有吓倒国际：它将再次抬起头来，永不屈服。

来自布雷斯特的一封信说，有两个会员遭到逮捕，被扒光衣服搜身，在监狱里关了28天才放出来。其中一个还被他所在的兵工厂解雇，失去了退休金，另一个料想也会遭到同样的对待。

公民马克思宣读了一封私人信件，信中谈到法国各省没有要打仗的情绪和巴黎人为地制造狂热的情况，他把巴黎支部反战宣言的部分段落翻译出来。[94]他还提请会议注意：财务委员会还没有提出任何报告。

杜邦来信表示希望总委员会发表一篇反战声明。

公民**黑尔斯**说财务委员会没有履行职责，它既没有准备任何报告，也没有提出任何建议。

在听取了一些解释以后，会议决定这个委员会应在本星期六开会。

公民**荣克**报告说，机械工人委员会没有决定如何把钱送往巴黎。[95]

公民**黑尔斯**提议委托马克思起草一篇反战宣言。

公民**马克思**说，开始起草之前委员们必须先发表自己的观点。总委员会不能发表巴黎人那样的宣言，总委员会的宣言必须是国际性的宣言。

公民**默里**表示根本反对战争。工人不需要打仗。

主席①说，委员们应该表明自己的观点，以便马克思有所遵循。我们可以对双方表示厌恶而采取中立，也可以主张不惜任何代价争取和平，他为千百万人无力制止战争而感到羞耻。我们应该让全世界知道，如果我们有能力的话我们一定去制止战争。

公民**黑尔斯**希望指出这样一点，即让一小撮人来决定和平与战争是危险的，其所以如此，是由于人民自己的错误。

公民**米尔纳**说，对任何其他强国必须像对拿破仑一样加以谴责。

公民**马克思**说：我们不能考虑一般的战争问题，只能考虑当前这一特定情况。

公民**黑尔斯**接着提议，**韦斯顿**附议，委托马克思起草宣言，经小委员会批准后发表。[96]通过。

委员会于 11 时 20 分休会。

约翰·韦斯顿
书记　约·乔治·埃卡留斯

---

① 鲁克拉夫特。

总委员会会议[①]
7月26日[97]

出席委员：**阿普尔加思**、**波拉**、**布恩**、**约·黑尔斯**、**威·黑尔斯**、**荣克**、**列斯纳**、**鲁克拉夫特**、**马克思**、**米尔纳**、**默里**、**哈里斯**、**赛拉叶**、**斯特普尼**、**斯托尔**、**唐森**、**韦斯顿**。

公民**韦斯顿**主持会议。

宣读并批准了上次会议的记录。

公民**赛拉叶**报告说，6名协会会员在布雷斯特被判处监禁和罚金，他们的组织被解散。那里的检察官讲的也就是巴黎检察官讲的关于马志尼和皮阿的那些话。[98]那里的检察官还把布鲁塞尔的那家报纸[②]称作法国支部的机关报。

公民**马克思**报告说，在巴黎，还有15名会员，包括托伦在内，已被法国政府列为警察检举的对象。

在里昂，动用军队镇压了一次和平示威。在阿尔萨斯，约有4万名工人不管什么战争不战争举行了罢工，但最值得注意的是，那位被所有英国报刊称为工人之友的多耳富斯的公司里的技工们也罢了工。[99]

在北德意志议会表决为数1.2亿的军事贷款时，两位协会会员——李卜克内西和倍倍尔弃权，他们在一份书面声明中申述理由说，他们不能参加投票，因为这是一场王朝战争，如果投赞成票，就意味着对普鲁士内阁投了信任票，如果投反对票，就可能被解释为对波拿巴罪恶阴谋

[①] 本日记录由埃卡留斯记在会议记录本第91—94页上。

[②] 这里记得显然不准确，应该是《马赛曲报》。

的赞同。①

他们宣布,作为社会共和主义者,作为不分国籍反对一切压迫者和以联合所有被压迫者为目的的国际的会员,他们不能参加投票。他们表示相信欧洲人民将会竭尽全力去夺取成为自己命运主人的权力。[100]

公民**马克思**接着宣读了经小委员会批准的宣言。宣言得到一致赞同。②

有人问,为使宣言得以发表采取了什么办法,**书记**③回答说,他已经把宣言寄给《泰晤士报》,并附有一封可作为宣言的引言的致编者信,如果他们反对用其他形式,那末就以《致编者信》为标题发表。他还说,在确知《泰晤士报》表示不予刊登之前[101],宣言不投送给任何别家晨报。他认为在任何一家报纸上全文发表的希望都很小。

公民**哈里斯**说,书记只把宣言附上一封私人信件投送给《泰晤士报》,这不行;宣言应该既投送给垄断的大报,也投送给现有的各家小报。

书记回答说,那样当书记的就没法办了。他不能给每一家报社都抄送一份宣言,把宣言抄写一遍就得花费大约三个半小时。如果《泰晤士报》刊登它,《周刊》和地方报纸也都会刊登,如果《泰晤士报》不刊登,《周刊》和地方报纸也不会刊登。他认为宣言应该印刷发行。

公民**马克思**说,那天他已把宣言送给另一家报纸的编辑,估计会发表。[102]

公民**鲁克拉夫特**认为我们不应该依靠《泰晤士报》或其他任何报纸,他愿意为印刷宣言拿出2先令6便士。

---

① 原稿中此处划掉一句话,其内容与下一段相同。
② 见本卷《国际工人协会总委员会关于普法战争的第一篇宣言》。——编者注
③ 埃卡留斯。

公民**阿普尔加思**、**布恩**、**哈里斯**等人也答应这样做。

公民**布恩**接着提议印刷宣言。

公民**约·黑尔斯**附议，公民**阿普尔加思**支持。

一致通过并［议定］印 1000 份。

公民**米尔纳**提议，公民**布恩**附议，搞一次募捐来筹集一项永久性的印刷基金，并在宣言中加一个脚注向外界公众发出呼吁。

公民**黑尔斯**提出一项修正案，将这一问题留待代表大会以后再谈。财务委员会什么事也没做，总委员会不了解自己的财务情况，此项基金也许并不需要。

公民**哈里斯**说，他曾经三次参与整顿财务委员会的事务，但没有帐簿交给他，如果需要的话，他愿查看所有的旧帐簿。但财务委员会不是印刷委员会，它与此事无关。

公民**鲁克拉夫特**说，不要离开议题，现在的议题是加一条募捐的脚注，他反对这个办法。

公民**默里**认为印 1000 份满足不了需要。他同意这项提案，并认为应把宣言译成各种文字。

公民**阿普尔加思**表示，如果把这个提案一分为二，即筹集一笔印刷基金和随宣言一起发一个通告进行募捐，他是不会反对的。

公民**米尔纳**问，如果不把它发表，人们怎么知道。

公民**默里**主张向协会所属各团体呼吁。

书记说，他反对这个提案。这样会使外界公众知道我们经费不足，从而会降低我们的威望，因为这种威望在很大程度上靠的是相信我们掌握的钱很多，并且这样做也不会弄到什么钱。最糟糕的莫过于告诉外界公众及各国政府我们穷。

公民**布恩**觉得为筹集一项印刷基金而募捐不会带来什么危害。

公民**米尔纳**认为，穷没有什么不光彩，他不怕承认它，也不怕人家知道。别的团体，特别是基督教团体也进行募捐，任何运动都离不了它。

公民**荣克**说，我们过去的情况比目前更困难得多，我们还是勉强维持过来了，这是某些资产阶级运动没有做到的。如果我们暴露了我们的穷困，报界就不会像以前那样尊重我们了，就是因为他们以为我们［的］钱很多，才把我们看成是强有力的。他反对做那样一个脚注。

公民**马克思**说，要是会费都交来的话，我们的钱是够用的；他不反对以通告的形式发出呼吁。宣言要译成其他文字。

公民**布恩**说，基金是为一特定目的而设的，这同协会的财务状况是两回事。

公民**赛拉叶**支持修正案。他在整个晚上一直都没有发言。他反对在代表大会之前为基金发出呼吁。

修正案以 11 票对 5 票通过。

公民**马克思**提请会议注意前一天在《泰晤士报》上发表的一个条约草案，他断言这是个伪造的文件[103]；没有一个法国人会写出这样的法文来。普鲁士官方报纸在 1866 年之前就登过这种东西，而且得到普鲁士政府的同意。工人阶级对于把比利时作为一个单独的国家来维护不感兴趣。比利时曾出动军队杀戮工人。英国政府曾利用拿破仑，他们对他顶礼膜拜，而现在他们要把他踢开了。

下列委员为印刷宣言的费用进行了认捐：阿普尔加思 2 先令 6 便士，布恩 2 先令 6 便士，波拉 6 便士，考埃尔·斯特普尼 5 先令，约·黑尔斯 2 先令 6 便士，哈里斯 2 先令 6 便士，荣克 2 先令 6 便士，鲁克拉夫特 2 先令 6 便士，马克思 5 先令，帕斯卡利 6 便士，斯托尔 2 先令 6 便士，普凡（来自维也纳的客人）1 先令，赛拉叶 2 先令 6 便士，唐森 1 先令。总计 1 英镑 13 先令。当场交付的有 15 先令 6 便士。

委员会于 11 时休会。

约翰·韦斯顿

[已寄发给下列文件的报刊、组织和个人清单]①

[关于战争的宣言（册）]				信件	
《美国工人》	1	伦敦雪茄烟工人	1	编筐工人	1
芝加哥《辩护士报》②	1	西蒂鞋匠	1	装订工人	1
《工人联合报》	1	编织工人	1	泥水匠	1
《波士顿报》③	1	海尔维第亚协会	1	靴帮缝制工	1
《纽约民主主义者报》	1	西头女鞋帮缝制工	1	细木工联合会	1
《世界报》	1	皮箱匠	1	西头细木工	1
哈尼	3	利物浦雪茄烟工人	1	木工	1
特雷维利克	3	多德森	1	木工	1
新民主协会	3	制帽工人	1	裁缝	1
杰瑟普	3	阿兰	1	伦敦马车制造匠	1
休谟	3	抹灰泥工人	1	弹性织品[织工]	1
左尔格	3	铜器抛光工	1	皮箱匠	1
福格特	3	制桶工人慈善协会	1	和平协会	1
鲁克拉夫特	1	铸铁工人	1	伦敦装订工人	1
阿普尔加思	1	镀锡铁皮匠	1	和平协会	1
韦斯顿	1	"银杯'木工	1	米德—马尔登路	1
拉德洛	1	木工（托特纳姆大院路）	1	和平协会	2
斯图亚特·穆勒	1	彩画匠	1	曼彻斯特改革同盟	1
比斯利教授	1	土地和劳动同盟			
福塞特教授	1	（牛津街詹姆斯街）	1		
弗雷德里克·哈里逊	1	同上（老马路）	1		
托马斯·休斯	1	同上（马头酒店）	1		
托马斯·赫胥黎	1	英格兰北部铁器工人	1		

---

① 这个清单由埃卡留斯记在会议记录本第95页上。
② 《工人辩护士报》。
③ 《美国工人周报》。

（续前表）

彼得·泰勒	1	设菲尔德，德龙菲尔德	1
波克罕	1	邓迪	1
菲普森	1	曼彻斯特裁缝	1
《国民改革者》	1	曼彻斯特工联理事会	1
斯特普尼	2	爱丁堡工联理事会	1
马克思	2	都柏林工联理事会	1
裁缝	1	诺丁汉工联理事会	1
《观察家》	1	肯德尔鞋匠	1
编筐工人	1	布兰德福德·约翰·斯密斯	1
装订工人	1	伯明翰抹灰泥工人	1
泥水匠	1	风琴匠	1
靴帮缝制工	1	麦克雷	1
细木［工］联合会	1	伯明翰工联理事会	1
西头细木［工］	1		
切尔西木工	1		
马车制造匠	1		

总委员会会议①

8月2日

出席委员：布恩、波拉、埃卡留斯、约·黑尔斯、荣克、马克思、米尔纳、哈里斯、吕尔、赛拉叶、奥哲尔、斯托尔、唐森、韦斯顿。

公民**韦斯顿**主持会议。

宣读并批准了上次会议的记录。

公民**赛拉叶**宣读了比利时的一封来信，信中提议阿姆斯特丹作为代

---

① 本日记录由埃卡留斯记在会议记录本第96—100页上。

表大会的会址。除意大利和西班牙外,它距离所有的国家都很近。写信人对直接立法问题和教育问题从议程上取消感到惊异。这个支部赞成总委员会留在伦敦[104],但预先告知比利时的代表要在代表大会上质问为什么总委员会干涉瑞士的事情。[105]不理解为什么人人都在抗议战争而总委员会却保持沉默。

公民**荣克**〔说〕,他们有点过于性急了。宣言与这封信可能在路上错过了;他等以后再谈代表大会问题。

公民**马克思**说,宣言发表以后,在德国巴门、慕尼黑、布雷斯劳等地已有更多与我们意思一致的抗议书发表。

书记①报告说,他收到和平协会[106]寄来要求散发的一包宣传和平的小册子。

公民**奥哲尔**认为,如果提出请求的话,和平协会可能会帮助散发我们的宣言。

书记说宣言剩下的份数很少了。

公民**哈里斯**提议,**唐森**附议,再印 1000 份。通过。

主席②宣布说,斯图亚特·穆勒对宣言甚为满意。文中没有一字不恰当,少一个字也不行。

公民**哈里斯**认为,要是他写信告知书记宣言已收到的话,那就更有礼貌了。

公民**荣克**提请会议注意《团结报》上有一篇文章批评总委员会对瑞士那场争执所采取的行动。[107]文章说,并没有要求总委员会进行干涉和裁决。他们谈到他的一封私人信件,这封信被说成是 4 月 27 日写的,而实际上是 21 日写的。他曾受托给双方写信了解详细情况。日内瓦方

---

① 埃卡留斯。
② 韦斯顿。

面立即作了答复。吉约姆则回答说他要把问题提交给委员会，由委员会做出正式答复，但没有收到任何答复。巴黎人责备总委员会行动迟缓，没有快一些把这一问题解决。

就总委员会委员的私人信件进行争论是错误的。他们用李卜克内西和倍倍尔在北德意志议会的行动来为他们放弃政治活动的理论辩解。[108]

巴黎有一个人因喊了"和平万岁"而被判监禁六个月。

公民**马克思**提议，**哈里斯**附议，把问题提交小委员会。通过。

公民**布恩**提议研究代表大会的地点问题。

公民**马克思**要求发表意见。代表大会定于9月5日召开，但目前的形势不利。在巴黎，协会被解散，而且任何法国人没有护照都不能出国。最近来自德国的报告说，我们的党由于战争而缺少经费，处境实在困难。机关报因没钱支付印刷费已被迫把版面缩小一半。德国人将无法派人出来。我们应该等待，我们不能够决定。此外，阿姆斯特丹不是合适的地方。那里没有工业人口，支部新成立不久，我们在当地没有一批力量，也许会给荷兰人造成困难。布鲁塞尔人的建议是不能接受的。应该给所有的支部写信，询问他们是否同意代表大会延期举行。也许可以像1865年那样开一次代表会议[109]而不开代表大会。

公民**荣克**认为阿姆斯特丹是最不适合召开代表大会的地方。那里的工人阶级情绪极为不振。瑞士人将派不出代表，他们也因为战争而不得不缩减自己报纸的版面，许多人被征召入伍，一支6万人的部队处于战备状态，贸易情况肯定不会好。唯一能举行代表大会的地方就是英国，那将只能是英国的代表大会。总委员会要把代表大会推迟，必须征求大陆上会员的意见。我们也许还能在美因茨或者也许在巴黎举行代表大会。

公民**布恩**提议代表大会在伦敦举行，这里不会受到干扰。① 他的意见是，代表大会应该举行，既然别的地方都不行，那就在伦敦开。

公民**米尔纳**只认定一件事，即办任何事情都必须以互相尊重为原则；应该征求各方面会员的意见。我们办事通常都是各个方面取得一致，结果也许会不得不放弃召开大会，但这一提议不应出自我们这里。总委员会在目前的紧急情况下必须树立协会的威信；协会是运动的顶梁柱，如果它动摇的话就会降低运动的威信。在这一问题上必须谨慎，但他希望要顾及他人的方便。凡是不合乎人情的事情都是行不通的。

主席裁定，会上未提出提案。

公民**黑尔斯**说，总委员会负有很大的责任，决不能做任何不符合协会利益的事情。总委员会应该让选举它的人们来决定，［如果］他们赞成延期，总委员会就解脱了一切责任。因此他提议，要求各支部说明是否赞成大会延期，如果赞成，则授予总委员会以确定开会日期的权力。

公民**埃卡留斯**附议该提议，并且说，撇开没有大陆代表出席这一因素不谈，代表大会在伦敦举行，其所产生的精神影响也就只能和在大陆上某个较小的城市举行一样。在大陆上，他们总是能找到很好的地方来开会，在这里，他们就不得不钻到某个角落里去，不能产生影响，而是湮没于伦敦的人海之中。在大陆上的小城市举行代表大会所产生的影响同代表大会本身的工作一样，会给协会带来好处。

公民**马克思**说，如果各支部同意，可以在这里召开代表会议，但他主张征求意见。

公民**布恩**支持征求意见，但是他不认为伦敦像埃卡留斯想象的那样，是一个不适合召开代表大会的地方。如果想引起轰动的话，我们应

---

① 原稿中此处划掉如下一句话："他说他不代表任何人，只代表他自己，这就是他的……"

该到巴黎去。他只是表达他个人的意见,他不是任何人委派的,他只代表他自己,不代表任何人。

主席说,以为总委员会的每一个委员都应该代表选举他的整个协会,这是错误的。

公民**米尔纳**希望取得共同认识。现在不能贬低协会的作用,而是应该加强它的作用。我们一刻也不能放弃召开代表大会的主张,或贬低它的重要性。数以千计的人并非自愿地被召唤到一起,在这种情况下总委员会必须行动起来。战争进行着,千千万万的人将互相残杀,我们必须揭露这一战争,揭露边界的一切情况,现在是挺身而出并表明我们是国际主义者的时候了,总委员会在应该站起来的时候倒要退缩吗?当然应该尽可能考虑会员的方便,但是,他接着说,决不能动摇,只要稍一动摇,事业就会被断送,协会就会一败涂地。我们已在宣言中表明我们并不是不知所措,但我们必须继之以行动。

公民**马克思**说,他不能理解米尔纳的意思。

公民**黑尔斯**说,他所希望的只是征求各支部的意见把代表大会延期;总委员会有权确定地点。

公民**马克思**说,是代表大会确定地点,但总委员会在必要时可加以更改。

公民**斯托尔**说,法国的会员甚至到伦敦来都有被告发的危险。

公民**哈里斯**说:在得到答复之前,整个欧洲可能都卷入了战争。难道我们甚至连在伦敦这样一个没人会注意我们的地方也不能表达立场吗?

公民**马克思**:如果事情变得这样复杂,我们总还可以在这里做好准备行动。

公民**荣克**说:代表大会是具有立法权力的机构,如果我们在没有大陆代表参加的情况下举行代表大会,他们就不承认我们所做的一切有效。公民哈里斯和米尔纳似乎是把代表大会和示威活动混淆起来了。

提案接着交付表决,并一致通过。

公民**黑尔斯**提议解散财务委员会。

公民**哈里斯**附议,会议决定过一个星期再研究这个问题。

委员会于11时15分休会。

本·鲁克拉夫特
书记　约·格奥尔格·埃卡留斯

总委员会会议①

8月9日

出席委员:波拉、埃卡留斯、约·黑尔斯、威·黑尔斯、荣克、列斯纳、鲁克拉夫特、米尔纳、莫特斯赫德、默里、赛拉叶、斯托尔、韦斯顿、唐森。

公民**鲁克拉夫特**主持会议。

宣读上次会议记录,在公民哈里斯建议下作了一处改动后被批准。

书记②宣读了和平协会的一封来信,该协会拟捐款20镑,条件是这笔钱要用于扩大在大陆上传播关于战争的宣言。

公民**黑尔斯**提议接受这笔捐款。

公民**韦斯顿**附议。一致通过。

主席报告说,《格拉斯哥先驱报》全文刊登了宣言,同时还发表了一篇表示赞扬的社论。

许许多多全文发表了宣言的其他地方报纸也被提到了。

---

① 本日记录由埃卡留斯记在会议记录本第100—103页上。
② 埃卡留斯。

公民**赛拉叶**收到一封西班牙来信，信中提议巴塞罗那作为代表大会会址。西班牙的报纸上满篇都是对战争的抗议。

公民**荣克**收到一封那不勒斯来信，信中说不久将寄来一份详细报告，介绍他们在怎样工作，他们怎样因为他们的主席而大伤脑筋，卡波鲁索是怎样进监狱的。卡波鲁索失去了与总委员会进行联系的权利。他在紧要关头背弃了自己的岗位职责，他的行为必须受到追查。[110]

寄来了一份载有卡波鲁索指责对方的文章的报纸。前些时候一封日内瓦来信中说，那不勒斯支部已落入警察手中，应该调查一下，最好给达希写信，因为他同哪一方都没有关系。

在公民**黑尔斯**提议、公民**默里**附议下，会议委托公民**荣克**写信。

公民**黑尔斯**接着提议，公民**默里**附议，授权小委员会安排宣言的翻译和传播事宜。

公民**韦斯顿**认为，总委员会马上就可以做些事情。此事如果小委员会能够办，总委员会也能办。

书记的意见是，授权四位书记，即瑞士书记、比利时书记、德国书记和他本人负责此事。主要问题是在两个交战国内尽可能广泛地传播宣言，法文本必须或者在瑞士或者在比利时印好，然后秘密送到法国。

公民**哈里斯**提议把宣言译成各种文字。

公民**唐森**附议。

公民**黑尔斯**于是把他的提议修改如下：把宣言译成法文和德文印出来加以传播；指定公民马克思、荣克、赛拉叶和埃卡留斯具体执行。那笔钱最好不要用于其他国家，应该只限于法国和德国。

公民**莫特斯赫德**附议。

公民**赛拉叶**说，有［必要］把宣言译成各种文字，但因总委员会委员并不精通所有的语言，而西班牙和意大利支部中有人精通法语，他们会把宣言译成本国文字。

公民①问那样是否符合和平协会的条件。

书记认为符合。宣言将被译出并发表于国际在西班牙、荷兰等国的报刊，但是每一语种都单独出一个版本是不适当的。

公民**哈里斯**承认，没有足够的经费实行他的提议。

公民**黑尔斯**的提议被一致通过。

公民**黑尔斯**接着提议解散财务委员会，因为它没有履行自己的职责，它没有完成交给它的工作。

公民**莫特斯赫德**附议，但不同意说财务委员会没有尽职。他们曾拟定了一项计划，算了一次账，提出了一份报告，但是人们对他们不是以诚相待。他们刚一开口讲话，马上就遭到各方指责，说他们错了。账簿乱得很，谁拿在手里也不知道该怎么办。

公民**哈里斯**说，这些人被指定去干的工作是他们无法完成的，因为他们没有做这种工作所必需的手段。账簿上记得混乱不清，拿到法庭上会认为是无效的。

公民**默里**说，他记得作了报告，而且除财务委员会外没有任何一个人攻击他们，他们是自己攻击了自己。

书记说，催缴拖欠的会费已使一个团体以国际插手政治为借口同国际断绝了关系[111]；另一个团体没有意识到它欠了会费，还有一个没有作出答复。

曾经做过这样的决议，即应该在发出代表大会议程的同时发出呼吁；拟定议程的迟误和战争的发生妨碍了此事，但他已向各个团体写了信。旧的债务已从旧的财务报告上抄下来，都已记入账簿。当时所以没有转账是因为自1867年以来没有一笔还清，1867年把1866年代表大会时应还的40镑中的21镑还了。欠印刷所的5镑后来已由破产法庭定为

---

① 原稿此处无人名。——编者注

坏账，而且他认为别项债务也比坏账好不了许多。如果有钱偿还的话，要查明我们所欠的账并不困难。他敢说，没人能够指出收入和支出记载得不是清清楚楚一目了然。

公民荣克说，财务委员会的设立并不是为了干查账员的工作，账簿应该先经过核查，然后委员会才能弄清我们的状况如何。协会有些事情是年纪轻一些的委员们根本不了解的；他们不知道我们曾经是多么穷困，借给我们钱的人现在没有一个要求还钱。

莫特斯赫德说，查阅账簿是财务委员会的职责，但这一职责被回避掉了。关于旧债问题，他们从书记那里得到一个错误的认识，即旧债时间太久了，不必偿还。这对任何一个团体来说都是耻辱。他必须说，账簿记得如此马虎潦草，人们要进行核查都感到难堪。那位勒吕贝到处对人们说委员会欠了他的钱没有还他。

书记说，勒吕贝索要的是五年前他任法国通讯书记时所花的邮票钱。没有付钱给他是因为他拒不停止通信活动。

财务委员会于是被解散，新的财务委员会也暂不成立。

主席　约翰·黑尔斯
书记　约·格奥尔格·埃卡留斯

总委员会会议[①]

8月16日

出席委员：布恩、凯希尔、科恩、埃卡留斯、约·黑尔斯、威·黑尔斯、哈里斯、荣克、米尔纳、默里、列斯纳、鲁克拉夫特、赛拉叶、韦斯顿。

---

① 本日记录由埃卡留斯记在会议记录本第104—105页上。

公民**约·黑尔斯**主持会议。

宣读并批准了上次会议的记录。

接纳公民爱德华·凯希尔作为托特纳姆大院路分部木工和细木工联合会的代表。

书记报告说,关于战争宣言的译文已经寄往日内瓦,英文本①和法文本都将在那里印好,再从那里送往法国和德国。

公民**韦斯顿**说,他以前提到过的那位老先生交给他一个沙弗林②。如果工人和平委员会[112]经费困难的话,那就对半分,如果不困难,那就全部归国际。

公民**鲁克拉夫特**作为工人委员会的财务委员认为,总委员会更需要这笔钱;因而这笔钱由总委员会收下,同时委托书记再印1000册宣言。

细木工联合会的书记③交来会费1镑,同时也为代表大会经费捐了1镑。

公民**科恩**交了1镑9先令的会费并宣布说,伦敦雪茄烟工人协会已经通过决议,捐给代表大会1镑,一俟代表大会召开的时间、地点决定后即行交付。

公民**荣克**宣读了瑞士德语区委员会的一封来信,信中同意代表大会延期并让总委员会确定时间和地点;还宣读了德国社会民主党执行委员会发来的大意相同的信件。两封信都反对把总委员会迁出伦敦。[113]

公民**哈里斯**报告说,他已把关于战争的宣言寄到西班牙,卡斯泰拉尔收到了一册,他对宣言甚为满意并来信亲切致意。

公民**荣克**宣读了《派尔·麦尔新闻》的鲁宾逊先生给阿普尔加思

---

① 原稿此处有错,应该是"德文本"。
② (英国旧时面值)1英镑的金币。——编者注
③ 斯密斯。

的一封私人信件中的一段话，他在这段话里对宣言给予高度的赞扬。

曼彻斯特的阿普尔顿先生对宣言极为满意，他准备把它翻印散发。

接着就即将任命的财务委员会应该做哪些工作进行了讨论。

主席①说，它应该每周向总委员会报告财务情况，应该筹集经费等等。它不能固定在任何特定的工作上，但它负有经常提出建议的责任。总书记手里不要掌握钱。他如果被任命，要在一个月内查清总委员会的债务；**书记**说这些他马上就可以告诉总委员会。

接着任命公民布恩、约·黑尔斯和赛拉叶组成财务委员会。

授权书记向星期日同盟[114]交付一季度的租金。

委员会于11时休会。

托马斯·莫特斯赫德，

1870年8月23日

书记　约·格奥尔格·埃卡留斯

总委员会会议②

8月23日

（书记的52岁生日）

出席委员：**布恩、埃卡留斯、约·黑尔斯、哈里斯、荣克、列斯纳、鲁克拉夫特、米尔纳、莫特斯赫德、默里、奥哲尔、普芬德、赛拉叶、唐森。**

公民**莫特斯赫德**主持会议。

宣读并批准了上次会议的记录。

---

① 约翰·黑尔斯。
② 本日记录由埃卡留斯记在会议记录本第105—106页上。

书记①报告说，用和平协会赠与的那笔钱，将在日内瓦印刷关于战争的宣言德文本15000册和法文本15000册，送往法国和德国。他还说他已经收到一张20镑的支票，把它交给了瑞士书记②转送出去。

宣读了纽约休谟的一封来信，信中说他几乎热得晕倒了；说他是个年迈的人，到现在只发展了两个会员。他没能参加劳工同盟代表大会。[115]

公民**鲁克拉夫特**报告说，肯特郡的一位和平友人把他自己写的一首诗寄到伯明翰去散发，人家回赠给他一张传单，上面印有我们关于战争的宣言的摘录，为此他寄来了一封赞扬信，信中附有5先令捐赠给总委员会作为经费。

委托书记寄给他一张会员卡及协会的文件。

公民**赛拉叶**宣读了比利时委员会的一封来信，这封信收回了上一封信中关于抗议战争和关于瑞士争端所发表的意见，并同意代表大会延期。

日内瓦的罗曼语区委员会的一封来信说，这个支部一致赞成代表大会延期和总委员会留在伦敦。再没有这样安全的地方了。那些跟拉绍德封跑的支部当中，有一个支部已经回转。巴枯宁和佩龙已被开除。[116]

公民**黑尔斯**说财务委员会已经开了会，但还不能提出一个完整的报告，然而，已经就一项建议取得了一致意见。

主席③认为不等提出完整的报告就来研究问题是不适当的，而且他认为提出的应该是书面报告。

会上提出了几项建议之后，公民**黑尔斯**同意在下周的今天提出一份

---

① 埃卡留斯。
② 荣克。
③ 莫特斯赫德。

书面报告。

公民**赛拉叶**接着提议通过一项关于代表大会延期的正式决议。议论了几句之后通过了如下的决议：

"考虑到协会的大陆各支部关于召开代表大会问题的意见，兹决定第五次年度代表大会延期举行，一有机会立即召开。"

在公民**鲁克拉夫特**提议、公民**哈里斯**附议下，以 2 票反对通过在英国报刊上发表这一决议。[117]

委员会于 11 时休会。

主席　约翰·黑尔斯
约·格奥尔格·埃卡留斯

总委员会会议①

8 月 30 日

出席委员：埃卡留斯、约·黑尔斯、哈里斯、荣克、列斯纳、米尔纳、赛拉叶、唐森。

公民**约·黑尔斯**主持会议。

宣读并批准了上次会议的记录。

书记②报告说，他已经把推迟代表大会的通知送交 25 家报纸，而且他所见到的报纸都已刊登。

一封纽约来信报告说，该市成立了一个法国人支部，大约有 100 名成员，并已任命了一个任期六个月的委员会。[118]章程中取消了主席这一尊贵职位。标志这个支部的诞生的第一个信号，就是发表了反战抗议

---

① 本日记录由埃卡留斯记在会议记录本第 107—110 页上。
② 埃卡留斯。

书。这个支部申请加入协会。会上一致表决予以接纳,并委托书记把这一决定通知法国通讯书记①,以便转给纽约。

杜邦写给斯托尔的信中说,巴黎的石印工人正在罢工,他们已经借给其他团体1.8万法郎而他们自己却没有钱了。他们希望总委员会为他们从英国工会团体取得借款。

公民**荣克**提议,公民**列斯纳**附议,通知杜邦,总委员会无能为力。一致通过。

公民**荣克**报告说,他收到了从布鲁塞尔寄来的七份关于上届代表大会的法文报告。[119]售价1法郎。公民赛拉叶负责此事。

公民**黑尔斯**说,他已代表财务委员会起草了一份报告,但还[没]能提交给委员会的其他委员征求同意。

公民**荣克**接着宣布说,奥斯本·华德今日在座,他就要返回美国,也许他想要说几句话。

公民**华德**说:我只有几句话要讲。我想你们知道我是由纽约的合作团体推为代表来参加你们上届代表大会的。出席大会的那位代表是代表工会的。以前我不是一个工会主义者,但现在我已决意要成为一个这样的人,并且回国后积极参加运动。我认为工会是在社会政治问题方面实行进步改革的一个手段。只有在工会的帮助下我们才能取得政权。

现行的合作社只能产生出一个新的厂主阶级,一个合作社资产阶级。我们要的合作社应当是每个人获得他的全部劳动报酬,而且这种合作社应当由国家创办。一旦我们消灭了证券投机的现政府,我们将能拨出足够的巨款,来使国营合作社生产成为国家的一项制度。可以分出大片土地来,在这片土地上除农业外,还可由政府建立其他各种工业,就像现在的造船厂那样进行生产。应该向它们提供一切节省劳动力的机

---

① 杜邦。

器，但是每个人，男人、妇女和儿童者应工作。因为没有人能够没有工作却兴旺发达。

如果到了年终发现他们所生产的超过了他们的需求，那末劳动时间就应缩短。在节约使用体力——体力的运动对保持健康是必需的——的情况下，每天五小时就足够了。

假如这种联合体已成为国家确认的制度，假如同样的制度也存在于英国、法国、西班牙等国，那末，产品和思想的实际交流就会打开一个无限广阔的领域。我们就会有合作社的船只和国际的旅行手段，这将消灭战争。

在欧洲，你们种植葡萄，这是我们在美国几乎不可缺少的必需品。我们因缺少这种葡萄酒而大受消化不良和肺结核之苦。我是一个机械工人，在美国，机械工人的平均寿命只有35岁。在法国和西班牙，因为有了这些助消化的饮料，他们活得长得多。另一方面，我们种植你们所需要的棉花和其他作物，我们可以相互交换，不让他人从中牟利。这样的事情是能够办到的，并且我认为我们在美国比在欧洲有更好的条件进行大规模的试验。

公民**米尔纳**：如果我理解得正确的话，公民华德是想把工业和农业结合在一起，把增进健康的两种职业联合起来，并且认为由政府拨给土地就能做到。困难在于使工人进入国会。如果我们有组织的话，现在就可以干许多事情，但我们创立不出这样的组织。阻力来自权势者的利益。我们力求改变人们的看法，要他们相信工作是有益于健康的，但他们不肯相信。

公民**黑尔斯**认为，华德把社会现状比作一部建立在错误原则上的机器。

公民**哈里斯**说，社会不能是一部机器，因为机器是没有道德可言的。公民华德是想要达到一个具有更高道德水平的社会。我坚决反对政府，我们对政府领教够了。这里进行了多次试验，但都被假朋友所破坏。我希望这些试验能在美国获得成功，但是你们必须小心谨慎。我反对的是政府的干预。使工人进入国会这将提高他们的道德风气。解放黑人就是为了提高他们的道德风尚，但同时又把他们同土地分离，要他们去干廉价劳动。当他们拒绝时，人家就雇用（东方的）苦力。告诉美国人民，任何政府无权把土地给予任何人，因为土地是属于人民的。世界上最坏的人是那些以统治他人为业的人。我承认，共产主义者和社会主义者会建立一个比我现在生活的社会更好的社会，但是我反对玩弄政府的鬼把戏。我要的是自由。

公民**荣克**说：我并不感到政府有什么可怕。那些掌握了政府权力的人可以推行他们的主张。现在的那些政府都是反对我们的，我们逃避不开，因为我们必须缴税，我们缴的税是用于帮助别人的。如果我们富到能威胁人的程度，他们就要向我们征收更多的税。朋友华德赞成的是某种共产主义的村社，并认为在美国比在欧洲具有更好的条件由国家来帮助创办大规模的合作生产，对此我并不相信，但他做此尝试是正确的，我们将努力尽我们所能给他以协助和鼓励。

公民**华德**：我料到会遇到这样的反对意见。我们对总委员会很崇敬，如果我们得到协会同意的话，我们会比没有得到协会同意做得更多。协会的威信在美国工人当中正在迅速增长，历届代表大会会上的辩论更多地为人们所思考。问题在于，开始行动，把哲学家的理论加以具体化，也就是说付诸实践，这样做对不对？如果对，就告诉我们对，我们就干下去。如果我们能够从逻辑上证明这对社会的进步是必要的，那它就会成功。

公民**哈里斯**：我讲的话决不是贬低公民华德的主张的意义，相反，我已经给了他几处地址，以便他能找到一些善良可靠的人，但他们必须小心谨慎。

委员会于11时休会。

海·荣克

书记 约·格奥尔格·埃卡留斯

总委员会会议①

9月6日

出席委员:布恩、埃卡留斯、哈里斯、荣克、马克思、米尔纳、赛拉叶、唐森、韦斯顿。

公民**荣克**主持会议。

宣读并批准了上次会议的记录。

书记②宣读了森德兰的托马斯·狄克逊写来的一封索取宣言的短信。决定满足此项要求。

宣读了纽约新民主协会[120]的一封来信,委托书记予以回信。

杜邦的一封来信说,他愿意去巴黎,如果总委员会要他去的话。

公民**马克思**宣读了纽约寄来的一封评论休谟的行为的信,此人在他所发出的会员卡上面把自己写作协会在美国的代表,并把鲁克拉夫特写作协会主席。[121]

公民**哈里斯**反对那些只是利用协会来和报界取得联系的人;他认为休谟便是其中之一。

委托书记起草一封给休谟的信,并提交下次会议讨论。

公民**马克思**说他曾收到社会民主党③执行委员会的一封信,信中要

---

① 本日记录由埃卡留斯记在会议记录本第110—113页上。
② 埃卡留斯。
③ 德国社会民主党。

求对工作如何进行提出建议。

他当即写了回信并收到复信说，他们将履行自己的职责。[122]

他接着宣读了巴黎联合会委员会的一封信，信中要求总委员会对德国人民发表一篇宣言。巴黎的国际组织发表的一篇告德国人民书中说，那个对德宣战的人已经落入德国人手中，现在德国军队应该撤走了。[123]

公民马克思说，在德国马上就要召开反对普鲁士政府政策的工人大会了。

主席①报告说有几位德国人到会，他们被法国驱逐出境，他们需要工作。

接着，公民**哈里斯**提议，公民**唐森**附议，对德国工人发表一篇宣言。

公民**米尔纳**认为没有必要讨论。发动战争的那帮人已经不在了，但人民似乎是想继续打下去。困难的是使法国人听得进近情合理的条件，使普鲁士人在提出要求时公允适中。总委员会无论持哪一种观点，都会被另一方指责为偏袒。总委员会可以表示一种意见，其余的留给一个委员会去做，由这个委员会起草宣言。

公民**韦斯顿**认为，应该首先向法国人呼吁。新政府想把战争打下去，把它变成自己的战争。从法国国土上赶走入侵者，这在很大程度上是说大话。他们应该请求入侵者离去，要知道战争的发动者落到了人家的手里。法国人是首先入侵的。我们应该劝告他们提出媾和，当他们这样做了之后，我们再向被迫应战的德国人发出呼吁。如果法国人一意孤行，那他们就要冒天下之大不韪。召开大会的事情正在准备之中。他表达的观点是许多人共有的。他希望法国人不要认为这是缺少同情。

公民**赛拉叶**说，公民韦斯顿刚才宣称法国的现政府正从皇帝手里把

---

① 荣克。

战争接续下来。法国政府已经提出了和平条件，表示愿意支付赔款并取消常备军以作为和平的保证。

公民**哈里斯**说，拿破仑发动了战争。法国人应当感谢德国人为他们除掉了一个暴君。国际的意思是呼吁强者采取宽厚的态度。他要求对强者发出呼吁。几星期以前曾考虑举行大会，但是那些口唱和平高调的人不要举行。

公民**韦斯顿**认为，哈里斯似乎把他的意思理解为指责法国人发动了战争；他不是这个意思，他是说，政府把战争继续下去，这就是它的罪过了。要是他们已经提出了前面说的那些和平条件，他的话就是多余的了。

公民**布恩**说：把阿尔萨斯和洛林给德国人好了；他主张发表宣言要求普鲁士人把拿破仑当贼来对待。但是人民自己在兼并问题上应该有发言权。

公民**马克思**不同意布恩的观点。布恩以为是德国人民需要那两个省份；其实只是宫廷里那一伙人和贵族，还有资产阶级。德国人①需要的是保证不让普鲁士把法国的军人政府搬到德国来。法国人将在革命中重新站起，德国人将变得像法国人过去那样。资产阶级人士不是什么英雄好汉，但是因为有钱可赚，所以他们就要求兼并。没有一次工人集会是赞同兼并的；但是，教授、商人还有南部的酒馆［政客］都赞成兼并。英国报刊比德国报刊表现得更恶劣。他们说德国人是个和平的民族，但是德国人肢解过波兰，压迫过匈牙利和意大利。工人阶级还没有强大到足以制止兼并的地步，但他们可以对统治者表示反对。我们已经在第一篇宣言中说过，第二帝国的丧钟已经敲响了，第二帝国的结局将是一场可怜的模仿剧，现在这已成为事实。我们还曾预见到这场战争可能失去

---

① 原稿中下面划掉了"德国工人阶级"几个字。

其防御性质，并告诉过德国人，如果他们容许这样做，那末无论胜利或失败同样都会产生灾难深重的后果。我们只需坚持我们说过的话，并呼吁德国工人阶级对已经改变腔调的普鲁士政府加以防范。兼并将使欧洲有理由保持武装，俄国和法国将准备新的战争来报这次战争之仇。

……①想指出一点，即德国人同法国人作战就是在同共和国作战。

提议被一致通过。

公民**米尔纳**认为事情紧急，主张开一次非常会议。

公民**布恩**提议委托马克思、荣克、米尔纳、赛拉叶起草宣言。通过。

公民**布恩**提议，公民**马克思**附议，星期五晚上召开非常会议讨论宣言。通过。

公民**赛拉叶**提议，**马克思**附议，提名公民洛帕廷为总委员会委员。

委员会于11时休会。

主席　罗·阿普尔加思
书记　约·格·埃卡留斯

总委员会非常会议②

9月9日

出席委员：**埃卡留斯、荣克、哈里斯、马克思、米尔纳、列斯纳、赛拉叶、普芬德、唐森、韦斯顿**。

公民**唐森**主持会议。

---

① 原稿此处缺字。——编者注
② 本日记录由埃卡留斯记在会议记录本第114页上。

公民**马克思**宣读了如下宣言。①

公民**埃卡留斯**提议，公民**哈里斯**附议，宣言就照这样予以通过。同意。

在公民**哈里斯**提议、公民**米尔纳**附议下，一致决定印刷1000册，委托书记在星期二晚上之前印好。

委员会于11时半结束。

主席　罗·阿普尔加思
书记　约·格奥尔格·埃卡留斯

总委员会会议②

9月13日

出席委员：**布恩、埃卡留斯、哈里斯、约·黑尔斯、威·黑尔斯、布拉德尼克、荣克、列斯纳、马克思、米尔纳、唐森、韦斯顿。**

公民**米尔纳**主持会议。

书记③报告说，总委员会委员们接到邀请，要他们去参加为筹备要求英国政府承认法兰西共和国的示威而在艾伦德尔厅举行的集会。[124]因此会议记录的批准可以推迟进行。同意。

公民**荣克**收到了巴黎联合会委员会的来信，信中说所有的人都投入了巴黎的防备。巴黎各处都在举行集会，并且有一个常设的委员会。现政府不是他们的政府，但是他们必须支持共和国。罗班写信谈到了代表

---

① 宣言本文未写入记录。见本卷《国际工人协会总委员会关于普法战争的第二篇宣言》。——编者注
② 本日记录由埃卡留斯记在会议记录本第114—115页上。
③ 埃卡留斯。

大会；他们希望尽早召开。

公民**荣克**说，召开代表大会是总委员会的事，不是他们的事。

公民**马克思**说：他们写那封信的时候根本不了解实际情况，他们先得对付围困；现在谈论权利问题没有意义。

会议决定由公民荣克简单地答复，就说来信收到了。

里昂的一封来信报告说，是协会会员首先在那里宣布了共和国。成立了一个公安委员会，其中 6 名委员是国际的会员，还派出了一个由 10 人组成的代表团到巴黎去和临时政府协商，代表团里有 3 人是国际的会员。

公民**马克思**报告说，赛拉叶已去巴黎并决定留在那里。他加入了国民自卫军，在弗路朗斯的部队里。他的家属没有生活来源了；马克思提议给他妻子 1 镑。

公民**约翰·黑尔斯**附议。通过。

公民**马克思**收到巴黎来的电报说，希望伦敦工人迫使政府承认共和国。

公民**黑尔斯**宣读了将在下次会议上研究的财务委员会报告。

委员会于 10 时休会。

主席　罗·阿普尔加思

书记　约·格奥尔格·埃卡留斯

总委员会会议①

1870 年 9 月 20 日

出席委员：科恩、埃卡留斯、阿普尔加思、约·黑尔斯、哈里斯、

---

① 本日记录由埃卡留斯记在会议记录本第 116—118 页上。

列斯纳、鲁克拉夫特、马克思、米尔纳、莫特斯赫德、普芬德、韦斯顿。

公民**阿普尔加思**主持会议。

宣读并批准了前三次会议的记录。

公民洛帕廷被一致选为总委员会委员。

在公民**马克思**提议、**埃卡留斯**附议和**列斯纳**支持下，公民弗里德里希·恩格斯被提名为总委员会委员。

宣读了伯明翰工联理事会书记的一封来信，信中附有一份派一名代表参加下届代表大会的决议。

委托书记①复信，通知该理事会具备何种条件即可派代表参加大会。

肯特郡斯特鲁德的亨利·马丁来信表示遗憾，因为关于战争的宣言里［虽然］提到了法国的领土问题，但没有写上这样一条，即领土方面的任何变动，都要同该领土上的居民商量。

公民**马克思**说，用法文出版的俄国半官方报纸刊登了一篇论述我们关于战争的第二篇宣言的文章。他已把两篇宣言都寄给了用俄文出版的官方报纸。

他收到一封德国来信说，曾经发表宣言反对兼并阿尔萨斯和洛林的7名社会民主党党员，已被福格尔将军逮捕并戴上镣铐送往650英里以外的东普鲁士。[125]如果把他们留在不伦瑞克，就必须将他们提交陪审法庭审讯，而对他们的所作所为，任何控告都站不住脚，所以才由军人政府下令逮捕他们并把他们解走。在莱比锡，警察镇压了一次示威。在美因茨，有4名党员参加了一次示威，他们因为不是本地人或本城公民而被驱逐。其中有一个是达姆施塔特人。在柏林、奥格斯堡、纽伦堡等地

---

① 埃卡留斯。

德国社会民主工党委员会1870年9月5日的宣言（第1页），有恩格斯的批注

Council meeting. Oct. 4.

Members present: Eccarius, Hales J., Hales W., Lapatine, Lessner, Lucraft, Marx, Townshend, Bradnick.

Cit. Townshend in the Chair: The minutes of the previous meeting were read & confirmed. Fredrick Engels, proposed by Cit. Marx seconded by Eccarius was unanimously elected.

Cit. Marx remarked that Gladstone had only spoken of one date to the Deputation when Malmesbury had been in office but Palmerston had recognised the Coup d'état before the French had had any chance of voting upon it.

Cit. Hales said Gladstone had evaded the question as much as he had been able & stood upon technicalities.

Cit. Lucraft should like to ask Marx's opinion as to what we could do here to help the Republic.

Cit. Marx said that he had observed from the first that nothing could be done but pressing upon the Government the necessity of recognition & getting up a movement against the Russianism of the middle class & their Government.

Cit. Hales was afraid that many English workmen were content to accept Gladstone's reply.

Cit. Lucraft thought it a pity that people like the League should take upon themselves to act in the name of the working class.

Cit. Hales said that few were free from a desire of gaining notoriety. The object of the deputation had not been to impose their opinion upon Gladstone but to ascertain his, & shape their own.

Cit. Marx said Gladstone's speech must be taken together with Bruce's in Scotland. If we waited a little the government might commit more blunders & then we might perhaps issue another address.

Cit. Hales said we had no power in this Country like we had elsewhere. Associations cropped up & fell through from mismanagement. There was an Association now trying to take up our ground. No Association could they consult as we. On the Continent we had taken the directing power. There were continually democratic meetings where the Council could make propaganda.

记录本中有关恩格斯被选入总委员会的一页

都举行了抗议兼并的示威。

对关于战争的第二篇宣言给予注意的只有《旁观者》、《费加罗报》、《派尔·麦尔新闻》。因此他建议将两篇宣言合印成一本小册子。协会可以支付印刷费用，留下需要散发的份数，其余的交给特鲁拉夫，他可以作为出版者去销售。

公民**韦斯顿**说，如果经费够的话，他想提议印1000册。

书记说手头大约有5镑。

公民**哈里斯**附议，并提议可以印上定价1便士。一致通过。

委托书记在一星期内印好1000册。[126]

书记接着宣读了写给纽约休谟的信的草稿。信中对那套做法，对休谟在他为美国会员设计的会员卡上把自己写作协会的代理人，把鲁克拉夫特写作协会主席表示反对。在接下去讨论这封信之前，书记想知道这种会员卡是否应禁止发放。

在莫特斯赫德、米尔纳、马克思讲了一些话之后，公民**黑尔斯**提议，对这种会员卡要予以反对，委托书记指出其错误之处并要求休谟遵守章程。

公民**莫特斯赫德**附议，公民**马克思**表示赞成。通过。

书记接着报告说，上星期二〔在〕艾伦德尔厅召开的集会上，成立了一个委员会来筹备要求英国政府承认法兰西共和国和抗议肢解法国的示威活动。会上还决定请求总委员会在这次示威中给予合作，并要求总委员会派一个五人代表团参加那个委员会。

公民**黑尔斯**提议派一个代表团。

公民**埃卡留斯**附议，并说他已经参加了该委员会的一次会议，他是作为总委员会书记而受到邀请的。

提议被通过。公民科恩、埃卡留斯、洛帕廷、列斯纳、米尔纳被指派为代表。

时间将近11点，财务报告的研究推迟。委员会休会。

主席　乔治·米尔纳

书记　约·格奥尔格·埃卡留斯

总委员会会议①

9月27日

出席委员：布恩、埃卡留斯、哈里斯、列斯纳、洛帕廷、马克思、米尔纳、默里、唐森。

公民**米尔纳**主持会议。

宣读并批准了上次会议的记录。

公民**马克思**报告说，在萨克森，在福格尔将军的怂恿下，工人集会被禁止召开，《人民国家报》也有停刊的危险。雅科比博士被捕以来，资产阶级自由派已开始抗议福格尔将军的专横霸道行为。在他只限于镇压工人阶级的时候，他们什么也没有说过。《科伦日报》也转而反对兼并阿尔萨斯了。该报怀疑这样做在战略上是否有价值，但决定他们采取反对态度的是关于阿尔萨斯棉纺织业的那些议论。[127]

他收到从布雷斯特寄给杜邦的一封信，已经转寄到曼彻斯特去了。此信描绘了法国的形势：反动派到处嚣张起来。

公民**埃卡留斯**报告了关于示威所采取的措施，因为没有钱举行大规模的集会，所以想出了一个办法，就是派代表团去见格莱斯顿。[128]

公民**哈里斯**的意见是，代表同盟[129]的成员都是受政府收买的，国际不应同它有任何关系。

公民**米尔纳**认为，我们应该联合一切愿意朝着共和主义方向前进

---

① 本日记录由埃卡留斯记在会议记录本第118—119页上。

的人。

公民**埃卡留斯**说，已经明确地向格莱斯顿提出了用武力进行干涉以支持共和国的问题。

公民**马克思**说，最近他要找机会提请总委员会研究一下巴黎条约[130]，克拉伦登伯爵在这个条约上签了字，从而放弃了英国的进攻手段。在陆上，英国的军队绝对比不过大陆各国的军队，它的力量在于它是海上强国。进攻的能力乃是最好的防御手段。

巴黎条约必须否定。这个条约规定了敌方的物资不应予以破坏的原则，但它允许杀死敌人，这是资产阶级的道德。应该让工人阶级知道这些事实，以便向他们表明他们是怎样上当的。

委托书记①把关于战争的宣言寄送给议会议员和那些没有寄送过宣言第1版的地址，并同特鲁拉夫商洽剩余部分的销售事宜。

另外还决定可以在公众集会上散发一部分。

委员会于10时半休会。

威廉·唐森
约·格奥尔格·埃卡留斯

总委员会会议②

10月4日

出席委员：**埃卡留斯、约·黑尔斯、威·黑尔斯、洛帕廷、列斯纳、鲁克拉夫特、马克思、唐森、布拉德尼克**。

公民**唐森**主持会议。

---

① 埃卡留斯。
② 本日记录由埃卡留斯记在会议记录本第120—121页上。

宣读并批准了上次会议的记录。

在公民**马克思**提议、公民**埃卡留斯**附议下，公民弗里德里希·恩格斯被一致选为总委员会委员。

公民**马克思**说，格莱斯顿只向代表团提到当马姆兹伯里任大臣时的一个日期，可是帕麦斯顿是没等法国人有投票表决的机会就对政变给予承认的。[131]

公民**黑尔斯**说，格莱斯顿是千方百计地回避问题，只停留在技术细节上。

公民**鲁克拉夫特**问马克思，我们在这里能做些什么来帮助共和国。

公民**马克思**说，从一开始他就宣布，只有强迫政府接受必须承认共和国的主张和掀起一场运动来反对资产阶级及其政府的亲普鲁士情绪，除此以外别无他法。

公民**黑尔斯**担心许多英国工人会乐于接受格莱斯顿的答复。

公民**鲁克拉夫特**认为，像同盟①盟员那样的人竟然以工人阶级的代表自居，这是很遗憾的。

公民**黑尔斯**说，很少有人不想出名嘛。代表团的目的不是强迫格莱斯顿接受他们的意见，而是要摸清他的意见从而确定他们自己的意见。

公民**马克思**说，格莱斯顿的讲话必须同布鲁斯在苏格兰的讲话[132]联系起来看。如果我们再等一等．政府可能要做出更多的错事，那时我们可能要发表另一篇宣言。

公民**黑尔斯**说，我们的力量在这个国家不像在其他国家那样强。许多团体纷纷成立起来，又因领导不好而散掉。现在有个团体正企图取代我们。但是没有一个团体能把事情［办］得像我们这样好。在大陆上我们掌握了领导权。民主派的集会在不断地举行，总委员会可以在这些

---

① 工人代表同盟。

集会上进行宣传。两三年前我们访问了一些工人团体并受到欢迎。他接着问到财务委员会的报告怎么办。

在公民**马克思**提议，**列斯纳**附议下，决定把它列入下次会议的议程。

委员会于10时半休会。

威廉·唐森

书记　约·格奥尔格·埃卡留斯

总委员会会议①

10月11日

出席委员：布恩、凯希尔、埃卡留斯、黑尔斯、哈里斯、洛帕廷、列斯纳、米尔纳、马克思、恩格斯、阿普尔加思、韦斯顿、唐森。

公民**唐森**主持会议。

宣读并批准了上次会议的记录。

书记②宣读了伯明翰奥尼尔牧师的来信，信中向总委员会询问是否可以建议对交战国双方实行仲裁。委托书记做如下回答：在目前进行仲裁是不可能的，唯一能够做的是举行集会以强迫政府承认共和国。

公民**马克思**报告说，在德国继续有人被捕，但是在柏林和慕尼黑举行了反对普鲁士政府政策的集会。

他还收到了第二次革命[133]时在里昂的一个人的一封信；此人曾在9月23日帮助建立了一个公安委员会。巴枯宁要求废除一切政府权力和国家组织。27日，约有3万人来到了市政厅要求发给武器和开除所有

---

① 本日记录由埃卡留斯记在会议记录本第121—125页上。
② 埃卡留斯。

的波拿巴派官员。巴枯宁和克吕泽烈两人在台阶上被捕，但是，人们解除了国民自卫军10个连的武装，取得了完全胜利，进入了市政厅。克吕泽烈将军当时被委以保卫此地的任务，但他什么事也没做。为把所有的人都抓起来和宣布废除国家而起草了法令，但没有一个人有勇气在上面签字。大约2万人坚守在岗位上，然而市政厅一定是有个秘密的后门，国民自卫军从那里打入，把公安委员会那些人赶了出去。29日这位写信人接受一项任务，前往瑞士。

在鲁昂，一份当地报纸允许我们的人占用一些版面；他们对里昂那里所干的事提出了抗议。

被驱逐出布雷斯特的公民**罗班**说，国际的会员们于星期六①举行了集会，会上议决任命一个治安保卫委员会以监视事态的发展。接着还决定选出一个代表团在早晨去见市政当局。消息刚一［传］出，市政厅前的广场上就有国民自卫军列队守卫，并且每人发了六颗实弹，摆出要击退一场入侵的样子。代表团的25人当中只有两人获准进入。当这两个人在里面的时候，外面的会员们听到大骂背信的声音，当他们试图奔去救援这两人时，所有25人全部被捕。市政当局这种行为激起了强烈的愤慨。罗班自己在一次公众集会上宣布说，必须维护共和国，如有必要不惜为此进行一场革命。要不是他家里的人去找了**市长**和警察局长，他会被关押起来。在这种情况下他只好离开。在帝国时期被判刑的会员只被关押了两个星期，共和国宣布成立后他们就被释放了，但是他们已经失去了他们在海军船坞的职位，新的海军官员拒绝重新接纳他们。他们得花一笔相当数量的钱才能进去工作，而且现在养老金等等一切全都没有了，这真是掠夺。

公民**黑尔斯**接着提出了财务委员会的报告。账簿检查过了，但是无

---

① 1870年10月1日。

论是收入还是支出都没有单据，账目记得一塌糊涂，收入也只好信以为真。他不能担保报告的准确性，但是财务委员会提请照此通过。

他宣读了1868年8月以来的资产负债表，报出了各种支出项目。最大的项目就是书记的薪金，其次是印刷费用，再其次是房租。除非缩减开支，不然就不会有什么改进。书记薪金和房租在总收入中占用的钱太多。因此财务委员会建议另租一个开会地点，书记的薪金减到每周5先令，这足够补偿每周平均估计不超过一天的工作量。它还建议采用印有收据的账簿以便对收入加以核查，一切钱财款项均由财务委员收纳，书记的职责应有明确规定。

在公民**阿普尔加思**的提议下，关于账目的报告予以通过。

关于提出的建议，**书记**说，财务委员会回避了它为之建立的那个问题。委员会是在负债13—14镑的情况下被任命的，而且设立这个委员会的目的就是为了寻找防止将来再发生此种情况的方法和手段；现在不去解决这个问题，却建议规定由谁来保管手里的钱。他还说，不管这些建议通过与否，他必须辞去书记的职务，但他反对缩减租金或书记的薪金，应该设法把两者各增加一倍。一个可供书记每天工作用的办公室是需要的，缩小工作摊子不是个好办法。至于说到工作量，即使每周15先令也没人愿意干，除非像裁缝给大兵和警察做制服那样，那是因为他们找不到别的活干。如果按这类工作的报酬标准计算，做会议记录平均每周就超过15先令。此外还有给报刊写报道，每周5先令的报酬是不够的。即使是15先令也没人愿意干，除非是出于对这项工作的热爱。这项工作里面枯燥乏味的事情很多，特别是当印刷工作多的时候。

公民**哈里斯**认为，这里的书记同某些其他团体的书记比起来报酬不算优厚。在各种互助会里，书记们收受礼物，而且还常常盗用公款。至于房租问题，总委员会应该租一所房子，书记应住进去，自付租金。必须想办法增加协会的收入；缩减租金和书记的薪金，[这]不行。但是无论将来谁当书记，他的职责应严格规定。

公民**阿普耳加思**同意公民哈里斯说的租一所房子，并提议书记的薪金照旧不变。对书记的工作不能像对其他工作那样衡量，一个只会苦干的人是胜任不了的。互助会的工作，任何人只要能读能写就可以干；但是我们的书记情况就不同了。他怀疑总委员会里有谁肯以每周5先令的报酬干这项工作。

公民**黑尔斯**自己是不准备干的。但是总委员会应该租一所房子，在这里可以上外语课，人们可以在这里开会，除非这样做，不然我们就决不会有什么改进。

公民**布恩**说他反对减少薪金，但是据他了解书记这个职务有一些附带的收入来源足以作为补偿。有时可能有额外收入弥补不足。

书记说，对于这种额外收入他要作一个坦率的说明。[在]他去洛桑之前的最后一次晚间会议上，有人批评我们对外宣传做得不够。彼得·福克斯当时告诉埃卡留斯说他不想去洛桑，如果他每天都能了解到所发生的情况，他留在这里给报纸写稿更好，这样可能挣几镑。在埃卡留斯动身以前的最后一次小委员会会议上，彼得·福克斯表示不要书面通讯了，只要求向他提供当地报纸。因此埃卡留斯就向《泰晤士报》探询，而且几乎是立刻就收到非常客气的回信说，他的报道将被接受，并按通常标准付酬，自那以后，每届代表大会他都写了报道，上届代表大会时拿了21镑。那些报道给协会，给他自己都同样带来好处，并且报道被采用不会因为他是书记而是因为写得令人满意。另一方面他还同海外与协会有联系的报刊通信，从来没有为此领取报酬，写代表大会报道①，没有拿过一个钱。在《蜂房》愿意发表我们的会议报道的那段时间里，甚至在还没有规定给他薪金的时候，他也多半是每星期送去将近

---

① 此外显系笔误。应指总委员会会议的报道。

一栏的稿子。他毫无报酬地为我们的事业工作了20年,现在他得让给年纪轻些的人去干了。他已经没有了锐气。但是协会无论如何应当找一个很有名望的人做书记,应争取每周最低付给1镑薪金。

公民**黑尔斯**说我们需要一个有才干的人,协会的事务可能会比以前管理得更好。肯把非金钱所能买的毕生精力献给一个运动的人是有的。他知道埃卡留斯写报道是从《泰晤士报》拿了钱的,而这些报道本应属于总委员会。他记得彼得·福克斯对这件事表示过不满。[134]要是他能[做]这工作的话,他是不会要报酬的。必须考虑的是收入的来源,以及一个工人干其他工作能挣多少。很多小的工人团体同总委员会相比,花的钱少,取得的工效大;我们应对一切人诚实。

公民**布恩**反对一个同我们这些人一起工作的人每周挣30先令,也反对因为总委员会付不出更多的钱就贬之为不值更多的钱。普通的机械工每天挣5先令也是不会满意的。

公民**韦斯顿**提议暂停争论。

委员会于11时休会。

主席　本·鲁克拉夫特
书记　约·格奥尔格·埃卡留斯

总委员会会议①

10月18日

出席委员:埃卡留斯、恩格斯、约·黑尔斯、洛帕廷、列斯纳、鲁克拉夫特、马克思、米尔纳、吕尔、唐森。

公民**鲁克拉夫特**主持会议。

---

① 本日记录由埃卡留斯记在会议记录本第125—129页上。

宣读并批准了上次会议的记录。

书记①报告说收到了伯明翰工联理事会的一封来信，信中询问入会时先要交多少会费。委托书记［写信］告诉他们木工协会和泥水匠协会交了多少，并让伯明翰工联理事会自己去决定钱数，因为他们的加入本身要比要交多少会费更为重要。

公民**马克思**报告说，赛拉叶的岳母收到她儿子从巴黎通过气球寄来的信，信上说赛拉叶活动很积极。他还提请会议注意第二篇关于战争的宣言没有在比利时的协会报纸上登出来。他认为联合会委员会无权扣压正式文件。现在争吵起来是不明智的，但在会议记录里应该写上一笔。他提议总委员会对比利时联合会委员会扣压正式文件表示反对。

公民**洛帕廷**附议。一致通过。

上次晚上提议暂停争论的人②没有到会，**书记**说，关于公民黑尔斯说他把理应属于总委员会的东西卖给了《泰晤士报》，他有几句话要说。总委员会可以作出规定，将来参加任何一次代表大会的任何代表不准向报社投送报道，但这是个应该考虑的问题。直到目前没有要求过任何代表写书面报道，但在总委员会的一些委员当中似乎有一种既成的见解，即他应该写报道。《共和国》主编奥哲尔、助理编辑克里默、他自己这个被免职的编辑、还有懂得四国语言并能挥笔撰文的卡特，都曾出席日内瓦代表大会。当那三个人拿到了载有彼得·福克斯对代表大会的评论的报纸时，他们都跑来问他："你在往伦敦送什么报道吗？"因此，写东西这种苦活好像不言而喻地应该是埃卡留斯干的。他给《共和国》寄了两篇关于日内瓦代表大会的报道[135]，前面提到的其他三个代表没给任何人写过任何东西，只有卡特寄出了勒昌贝被开除出总委员会的消

---

① 埃卡留斯。
② 韦斯顿。

息。其他任何一次代表大会的任何一个代表都没有想起过要写书面报道，从来也没有要求他们这样做。但是，如果他把报道寄给了总委员会而不是寄给《泰晤士报》，那只能为十来个人所知，世界上其余的人什么也不会知道。如果总委员会有足够资金的话，花钱把它们在报上登出来都可能是值得的。他举了一个例子来说明这种报道是怎样地受到重视，他说，在上次代表大会时，他的第一篇报道直到代表大会结束后的第二天才发表，但所有在这一周内从法文报纸上摘录下来的东西，美国新闻界都未予注意，而他的第一篇通讯一发表，就有半栏之多被用电报拍发到大西洋彼岸。通过《泰晤士报》，协会已为全世界所知，而就因为他为提供这种报道得到了报酬所以触怒了某些委员。要是一个《泰晤士报》的人出席我们的代表大会，难道会更好吗？

公民**米尔纳**说，关于这件事他想过许多。他要阐明的观点是：财务委员会的建议是基于什么样的政策？这是曼彻斯特学派的吝啬政策。他希望协会受到尊重，有一所大房子，在世界上有地位。我们是要努力做出卓越的成就，但靠吝啬政策是做不到的。书记的工作不应该用一般行业的尺度来衡量。协会的书记必须是一个有才干的人，一个闻名欧美的人，单是为了找到这样一个人，就是值得花钱的。对他所要做的工作来说，15先令远非过多，倒是很不够，现在需要的是再增加一些。如果采用曼彻斯特学派的吝啬政策，我们就完了。如果说现任书记没有在每一个方面都为协会建立了最好的威信，他却从来没有损害过协会的威信，这就是很大的功劳。如果财务委员会的建议被通过的话，那就等于说：书记白拿了将近两年的钱；总委员会无能。总委员会不应使自己的人处于尴尬的地位，没有人［愿意］为每周5先令干这种工作，有的人不管给他多少钱他都干不了。过去付给书记的薪金全都是他的工作应该挣得的；这种工作不能以普通行业的尺度来衡量。

公民**黑尔斯**说，公民米尔纳似乎先臆想出一些假象，然后再来煞有介事地摧毁它们。财务委员会说的是办公费用的开支对我们的收入来说太大了。有千千万万的人毕生从事运动，不期望任何报酬。总委员会应该正直无欺。债务必须偿还，对于服务给予酬劳应该根据我们的财力。

公民米尔纳说他赞成15先令，但自从我们有了一位领薪的书记以来工作并没有取得进展，我们今天的情况还不如最初决议给书记以薪金的那个时候，我们倒退了。四年前协会要比现在大有生气。埃卡留斯做的工作并没有使我们前进，他作为美国书记的活动并不属于总书记的职能。

书记拼命指责了他（黑尔斯）上星期的发言。是公民布恩重新提起了《泰晤士报》的报道问题，他①只能重申那些报道是属于总委员会的；任何被派出当代表的人都是他的派出者的仆人。如果检查一下总委员会的工作就会发现，在这期间没有取得任何同书记的薪金相称的进展。公民荣克做了不少工作，此外还搭了钱进去，其他书记们也是如此。我们有应还的旧债。我们有权要求偿还我们所有的债务。如果这一提议通过的话，他就坚持每一个委员都有权提出改革。书记有些工作做得极为出色，但有些工作他根本就没做。我们应该考虑我们的财务状况。总委员会支付的钱比它应该支付的多了。

表决时，6人赞成书记的薪金不变，1人反对。

规定总书记职责的提议获得通过，没有反对意见。

针对财务委员会提出的关于这个委员会在总委员会同意的条件下对收入和支出进行绝对监督的建议，公民**马克思**提出了一个修正案：恢复财务书记这一职位。

公民**埃卡留斯**对修正案附议。

公民**黑尔斯**表示并非有意闹对立，但马克思应当明白，此项工作放在一个委员会的肩上要比放在［一个］财务书记肩上来得轻。总委员

---

① 黑尔斯。

会的钱财事项并不总是由同一些委员进行表决的。表决钱财事项时，到会的有时是这一批人，有时是另一批人。财务委员会要［注意］清偿一切普通的债务。一切例行的和小额的支出可以由财务委员会处理，只是大笔的支出需要提到总委员会会议上来。在一切大的团体里都是这样做的。

主席①说，解决这一问题有三种办法，哪一种最好，由会议考虑。

表决时，恢复财务书记一职的提案以6票赞成通过。

下一个提案是所有以总委员会名义收进的［钱］都交给财务委员，由财务委员从带有存根的收据本里开出收据。

公民**马克思**说，这个收据本由财务书记掌管，财务委员只管在财务书记授权下收款和付款。通过。

关于给总书记提供用于零碎开支的小额现款问题，公民**马克思**提议，公民**恩格斯**附议，指示财务委员，没有财务书记开的条子不得付款。通过。

要通讯书记对自己的支出记一本账的问题，由于只有一人赞成一人反对而作罢。

公民**黑尔斯**接着提议对债务要按照举借的先后顺序予以偿还。

公民**米尔纳**提出修正案：这一提议应予否决。总委员会如果同意这一提议，就是放弃自己的职责。

提议被否决。委员会于11时1刻休会。

主席　卡尔·普芬德
书记　约·格奥尔格·埃卡留斯

---

① 鲁克拉夫特。

总委员会会议①

10 月 25 日

出席委员：埃卡留斯、恩格斯、哈里斯、洛帕廷、列斯纳、马克思、米尔纳、普芬德、唐森。

公民**普芬德**主持会议。

宣读了上次会议的记录，作了一处修正后被批准。

公民**马克思**提议公民罗班为总委员会委员。他说罗班曾是巴黎联合会委员会的委员，6月被判刑入狱，共和国宣布成立以后被释放，之后到布鲁塞尔，从那里又被驱逐并送回巴黎。但当时巴黎被围，于是他回到布雷斯特自己家中，在那里又受到如果不离开就会被逮捕的威胁。

公民**洛帕廷**对这一提名附议。

书记②报告说，国际的两名会员因散发不伦瑞克宣言在汉诺威受到审讯。[136]他们在这一点上被宣告无罪，但是以他们平时的行为激起公民们对政府的仇恨为理由判处他们两个月的监禁。

公民**马克思**报告说，第二篇宣言的第一部分已经在布鲁塞尔的《国际报》[137]上登了出来。《纽约论坛报》发表了一篇以赞许的口气讲述协会历史的文章。公民拉法格正在波尔多大力进行宣传工作。皮卡尔在他的报纸③上散布说，国际的一些会员受雇于拿破仑，但当人家要他提出证据时，他收回了他的说法。在拿破仑的全部文件里，没有发现一点可用来指控国际的任何一个会员的材料；在那么多的会员当中，警察竟一

---

① 本日记录由埃卡留斯记在会议记录本第130—131页上。
② 埃卡留斯。
③ 《自由选民》。

个也没有能够收买过去，这真是个奇迹。装成协会朋友的施韦泽先生是唯一重复皮卡尔谎言的人。[138]

公民**列斯纳**报告说，怀特查珀尔的一个非政治团体在酒店里举行了一次群众集会，为的是反驳奥哲尔、布拉德洛等人关于德国工人反对兼并阿尔萨斯和洛林的论点。《海尔曼》的编辑、俾斯麦的部下海奈曼先生是此事的真正策划者，他和几个普鲁士医生组织了这次集会。由于受到在场的人反对，他们根本没有提到奥哲尔或其他任何一个谴责过普鲁士的人。会开得没有任何结果，会议休会了。反对派试图将会议改到大一些的地方去开，但休会时经表决仍在原来的地点举行，出席的大约有130人。

公民**埃卡留斯**说第二次会没有反对派参加，会上作出的决议作为伦敦德国工人的宣言发表在《海尔曼》上。工人教育协会将发表一篇反宣言。[139]

公民**马克思**提议，**列斯纳**附议，当议事日程上有内部事务要讨论时，不准许任何非协会会员参加总委员会会议。通过。

公民**列斯纳**提议，公民**马克思**附议，任命恩格斯为财务书记。

公民**恩格斯**提出反对意见说，只应任命工人来担任同财务有关的职务。

公民**马克思**认为这种反对意见不能成立，一个以前曾搞过商业的人担任这一职务最合适不过了。

公民**米尔纳**提名哈里斯，公民**唐森**附议。

埃卡留斯提名约·黑尔斯，公民洛帕廷附议。

接着一致同意选举推迟。

委员会于10时半休会。

主席　卡尔·普芬德

总委员会会议①

11月1日

出席委员：科恩、埃卡留斯、恩格斯、哈里斯、洛帕廷、列斯纳、马克思、普芬德、唐森。

公民**普芬德**主持会议。

宣读了上次会议的记录，作了一处改动后被批准。

公民**马克思**宣读了美国新泽西州法语联盟帕特森分部的一封来信，随信附有一张26镑6先令3便士的支票。这笔钱是在帕特森的法国工人和德国工人中间为救济战争的受难者而募得的捐款，一半给法国人，一半给德国人。

公民**马克思**又读了纽约德国人支部现任书记公民波尔特的一封信[140]，信中说法国人支部和德国人支部召开了一次联席会议，会上就战争问题通过了一篇致他们的欧洲兄弟的宣言。这封信还说在美国宣传协会的原则，大有可为。劳资对立日益加深，资本家想通过把工资压到最低水平来迅速发财致富。工会处于解散状态。讲英语的工会会员们主张采用顺势疗法②，他们想通过办合作社和搞其他小花招使自己成为资本家的办法来医治社会，他们谈论什么重新选举，但是没有这样的事，每一个职位都是用钱取得的。那些花钱谋求职位的人，在得到职位以后就把钱捞回去。工人状况恶化的一个很大的原因是，荒地越来越成为他们

---

① 本日记录前一部分由普芬德，后一部分由埃卡留斯记在会议记录本第131—135页上。
② 用少量可导致某种疾病症状的药物医治同种疾病的一种疗法，创始者是德国人赛米尔·哈奈曼（Samuel Hahnemann, 1755—1843）。——译者注

去不了的地方，因为他们太穷了，能迁去的人数不足以减轻劳动市场的压力。

信中还提到公民杜邦建议法国人支部和德国人支部成立一个美国中央委员会。公民**马克思**说杜邦一定是搞错了，因为没有发出过这样的指示。关于战争的宣言的大意是：1848年6月起义被镇压后的情况是一切照旧。各种各样的政党都高喊秩序这一口号来反对工人，他们让拿破仑维护了4年秩序，但他不是老老实实地给他们干，他执行这一任务仅仅是为了在社会掠夺中分赃分得最多。在把自己的地位变成永久性的以后，过了18年，他感到他的地位不稳了，于是就通过宣战来加强它。在威廉堡作个战俘岂不比被吊死在巴黎的路灯杆上好？他一投降，维护欧洲秩序之剑就转到了更厉害的人手里，普鲁士国王①接受了这一使命；德国的战争创伤靠瓜分法国来医治；拿破仑的失败是由十二月帮的盗贼行为所造成的；宣言最后说：

"普鲁士国王在接受这一使命时心情激动，他对十二月帮的头子在其下台时给予仁慈的待遇，他正式成为这帮人的主子，这些都清楚地显示出他是他那位可敬的前任的忠实继承者。他不惜使用大量的金钱和鲜血去把法国变成一座坟场，把它的每座城市化为一堆灰烬，这表明他是如何严格地履行他的新的职责。

一切国家的工人们，你们能对这些罪行默默地袖手旁观吗？能无动于衷地看着雇佣奴隶制和军事暴政永远存在下去吗？不能，不能，**一千个不能**。那就起来吧，所有的劳动者！无论你是穿着工作服还是穿着军装，是在车间里还是在战场上，以雷霆般的吼声反对这场最丑恶的战争吧！让我们对着这场人类的屠杀大喝'住手！'。让我们千遍万遍地发出这样的吼声，哪怕必须砍掉所有的总司令和王公们的脑袋。

五洲四海的工人们只有一句格言，一个战斗口号：

---

① 威廉一世。

消灭雇佣奴隶制！

消灭军事暴政！"

从法国书记①那里收到了另外一封信，信中附有这篇宣言的一份法文译文。

宣读的下一封信是在波尔多的公民拉法格写来的[141]；他报告说，他们办了一份报纸，资产阶级千方百计地想加以查禁，印刷商害怕了，拒绝继续承印，但他们现在已和另一个印刷商签妥了合同，保证了不致中断。作为通讯书记他受命宣布波尔多支部的成立，已开始了积极的宣传工作，该支部想同里昂和马赛建立联系。

公民奥布里从鲁昂写信来说，鲁昂和诺曼底的行政权仍控制在波拿巴派官员手里，这些人挑唆人们去反对工人，然而5000名左右男女工人举行了集会，这使保卫委员会感到不容忽视；鲁昂城防司令库坦将军告诉人们，他是普鲁士亲王的朋友，普鲁士军官都是些可爱的小伙子，他们如果来到鲁昂，一定会请客跳舞，还会恢复贸易。这位将军犯有背叛的罪行，因为不管把流动自卫军派到哪里，他却让他们老是从一个地方开到另一个很远的地方然后又开回来，以便给普鲁士人让路。工人组织了一个代表团——奥布里就是代表之一——去见甘必大，让甘必大把库坦将军撤了职。奥布里的图尔之行证实了他以前的猜测：甘必大是个空话专家，他害怕人民，对波拿巴的党羽比对任何工人组织都要信任。他在谈话中告诉我们不能每一件事都由政府来做，许多事要靠人民采取主动，可是我们每次［主动］行动时，都碰上帝国分子的抗拒，而他们是得到甘必大支持的。奥布里自己被认为是抢劫的组织者，并受到被枪毙的威胁，他甚至担心他不得不停止活动到英国来，但他要坚持到最

---

① 欧仁·杜邦。

后。他们每次举行集会都有人数加倍的武装人员出动。一次他们集会时,一个营的**流动自卫军**,一个连的炮兵,一个中队的骑兵,占领了通往会场的街道,威吓群众。代表团谴责了怂恿这一切行为的那一小撮人,可是他们是甘必大青年时代的老朋友。待机伏击普鲁士人的**自由射手**被官吏们出卖了;他担心他们要复辟帝国。他认为,这一切的原因就在于巴黎宣布共和国时太容易了。当初如果必须进行一场斗争的话,全法国都会群情激昂,骗子们就会无处藏身。不经战斗而搞成的革命是没有用处的。资产阶级所害怕的是战争会带来国债。他们担心战争结束后拿不到利息。如果普鲁士人保证支付国债利息,他相信资本家是会帮助他们征服法国的。①

关于纽约中央委员会问题,公民**马克思**说,不反对建立一个联合会委员会来代表法国人支部和德国人支部,但他们一定不要自命代表美国人。[142]

接着会上同意给予这样的答复:他们可以建立一个联合会委员会,但不要自称为美国中央委员会。

公民**罗班**说,他在比利时报纸上看到塞兰的考克利尔工厂又出了事。先是工资减少10%,接着又减了5%。起初工人们似乎还愿意服从,但经过一番考虑之后他们罢工了。国际这次没有受到指责,但据说这次罢工是由一些知名的人物搞起来的。市长中止执行宪法,禁止五人以上的集会。30人被逮捕。新任总检察官在列日和布鲁塞尔都宣布要对国际的颠覆性的学说进行一次新的围剿。[143]

财务书记的选举再次推迟。

     主席 格尔曼·洛帕廷
     书记 约·格奥尔格·埃卡留斯

---

① 自此以下为埃卡留斯所记。

总委员会会议①

11月8日

出席委员：**埃卡留斯、恩格斯、马克思、洛帕廷、列斯纳、普芬德、唐森、米尔纳**。

公民**洛帕廷**主持会议。

宣读并批准了上次会议的记录。

公民罗班被一致选为总委员会委员。

书记②宣读了《制陶业观察家报》[144]编辑③的一封信，请求总委员会帮助建立一个合作印刷公司，即使不能提供什么援助，一封鼓励的信也会是有用的。

委托书记给予这样的答复：总委员会提供不出金钱上的援助，但将通过提供报道等来给予道义上的支持。

接着进行了财务书记的选举。公民哈里斯得到7票，公民约·黑尔斯2票。**主席**④宣布公民哈里斯正式当选。

由于会上没有其他事情，决定散会，以便让书记去参加在钟声酒店举行的集会，并告诉英法干预委员会[145]，星期二晚上的会议总委员会委员是不能参加的，因为同我们的会议时间相冲突，以后最好避免这样。

委员会于10时休会。

主席　乔治·米尔纳
书记　约·格奥尔格·埃卡留斯

---

① 本日记录由埃卡留斯记在会议记录本第136页上。
② 埃卡留斯。
③ 威廉·欧文。
④ 洛帕廷。

总委员会会议①

11月15日

出席委员：埃卡留斯、恩格斯、哈里斯、洛帕廷、马克思、米尔纳、普芬德、罗班。

公民**米尔纳**主持会议。

宣读并批准了上次会议的记录。

书记宣读了纽约的休谟的一封来信，信中说总委员会所不同意的会员卡他不再发了，奥斯本·华德在进行积极的宣传活动。

还宣读了赫尔的一位软木切削工人索取《章程》的来信。

公民**马克思**说他收到了一封纽约来信[146]，信中宣称法国、德国和美国的工人即将举行一次声援法兰西共和国的群众大会。他还说参议员萨姆纳发表了关于战争的演说并引述了国际的宣言。

公民**恩格斯**在《人民意志报》上看到维也纳中央工人协会②已重新建立，但是有严格的限制。上课和讲演都要按照普通学校的规定进行。[147]

公民**马克思**谈到哥尔查科夫的通电[148]时说，英国政府很快就会发现这场战争是影响到英国的。以后找一个晚上研究一下巴黎条约也许会有好处。

委员会于10时休会。

威廉·唐森

---

① 本日记录由埃卡留斯记在会议记录本第137页上。
② 维也纳工人教育协会。

总委员会会议①

11月22日

出席委员：**埃卡留斯、洛帕廷、罗班、唐森、斯特普尼**。

公民**唐森**主持会议。

宣读并批准了上次会议的记录。

通　讯

法国。来自布雷斯特的一封信说，10月2日至10日之间，布雷斯特委员会②的12名委员全部被捕。其中一些人做证出卖了别人，很快被释放。其余的人于10月27日和28日以阴谋破坏国家内政的罪名在第一军事委员会受审。在讨论保卫国家的群众大会上被推选组成代表团的三个人被宣布有罪，其中两人各被判处两年监禁，另一个被判一年。这个支部从27人减少到15人，有三个处境悲惨的家庭需要赡养。尽最大的努力每月也只能弄到20—30法郎。他们感到，同巴黎割断了联系极为不便。

公民**洛帕廷**说，拿破仑档案中一些有关国际的文件在俄国报纸上公布了。在全民投票前夕，奥利维埃曾写信通知法国所有城市，必须把国际的领导人逮捕起来，不然投票就不能顺利进行。他写信通知鲁昂，有一个最臭名昭著的委员在那里，当被问到用什么罪名加以逮捕时，奥利维埃回答说用参加未经当局许可的团体的罪名，同时暗示已经证明他还有更多的严重问题，等查获了所有委员的文件时会一步一步地弄清楚。

---

① 本日记录由埃卡留斯记在会议记录本第138—139页上。
② 国防安全委员会。

奥利维埃在这些信中说，国际会员一般都有大骂政府的特点。对那些有学历的人，特别是律师，要采用各种严厉手段，但对待无知的工人要尽可能宽大。公民**洛帕廷**说，俄国南部的铁路加长了一倍以便于运兵，部队也要增员。

委员会于 10 时半休会。

主席　弗·恩格斯
书记　约翰·格奥尔格·埃卡留斯

总委员会会议①

11 月 29 日

出席委员：埃卡留斯、恩格斯、哈里斯、马克思、米尔纳、列斯纳、罗班、斯特普尼。

海尔维第亚协会的公民科尔布和汉德韦尔克参加了会议。

公民**恩格斯**主持会议。

宣读并批准了上次会议的记录。

通　讯

荷兰。收到阿姆斯特丹的一封来信，信中附有价值为 8 先令 4 便士的息票作为 100 个会员的会费，由于荷兰书记不在，委托［总］书记复信。

法国。鲁昂的一封来信报告收到了美国寄去的钱。写信人公民奥布里抱怨说，他从马赛和其他地方没有收到任何消息，并表示怀疑信件的

---

① 本日记录由埃卡留斯记在会议记录本第 139—140 页上。

邮递是否保险无误。他认为战争越来越成为人民的战争。资产阶级共和派不得不依靠革命的工人阶级了。波拿巴反动势力横行，吓得资产阶级把工人武装起来抵抗它。威廉和俾斯麦正为世界共和国奠定基础。他们为当今社会所做的一切正是罗伯斯比尔为封建主义所做的一切，罗伯斯比尔摧毁了封建主义。5万名武装人员已离开鲁昂。

英国。公民**马克思**收到了曼彻斯特和索尔福德工联理事会书记写给杜邦的一封信，该信是附在杜邦的来信里面的。[149]公民杜邦索要文件、小册子等等，此外还要一张以协会代表身份进行活动的证书。曼彻斯特和索尔福德工联理事会的来信中有下列一项决议：

"本会认为，本会对国际工人协会在整个工业世界进行的各方面的工作，都应给以道义上的支持。"

这一决议的通过是公民杜邦访问该理事会的结果。委托书记复信。

情况汇报

公民**马克思**报告说，我们的不伦瑞克朋友们带着镣铐从勒岑被押解回来，以叛国罪名受审。为了吓唬资产阶级，受警察控制的报纸连篇累牍地发表文章告诉人们，这些人就是［那个］拼命要颠覆一切、建立世界共和国的国际协会的同伙。对继续进行战争的抗议，被说成是奉德国总书记卡尔·马克思之命搞的。[150]施韦泽博士被迫投票反对军事贷款。在美因茨，工人们和法国战俘握手言欢。

公民**罗班**报告说，在比利时的韦尔维耶发生了一次失业工人要求工作的示威。[151]他们不满意政府把拆除沙勒罗瓦的工事这样的公共工程交给承包商。罢工者受到了有礼貌的对待，他们的要求将加以考虑。在根特，原定的一场示威没有举行，因为得到通知说，在不举行示威的条件下，可于11月28日星期日①派代表团前来商谈。

在公民**马克思**提议、公民**哈里斯**附议下，议决发给杜邦证书，派他为协会在曼彻斯特和兰开斯特郡的代表。

委员会于10时休会。

主席　卡·普芬德

书记　约·格奥尔格·埃卡留斯

总委员会会议②

12月6日

出席委员：**埃卡留斯、恩格斯、哈里斯、马克思、普芬德、罗班、斯特普尼。**

公民**普芬德**主持会议。

宣读并批准了上次会议的记录。

通　讯

科勒从纳沙泰尔写来一封信，请求总委员会帮助他为加里波第的部队[152]建立一支救护队。他认为，把社会主义搁置起来不谈，就可以从自由派那里搞到钱。

在公民**马克思**提议，公民**恩格斯**附议下，总委员会一致同意不讨论这个问题。

旧金山。来自旧金山的一封信报告成立了一个法国人支部，申请参

---

① 此处系笔误，11月28日是星期一。
② 本日记录由埃卡留斯记在会议记录本第141页上。

加国际。

公民**马克思**提议,公民**恩格斯**附议,书记应该把委员们前三个月的出席情况开列一个统计表。通过。

委员会于10时休会。

乔·E. 哈里斯
书记 约·格奥尔格·埃卡留斯

总委员会会议①

12月13日

出席委员:埃卡留斯、恩格斯、哈里斯、列斯纳、马克思、米尔纳、普芬德、斯特普尼、唐森、罗班、科尔布。

公民**哈里斯**主持会议。

宣读并批准了上次会议的记录。

通 讯

美国。来自纽约的一封信报告说,该市成立了一个捷克人支部。[153] 一致表决接受这一支部加入国际。

荷兰。公民**马克思**报告说,在海牙成立了一个支部。

弹性织品织工协会的一个代表团出席了会议。

德赖先生说,该协会曾多次对求助者提供援助;他们现在自己需要援助了,因为他们有30个会员正在罢工。代表团的意思是要求总委员会帮助他们呼吁支援。他们每周只是从联合会拿到10先令,从这笔钱

---

① 本日记录由埃卡留斯记在会议记录本第141—143页上。

里还得拿出4镑把从莱斯特来顶替他们的人打发回去。罢工的原因是反对降低工资。两年前曾经商定一张伦敦和外地同样适用的工资价目表。几星期以前他们的雇主说，莱斯特的制造商们付工资比他付得少得多，他们能低价出售产品，因此他的工人也必须同意减低工资。他提出把过去的2先令9便士改为2先令半便士。结果他们达成了一个为期三个月的协议：每12码2先令4个半便士。但第二个星期他就说他必须［减］掉6便士。他们派了一个代表去莱斯特，他报告说那里对某些工作付的报酬要比伦敦多。

另一个不满是，黑尔斯违反协议，提出了使用女工。女工挣的计件工资，仅等于干同一种活的男工的2/3。他们还猜测黑尔斯告诉了雇主，他们手里没有钱搞罢工，也没有资格向联合会要钱。黑尔斯已被工会开除，而且得到了中央执行委员会的批准。黑尔斯牢牢地抓住几本记于协会名下的账簿。他们宣读了帕内尔从德比寄来的一封信，信中暗示黑尔斯从该协会的钱里拿了7镑，而在财务委员的账簿上记作已付。

公民**马克思**说向大陆各支部求助是没有用处的，他们目前什么也拿不出来；但他们［罢工者］有权要求伦敦各团体支援，应该向它们发出呼吁。

书记说，最好的办法是发给这个协会一份证明书，并把加入国际的各团体的地址列一张表给它。代表团表示满意，此议随即在会上通过。

责成代表团把开除黑尔斯的理由写成书面材料送来，因为黑尔斯是总委员会委员，总委员会不能无视此事。然后代表团即行退席。

书记接着宣读了一份列有委员们的姓名和他们9月初以来缺席次数的统计表。

公民**马克思**提议把此表列入会议记录，今后委员们谁出席谁缺席都要记下来，以便提交给代表大会。

公民**恩格斯**附议，并把缺席限定为无故缺席。通过。

公民**列斯纳**交来1镑。这笔钱是工人教育协会为援助德国被监禁的社会民主党党员的家属而捐赠的。

委托书记付给特鲁拉夫4镑7先令6便士的印刷费。

委员会于11时休会。

主席　本·鲁克拉夫特
书记　约·格奥尔格·埃卡留斯

总委员会会议①

12月20日

出席委员：布恩、埃卡留斯、恩格斯、约·黑尔斯、哈里斯、列斯纳、鲁克拉夫特、马克思、普芬德、斯特普尼、唐森。

公民**鲁克拉夫特**主持会议。

宣读并批准了上次会议的记录。

通　讯

书记②报告说收到了纽约劳动同盟书记的一封来信。[154]但他把信拿错了,带来的是一封别的信,他说纽约劳动同盟已决定加入国际工人协会,并要求对下列问题给予答复:

(1) 加入协会是否必须改变同盟的章程和细则?

(2) 是否发给入会的证明文件或证书?费用多少?

(3) 应交多少会费?

---

① 本日记录由埃卡留斯记在会议记录本第143—147页上。
② 埃卡留斯。

会议决定由书记回答上列各问题，索要一份同盟章程交总委员会审查，并把协会的章程和其他文件寄去。

公民**马克思**收到了纽约法国人支部和德国人支部的一封来信，信中报告说，他们打算成立一个美国中央委员会，以便更好地进行宣传，更好地为总委员会收集会费和争取更多的团体参加协会。[155]凡存在有两个以上属于协会的团体的地方，他们都打算成立地方委员会。

伦敦。弹性织品织工协会的一封来信宣布，由于有一起诉讼事务，他们不能参加会议，要求把听取他们对约·黑尔斯的控告的时间推迟到圣诞节以后，保证同时提供详细的书面材料。

比利时代表大会。公民**罗班**提议向定于圣诞节举行的比利时全国代表大会发出一封信，要求代表们把比利时各个支部列出一个单子，写明每个支部有多少成员，并敦促［他们］改变一贯的做法，认真地向总委员会缴纳年度会费。在以前的几次代表大会上都做过这样的决定，但是却没有执行。他知道法国和瑞士也不按时缴纳会费，但他们的情况是不可避免的，然而比利时人却没有任何借口；总委员会一年应收到大约6000法郎，只是需要抓紧。

公民**马克思**认为目前不宜于提出钱的要求。大陆上的工人处境困难，因此总委员会不应紧催强索。关于成员名单，公开实力情况不好，因为外界公众总是把真正起作用的成员的人数看得比实际上多得多。安斯在三个月之前寄来过一张表，总委员会可以要一个新的，但不是为了公布，只是为了总委员会掌握情况。

公民**罗班**认为要钱是对的，因为许多支部除向总委员会缴纳会费外没有其他花费。

公民**马克思**表示不反对，但事情必须做得温和。

会上决定按照这个精神写一封信。

鉴于比利时书记不在，经公民**黑尔斯**提议，公民**马思克**附议，委托

公民恩格斯写这封信。¹⁵⁶

　　主席①接着问公民哈里斯是否对纽约劳动同盟有所了解。他回答说，该同盟是由一批工人组成的，他们同新民主协会一道决心为货币及其他方面的改革进行宣传鼓动，他很了解他们，知道他们做事严肃认真。在圣路易斯，人们还决定同总委员会建立通信联系，很快就会接到一封信。

　　公民**黑尔斯**说，他听到会上宣读了弹性织品织工协会来的一个通知，好像上面有［对］他本人的指控，他想知道指控的是什么。

　　书记说，该协会派代表团出席了上次晚上的会议，请求对罢工给予支持，并宣布黑尔斯已被开除出他所属的这个协会。总委员会就此事要求他们提出详细的书面材料，因为对把一个总委员会委员开除出他所在的工人团体这样的事，不能不加以过问。详细的材料还没有送来，该协会已要求推迟到圣诞节以后。

　　公民**布恩**说，宣读会议记录时如果黑尔斯在场的话，他会听到他所指控的都是什么，因此他提议把会议记录中与此有关的部分再读一遍，但不要进行讨论。此议通过，宣读了记录。

　　公民**黑尔斯**说，对帕内尔的信他给以应有的蔑视。他曾收到过帕内尔的一封表示道歉的信，但把它烧掉了。他在今年8月被开除出工会，这次提议开除他所根据的理由，同1867年一样。他一贯主张工会不应过问性别。这个行业从它产生的时候起就有女工。工会主张排除女工，他反对排除女工，这就是他所犯的过错。工人并不是像他们所说的那样因为反对减少工资而罢工的，那是撒谎。

　　公民**马克思**提议，这次散会后休会至1月8日，总委员会应授权给一个委员会，如果在此期间有必要对我们在德国的会员被起诉一事准备

---

①　鲁克拉夫特。

些东西发表的话，就由这个委员会起草，并在下一次晚上开会时提到会议上来。

公民恩格斯附议。一致通过。

公民黑尔斯提议，**公民哈里斯**附议，由马克思、恩格斯、罗班、埃卡留斯组成这一委员会。一致通过。

委员会于 11 时休会。

     主席 乔·E. 哈里斯
     书记 约·格奥尔格·埃卡留斯

总委员会委员出席情况登记表[①]
1870 年 9 月至 12 月

	9 月				10 月				11 月					12 月			出席	缺席
	6	13	20	27	4	11	18	25	1	8	15	22	29	6	13	20		
阿普耳加思			+		+												2	14
布恩	+	+		+	+										+		5	11
布列德尼克			+		+	不在市内 →											3	13
凯希耳						+											1	15
柯恩		+					+										2	14
埃卡留斯	+	+	+	+	+	+	+	+	+	+	+	+	+	+	+	+	16	无
恩格斯						+	+	+	+	+	+	+	+	+	+	+	11	1
约·黑尔斯		+	+		+										+		6	10
威·黑尔斯		+			+	不在市内 →											2	14
哈里斯	+	+	+	+		+		+	+				+	+	+	+	12	4

---

① 此表由埃卡留斯记在会议记录本第 148 页上。

（续前表）

	9 月				10 月				11 月					12 月			出席	缺席
	6	13	20	27	4	11	18	25	1	8	15	22	29	6	13	20		
荣克	+	+	病														2	14
洛帕廷	—	—	+	+	+	+	+	+		+	+	+	不在市内				10	4
列斯纳	+	+	+	+	+	+	+	+		+		+	+	+	+	+	12	4
鲁克拉夫特		+		+		+								+			4	12
马克思	+	+	+	+	+	+	+	+	+	+	+	+	+	+	+	+	15	1
米尔纳	+	+	+	+		+	+		+	+	+		+	+			12	4
莫特斯赫德				+													1	15
默里					+	去美国											1	15
莫里斯	病																无	16
奥哲尔																	无	16
帕涅尔	不在市内																无	16
普芬德			+			+	+	+			+	+					8	8
吕耳						+											1	15
斯特普尼	不在市内								+	+	+	+						
唐森	+	+		+	+	+	+	+					+	+			12	4
韦斯顿	+	+	+														3	15①
扎比茨基																	无	16
罗班									+	+	+	+	+					
科尔布														+	+	+	3	1

---

① 应为13。——编者注

总委员会委员出席会议情况登记表①
1871年1月至3月底

	1月				2月				3月			
	3	17	24	31	7	14	21	28	7	14	21	28
阿普耳加思			✓									
布恩					+	+	+	+		+		+
凯希耳												+
柯恩		+		✓	+							+
埃卡留斯	+	+	+	+	+	+	+	+	+	+	+	+
恩格斯	+	+	+	+	+	+	+	+	+	+	+	+
约·黑尔斯	+	+				+		+	+	+	+	+
哈里斯	+	+		+	+	+	+	+	+		+	+
荣克	病	病	病	+	+	+	+	+	+	+	+	+
洛帕廷	缺席②											
列斯纳		+	+	病	+	+	+	+	+	+	+	+
鲁克拉夫特		病	+	✓	身体不适							+
马克思	+	+	+	+	+	+	+	+	+	+	+	+
莫里斯	病											
米尔纳		+	+	✓	+	+	+	+	+	+	+	+

---

① 此表由埃卡留斯记在会议记录本第149页上。
② 此外为马克思所填写。

（续前表）

	1 月				2 月				3 月			
	3	17	24	31	7	14	21	28	7	14	21	28
莫特斯赫德					在乡下							+
默里												
奥哲尔				レ								
普芬德	病	+	+	+	+	+	+	+	+	+	+	+
吕耳												
罗班	+	+	+	+	+	+			+	+	+	+
斯特普尼	+	+	+	+	+	+	+	+	+	+	+	+
唐森	+	+		+					+	+	+	
韦斯顿		+	+	レ	+	+	+	+		+	+	
扎比茨基				レ								
科尔布	+			レ	+	+	+			+	+	
赛拉叶	在巴黎						+	+	+去巴黎			

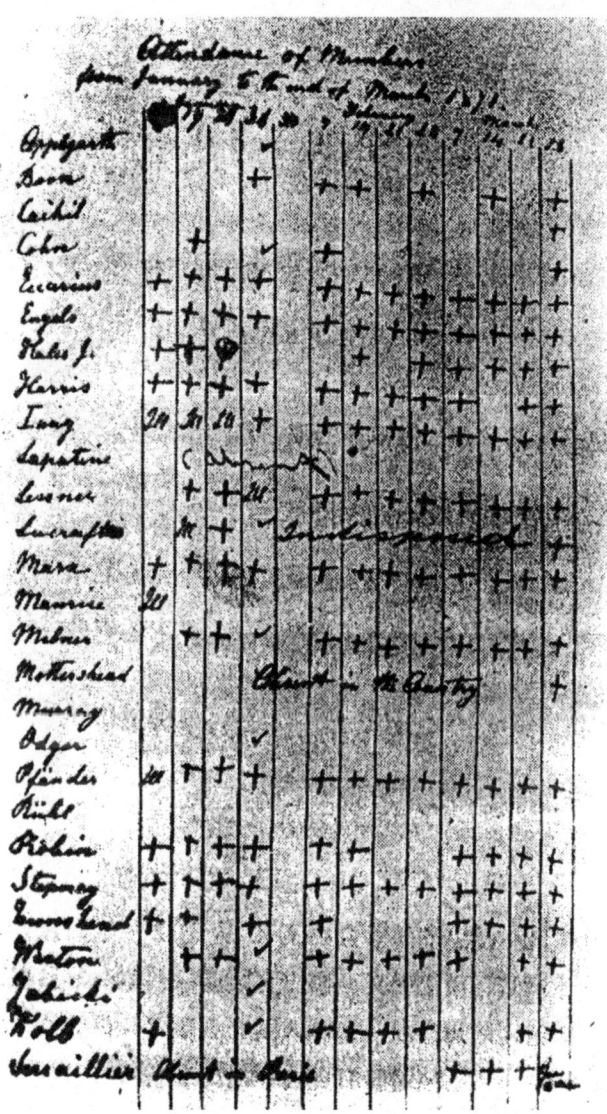

总委员会委员出席会议情况登记表

(1871年1月至8月)

1871 年

总委员会会议[①]
1月3日

出席委员：**埃卡留斯、恩格斯、黑尔斯、哈里斯、马克思、罗班、斯特普尼、唐森、科尔布**。

公民**哈里斯**主持会议。

宣读并批准了上次会议的记录。

公民**科尔布**递交了海尔维第亚协会委派他作代表出席总委员会会议的证书。

一致表决予以接受。

通 讯

伦敦。宣读了弹性织品织工协会德赖先生的一封来信，信上说他被迫找了一项妨碍他亲自出席会议的工作；任命了一名新书记，如果总委员会要该协会派人面谈，他们就派人前来。信中还谈了将公民黑尔斯开除出该协会的详细情况。

---

① 本日记录由埃卡留斯记在会议记录本第150—161页上。

在公民**黑尔斯**讲了一番话以后,公民**恩格斯**说:已经要求该协会提出一个书面声明,但是总委员会对这个问题决不是非在这天晚上研究不可。

公民**马克思**提议把这个问题推迟两周,请他们派一个代表团来参加会议,并把他们所掌握的任何能证实这一控告的文件带来,如果他们不来参加会议,那就转入原定议程。

公民**唐森**附议,一致通过。

公民**马克思**报告说,书记①在节日里收到一封信,是关于那个后来曾作为致格莱斯顿的备忘录发表的纲领的。[157]他并不反对这个文件,只是不同意最后一条。书记当时本该召开小委员会会议讨论,要是他那样做了的话,这一条也许就会改变。可是他没有这样做,而是私自在上面签了字,还有,他不应该同意把在圣詹姆斯堂的群众大会定在星期二举行。

埃卡留斯说,他由于误会把这封信和纲领连同其他一些东西一起寄给了公民哈里斯,在一切都已安排就绪以后,他才偶然遇见这次大会的组织委员会的几个成员,他们要他参加这个委员会,他就同意了,可是他不知道那一条要写进备忘录里。

公民**马克思**对这个解释表示满意。

公民**哈里斯**说,克里默把这个大会的组织者们斥为孔德派[158],认为他们不代表英国工人的观点。

公民**黑尔斯**也被他们找过,但他因为最后一条而拒绝了他们的邀请。

公民**马克思**说,不要以为他似乎是反对比斯利教授和他的朋友们;在这个问题上,他们是唯一做了点事情的人。克里默的话毫无意义。不

---

① 埃卡留斯。

过,今后应该注意,总委员会委员不要一面在这个文件上签名,一面又在另一个内容相反的文件上签名。

公民**马克思**接着提议为在德国被监禁的李卜克内西、倍倍尔、赫普纳等人的家属发起募捐,呼吁同情者捐款援助;他们被监禁是因为他们是国际的成员。

公民**恩格斯**附议。

公民**黑尔斯**支持这个提议并建议印制捐款单。通过。

公民**黑尔斯**接着提议印 100 张。

公民**恩格斯**附议。通过。

同时还决定在报上登一篇呼吁书;捐款汇给总书记。

散会时在公民**马克思**的提议和公民**恩格斯**的附议下,决定委员会休会到 1 月 17 日再开。

主席 卡尔·普芬德
书记 约翰·格奥尔格·埃卡留斯

会议记录补遗
1 月 3 日①

公民**恩格斯**宣读了马德里支部给总委员会的一封信。[159]信中说,去年 7 月他们就寄来了一份关于他们的活动和他们的全国代表大会的报告,可是至今没有收到回信。他们是在比较困难的条件下进行工作的。政治黄热病阻滞了运动的发展,在 1868 年的动乱以后,几乎使运动陷于瘫痪。像南方人的一般情况那样,豪言壮语使用得太多了,这使人民感到失望,于是他们转向别人,结果仍是失望。本季度的会费即将汇

---

① 补遗由埃卡留斯记在会议记录本第 152 页上。

出。还准备提出一份联合会的统计报告。他们在打听葡萄牙是否有支部。他们从布宜诺斯艾利斯收到印刷工人协会出版的报纸①，这个协会同其他地方有联系。可与之通信，以便建立支部。

关于回信问题待下次会议作出决定。

鉴于《国际报》上发表了一项关于公民恩格斯是比利时书记的声明[160]，会议同意公民恩格斯暂时担任比利时书记。

委员会于10时半休会。②

总委员会会议③
1月17日

出席委员：科恩、埃卡留斯、恩格斯、哈里斯、约·黑尔斯、马克思、米尔纳、[普芬德]、罗班、斯特普尼、唐森、韦斯顿、列斯纳。

公民**普芬德**主持会议。

宣读了上次会议的记录。记录中没有提及西班牙的一封来信，在下次开会时必须补全，在此条件下记录被批准。

通　讯

伦敦。收到和平协会书记的一封来信，附有邮局汇票一张，金额1镑，捐给德国被监禁者的家属。收到弹性织品织工协会新任书记的来信，信上说他查阅了该协会的档案，没有发现任何可以提出指控的材

---

① 这里指的是若干期《布宜诺斯艾利斯印刷工人协会年鉴》。
② 本日记录无人签名。
③ 本日记录由埃卡留斯记在会议记录本第152—155页上。

料；因此，以前所说的全部收回。

公民**恩格斯**提议，根据上星期的一致意见，会议转入原定议程。

公民**韦斯顿**提了一些问题，公民恩格斯作了答复。

公民**科恩**认为，需要询问一下这封信是不是公函，并表示自己的意见是作为一项修正案提出的。

公民**马克思**表示反对，于是修正案被撤销，原来的决议案被通过。

伯明翰。伯明翰工联理事会书记来信声明说，工联理事会已决定加入协会，并询问是否每年缴纳一镑的会费就够了。从泰恩河畔纽卡斯尔寄来一封信，信中附有5先令邮票。

公民**马克思**提议，公民**科恩**附议，接受工联理事会加入协会。

一致通过。

公民**马克思**报告说，他已寄给德国政治犯的家属们5镑。他不知道捐款单是怎样处理的，在所有的公众集会上都应该把捐款单拿出来。

书记①说，他已经给本协会所属的各团体和其他组织寄去了捐款单，将近50张，但至今没有得到任何回音。

公民**韦斯顿**说，他收到了捐款单并在一些集会上提出了捐款问题，此事得到了同情，只是他们正在为他们的示威活动募集经费。

公民**科恩**派公民杰克逊带着捐款单和信参加了一个集会，但是他一个钱也没有募到。

公民**马克思**提议，委托瑞士书记②给瑞士《邮袋报》那些人写信，质问他们对国际采取的是什么态度。他们名义上加入了协会，可是从未交过一文钱，而现在竟赞成兼并。[161]

这个提议获得同意。

---

① 埃卡留斯。
② 荣克。

公民**马克思**说，他想利用很多英国委员出席的机会，做一次很重要的声明。奥哲尔最近在圣詹姆斯堂的群众大会[162]上关于法国政府所谈的一切，是与真情不符的。我们在第二篇宣言中曾写道，临时政府的某些委员从1848年革命以来就染上了可耻的污点。而奥哲尔声称，对于他们绝不能有任何责难。只可把法夫尔看做是共和国的代表，而绝不能把他看做是尽善尽美的爱国者茹尔·法夫尔。但是现在人们对法夫尔的议论，把他提到了首要地位，而共和国几乎看不见了。这里有一个实例说明法夫尔的所作所为。1848年革命以后，法夫尔由于弗洛孔生病而当上了内务部秘书。推选他的是赖德律-洛兰。法夫尔的第一批措施之一就是把军队调回巴黎，使得资产阶级后来能够枪杀工人。不久以后，人民看出议会原来是由资产阶级的代表组成的，便发动了一次同情波兰的示威游行，在游行时群众冲进了议会。[163]主席坚决请求路易·勃朗去向游行者讲几句话，安抚他们一下，他照办了。同俄国打仗也许可以挽救共和国。过了几天，茹尔·法夫尔首先就要求给予他全权把路易·勃朗作为冲入议会者的同谋犯加以究办。议会以为是政府指示法夫尔这样做的，但是所有其余的政府委员都谴责了这项措施，说它是法夫尔个人干的事。临时政府故意策划一项阴谋，挑起了六月起义。在人民遭到枪杀以后，法夫尔提出撤销执行委员会。[164]27日，他起草了关于把被捕者不经审判予以流放的法令，遭流放者1.5万人。11月，议会不得不审查一部分还没有被流放的被捕者的案件。仅在布雷斯特一地就有1000人不得不予以释放。在那些被当作最危险分子交给一个军事委员会审判的被捕者当中，有许多人不得不予以释放，其他人也只被判处短期监禁。后来有人主张大赦，法夫尔总是表示反对。他曾同一些人设法争取建立一个委员会来调查除二月事件以外的整个革命。他协助通过了过去所有出版法中最卑鄙的出版法[165]，这些出版法曾被拿破仑巧妙地利用过。法夫尔在七月王朝时期与波拿巴分子有过勾搭，他曾利用自己的全部势力把拿破仑引进了国民议会。他曾不遗余力地要实现罗马远征[166]，而这是建立帝国的第一步。[167]

公民**韦斯顿**对共和国被掌握在这种人手里表示遗憾，并为能在这里听到这番说明而感到高兴。

接着讨论了在公众集会上作风要正派的问题，讨论以后委员会于11时休会。

主席　本杰明·鲁克拉夫特
书记　约·格奥尔格·埃卡留斯

总委员会会议[①]

1月24日[168]

出席委员：埃卡留斯、恩格斯、哈里斯、列斯纳、鲁克拉夫特、马克思、米尔纳、普芬德、罗班、斯特普尼、韦斯顿。

公民**鲁克拉夫特**主持会议。

宣读并批准了上次会议的记录。

书记[②]宣读了纽约的公民左尔格的来信，信上说，法国人支部、德国人支部和捷克人支部组织了一个美国中央委员会[169]，并希望得到美国近期成立的所有支部的地址，以便进行通讯联系。该委员会由各个支部的代表组成。他们还索取文件和会员卡。

公民**马克思**说，他也收到一封类似的信。大家记得，前些时候曾作出决议，要他们成立一个联合会委员会，可是传达该决议的信件不是被耽搁就是被误投了。齐格弗里特·迈耶尔曾来信表示不赞成。公民马克

---

① 本日记录由埃卡留斯记在会议记录本第155—156页上。
② 埃卡留斯。

思已经写信告诫他们不要让委员会过多地实行代表制,因为这样会形成派系。应当讲清楚:这个委员会只是代表外来居民的。¹⁷⁰

公民**恩格斯**认为总委员会没有任何权力规定组织形式。

公民**马克思**说,他往美国寄去了几个邮包,看来还没有寄到。他有一些会员卡在家里,他将把这些会员卡寄去。

公民马克思还收到李卜克内西夫人的一封信,通知汇款已收到。¹⁷¹她可以每周一次在侦查员的监视下探望她的丈夫。英国工人似乎没有为募捐做任何事。公民马克思在回答会议主席①的问题时说,大约有20个人被监禁,其中大多数人都有家属。

公民**恩格斯**问道,委员当中是否有人出席了前一天晚上②的群众大会¹⁷²,没有人回答。于是他说,由于委员中有不同的看法,最好在会上讨论一下英国工人阶级③在战争现阶段的态度问题。他提议将这一问题列入议事日程。

公民**马克思**附议,一致通过。

此外还一致决定,讨论时不得有外人在场。

公民**韦斯顿**问道,马克思在上次会议上的讲话④原来是打算公开发表的呢,还是只是为了私下给委员们通通情况。他认为公开发表是非常不明智的做法,可能损害和削弱法国政府。当他被告知的时候,他几乎不能相信。不赞成的人很多。

公民**哈里斯**对马克思的讲话被发表出来表示高兴;早该让英国民主

---

① 鲁克拉夫特。
② 此处原文是 meeting(会议),显系 evening(晚上)之误。
③ 此处原文是 council(委员会),显系 class(阶级)之误。在1871年1月28日《东邮报》发表的关于这次总委员会会议的报道中,这一笔误未予更正。
④ 见本卷总委员会1871年1月17日会议记录。——编者注

派知道大陆正在发生什么事了。这些事,和平协会的人什么都知道,为什么别人就不能知道?

公民恩格斯认为,如果它是发表在一家日报上或者是资产阶级阅读的一家大的周刊上,那是会带来很大损害的。但他并不认为把它发表在像《东邮报》[173]和《制陶业观察家报》这类不出名的只在工人中间流传的报纸上会有什么害处。

公民韦斯顿对这一答复不太满意。这些不出名的报纸发表的任何东西都必定会落到资产阶级手中,而"不惜任何代价的和平"派就会把它作为一个把柄。在某些时候不应该把这些东西拿出来,因为它可以被利用来使示威失去效果。

公民马克思说,他对英国委员们讲那番话是为了私下通通情况,他当时不可能预见到会被发表,因为我们还没有一家发表我们的报道的报纸。

主席说,公民韦斯顿臆想出了一个新的东西:工人的"不惜任何代价的和平"[174]派,可是谁也不知道他们在哪里。

鉴于会上已无事可议,他表示他应该离开主席座位,宣布会就开到这里,会议遂告结束。

主席　卡尔·普芬德
书记　约翰·格奥尔格·埃卡留斯

总委员会会议①
1月31日[175]

出席委员:布恩、埃卡留斯、恩格斯、哈里斯、荣克、马克思、普

---

① 本日记录由埃卡留斯记在会议记录本第157—163页上。

芬德、罗班、斯特普尼、唐森。

公民**普芬德**主持会议。

宣读并批准了上次会议的记录。

通 讯

纽约。**书记**①宣读了纽约捷克人支部的一封来信[176],信中对支部被接纳入协会表示高兴,并报告说不久可望有几千人参加。信中说中央委员会目前由四个代表组成。

瑞士。公民**荣克**宣读了瑞士罗曼语区联合会书记②的一封来信。[177]信上说,《平等报》已经复刊了,每月至少必须出两期,希望总委员会提供材料。他们从西班牙收到了要求建立密切联系的信件,但是在接受这一要求之前,他们想知道西班牙支部同总委员会有没有联系,如果没有,他们也不同西班牙建立联系。

1870年的会费将尽快汇出,还有几个支部没有交来。他们希望看到旧日联盟重新建立,这是有希望做到的,因为那些造成分裂的人物没有了。在阿讷西建立了一个新支部。过几天之后,他们将把定于2月份召开的联合会代表大会的议程寄来;希望对议程发表意见。

公民**马克思**报告说,帕尔马城的支部新办了一家报纸,叫做《社会革命报》[178],第一期已出版,是用红色油墨印刷的。这一期里有一些非常愚蠢的言论。该报是工人编的,所以不妨告诉他们哪些东西是应该反对的。他们把有些在社会主义民主同盟问题上反对过的东西又拿来加以重复。

---

① 埃卡留斯。
② 昂利·佩雷。

会议同意把那时通过的决议寄给他们。[179]

公民恩格斯被委派担任西班牙的通讯工作,直至委派了常任的通讯书记为止。

公民荣克提出西班牙支部是否遵守了总委员会的一切规定的问题,他得到的回答是肯定的。

关于在上次会议上宣布要进行的讨论,公民恩格斯说现在进行这一讨论没有什么意义,因为在座的英国委员很少。

公民马克思问道,委员们是否都邀请了;书记回答说他原来以为只要登报通知就够了。

公民哈里斯认为,因有人缺席而出席者就不能进行讨论,这是不对的。他提议讨论照常进行,这一建议得到支持并被通过。

公民恩格斯说:遵照上次会议主席的建议并尊重英国的习惯,我草拟了几条决议,主要是作为讨论的基础。我并不是一定要让这几条一字不改地通过。下面就是我所草拟的决议:

1. 工人阶级支持法兰西共和国的运动首先应当集中全力迫使英国政府承认法兰西共和国。

2. 像建议者所理解的那种英国为保卫法国而进行的武装干涉,只能在一定的时期有效,而这种时期早已过去。

3. 英国不仅不能有效地干预欧洲大陆发生的事件,而且本身也不能抵御欧洲大陆的军事专制制度,除非它重新取得运用它的实际军事力量——它的海军——的自由,而要重新取得这种自由,只有宣布不受巴黎宣言[180]的约束。

总委员会所采取的政策写进了第二篇宣言。9月4日,共和国宣布成立,9月9日,我们的宣言就发表了。宣言中这样说:"英国工人已经采取了一些步骤,以求用外部的有效压力来强迫他们的政府改变不愿承认法兰西共和国的态度。"① 运动如果是仅限于完成这个任务，那或许就能成功，其他国家就会跟着这样做，这样就会使法国处于一个为普鲁士所［不］能忽视的地位。可是就有一些人对此感到不满意。我指的是孔德派，即比斯利教授及其朋友们。比斯利教授曾多次勇敢地支持工人阶级，在布罗德黑德事件[181]中他勇敢地顶住了资产阶级的敌视，但孔德派并不是一个真正的工人阶级党派。他们主张妥协，极力使雇佣劳动变得可以忍受从而使它永远存在下去；他们属于一个认为世界应当由法国来统治的政治宗派。他们在上次那篇有几个总委员会委员也署了名的宣言里要求让法国恢复到战前的地位。[182]法国在战前是一个军事强国。孔德派要求进行干涉，而这个要求刚一提出，工人阶级运动立刻就发生了分裂。反对派说，迄今为止，战争延缓了一切社会政治方面的进步，而每一次战争都延长了贵族的寿命。这话说得是很有道理的。再说，连迫使政府承认共和国都做不到的人，又怎么能够迫使这个政府为共和国进行战争呢？假定英国进行了战争，从苏格兰撤回全部军队，把其他所有地方的兵员也都撤光，仅留1万人在爱尔兰，这样，能调动起来的兵力也就是3万人左右，而且他们也是在一定时候才能起作用。曾经有一个时候，法、德两国的军事力量大体相等，毛奇准备停止围城；英国军队如果在那个时候出动，就可能扭转战局，使之不利于德国人。可是那个时候早已过去了；那个时候的情况是：奥尔良附近的战局有一定程度的好转，奥雷尔·德·帕拉丹取得了一些胜利。一支英国军队在当时是会对法国士兵起到良好作用的，它会增强他们的［斗志］；后来，德国人大大增强了兵力，而且普鲁士人非常看不起英国的军队，英国军队如果前去定会遭到嘲笑；他们所能做的一切也只可能是使尚济的撤退[183]稍有秩序些。

---

① 参见本卷《国际工人协会总委员会关于普法战争的第二篇宣言》。——编者注

英国的陆军只能同别国军队联合作战。在比利牛斯半岛战争[184]中就是这样做的,在克里木战争中也是这样做的。英国最善于通过向其盟军提供军需物资来进行战争。在克里木战争中,他们曾不得不借用法国的士兵来填充自己的战壕。派大军远离本国作战向来是办不到的。由于实行这样一种军事体制——没有征兵制,志愿兵补充过程缓慢,操练方法不佳,培养一个英国士兵需要很长时间——所以英国军队是建立在长期服役上的,不可能为一支庞大的军队保证必需的兵员补充。即使派一支军队到法国去,这支军队一遇损失也就无法维持下去。英国为支援法国所唯一能做的事,就是在俄国宣布反对巴黎条约之际宣战。我们的两篇宣言也暗示了这一点。第一篇宣言里说:"在这场自杀性斗争的背景上,显现出俄国的阴森形象。不祥的征兆是,现今这场战争的信号,恰巧是在俄国政府已经完成了对它具有重大战略意义的铁道线建筑工程并且已向普鲁特河方面集中了军队的时刻发出的。"① 第二篇宣言里说:"正如在1865年,路易·波拿巴和俾斯麦相互保证一样[185],在1870年,哥尔查科夫同样也和俾斯麦相互保证。"② 但是,谁都没有注意到这些。俄国刚一宣布反对巴黎条约,俾斯麦就宣布反对卢森堡条约。[186]这证明存在着默契。普鲁士向来只不过是俄国的工具。这正是英国介入的机会。法国人的处境当时还不像后来这样恶劣,如果英国宣了战,普鲁士和俄国会结为一方,欧洲其余各国会成为另一方,法国就可以得救。奥地利、意大利和土耳其都有准备,如果土耳其人不是像在③战争中那样受到干涉,如果他们被准许按自己的方法保卫自己的话,他们是能够顶住的,而其余的国家就可以帮助法国人将普鲁士人赶出去。可是,当这个

---

① 参见本卷《国际工人协会总委员会关于普法战争的第一篇宣言》。——编者注
② 参见本卷《国际工人协会总委员会关于普法战争的第二篇宣言》。——编者注
③ 显然漏掉了"克里木"一词。——编者注

机会出现时，那些要帮助法国的先生们却一言不发了。

现在，茹尔·法夫尔已代表整个法国投降——他是无权这样做的。毫无疑问，在法国资产阶级的驱使下法国将不得不屈服并缔结和约。那时我们将看到俄国要干什么了。俄国和普鲁士［像］拿破仑一样需要战争，以便制止其国内的群众运动、维护其威信和保持其地位。

海军是英国的主要力量，但是，1856年的宣言确立了新的海上法。新的海上法规定废除私掠。对中立国船只的搜查权取消了。保证中立国船上的敌方货物和敌方船上的中立国货物的安全。过去，俄国的女皇叶卡捷琳娜就曾经做过这样的尝试，但是直到克里木战争结束之前，英国是不接受的。[187]在巴黎会议上，克拉伦登大笔一挥，签字放弃了英国在海上打击俄国的权力。［他］这样做是根据谁的指示或授权，人们从来不知道。当有人在下院提出这个问题时，迪斯累里支支吾吾，问题回避掉了。要想削弱俄国，就必须断绝它的出口，它的出口贸易。如果俄国贵族不能把他们的谷物、亚麻，一句话，把他们的农产品卖给外国，俄国连一年也维持不住，而它进行贸易主要是使用外国船只。英国要对俄作战，就必须重新掌握这种权力。放弃这种权力的借口是确保私有财产在海上和在陆地上一样安全。我们已经看到普鲁士人在法国是怎样尊重私有财产的。工人阶级没有什么私有财产可以丧失，所以，它对保护［私有财产］的安全不感兴趣。但是，工人阶级对重新掌握这种权力却有兴趣，并要把［这种权力］完整无损地一直保持到俄罗斯帝国瓦解之日。英帝国同所有其他建立在①之上的帝国一样，总有一天要土崩瓦解，不过目前这与我们毫无关系，这种情况也许将以较和平的方式发生。② 别的国家没有一个像英国那样能反抗俄国，它必须把这种权力至

---

① 原稿此处缺字。
② 这句话是后来加上的。

少保持到波兰光复之时。如果对俄国宣了战,法国就可能得到了解救,波兰就可能得到了光复。现在,俄国是要进行一场侵略战争,也许等不到一年就会打起来,欧洲将只得在缺少法国这样一支力量的情况下作战。

公民**马克思**对决议案正式表示同意,但保留以后再发言的权利。

公民**布恩**说:我非常高兴地听取了刚才的发言。我同意本来应该把主要的力量用于争取承认共和国。根据我的经验,我认为这个国家对共和制并不太懂。也许北方还懂得一些,但是,伦敦的共和派只喜欢高举旗帜奏乐前进,热热闹闹地搞示威游行,而不太喜欢谈原理。我们没有公认的领袖可以把伦敦的民主运动统一起来,结果形成了许多阵营,工人阶级运动发生了分裂。我还同意说孔德派只是在资产阶级的领导下谋求妥协,但是我不同意公民恩格斯说英国军队起不了什么作用。我认为甚至很小的一支军队也能起很大作用,但我认为法国的领导人不懂得自己应该干些什么,看来他们并没有全心全意地投身于斗争并与战士共安危。一支英国军队在一个特定时刻会比在其他任何时刻起的作用大,这一点谁都必须同意。至于海军,因为管理国家大事的权力我们一点也没有,所以我们的权利和自由可以被我们的统治者们随时任意签字放弃。我国捐税太重,工人阶级不敢主张打仗,他们担心一打仗他们的捐税就更重了,可是另外还有一个原因。有的人对我们说,我们的海军是十全十美的,另一些人则认为我们的海军糟得不能再糟。他们说,我们如果参加了战争,一定会失败,我们得维护声誉,出丑我们是出不起的。不管怎么样,我相信这个国家的工人阶级不久将会更懂得道理,那时他们就会强迫政府去为别国的自由而战,这样的时刻不远了。

公民**荣克**对担心加重捐税问题讲了几句话。

公民**马克思**接着提议讨论暂时停止,到下次会上再继续进行。这个建议得到附议和通过。

委托书记通知缺席的委员出席下一次会议。

经公民①提议,公民②附议,会上同意临时打断原定日程,授权书记付给莱诺8先令的印刷费。

委员会于11时休会。

主席　卡尔·普芬德

书记　约翰·格奥尔格·埃卡留斯

总委员会会议③

2月7日

出席委员:布恩、科恩、埃卡留斯、恩格斯、哈里斯、荣克、科尔布、列斯纳、马克思、米尔纳、普芬德、斯特普尼、唐森、韦斯顿。

宣读[了]上次会议的记录,在作了一处增补后被批准。

通　讯

公民**荣克**从吉约姆那里得到消息说《团结报》要复刊了。[188]

他还报告说,《平等报》第2期上刊登了有关奥利维埃在全民投票前夕对法国的国际会员起诉的文件。[189]这些文件就是洛帕廷在11月22日会议上所说的他在俄国报纸上看到的那些文件。见当日的会议记录。

书记④报告说,雅科比在三个不同的地区被提名为德国议员候选

---

① 原稿此处缺字。
② 原稿此处缺字。
③ 本日记录由埃卡留斯记在会议记录本第163—170页上。
④ 埃卡留斯。

人,李卜克内西和倍倍尔在各自的选区又被一致提名为候选人。两位不伦瑞克的被囚禁者也被提名为候选人。[190]

公民**马克思**说,由于上一次会议是他提议休会的,所以他应当宣布开始讨论,不过他愿意等其他委员讲完之后再发言。

公民**韦斯顿**接着站起来发言。关于决议草案的第一点,他说,在这个国家里,那时最适合做的事就是敦促政府承认共和国,运动如果是仅限于这个范围,那或许就能成功;说在这一点上当时认识会一致,我是不能同意的。在工人阶级中间可能认识一致,但只靠工人阶级一个阶级是不能够实现承认共和国的。西蒂会议[191]说明,资产阶级当中有的人是准备打仗的,但是没有人准备承认共和国。说在工人阶级当中不会有那么大的分歧,我是愿意承认的。

现在我来谈谈我们,或者说总委员会的某些委员在这件事情上都做了些什么。共和国宣布成立的消息传来的那天晚上,有人通知我去收集伦敦民主派对共和国的反应。我就去找奥哲尔,我仍然把他看作是伦敦民主派的代表,可是他到乡下去了。我给他打了电报,并且就在下一个星期六我们在海德公园举行了第一次群众大会。在那次大会上,我们通过了一个支持法兰西共和国的宣言并要求政府承认法兰西共和国。[192]这就是我们总委员会委员们所做的一点事情。不久以后,政府就宣称凡是能做的它都做了,它没有理由再多走一步,因为那样就会干涉法国内政。我认为,没有资产阶级的同意——尽管整个工人阶级都同意——政府是不会再做出任何努力的。我们即使采取更强硬的态度,也起不了更多的作用。我们在宣言里说,如果普鲁士拒绝停止进行侵略性的战争,我们就要利用我们的影响来支持干涉。说英国没有办法也没有能力进行正义的干涉,这不符合事实。色当的投降把法国弄得一支军队也没有了,可是它从那时以来又征集了100万名战士。如果需要的话,英国同样也会办到。已经有人暗示,如果对俄国宣了战,英国一出动舰队,就能帮很大的忙；甚至就利用这一情况来援助法国，那也会对它有很大的帮助。但是，法国被遗弃了，甚至没有人给它鼓一鼓劲，除英国工人阶级外，谁也没有给它以道义上的支持。我们能够派出一支5万人的军队参战，而我们却没有［这样］做，这是一种耻辱。假如德国工人和法国工人像他们的政府那样，互相之间打起仗来，我们会认为自己有责任进行干涉加以制止。英国工人阶级若能自由行动的话，他们就会挺身而出进行干涉。如果我们在街上看到有两个人互相冲向对方，一个将另一个打倒在地并正要用脚去踩他，我们就会上前抓住那个人，至少我会这样做，把他拉开，制止他。如果英国执政党头脑清醒的话，它是会这样做的，它没有这样做就是犯了错误，犯了罪。但是，在我看来法国人不想进行战斗，没有准备像他们应该做的那样进行自卫。我不明白巴黎城内40万勇猛赤诚的战士怎么会被城外的25万人［围困］达四个月之久，最后在饥饿迫使下投降。我认为，不要说同等数量，就是10万英国人，也不会容忍这样的事。他们一定是领导得不好，这里面肯定有问题，要么是他们没有准备，要么就是出现了背叛、无能或是怯懦。就总委员会而论，我们的责任是向大陆上的委员们指出：在色当事件之后，普鲁士已经成了侵略者。他们应该强硬地质问他们的政府是怎样对待法国的，哪怕是冒着失去个人自由甚至上绞架的危险。说英国只是在某些时候能起作用，我认为是错误的。如果英国真的愿意帮助，它现在就能起很大作用，当然不是勉勉强强地给一点少得可怜的援助，［那样］不行。还有一个问题，我决不同意这场讨论的发起人的看法。我觉得，认为如果英国为法国出兵打仗，爱尔兰人就会趁机闹事，这是有损于爱尔兰的。我认为恰恰相反，而且我的许多爱尔兰朋友也都有这样的看法，如果英国政府为法国出兵打仗，爱尔兰人会欢欣鼓舞地支持它。不需要1万英国兵去控制他们。我时常感到痛心的是人们对这个姊妹国的议论。我们容忍了我们的政府压迫爱尔兰人，因此我们也就受到很多的责难，爱尔兰人就不能很好地把英国民主派同政府区分开来。但是，说什么在这样的紧急时刻英格兰和苏格兰可以不留一兵一卒，而对爱尔兰人却需要用1万人加以管制，像这样的议论只能扩大裂痕。

公民科恩说：我们不要忘记，一开始我们遇到了很大的困难，而我们战胜了这个困难。当战争爆发的时候，工人阶级当中有德国派，也有波拿巴派。多年来，资产阶级报刊大谈拿破仑为法国做了多少多少好事，以致许多人信以为真。我们采取了类似中间路线的态度，两派都反对我们。这两个截然不同的派别一直存在到色当投降为止。色当投降之后，波拿巴派转而同情共和国，而德国派发现普鲁士已经成了侵略者，于是也改变了态度，可是该怎么办呢？假如那时议会正在开会，我们可以请愿，或者要议员去提问题。但是大臣们往往在议会休会时比在议会开会时讲话更自由些，因此，我们就尽最大的努力去把同各大工人团体有联系的代表人物找到一起，组织一个代表团去见首相。代表团终于组成了，去见了格莱斯顿并强迫他表了态。到这时为止我们是一致的。可是在格莱斯顿对我们表了态以后，我们该怎么办呢？承认法兰西共和国，这还是一个法律问题，工人们不懂法律，很多人都担心会落入圈套。关于第一条，就谈这些。

关于第二条，尽管我非常尊重公民韦斯顿的观点，〔但我仍然认为〕英国是无能为力的，没有什么东西妨碍着法国海军的行动，而它实际上无所作为。我并不否认英国海军能起很大的作用，而事实上也已经做了许多事情，我们的商船队出了很大的力，它给法国人帮了很大的忙。固然可以派一支5万人的英国军队前去，但这支军队也不会有战斗力，因为英国军队的军官素质差，在普鲁士人面前会不堪一击。法国人就每个人而论也像普鲁士人一样勇敢，但是他们缺少普鲁士人的那种合乎科学原则的组织。一支英国军队让什么人来指挥呢？在以往的战争中，我们的军官遇到紧急情况就逃跑，现在他们还会这样做。假如我们派一支军队去法国，使法国人失败的那种原因也同样会使这支军队遭到失败。法国有发财的将军，我们也有这样的将军；法国人的将军在阿尔及尔威名赫赫，我们的将军在印度屡建功勋。可是，他们指挥不了这样的战争，他们在训练有素的普鲁士人面前一击即溃。我们可以向法国军队提供粮草和衣物，这会是一项巨大的援助，但是并不能保证胜利。

关于第三条，当这个问题在下院提出的时候，我是表示赞成的。我想，如果私有财产在海上和陆上都能受到保护，那非常好，因为完全可以肯定战争还没有消灭。我想这样能使战争不那么野蛮，能减［少］非直接参加者的苦难；我还以为，私有财产在这次战争中可以得到保护。但是，既然普鲁士把宣言踩在脚下，弃之沟渠，财产在陆地上已不安全，我就不明白为什么非得在海上保证它安全不可了。这个问题无论如何是应该考虑的。

公民**米尔纳**说：我们如果不小心的话，就会脱离工人阶级。看起来似乎君主制的力量比共和制不知要强多少倍，法国是一个大难题。我们拥护共和制，我们主张人人享有自由，但是甘必大却不得不靠专横来维持共和国。我们的目的是要改善一切政体下的工人阶级的状况。因此，我们务必谨防被卷到派别争吵中的任何一派里去。德国人的注意力向来高度集中于自身，这一点超过任何别国人，所以他们从不为国外的事情操心，但是现在完成国家统一之后，他们不会不去收获他们的征伐所带来的果实。如果他们认为在集权的君主制度下比在共和制度下更便于这样做，那他们就要实行君主制，而我们对它就得容忍迁就。共和制度没有什么大的成就可以夸耀。美国拿不出什么大的成绩来，只不过资本比别的地方更加集中而已，而且不久人家就可能告诉我们，工人阶级在君主制度下比在共和制度下生活得还好。

公民**埃卡留斯**说：在这次讨论中还有很重要的一点没有提到，这就是肢解法国的问题。要求承认法兰西共和国，一开始就同抗议兼并联系在一起。抗议兼并而不以战争相威胁,那会是荒谬可笑的。主张和平的那一派在表示他们的同情时加上了一个条件,他们说在任何情况下英国都不应进行战争,而且他们对政府的做法投了信任票;相反,我们谴责了政府。当政府拒绝承认法兰西共和国时,我们如果默不作声袖手旁观,那我们就与伟大的自由党处于同一水平了。我们主张干涉和战争,这至少挽救了我们的荣誉。我属于主张战争的人们之一,[即使]我们别的什么事也没做成,那至少我们把工人阶级和自由党人之间所存在的那种靠不住的友谊切断了;工人阶级失去了原来对格莱斯顿所寄予的信任,甚至在国内事务方面也是如此。战争的呼吁起了很大的作用。自由党人、激进派和他们的选民举行的各种群众大会表明,各地都有不满的表现,政府能获得绝对信任票的唯一的一个地区就是激进主义的大本营曼彻斯特。然而,我虽然主张战争,却从来不真以为英国会进行战争。托利党人像自由党人一样不同情共和国,但是他们认为,如果英国及时地进行干涉,就可以把拿破仑保住,而那样会比用别人代替他去压制革命要容易些。伟大的自由党的亲普鲁士立场简直像德国教授一样;驱使英国为法国而投入战争这种可能是不存在的,但抓住这件事可以反对政府,可以唤起工人阶级继续战斗。

公民**哈里斯**:我赞同发起人①关于我们在这场战争中不会起多大作用的看法,而不能同意公民韦斯顿和科恩的观点。我并不把这场战争看作是两国政府之间的战争,而是看作一场反对欧洲人民的战争。英国民主派为什么会这样软弱无力呢?这是因为他们对历史和外国的政治一无所知,因此,他们也就无能为力。他们还没有弄清共和国是由什么人领导的,它是个什么样的共和国,就对它欢呼支持。西班牙搞了一桩婚姻交易,结果导致了这场战争。当战争爆发时,法国人兴高采烈地干了起

---

① 恩格斯。

来，一心想踏平德国；那时，英国的民主派在何处呢？公民恩格斯说留一万人在爱尔兰，他的意思并不是说要用这样多的人才能压得住爱尔兰，他的意思是要说明向法国派遣军队多么困难。他的设想是英国政府不会放弃对爱尔兰的监护。我相信爱尔兰人是宽宏大量的，但是，如果他们对英国陷入困境这样一个好机会不加以利用的话，那他们就是无用的。

公民**恩格斯**：当我讲到爱尔兰时，我只是设想政府在爱尔兰至少得留一万人的兵力。我根本没有考虑爱尔兰人的情绪。

公民**韦斯顿**：人们可能以为，总委员会中有这样一种看法，这就是爱尔兰必须有一万人驻守，而英格兰和苏格兰却可以不要军队驻守。

公民**布恩**：没有一个共和派不认为爱尔兰人只是被武力压制住了。

接着，有人建议把爱尔兰问题作为这次讨论中的一个附属问题，并在原有的提案中补上一个相应的提案。

同意辩论再次延长。

委员会于11时休会。

主席　约翰·韦斯顿

书记　约翰·格奥尔格·埃卡留斯

总委员会会议[①]

2月14日

出席委员：**布恩、埃卡留斯、恩格斯、黑尔斯、哈里斯、荣克、列斯纳、马克思、米尔纳，科尔布、普芬德、罗班、斯特普尼、韦斯顿。**

公民**韦斯顿**主持会议。

---

① 本日记录由埃卡留斯记在会议记录本第171—177页上。

主席①报告说,他带来了一位来宾——亨尼西先生。

公民**哈里斯**说,他不反对亨尼西先生出席,但接受来宾是违反规定的。

公民**荣克**说,他常常把不是总委员会委员的人作为来宾带来,而且后来他们大多数都已成为委员。

公民**恩格斯**提议,**列斯纳**附议,接受亨尼西先生出席,一致通过。

接着宣读并批准了上次会议的记录。

书记②报告说,细木工联合会决定捐给德国被监禁者的家属1镑[193];钱将在这个星期寄来。

公民**马克思**报告说,那些在维也纳以叛国罪名被判处各种不同期限监禁并服苦役的人,已得到大赦,而且不像英国那样附带一个加以流放的条件。[194]

他还报告说,《派尔·麦尔新闻》刊登了一篇关于巴黎的一次集会的报道,去年9月以来即无音信并被认为可能已经战死的赛拉叶在会上[讲了话]。他讲的是工人阶级应该采取什么态度。他们应该严厉地追问国防政府为什么没有把普鲁士人打败,他们应该在接受任何不利的和平条件以前先弄清楚这个国家是不是还有能力坚持抗战。赛拉叶表示,他认为这场战争是用来镇压国际的,然而国际要比俾斯麦强大并且会击败他。

杜邦收到鲁贝一个人的来信。他推荐这个人做协会的通讯员。[195]

经公民**马克思**提议,**哈里斯**附议,予以同意。

公民**马克思**接着报告说,普鲁士众议院因选举而请求政府解除戒严,被政府拒绝。在法兰克福,一位工人③因被选为德国议会议员的候

---

① 韦斯顿。
② 埃卡留斯。
③ 约瑟夫·施奈德。

选人而被开除。[196]

公民**荣克**报告说，有一位［不］愿被人知道的朋友交给他 40 镑作为对总委员会经费的捐助。

主席说，这是令人非常高兴的消息，应该向无名氏先生表示感谢。

公民**荣克**说这个人是协会会员，不需要表示感谢。

公民**荣克**接着重新开始了上次的讨论。他说，公民韦斯顿在上次会议上承认工人阶级运动进行得不成功，并表明曾试图同资产阶级达成协议。我认为这是错误的政策。公民韦斯顿还说，即使所有的工人都联合起来，他们也不会成功，而我认为他们如果联合起来是会成功的；只是因为把其他的党派拉了进来，所以才造成了分裂。我觉得运动越来越像在颂扬政府的首脑人物，而不像在迫使政府承认共和国。从那时起，运动就是败局已定了。有见识的工人如果听到像奥哲尔那样的讲演，一定是要么怀疑他的真诚，要么得出结论说他什么都不懂。

我深信，政府不会从爱尔兰撤出军队，而爱尔兰人如果不抓住每一个机会，那他们就是愚蠢的。英国的民主派从来没有为爱尔兰人做过什么事情。

我还对公民米尔纳的发言有几句话要讲。他说，我们的目的是改善一切政体下的工人阶级的状况。我们是要这样做的，但是，这种看法把我们的目的看得太狭隘了。正是这种看法使我们一些委员认为，我们决不要和政治发生任何关系。然而，我们是［一个］政治性的协会，我们的目的比单纯的社会改良更伟大，我们要改变现行的制度。如果说君主制在法国被证明是更强有力的，这并非因为它是集权的，法国现在也实行集权。我不怕实行集权，共和国也可以把它的权力集中起来，因此，我们还是可以为共和制奋斗。

公民科恩好像是把军费问题弄错了。在英国，军费是要经过投票表决的，在普鲁士则不用投票表决。

公民马克思。[197]承认共和国对其他一切说来是首要的条件,如果这一条做不到,其他一切必定失败。法国在国际上是没有行动能力的,在国内也是如此,而普鲁士的背后则有俄国。共和国一宣布成立的时候,在法国人人都成了热心的共和主义者。如果共和国在那时被承认,它是有可能成功的。但是当得不到承认时,他们就后退了。有产阶级与其说是希望看到共和国的胜利,不如说是希望看到普鲁士的胜利。他们十分清楚共和国迟早要成为社会主义的,所以他们就进行阴谋活动来反对共和国,这些阴谋活动对普鲁士的效劳超过毛奇及其将军们。总之,在这场讨论中,没有一个人说承认共和国不是首要的一点。

其次,大炮街会议[198]不是伦敦富人的集会,而是一向无足轻重的小资产阶级的集会。他们只可能要么支持大资本家反对人民,要么加入工人阶级的行列;光是他们自己,什么事也做不成。但是如果他们加入工人阶级的行列,千万不能让他们来领导,因为他们是危险的领导人。他们仇恨共和国,不愿意承认它,可是他们害怕普鲁士,所以他们拥护战争。

公民埃卡留斯谈到抗议肢解法国的问题,说不以战争相威胁就毫无用处;这与事情毫不相干。我们在宣言中抗议了,德国人也抗议了,然而这仅仅是道义上的抗议。英国政府要等到普鲁士取得了胜利并对那两个省份正式提出了要求的时候才能提出抗议,而且也不能相信这个政府当真会反对肢解法国。

还有,公民科恩对工人的宣传鼓动似乎抱有奇怪的见解。工人们到格莱斯顿那里去听取他的意见,必须把他的意见当作最后的决定加以接受。他还认为,要是赶上议会正在开会的话,还能做更多的事情。好在没有赶上议会开会。承认共和国是一个单纯的政府行动。如果是议会正在开会,格莱斯顿就会把责任推给议会的多数,谁要提出一条理由赞成承认共和国,就会有人提出一千条理由支持格莱斯顿加以反对。要改变政府,就可能需要举行选举,而自由党人也不愿意老去收买自由选民。

我完全相信，如果工人坚持下去，并且不让满口教条的资产阶级发言人来干涉，他们是能够成功的。这场运动中所投入的力量还不及前些时候啤酒事件[199]中所用的力量的一半。在英国做什么事情都要靠外部的压力。

公民米尔纳好像是说，如果英国人坚持要承认法兰西共和国，就会触犯德国人。恰恰相反：德国人认为英国人做得还不够。数以百计的人被关进了监狱，而他们所能指望给予道义上支持的只有英国工人，但是英国工人却没有做他们应该做的事情。至于君主国与共和国之争，最初是一支君主国军队对另一支君主国军队；谈不到什么共和国，而且法国军队被认为是强者。当法国常备军全部消失以后，人人都认为法国人要屈服了，几天之内就没有君主制能帮助抗击普鲁士人了。正是因为没有了君主，正是因为有了共和国，所以才抗击了五个月之久，假如没有人搞叛卖活动和阴谋活动，他们还能维持得更久一些。

第三点可以看出来的是资产阶级共和国在欧洲已成为不可能。资产阶级的政府连采取真正的革命措施来进行防御都不敢干。共和国只是使工人阶级力量得到发展的一种政治形式。法国的上一次选举和德国资产阶级的所作所为，证明他们宁要军事专制而不要共和制。在英国恐怕也是如此。共和制与资产阶级政府再也不能携手同行了。

现在我来谈谈战争本身。色当投降之后，俾斯麦处境困难。国王①对德意志议会和法国人民说，他仅仅是为了自卫而同拿破仑打仗。可是，在色当投降以后，普鲁士人就成了过去法国人那样，不［再］为防御而战了。我知道，俾斯麦同拿破仑一样竭力谋求战争，防御只是一个借口。可是在色当之后他需要一个新的借口。德国资产阶级怀疑是否该停止了，但是俾斯麦发现没有一个得到承认的政府作为议和对象，因此，他必须到巴黎才能议和。他来谈论什么样的政府会被法国人承认，

---

① 威廉一世。

什么样的政府又不会被承认，真是无耻到了极点。但是却符合他的目的。赚钱人总是崇拜胜利的，而且德国资产阶级害怕法兰西共和国，所以〔他〕就得到了他们的支持，贵族的支持他是早有把握的。俾斯麦所关心的是英国不要承认共和国，因为英国是唯一能够抗击他的强国，但他寄希望于格莱斯顿，寄希望于宫廷关系。做德国皇帝的岳母①，这是非同小可的事，所以英国就跟着神圣同盟亦步亦趋。

当工人代表团责问格莱斯顿当初对拿破仑为什么那样匆忙地给予承认时，他混淆日期，混淆政变后帕麦斯顿的承认和全民投票后德比的承认来迷惑他们。他对工人们说，他已经是能做的都做到了，他还为自己摆功，那就是没有断绝外交关系。他本来是能够做得像美国那样多的。他的同僚，布鲁斯、娄和卡德威尔对共和国显示了敌意，他们声称英国对外只能使用道义力量。[200]英国唯一能够使用武力的地方是爱尔兰。还有，德国报纸奉命大骂英国不该向法国出售物资。当伯恩施托尔夫向格兰维尔提出质问时，格兰维尔含糊其词，说要调查一下，而后来查明那是正当的、合法的。[201]他本来就知道是正当合法的，只不过没有胆量这样说。接着，英国政府根据伯恩施托尔夫的要求没收了法国的电缆，此事后来被一位英国法官宣布为非法。[202]梅斯投降以后，俄国认为该是亮出它的合伙关系的时候了，于是就通过否认巴黎条约而把这种合伙关系亮了出来。在〔这〕以后紧接着就是对卢森堡条约的否认和罗马尼亚在多瑙河两公国的确立②，这些都是对英国的侮辱。然而，格莱斯顿做了些什么？他派了一名全权特使去向俾斯麦讨教。俾斯麦建议在伦敦召

---

① 这是指女王维多利亚。
② 这里记录不确切。在1871年2月19日《东邮报》关于这次会议的报道里，这一段话是这样写的："紧接着就是对卢森堡条约的否认、俾斯麦和罗马尼亚大公议定的关于两公国的条款。"

开一个会议,连格莱斯顿都觉得没有法国参加是无济于事的,因为没有法国参加,条约的破坏者将占多数。可是,不承认共和国,法国就不能参加会议,因此,俾斯麦就得阻挠承认共和国。当奥伯龙·赫伯特在下院就此向格莱斯顿提出质询时[203],他又是支吾搪塞,歪曲事实,对最重要的问题避而不谈。虔诚者多罪孽。从蓝皮书中可以看出,当英国政府要求准许法夫尔前来参加时,俾斯麦答复说法国没有资格参加国际活动,只要这一答复不撤销,想用什么办法让法国能够参加会议都是徒劳的。不给予承认是孤立英国政府的一个手段。

时间将近11时,公民**马克思**提议将讨论延期,这一提议得到附议并通过。

接着公民**布恩**提议,公民**恩格斯**附议,指示财务委员公民韦斯顿在伯克贝克银行为协会存款35镑,手头留5镑用于日常开支。

提议被一致通过。

委员会于11时休会。

约翰·韦斯顿

书记 约·格奥尔格·埃卡留斯

总委员会会议①

2月21日[204]

出席委员:埃卡留斯、恩格斯、哈里斯、荣克、科尔布、列斯纳、[马克思]、米尔纳、斯特普尼、韦斯顿、普芬德。

公民**韦斯顿**主持会议。

宣读了上次[会议]的记录。

---

① 本日记录由埃卡留斯记在会议记录本第177—180页上。

公民**马克思**说,记录里的错误多得无法纠正,除非是把发言重讲一遍。

公民**哈里斯**提议,把这一声明附上,予以采纳,此议被通过。

书记①报告说,他收到了捐给德国政治犯家属的8镑6先令。

财务委员②报告说,他已遵照指示把35镑存入了伯克贝克银行,每一镑在银行从月初存到月末有4%的利息,用款随时支取,无需事先通知,只要拿一张由他签字的取款单和银行存折就行了。

接着,公民**马克思**提请会议注意《东邮报》上关于他的发言的报道,以及这篇报道的那种胡拼乱凑的写法。要不是他的名字印错了的话,他会认为他有责任给编辑写信。报道里说:"共和国一宣布成立,在法国人人都成了热心的共和主义者,但是共和国没有得到承认,反动势力的进攻就开始了。"这完全是胡言乱语。相反,他说的是,共和国得到了意大利、瑞士、西班牙、比利时和其他一些国家的承认,人民的情绪如此高涨,以致反对派也不得不假装拥护;他特别提到了布卢瓦高等法院的法官把自己打扮成共和主义者一事。报道接着说:"资产阶级不想使共和国获得成功,他们十分清楚,社会问题迟早一定要加以解决。"这跟他所说的完全不同,他说的是共和国一定要成为社会主义的共和国。报道接下去还说:"主张③战争的人没有一个证明了承认共和国对其他一切说来是首要的条件。"这里应该[是]**"不是首要的条件"**。

关于他对其他人的发言所做的评论,报道的作者连是谁的发言都不肯指明,所以也就很难辨别出是针对谁的发言。作为他对科恩发言的评

---

① 埃卡留斯。
② 韦斯顿。
③ 原稿中划掉了"干涉"一词。

论而报道的那些话等于是一种侮辱。报道接下去说,正是"没有了君主才鼓舞了人民";他明明说的是"没有了君主制",这是完全不同的事嘛。鬼才懂得这样的报道。还有那句英国对外使用"更多的武力"①,可能是由"道义的力量"② 错印而成的。

报道里还说,俾斯麦说"法国人没有承认那个政府,而他来谈论什么样的政府应被法国人承认,真是无耻到了极点"。报道根本不提他〔马克思〕本来说的是:在法国人人都承认并服从政府,而俾斯麦却说法国人没有承认政府,真是无耻到了极点。

报道还说,法国被准许出席会议那将等于得到了承认。这是雇佣文人的说法,不是他的说法,结论完全被歪曲了。正是因为这个政府没有得到承认,所以它才没有参加国际活动的能力。报道与会议记录也不一样。这样的报道有害无益。如果再有这样的东西发表,他将提议不准再刊登报道。

公民**米尔纳**认为,今后最好是先宣读和批准记录,然后才发表报道。

公民**荣克**认为,这个办法固然不错,但是报道就得迟一星期。有许多东西是需要立即发表的。再说,报道和会议记录是有所不同的,不能把记录全部发表。

公民**马克思**:报道是应该有所不同,它们应该写得更严肃认真。

主席③、公民**恩格斯**和**米尔纳**又讲了几句之后,此事即告结束。

公民**马克思**说:关于讨论,他本来想就第三点讲一讲,但是由于没有人对这一点发表反对意见,所以就没有必要讲了。如果其他委员谈到

---

① 原文是"more force"。——译者注
② 原文是"moral force"。——译者注
③ 韦斯顿。

它，他也许有些话要讲，然后由公民恩格斯总结。关于已经提到的爱尔兰问题，最好另行讨论。

公民**韦斯顿**说，他借此机会讲几句。公民荣克好像认为已作出努力使一部分资产阶级与工人阶级合作来争取承认共和国，情况并非如此。只有6个人提出一项决议案表示同意试探一下大炮街会议的情绪。他们没有遇到一个好的时机，但表决结果他们却以3∶2占了上风。关于孔德派：在我们发现他们表达了工人阶级的观点的时候，他们是与工人阶级合作的。工人阶级内部的分裂在共和国宣布成立之前就已经有了。造成这种分裂的原因是工人和平协会①声称英国决不可参加战争，而只能使用道义力量。俾斯麦由此只能得出这样的结论，即英国工人不会允许政府进行干涉，为了防止得出这种结论，有必要鼓吹干涉。他还是认为，一致并不能保证争取承认共和国的运动获得成功。

公民**荣克**说，不幸的是我们只能根据不正确的报道来判断，他理解为已经作出的与资产阶级合作的努力。

公民**米尔纳**说他也被误解了。好多年以前，他和他的战友们极力对工联主义者宣传社会运动与政治运动相结合的必要性，因为没有政治权力就不能取得社会的进步。他同意共和制是最有利于工人阶级发展的政体。但是，如果不预先使工人阶级懂得有了共和国应该怎么办，一旦他们有了共和国，那也是毫无用处的。正是在这个意义上，必须使工人阶级在一切政体下都得到提高，这样，他们才能在一旦有了共和国的时候很好地利用它。

公民**恩格斯**认为，在他进行总结之前很有必要请马克思谈一谈，但是由于公民马克思身体不适，最好把讨论延至下星期二。这个意见得到同意。

---

① 指工人和平委员会。

公民**韦斯顿**报告说，土地改革协会²⁰⁵在土地国有化这一问题上向工人党靠拢了。是土地和劳动同盟²⁰⁶把他们推向前进的。

公民**哈里斯**认为，这是搞垮土地和劳动同盟的一个步骤。

公民**荣克**说，鲁克拉夫特要他到和平协会在共济会酒店召开的集会²⁰⁷上去为德国政治犯的家属募款，可是他不想去，除非总委员会要他这样做。

公民**马克思**认为总委员会派人前去，德国人不会表示感谢的，因为这就等于对那般人的承认，他们会加以利用的。

财务书记①宣读了财务报告，总委员会同意由财务委员保管银行存折。

委员会于11时休会。

主席　卡尔·普芬德
书记　约·格奥尔格·埃卡留斯

总委员会会议②

2月28日

出席委员：**布恩、埃卡留斯、恩格斯、黑尔斯、哈里斯、荣克、科尔布、列斯纳、马克思、赛拉叶、斯特普尼、韦斯顿。**

公民**普芬德**主持会议。

宣读了上次会议的记录，在作了一处增补后被批准。

公民**马克思**说，他在上次会议上对报道所作的更正并不是为了登报

---

① 哈里斯。
② 本日记录由埃卡留斯和赛拉叶分别记在会议记录本第180—181、187—188页和第182—186页上。

的，而报纸上所作的更正又给人造成了误解，好像是他而不是格莱斯顿说英国只能使用道义力量。道义力量根本就不是力量。

在进行今晚的议程之前，公民马克思认为有必要提请大家注意公民韦斯顿在上星期关于土地改革协会的纲领所讲的一些话。那天晚上太晚了，他又是以会议主持人的身份发言，所以就没有机会对这些话进行讨论。他认为，今后再有这类问题提到会上来的时候，最好是作为一项提案，以便委员们能发表意见。

公民**韦斯顿**认为，对于那些与我们的政纲非常接近的东西应当给予重视。我们主张消灭土地私有制；土地改革协会提出把荒地国有化、建立国内移民区、制止地租因人口增长而增长，这样就会使地主成为只是每年领取年金的人了。我们应当承认并鼓励这种计划；这些人最终可能走到我们这一边来，稍加鼓励就能起很大作用。他认为最好用一个晚上专门研究一下这个问题。

公民**马克思**说，这一情况完全可以谈；他仅仅是反对公民韦斯顿像上次那样以会议主席的身份来维护这个纲领。一个运动到了一定的阶段，总要出现这样一些做法，对这些东西不应当给予鼓励，而是应该加以反对，这种人只是来破坏运动的。

公民**恩格斯**说，从发言情况来看，会议该讨论这个实际上已经提到会上来的问题了。一个国际外的协会采取了与我们的政纲相抵触的步骤；因此他提议在把未完的讨论结束之后就讨论土地改革协会的纲领。

公民**哈里斯**附议，并且不认为对资产阶级人士予以鼓励是正确的。

提议被一致通过。公民**韦斯顿**声明他愿意在未完的讨论一结束之后马上就开始这一讨论。

公民**恩格斯**报告说，《科伦日报》的巴黎通讯员报道说国际所选举的巴黎议员全都支持战争，而且国际向他们提供金钱。国际拥有20万法郎，但不随便多花钱：波尔多的议员每人只得到2000法郎。为首的是托伦和缪拉。路透社的电讯说国际派了代表前往波尔多。路透先生不知道我们在那里有两个支部。

公民**马克思**报告说，普鲁士政府已经取消了叛国案起诉的其他各点，只剩下一点，那就是被告们属于国际的支部并接受伦敦的命令，这仍然构成叛国罪。[208]

然后，同意将讨论推迟，以便让公民赛拉叶报告[209]他在巴黎的见闻。①

公民**赛拉叶**说：我一到巴黎，一位代表就领我去市政厅。我打听去什么地方能找到协会，得到的回答是，支部没有了，联合会委员会也没有了，所有会员起初都被关进监狱，然后分散到各个团里去了——有的在正规军，有的在国民自卫军，有的在**流动自卫军**，协会已瓦解。后来我遇到龙格，问他是否能找一家报纸发表我们第二篇宣言的译文。费利克斯·皮阿和《号召报》不愿刊登，认为它太亲普鲁士了；《觉醒报》[210]拒绝发表，我估计是因为宣言里没有谈到赖德律-洛兰。后来我把它交给了为一家奥尔良派报纸做翻译的德穆兰；宣言登出来了，但是他们删去了对政府的那些评论。后来，我参加了一些公众集会，在会上找到了孔博，他一向是个好人，可是当我谈起国际时，他回答说："如果你把德国人同我们相提并论，那我就枪毙你，我们只能把德国人当作我们国土上的敌人来谈论。"我去同别人谈，效果同样不好。

10月8日那天要举行一次反对政府的示威；我们的所有会员都参加了，但只是作为个人而不是作为协会的代表参加的，行动不一致，毫无成果。[211]后来，我设法召开一次联合会委员会的会议，为10月31日举行的那次示威[212]采取一些步骤，可是他们说，他们不能把政治与国际联系在一起，因此，这一天的功夫又白费了。布朗基是唯一坚守自己岗

---

① 自此以下是赛拉叶的笔迹。

位到最后的人,所有其他大偶像们都溜之大吉了。国际会员都拒绝支持布朗基;如果他们支持了布朗基,那今天法国的形势就不同了。瓦尔兰和其他人一样,也宣布国际在政治上不能作为一个社团而活动;照这个样子,我们进行的每一个新的尝试都一定还是白费功夫。

后来我去各支部,要他们建立起工作秩序,要他们选举一个新的委员会[213],因为那些知名人物如托伦、沙兰、泰斯、孔博、缪拉以及所有其他人的名字已经成了工作的障碍。我向所有的支部发出了呼吁,有11个支部作出响应,它们同其余的支部针锋相对,组织了一个新的联合会委员会;这个新的委员会负责召开会议并作好准备,应付巴黎任何地区可能发生的任何事变。为此他们称我是笨蛋。一星期以后,我们起草了一个宣言,以反对已经发表的另一个宣言。马隆是唯一的例外:他愿意工作,但无人协助他。我们的宣言发表以后,他们把各支部纠集起来反对我们。

在1月份有过一个机会可能把政府推翻,所有的领袖人物都准备参加这一行动,可是他们不肯把各支部拉出来进行一场有组织的进攻,只有马隆一人把他的两个支部拉出来了。我们手中掌握着一切,可是却让政府的成员们逃脱了,后来我们简直是被踢了出来。[214]

接着就是选举。有人要求我们同意一个候选人名单。1848年的共和派提出了一批候选人,但是他们不能到波尔多去。我提议,由我们提13个人,其余的全部由他们提,不过被提名的必须是革命者。

我们没有提孔博、沙兰和若昂纳尔的名。代表们开会草拟名单。我参加了这次会议。当讨论名单时,国际会员不愿与布朗基同列在一个名单里,但他是唯一表现得正直并始终如一的人。我退出了,其余的人都停了下来,然后他们拟定了一个以整个国际的名义提出的候选人名单,而名单上的人仅仅是由各支部推荐的。我坚决反对他们这样做,并且指出每个候选人只能是自己所在支部的候选人。于是他们放弃了这个名单，并同资产阶级一道搞出来一个名单。第二天就出了一份经共和联盟、共和同盟、法国保卫者协会及一些国际会员一致同意的名单。马隆、潘迪、瓦尔兰和沙尔·贝累的名字都在那个名单上。我们声明不同资产阶级一道搞名单。弗兰克尔起草了一份抗议书并得到马隆的同意；抗议书发表的第二天，马隆发出了一份反对这个抗议书的抗议书，并声称把他的名字列入名单里是未经他同意的。弗兰克尔又去马隆那里对他说，是他同意把自己的名字写上的，现在两个名单里都有他，他必须决定选择哪一个。据报道，马隆说他选择留在资产阶级的那个名单上，我相信这是真的。弗兰克尔原定同马隆一起去波尔多，但这一计划没有实现。[215]

当我离开时，新老联合会委员会合并了，我提出一个条件，即老联合会委员会的委员必须经过重新选举才能就任；我知道他们是不会重新当选的。

我们的处境是奇特的。我们反对那个出卖了我们的政府，我们以国际的名义演讲，并告诉工人只仇恨德国的和法国的反人民的政府，然而资产阶级做的却不一样：他们说德国人打共和国。当我告诉他们茹尔·法夫尔炮制过毁灭了1848年共和国的坏法令时，他们回答说，总委员会的委员在伦敦为法夫尔举行公众集会。我只能这样对他们讲，梅里曼是一位律师，他支持那个政府是因为那个政府里的人都是律师，而奥哲尔并不代表任何人，但是他们当即指出说我们的宣言上面有他的名字。普鲁士人允许所有刊登了有关这些集会的报道的报纸进入巴黎。凡是讲国际的坏话的东西都允许进入。总委员会必须发表一篇声明，让巴黎的人们知道，总委员会同那些为法夫尔举行的公众集会毫不相干，否则，他们就不信任我们了。

《费加罗报》报道说，波拿巴的代理人给了国际20万法郎。我们的会员准备提出抗议并说他们没有钱，但是我认为声明我们没有钱是愚蠢的，因此，我们保持缄默。到了选举的时候，资产阶级说选工人没有用，议员是没有薪金的，没有钱他们就不能去波尔多；可见，如果让人人都知道我们没有钱，那是失策的。²¹⁶

缪拉和托伦在给杜邦写信时，从来不用协会的名义，而只用个人的名义。托伦在最近三年里所做的全部工作就是一年出席一次代表大会，作一次讲演。他已经和资产阶级建立了同盟。他被人们认为是代表国际的，可是他却不为国际做一件事。他使资产阶级确信社会主义者并不危险；资产阶级对托伦想要怎样摆弄就可以怎样摆弄。马隆被说成是空想家。缪拉下令逮捕了两名想阻止巴黎投降的指挥官——皮亚扎和布吕内尔。²¹⁷他完全站在资产阶级一边，所有对资产阶级有利的命令他都签了字。在最困难的时候，有家属的人一天1.5法郎买不到多少东西，因为所有的东西都很贵，而且，你不买巧克力、茶或其他某种东西，他们就不卖给你2便士的糖，你不买糖，他们就不卖给你面包或干酪。有钱人要买什么都能买到，穷人却只好挨饿。缪拉签署了带来这样后果的命令，他本应该像德勒克吕兹及其他人那样辞职²¹⁸，但他拒绝了。他们起初被任命的时候并不负有任何政治任务，他们只是负责食品的分配。但是，他们知道投降的秘密。他本该让协会知道真实情况。

在下届代表大会上，这两个人必须受到控告，我要到会上做证。

吉约姆到了巴黎，他将以自己的智慧为巴黎人民谋福利。我做了一些工作，他将做更多的工作。他是①

公民**哈里斯**说，听到我从巴黎获得的消息被证实，我很高兴。我们与那些操纵了巴黎通讯并且为法夫尔举行公众集会的人没有任何关系。向我提供消息的人告诉我说，贝尔维尔区的人因为没有财产就得拿着破旧的枪支走在前面；有产阶级则拿着好枪走在他们后面。有钱人要什么

---

① 原稿此外缺字。自此以下仍是埃卡留斯的笔迹。

有什么，穷人则什么也得不到。梅里曼、奥哲尔、特兰特是由一小撮人选举出来的（我估计大概是墙洞酒店的人[219]）。在英国，这是一种欺骗行为。

公民黑尔斯：我赞同这个提议，虽然我知道对于这样的贡献怎样感谢也是不够的。我觉得背叛不足为奇，民主运动的历史充满着背叛。我们不能让人玩弄我们的原则；如果他们利用我们来抬高自己，那是我们自己的过错。只要他们一走上歧途，就应该给以谴责。赛拉叶在巴黎做的，就是我们在这里应该做的事情。

公民韦斯顿：大家的意见都一样，我相信赛拉叶做了不可估量的贡献。但是会上讲了其他一些与我们无关的东西。（墙洞酒店的人们绝对没有参与那件事。）第一次海德公园集会[220]是由三个人为了对共和国表示同情而召集的，但是没有提到国际。如果说他们提出的名字超出了应有的范围，那也并不是有什么恶意。奥哲尔和勒吕贝所做的一切都是正直的，而且奥哲尔是自己付的旅费。我们拥护共和国的原则，而不是拥护某些人。我衷心支持这一提议。

公民马克思说：赛拉叶告诉我们的只是重复了巴黎那里所讲的。谁也没有谈到勒吕贝。如果公民韦斯顿记得这里**法国人分部**和总委员会之间所发生的事情和勒吕贝对荣克及其他人的指控[221]，那末他就会知道法国人并不把勒吕贝当作是我们中的一员，他们知道他已经不是总委员会委员了。但是人们都知道奥哲尔是总委员会的委员，当他们在巴黎看到他颂扬法夫尔时，他们不可能知道总委员会是与此无关的。我不知道有谁指控谁受了贿赂，但是，如果公民奥哲尔要谈国际政治问题而对此又不懂，那他就应该到这里来请教，奥哲尔说的都是胡言乱语。

公民布恩：看来很可疑，一个工人竟能够自费做这样的旅行，一定是有人出钱，而且他们前去没有得到他们所属协会的同意，谁也不知道是谁推选他们的，也许是街道上的一群人。我们有权说话。

公民**韦斯顿**：公民布恩把一个露天的群众集会称作街道上的一群人，这使我感到惊讶。奥哲尔是在海德公园被推选出来的，不是街道上的一群人选的，也不是墙洞酒店选的。

公民**哈里斯**：奥哲尔先生的名字在巴黎是作为总委员会的一名委员被提到的，我肯定，墙洞酒店搞的那一套他和特兰特是有份的。

公民**布恩**：作为本委员会的委员，奥哲尔不应该不同我们商量就去执行那样一个使命。

接着，提案交付表决，一致通过。

委员会于11时半休会。

主席　奥·赛拉叶

书记　约·格奥尔格·埃卡留斯

总委员会会议[①]

3月7日

出席委员：**埃卡留斯、恩格斯、黑尔斯、哈里斯、荣克、列斯纳、马克思、米尔纳、普芬德、罗班、赛拉叶、唐森、斯特普尼、韦斯顿**。

公民**赛拉叶**主持会议。

宣读了上次会议的记录，在作了一处修改后被批准。

公民**马克思**报告说，收到一封从波尔多寄来的信。马隆在为协会办事，而托伦则和资产阶级鬼混，并且认为国际可以[②]取一个较为温和的名称，因为现在的名称会招来祸害。

---

① 本日记录由埃卡留斯记在会议记录本第188—191页上。

② 原稿中划掉了"改换名称"几个字。

公民马克思接着宣读了纽约的德国书记①的一封来信，信上再次请求承认纽约委员会为北美中央委员会。²²² 来信人答复这里写去的信说，他们不想同美国劳工同盟冲突；这个同盟掌握在一些小政客手中，这些人想利用只有高薪工人才会参加的协会来达到独立自主，并靠推行小农政策来实现其纲领。下届代表大会将在路易斯安那召开²²³，这就会更加加强这一倾向，只有当东部产业工人具有更大影响时，情况才会好转，而只有在东部召开另一次代表大会，他们才会具有这样的影响。杰瑟普和他们有同样的想法，不过有些保留。他们会见了从英国来的被判了罪的芬尼亚社社员，并认为这些人都是非常通情达理的人。这些人中有一位说，如果他要参加政党，他就参加国际或者类似国际的政党。

来信人想知道他是否应继续和总书记通讯，他抱怨说他没有收到任何文件。为在德国被监禁的人募集的钱已寄往德国。现在他们已被允许出席同盟的会议了。圣克里斯平②的罢工赢得了胜利；煤矿工人胜利在望。德国工人的集会却没有任何进展。²²⁴

信里附有华德的报告，报告中谈到他去华盛顿同劳工同盟的代表交换意见，以便使他们相信进行社会革命要有一个比较广泛的纲领。他和11名代表就此问题讨论了几天，并受到了热情接待。

公民**马克思**说，他已寄去了几大包文件²²⁵，书记③说他也寄去了所有已发表的文件。

公民**马克思**说，要决定的问题是，让他们成为美国的中央委员会呢，还是只是外国人支部的中央委员会。

---

① 左尔格。
② 圣克里斯平（St. Crispin）是古罗马的一个鞋匠的名字，鞋匠称自己为克里斯平的后代。——译者注
③ 埃卡留斯。

公民**恩格斯**主张承认纽约委员会是选举它的各个组织的代表,让其余的组织自由决定是否参加。

公民**米尔纳**认为,必须支持从事宣传工作的人们,并给他们提供能够从事宣传的条件。

公民**韦斯顿**要求找出一个能确切地说明他们的地位的名称。

公民**马克思**说,如果我们仅仅代表德国人俱乐部、瑞士人俱乐部,也许还有此地的法国人俱乐部,那末,我们就不能称自己是代表英国人、爱尔兰人和苏格兰人的中央委员会。

公民**荣克**回答公民米尔纳说,没有人企图否认他们所做的工作,也没有人企图阻止他们做更多的工作,但是,在他们建立起一些美国支部以前,不能成为美国的中央委员会。

公民**哈里斯**说,马萨诸塞州有两个团体,他们只是在最近才听说我们这一组织,并且希望参加。至于邮包,很可能是压在纽约的邮局里。他自己曾经寄过一些东西,它们都被压在邮局里,直到催问才投送。他赞成这样的意见:纽约委员会只应以它所代表的那些组织的名义说话。

公民**马克思**说,不应阻碍他们的活动,他们已经做了许多工作;最好是写信给他们,向他们指出根据章程他们可以做些什么事。

决定委托公民马克思按照这个意思给他们写一封信。

公民**恩格斯**报告说,帕尔马的红色报纸[①]停刊了。出了3期,但是邮局没有把报纸分发出去。编辑被控在第一期里侮辱了国王,但是没有提到他的名字,因此恩格斯无法找到那篇被控告的文章。

公民**荣克**提到一封信,据这封信说,在巴黎的伊夫里车站和贝尔西车站附近建立了两个支部。两个支部在联合会委员会里都有自己的代表。

---

① 《社会革命报》。

赛拉叶报告说，国民自卫军本来决定阻止普鲁士军进占首都，并想让国际也参加这一行动，但是，发现这里混进了政府的奸细，经向国民自卫军说明这一情况后，国民自卫军就不这样做了。[226]国际各支部正积极进行组织整顿。

公民**罗班**通知说，他将在下次会议上建议尽快在伦敦召开有各支部代表参加的组织工作会议。

公民**荣克**说，他在上次会议上就已经指出采取这一措施刻不容缓了。

公民**马克思**接着又回到巴黎宣言的问题。他说，如果英国工人不表态，这个宣言也许就会成为条约的一个条款，英国人民决不应在自己的对外政策上被解除武装，应该不失时机，立即建立英国委员会。对海上强国说来，作战的唯一办法就是攻击敌方的对外贸易。美国不同意这个宣言，而法国却遵守它，这正是法国舰队作为甚少的原因。现在荷兰在他人的唆使下要求把过去只是一纸宣言的东西变成条约的一部分。在海上能够被摧毁的只是货物，而在陆战中被摧毁的却是大量的固定资本，如桥梁、建筑物等，这些东西需要多年才能恢复。私掠特许证则是另外一回事，私掠船是海上的**自由射手**。这个国家的统治阶级已丧失了对外保卫国家的力量，在法国软弱无力的时候，英国成了西欧的代表，英国工人阶级应该夺回这一权力。

公民**黑尔斯**说，将在圣詹姆斯堂召开群众大会，他相信会上会提出反对增加捐税的问题。

公民**马克思**说，到头来这要花更大的代价；和平派总是为最大的军事强国活动的。

公民**韦斯顿**认为，如果总委员会委派一个懂行的人到那里去提出修正案，我们也许能不花什么代价而从大会得到好处。

公民**黑尔斯**坚信政府是支持召开这个群众大会的。

委员会于11时休会。

主席　海·荣克

书记　约·格奥尔格·埃卡留斯

总委员会会议①

3月14日[227]

出席委员：**布恩、埃卡留斯、恩格斯、黑尔斯、荣克、列斯纳、马克思、米尔纳、普芬德、罗班、赛拉叶、斯特普尼。**

公民**荣克**主持会议。

宣读并批准了上次会议的记录。

书记宣读了伯明翰工联理事会的一封来信，内附一份决议，要求总委员会设法使协会的德国会员与法国会员和好。[228]

公民**马克思**宣读了一封纽约来信[229]，信中说那里成立了一个爱尔兰人支部并已加入协会。由詹姆斯·奥沙利文、约翰·道林、赛米尔·卡瓦纳和托马斯·莱勒组成的代表团访向了纽约委员会，约翰·德沃伊是纽约委员会里的爱尔兰人支部代表。

公民**马克思**又报告说，在德国选举[230]中除了倍倍尔一人击败了舒尔采-德里奇外，我们的人都落选了。舒尔采-德里奇曾在柏林击败曼托伊费尔。毛奇是由东普鲁士的一个村子选出的。

公民**罗班**接着提出他曾表示准备提出的建议：尽快在伦敦召开有所有支部代表参加的会议。他认为，各国社会主义者，尤其是德国和法国的社会主义者应当集会就他们今后对本国政府所采取的行动达成协议。同时还必须把那些已不是协会的代表却还用协会的名义从事活动的人清

---

① 本日记录由埃卡留斯记在会议记录本第192—197页上。

除出协会。根据章程，代表大会应该每年召开，现在应该召开代表会议，另外还有一些组织问题需要解决。

公民**米尔纳**附议，认为应该讨论这一问题。

公民**马克思**反对这个提议，他说，公民罗班没有充分说明他的理由。巴黎的局势非常不稳定。席利，这位在巴黎住了20年的协会会员遭到了围攻。据报上说，巴黎委员会作出了决定：他们既然用了国际的名称，今后也要保持这个名称，但是所有德国人除李卜克内西、雅科比和他本人外，都将被排除出去。[231]委员会应当查清情况是否如此。

公民**恩格斯**说，需要召开代表会议的时候将会到来，不过现在还没有到。公民罗班没有说明哪些组织问题需要召开代表会议来解决。在法国，我们的支部被破坏了。

公民**黑尔斯**认为，当出现总委员会无法解决的问题时，才召开代表会议。

公民**布恩**支持时机未到的意见。

公民**赛拉叶**说，巴黎支部不可能派出代表，他们刚刚组织起来，并且由于选举而负了债。

公民**罗班**争辩说，不能由总委员会对它自己的活动作出判断，现在是召开代表会议的时候了。巴黎的支部在战争之前很快就组织起来了，如果通知他们派代表，他们现在也能这样做。

公民**米尔纳**说，总委员会应该根除目前存在的强烈的民族主义情绪。

公民**埃卡留斯**说，只有巴黎才存在这种情绪，开代表会议不会有什么帮助。派一个在巴黎人中有足够的威望、使他们能听得进意见的代表去，或许能有助于根除这种情绪。

公民**赛拉叶**说：在召开代表会议或代表大会之前，国际的法国会员需要摆脱老的领导者，建立新的支部。

公民**马克思**说,如果各支部要求召开代表会议,总委员会就有责任召开,可是情况并不是这样。诚然,根据章程每年应召开一次代表大会,但这样一来,就得一年开两个会。米尔纳没有提出任何切实可行的建议。在德国,许多会员被关在狱中,支部也没有钱派代表来。公民罗班改变了他原先打算只开组织工作会议的想法。

公民**罗班**回答说,协会有权监督总委员会的活动,而总委员会不应逃避检查。各地有不同的意见,各国会员的行动也不相同,因此,应该召开代表会议来决定活动的方式。

这一建议以多数票反对,两票赞成被否决。

公民**马克思**说,据一家巴黎的报纸披露,联合会委员会通过了这样一项决议:既然他们用了国际的名称,他们就要保持这一名称,但是所有德国人,除马克思、李卜克内西和雅科比外,都将被排除出去。他指出,雅科比不是协会会员。他提议责成赛拉叶立即给罗沙写信索取印刷的会议记录。通过。

公民**赛拉叶**说,他已经写了信,正在等候这些东西寄来。他提议,如果查明确实通过了这样的决议,那就应暂时停止巴黎支部的活动。授权小委员会在收到会议记录后执行这一点,并重新派人在巴黎组织支部。

公民**黑尔斯**附议,该提议被一致通过。

公民**赛拉叶**报告说,他在巴黎查询了勒梅特尔的使命,谁也没有派勒梅特尔来参加总委员会。他千方百计搞阴谋反对总委员会。多雷只是交给他一封给杜邦的私人信。费利克斯·皮阿造谣诽谤总委员会。

公民**马克思**接着重新开始中断的讨论。他说,找到一支足以对抗大陆军事列强[①]的力量是极为重要的。这些强国现又重新扮演神圣同盟的

---

① 原稿中此处划掉了"他们恢复了北方同盟"一句。

角色，英国是唯一能够对抗它们的国家，而它只有夺回它的海上权利才能做到这一点。没收这些国家在中立国船只上的货物，只需几个星期就能毁灭它们的对外贸易，这样，德国资产阶级就不会像最近一个时期那样好战了。这种作战方式比通常的作战方式较为人道。大陆上的军事列强实际是通过巴黎宣言对英国说：你不应按自己的方式，而应按我们的方式作战。许多人反对私掠船，其实私掠船并不比**自由射手**坏，而且它们更不需要政府的干预。当巴特勒鼓吹对英国作战时，人们说：美国没有海军，无法作战；巴特勒回答说，我们不需要海军，我们只要有私掠船就行。当今的英国统治者对他们是否拥有这种力量满不在乎，但是，他们总不会永远统治下去。必须使英国人民拥有用来为大陆人民谋福利的力量。斯图亚特·穆勒曾经是拥护巴黎宣言的，但是在看了给他寄去的一些文件后，就转而反对它了。整个黑海会议[232]都是为了要使这个宣言得到批准。在此之前，这个宣言只是被帕麦斯顿和克拉伦登个人认可，而昨天签署的议定书看来把它包括进去了。

公民**恩格斯**说，他要答复公民韦斯顿的意见，既然韦斯顿没有来，也就不必谈了。至于巴黎宣言，公民马克思已经指出，这仅仅是私人协定。它没有得到任何政府领导人和议会的承认，谁也没有说它具有约束力。1862年，康沃尔·路易斯宣布它没有约束力。1867年，现在的德比勋爵①在回答斯图亚特·穆勒时宣布它仅仅在一定范围内有约束力，但是自卫远比所有契约重要。这个宣言从未被批准，它所凭借的仅仅是一位大臣的私人信件的权威，谁也不受它的约束。这一点，从每次战争交战国都另订专门的协定来约束自己可以清楚地看出。但是，会议签署了一个议定书，规定今后所有条约和协定未经一致同意废除，都具有约束力。

---

① 爱德华·亨利·斯坦利。

法国与德国之间的战争证明，现在的堡垒不足以抵御炮击，只有在堡垒前面筑炮台才能保住堡垒，在波兰就准备修筑一些炮台。俄国以毫不衰减的热情继续扩充军备，它的武装力量差不多已转入战时状态。正在组织通讯部队和卫生部队。在英国市场发行的1200万镑俄国公债已被超额认购，这也许是俄国能得到的最后一笔英国钱。战争可能不等夏季结束就会到来——局势看来很不平静。

至于讨论中的一些发言，**恩格斯**说，唯一引起争论的问题是，一支英国军队是否足以进行武装干涉。公民韦斯顿所说的那种强烈措词，他没有用过。接着，**恩格斯**再一次证明，英国只能出兵3万人，英国只有在阿尔马战役中达到3.3万人，而这个数目在克里木战争中再也没有达到过。这只等于普鲁士的一个军，因此，以为这样的兵力能够改变力量对比，那是荒谬的。英国人和其他人一样勇敢，个人的勇敢在每个国家都可见到，但是，战士的素质却有不同，它们表现的方式也不一样。有的善于进攻，有的善于防守。爱尔兰人擅长当轻步兵，英格兰人擅长当①，但是这里的军事当局却把英格兰人当作爱尔兰人使用，把爱尔兰人当作英格兰人使用。英国的军训制度太不完善，太过时了，以致阿尔德肖特的士兵直到这次战争时还未受过站岗放哨的训练。

这里有人说，如果是10万英国兵，就不会让人把他们困在巴黎了。但是像我们的志愿兵那样的士兵怎能制止得了这种情况发生呢？法国人中这样的士兵是够多的，如果40万英国志愿兵像法国人一样被围困在巴黎，并由同样的笨蛋和卖国贼指挥，他们也会做出法国人所做的事情来。

最后，他说英国不能按同等条件和大陆国家作战，也不应该希望它能这样做。一个英国兵一年要花100镑，而一个普鲁士兵只花30镑，

---

① 原稿此处缺字。报纸的报道增补了"重步兵"几个字。

因此普鲁士用同样的钱能养三个兵，而英国却只能养一个；所以它完全不能跟那些陆上强国竞争，他希望英国永远不要试图这样做。

讨论开始时所提出的建议的第一条和第二条被撤销，第三条被一致通过。第三条说："英国不仅不能有效地干预欧洲大陆发生的事件，而且本身也不能抵御欧洲大陆的军事专制制度，除非它重新取得运用它的实际的军事力量——它的海军——自由，而要重新取得这种自由只有宣布不受巴黎宣言的约束。"

公民**黑尔斯**接着问道，爱尔兰问题是打算作为理论问题讨论，还是作为组织问题讨论，如果是作为理论问题，那就可以推迟讨论。

公民**布恩**提议下一个就讨论爱尔兰问题，但是他不准备第一个发言。

公民**马克思**说，这是一个很实际的问题，尤其是在战争时期，而且我们现在有了爱尔兰支部，就必须考虑这一问题。

公民**黑尔斯**认为分裂并不好。

公民**布思**不同意韦斯顿把设想爱尔兰人会利用英国政府可能陷入的任何困境说成是卑鄙的那种意见。不过，总委员会应该明白该怎么办，并作出决定。

公民**马克思**说，这是国内阶级关系的问题。只要英格兰工人和爱尔兰工人处于分裂状态，统治阶级就有力量把两者都镇压下去。

接着，会议决定，会议议程的第一项是讨论爱尔兰问题，第二项是讨论土地改革协会的纲领。

公民**黑尔斯**提出想讨论是否需要成立英国支部的问题。

委员会于11时休会。①

---

① 本日记录无签名。

总委员会会议①

3月21日②

出席委员：**埃卡留斯、恩格斯、黑尔斯、哈里斯、荣克、列斯纳、科尔布、米尔纳、马克思、罗班、普芬德、赛拉叶、斯特普尼、唐森、韦斯顿**。

公民**荣克**主持会议。

宣读并批准了上次会议的记录。

公民**马克思**说，在上次会议上忘记说明这样一个情况：战争爆发时，已给大陆各支部去信，通知不可能在美因茨或巴黎举行代表大会，所有回信的支部都请总委员会选择下届代表大会召开的时间和地点。

公民**罗班**说，巴黎没有收到这封信。

通　讯

巴黎。公民**赛拉叶**收到一封巴黎回信。关于把德国人开除出协会的说法是报纸捏造的。不论在联合会委员会或在各支部都没有发生过这类事。

公民**马克思**提议在报上发表以下声明：[233]

英国报刊纷纷报道，似乎国际工人协会的巴黎会员秉承反德同盟的意旨，竟然开除了国际中的全体德国人。

这个报道完全违背事实。无论是我们协会的巴黎联合会委员会，也

---

① 本日记录由埃卡留斯记在会议记录本第197—201页上。
② 会议记录本上的这个日期原写为"3月14日"，后由马克思更正为"3月21日"。

无论是它所代表的任何巴黎支部，都从未作出过这样的决定。所谓的反德同盟纯粹是贵族和资产阶级玩弄的把戏。它是由赛马俱乐部²³⁴倡议成立的，由于学院、交易所、某些银行家和工厂主等的支持才得以继续存在。工人阶级从来就与它毫无关系。

这种诽谤的目的十分明显。在这次战争爆发前不久就有人企图把国际当作替罪羊，要它承担一切不愉快事件的责任。现在又是在耍这种手法。例如，瑞士和普鲁士的报纸指责国际是制造不久前在苏黎世发生的侮辱德国人事件的罪人²³⁵，而像《里昂信使报》、《吉伦特信使报》、《自由》等法国报纸则报道说，日内瓦和伯尔尼的国际会员在普鲁士大使主持下举行了秘密会议；在这些会议上仿佛拟定了计划，要夺取里昂，让联合一致的普鲁士人和国际会员来共同洗劫该城。

这一建议得到附议，并被一致通过。

公民**赛拉叶**说，前几天，《巴黎报》刊载一篇文章，说一位住在柏林的国际主要领导人给巴黎的赛拉叶去了一封信，抱怨巴黎的国际会员太重政治，而没有抓协会的真正目标——组织工作。一两天后发表了一封信，说是马克思从伦敦写给巴黎的赛拉叶的。这封信上注的发信日期是2月24日，而赛拉叶是19日到达伦敦的，当天就见到了马克思。报上还公布了他给马克思的回信，说是他的时间还没有到。²³⁶

他还收到一些信，这些信表明，蒙马特尔事件不像报纸所说的那样是2万群众的突然闹事。这里有国民自卫军215个营，每营1500人，从他们当中产生了中央委员会，而且常备军的士兵们同他们亲如兄弟。他们在大多数的区里有组织得很好的区委员会。有一位法国战俘给巴黎写信说，他访问了国际莱比锡支部，受到了热情的接待。

公民**马克思**说，不仅开除德国人的决议是捏造的，而且《巴黎报》上发表的信也是捏造的。他为此已给《泰晤士报》写了信。²³⁷

他收到一封莱比锡的来信²³⁸，信上说，一般认为倍倍尔不会获释，因为总检察长会反对。公民杜邦收到从布雷斯特寄来的两份很长的报告[239],他已把报告转给了马克思,马克思将在下星期简略介绍这两份报告的内容。杜邦还收到一封从瓦尔省西奥塔寄来的信。公民巴斯特利卡在那里组织了一个支部。E. 普伦内茨是它的通讯员,他请杜邦以总委员会的名义写信鼓励他们。

同意授权公民杜邦以总委员会的名义给该支部去信。

公民**荣克**报告说,公民斯特普尼收到一封信,信上说,在马隆的帮助下,为阵亡的自由思想者的孩子们办起了孤儿院。这是法国第一个这类的世俗机构。

公民**恩格斯**接着叙述了巴黎的情况。[240]他说道,赛拉叶已经提到的在这个星期内收到的巴黎信件说明了以前认为不可理解的情况。以前造成了这样一种印象,仿佛少数人突然夺取了很多大炮并且不肯交出来。所有的报刊和所有的记者都写道,应该惩治这些人,但是法国政府为了等待适当的时机,迟迟未动。从我们巴黎委员会得到消息说,这些大炮是国民自卫军士兵筹款置备的,并且希望把它们保存在自己那里。在选举以后,他们明白了,在所选出的那种议会下面,共和国决不是处于安全状态的。普鲁士人进入巴黎的时候,大炮被搬到了市区的另一部分,以使它们不至于落入普鲁士人的手中。当时政府对这些大炮抱有贪心,并企图把它们从国民自卫军手中夺走。奥雷尔·德·帕拉丹被任命为国民自卫军总司令和警察局长。① 在拿破仑时代,他曾当过宪兵队长并且是教徒。他曾遵照奥尔良主教杜邦鲁的指示在教堂里举行五小时的赎罪礼,而他的军队这时则在同德国人的作战中吃败仗。这项任命使人们对政府的意图一目了然。

当时国民自卫军已经准备好抵抗。260 个营中的 215 个营,士兵和

---

① 这里记录不确切。见本卷总委员会 3 月 28 日会议记录。——编者注

军官一起共同组织了中央委员会。每连选出一名代表组成区委员会或街区委员会，再由这些委员会选出中央委员会。

20 个区中只有 5 个区没有选出代表。当议会迁到凡尔赛的时候，政府就企图肃清巴黎的革命者并夺走他们的大炮。政府打算让维努瓦率领刚开进巴黎的军队来执行；维努瓦曾经在 1851 年的政变期间，指挥士兵枪杀过街道上的群众。清晨，军队取得了局部胜利，但是当国民自卫军察觉所发生的事情的时候，就去夺回大炮，士兵们也倒向人民方面了。现在城市掌握在人民的手里；没有转到人民方面来的军队被调到凡尔赛去了，议会不知道怎么办。中央委员会的委员没有一个是名人，其中没有费利克斯·皮阿和类似他那样的人，但是他们在工人阶级中间却是很出名的。委员会里有 4 个国际会员。

公社的选举预定在第二天举行。中央委员会宣布，将保证出版自由，但这不是对腐朽透顶的波拿巴派报刊而言。在所通过的决议中的最重要一项决议说，必须遵守和谈的先决条件。普鲁士人仍在附近，如果能做到使他们站在斗争之外，成功的机会就增多了。

公民赛拉叶说，从土伦调来的海军陆战队第 4 团，在星期一早晨到达巴黎。他们没有执行镇压人民的命令，而是开到市政厅，宣布拥护革命。水兵是唯一可以利用的老兵。勒孔特被他自己的士兵击毙。他就是那个在 1 月里下令在市政厅前枪杀妇女儿童的将军。[241]

克莱芒·托马是 1848 年 6 月屠杀人民的将军之一。"赶走这些暴民"，就是他下的命令。在围困期间，他是贝尔维尔国民自卫军的指挥官，他在巴黎散布消息说贝尔维尔的士兵把所有的钱都用去喝酒，不愿打仗。而对贝尔维尔的士兵他却说别人都不愿打仗，从而在国民自卫军和军队之间制造不和。他们互相指责对方是投降派，并且一见面就互相开枪射击。克莱芒·托马背叛了贝尔维尔的士兵，而蒙马特尔[的]士兵替他们报了仇。[242]

公民**黑尔斯**接着说，他准备在［伦敦］东区组织国际支部。他认为应当有所行动，以表示对巴黎的同情。

埃卡留斯认为，星期三晚上在威灵顿音乐厅要举行一个共和党人的群众大会，可以在那里有所表示。

公民**马克思**建议，派公民韦斯顿、黑尔斯、荣克和赛拉叶作为代表出席那个大会，呼吁与会群众对巴黎的运动表示同情。

公民**哈里斯**附议，并且说星期五在老街科学宫还有一个集会。

公民**韦斯顿**和**米尔纳**说了几句话表示赞成之后，这一建议被一致通过。

公民**马克思**建议，因时间太晚，爱尔兰问题延期讨论。

公民**韦斯顿**认为，如果巴黎的情况进展顺利，可在复活节前的星期五举行声援性示威。

同意等到下次会议再作决定。

委员会于11时休会。

主席　约翰·韦斯顿
书记　约·格奥尔格·埃卡留斯

总委员会会议①

3月28日[243]

出席委员：**布恩、科恩、埃卡留斯、恩格斯、哈里斯、荣克、列斯纳、鲁克拉夫特、科尔布、马克思、米尔纳、莫斯特赫德、罗班、普芬德、斯特普尼、唐森、韦斯顿**。

公民**韦斯顿**主持会议。

---

① 本日记录由埃卡留斯记在会议记录本第201—204页上。

宣读了上次会议的记录。

公民**恩格斯**指出，记录有一个错误：把奥雷尔·德·帕拉丹将军和瓦朗坦将军混为一个人了。被任命为警察局长的是后者。他还批评《东邮报》刊印会议的报道马虎草率，乱用标点符号，弄得不知所云。

在公民**布恩**、**荣克**、**哈里斯**和**莫特斯赫德**发表一些意见后，记录被批准。

公民**马克思**报告说，由于巴黎委员会的来信，公民赛拉叶已被派往巴黎。[244]他给了赛拉叶5镑，赛拉叶把这看作是总委员会的借贷。

马克思还说，他就各报刊登的伪造信致《泰晤士报》的信，被波拿巴派的《自由》的一位撰稿人丰维耶歪曲了。丰维耶在最近一期《泰晤士报》[245]上发表的一封信中攻击中央委员会，说马克思曾明确宣布中央委员会里没有一个人是国际会员，他们都是骗子。而实际上马克思只说过那封先发表在《巴黎报》而后又为《泰晤士报》所转载的信是伪造的。众所周知，中央委员会里有国际会员。

公民**列斯纳**提议，公民**荣克**附议，给公民赛拉叶5镑作为差旅费。一致通过。

公民**马克思**说，普鲁士政府只给我们在德国的朋友保留了一个是国际会员的罪名，所有其他的罪名都被取消了。既然国际要建立社会的民主的共和国，参加国际就是叛国。维也纳的国际会员就是被定的这一罪名，并被判处长期徒刑，虽然他们现在都已获释。李卜克内西的律师认为，他们都会被无罪开释。和马克思有书信往来就成了叛国，他……①

公民**荣克**接着报告了总委员会代表团出席威灵顿音乐厅群众大会的情况。[246]他只听了奥哲尔发言的一部分，似乎要准备成立一个类似中央共和派俱乐部的组织。通过了相应的决议，韦德还向大会建议加上"社

----

① 原稿此处缺字。

会的和民主的"几个字。26 票赞成加上，50 票反对。黑尔斯接着代表代表团在会上讲了话，赛拉叶也受到了热烈欢迎。一致通过了一项决议，对巴黎工人当前的斗争表示同情。

公民**荣克**还参加了伦敦东区的两个较小的集会。他在这两个会上都建议他们成立国际的支部。提出了相应的决议，与会者好像是一致同意的，但在这两个会上讨论都延期了。黑尔斯参加了在科学宫举行的那个大会。[247]

公民**莫特斯赫德**说，他曾和奥哲尔谈过，奥哲尔好像想把他的纲领只局限于要求共和政体。他（莫特斯赫德）不想用英国宪法去交换某种共和主义的宪法。布拉德洛在星期五也发表了长篇演说，他要求的只是废除 1701 年王位继承法。[248]

公民**荣克**认为，不应阻止那些不愿靠拢我们的人做他们能做的事。这里只要有了共和国就能得到比在大陆更大的利益，因为这里的工人阶级更成熟。

公民**哈里斯**认为，假共和主义的宣传可能阻碍工人运动的发展。必须进行社会改革，在改革的基础上建立政治的上层建筑。

公民**韦斯顿**对这么多人赞成加上"社会的和民主的"一词以及没有一个人反对共和国而感到高兴。

公民**恩格斯**说，问题不在于我们是否支持共和主义运动，而在于这个运动在目前环境下是否将按照我们的道路发展。有些人像彼得·泰勒等人一样，只是要求共和国；但是必须指出，废除君主制度，必然要废除国教会、上院以及其他许多东西。在英国，任何共和主义运动要是不转变为工人阶级的运动，就不能发展。既然产生了这种运动，那末也就应该知道它将要怎样发展。要使我们的理想能够在实践中实现，必须先建立共和国。我们必须注意共和主义运动的动向，国际的会员应该参加这个运动，设法使它朝着需要的方向发展。要是共和主义运动带上资产阶级性质，它就会变成少数人的运动。工人［阶级］不能不同一切传统形式一刀两断。

公民**哈里斯**说，美国没有国教会，然而，那里工人阶级的日子并不比这里好过。

公民**恩格斯**说，在美国也像在英国一样有压迫，但是共和制度使工人阶级有许多机会进行宣传。在人烟稠密的州有工人运动，然而人烟稀少的地区还很多，有碍于工人运动的加强。

公民**马克思**表示深信，任何共和主义运动要是不变成社会运动，绝不能成为一支真正的力量。目前运动的首领当然没有这种意图。

根据**莫特斯赫德**的建议，代表团的报告被批准。

公民**马克思**接着提议发表一篇告巴黎人民书。

公民**哈里斯**附议，一致通过。

公民**科恩**建议由马克思起草这篇告巴黎人民书。

公民**哈里斯**附议，一致通过。

公民**哈里斯**通知说，星期日同盟的书记送来了缴纳房租的通知。

公民**恩格斯**提议，**莫特斯赫德**附议，先付一个季度的房租，并且听取关于剩余欠租的报告。一致通过。

委员会于11时休会。

主席　约翰·黑尔斯
书记　约·格奥尔格·埃卡留斯

总委员会会议①

4月4日²⁴⁹

出席委员：布恩、科恩、埃卡留斯、黑尔斯、哈里斯、荣克、米尔

---

① 本日记录由埃卡留斯记在会议记录本第204—206页上。

纳、列斯纳、莫特斯赫德、罗班、吕尔、韦斯顿、唐森、普芬德、恩格斯、马克思。①

公民**黑尔斯**主持会议。

宣读并批准了上次会议的记录。

通 讯

旧金山。收到一封从旧金山寄来的德文信，信上要求寄去英文本的《章程》和其他文件。[250]这封信交给美国的德国人通讯书记②。

公民**恩格斯**宣读了安特卫普支部书记③的来信，信上说雪茄烟工人成立工会已有一些时候了，并且还与荷兰、德国和英国的雪茄烟工人进行通讯联系，这不合厂主们的口味，于是厂主们就组织起来，并且对工人说，如果工人们不放弃自己的组织，厂主就要解雇他们。工人们一致拒绝接受这一要求，现已有 500 人被解雇。他们手头上有 6000 法郎，但是靠这笔钱养活这么多人是维持不久的，所以，他们要求总委员会给予支持。[251]

公民**科恩**说，1868 年，他受国际的委托到布鲁塞尔和安特卫普去组织雪茄烟工人的工会，这事他完全取得了成功。[252]在布鲁塞尔，只有 4 人没有加入工会，在安特卫普，有 49 人没有加入。在列日及其他地方，雪茄烟工人全部加入了工会，在比利时人的带动下，荷兰也建立了工会。所有这些雪茄烟工人组织都隶属于国际。

不久前，约 100 名比利时人在伦敦组织了一个团体，它每周都获得

---

① 恩格斯和马克思的名字是马克思写上的。
② 埃卡留斯。
③ 克楠。

一些捐赠。这是一个单纯的慈善团体。有人办丧事，他们捐助2镑。四个星期以前，他们给安特卫普寄去了6镑，厂主们刚一得知这种情况，就要解雇这些工人，除非他们退出这一组织。至于说这场罢工是由国际挑起的，那是没有根据的。还在战争爆发之前那里就打算罢工，但是这个组织寄去了经总委员会同意的一封信去进行劝阻，工人们心悦诚服地接受了这一劝告。

上星期三从安特卫普来了一封信，星期一晚上，他们举行了一个特别会议，在有3票反对的情况下通过了150镑的捐款。这并没有使他们的财力告罄。这里的比利时人寄去了20镑，加上安特卫普人自己的240镑，这是一笔数目可观的钱。被解雇的工人满足于每星期5法郎的补助金，然而这笔钱由500人来分，只能维持几星期。利物浦还有一个团体能做点贡献，剥烟叶工人正好现在情况很好，他们也能作点贡献。

厂主联合组织的负责人去荷兰招雇工人，在各地都遭到拒绝。如果能在五、六个星期中给工人们以支持，厂主们就不得不让步，因此，总委员会有责任给予援助。工人们决心不给警察以任何进行干涉的借口，他们决定不在街上两人同行。他们需要的不是捐款，而是贷款。

公民**恩格斯**提议，公民**科恩**附议，给各工人团体发一封通告信[253]，并派代表团去拜访它们。通过。

接着，会议决定印100份通告信。

公民**恩格斯**报告说，马克思收到一封从加利福尼亚寄给杜邦的信[254]，还收到李卜克内西的一封来信，这封信准备在下星期开会时带来。[255]李卜克内西、倍倍尔和赫普纳以担保随传随到为条件被释放。不伦瑞克的被监禁者因起诉法院找不到控告的证据而被释放。俾斯麦的报纸所提出的指责——行刺以及诸如此类的事情——被证实纯属捏造。

公民**黑尔斯**报告说，星期四他参加了在贝特纳-格林区哈特巷"威尔士亲王"酒店召开的一个集会，在那里成立了一个国际支部。

星期日在伊丽莎白街"美意"（酒店）召开的另一个会上也成立了一个分部,有30人参加,其中有8名妇女。他们推举了负责人和一名代表。在这两个会上,决议都是一致通过的。

公民**恩格斯**说,由于巴黎发生的事件,公民马克思认为现在发表宣言是不适宜的。

一致同意这一看法。

委员会于11时休会。

主席　托马斯·莫特斯赫德
书记　约·格奥尔格·埃卡留斯

总委员会会议①

4月11日[256]

出席委员：**布拉德尼克、科恩、埃卡留斯、恩格斯、哈里斯、荣克、列斯纳、米尔纳、莫特斯赫德、斯特普尼、唐森、韦斯顿、马克思**和**普芬德**因病缺席。

公民**莫特斯赫德**主持会议。

宣读并批准了上次会议的记录。

通　讯

布里斯托尔激进派协会书记汇来3先令邮票作为援助德国政治犯的捐款,并对因时势艰难无法多寄,表示歉意。[257]

泥水匠协会书记说生意萧条,寄回了全部捐款单。

---

① 本日记录由埃卡留斯记在会议记录本第207—211页上。

赫恩山的斯波尔丁先生索取有关国际的某些文件和其他材料。[258]

责成书记①回信并寄去材料。

书记报告说，他已给各工人团体寄去了 70 份以上的通告信。他提议在必要时应派出一个代表团。[259]

公民**科恩**说，雪茄烟工人选派了 8 人，此地的比利时人自愿陪同前往，因此只需一位总委员会委员参加代表团就行了。

一致决定委派书记前去。

公民**科恩**说，他们收到布鲁塞尔的一封来信，信上说，因 23 名工人罢工，300 名工人全部被解雇。信上说，工人现在有 16000 法郎，要求贷款 400 镑。安特卫普有 500 名工人，却只要求贷款 150 镑。情况不很清楚，这个团体②分别给两处去了信，但还未收到回信。今天报纸报道说，国际曾试图达成协议，但是雇主们拒绝和他们打交道。

公民**恩格斯**报告说，西班牙发生了几起罢工。[260]他还宣读了从巴塞罗那寄给《人民国家报》的一篇通讯，从中可以看出共和派在议会选举中遭到失败，但是在各省议会选举中获得胜利。在巴塞罗那，君主派仅有 5 人当选，而共和派当选的却有 9 人，其中有 2 人是国际的成员。共和派在市一级的选举中肯定获胜。卡斯泰拉尔及其支持者受到严厉批判；其中一位算是社会主义者的皮·马尔加尔曾建议搞工资税。在马德里，目前正用群众集会和散发小册子的方法开展积极的社会主义宣传。公民**恩格斯**说，看来这封信的作者比那些在报上鼓吹不过问政治的人要高明得多。[261]

公民**布拉德尼克**最近在莱斯特呆了 5 个月，他说，莱斯特的工人比伦敦的工人激进得多，共和主义的思想广泛传播。有三名工人被选入国

---

① 埃卡留斯。
② 伦敦雪茄烟工人协会。

民教育局，并且有可能在下次选举中选一名工人进议会。他没有投身到运动中去，因为他没有找到工作，不知道要呆多久。他认为可以在那里建立一个支部。

公民**恩格斯**说，他还应该报告一件事实。最近一个时期，报刊上充满了有关协会曾经做出一些荒唐事的流言。巴黎的一家报纸报道了最新的流言，说什么马克思似乎在1857年当过俾斯麦的私人秘书。[262]

接着**恩格斯**说，不能不谈谈巴黎的形势。在国民自卫军中央委员会领导的时候，事情进行得很好，而在选举[263]以后却是只讲不做了。向凡尔赛进军，应当是在凡尔赛还软弱的时候，可是这个有利的时机被错过了，看来现在凡尔赛占了优势并在逼迫巴黎人。人民是不会长久容忍别人把他们引向失败的。巴黎人正在失去土地，几乎无益地消耗弹药，吃光自己的储备粮。只要巴黎的一面还开放，用饥饿是不能迫使他们投降的。法夫尔已经拒绝普鲁士人的帮助。[264]1848年6月，战斗四天就结束了，但当时工人没有大炮。现在战斗不会这么快就结束。路易·拿破仑铺设了宽阔的街道，为的是可以在街道上用大炮射击工人，然而现在这却方便了工人：他们将在街道上用大炮射击敌人。工人有20万人，他们比在过去所有一切起义中都组织得好得多。情况是困难的，时机已经不像两星期以前那样好了。

公民**莫斯特赫德**认为战斗不会在几星期内结束。法国将出现五六年之久的长期革命的局势。巴黎一定要赢得全国。

公民**米尔纳**说，总委员会应该发表意见。共和同盟①已发表了一个宣言[265]，对情况作了正确的说明，他们要听听其他人的见解。

公民**科恩**提议，听完在座的代表团的发言以后再进行讨论。通过。

公民**奥利弗**接着代表国际民主协会派出的代表团[266]发言。他说，协

---

① 共和大同盟（the Universal Republican League）。

会决定下星期日在海德公园召开群众大会，以示对巴黎工人的同情，他们呼吁总委员会协助开好这次大会。他们打算发表一篇告巴黎公社书，另外再发表一篇告英国人民书。他们还想知道总委员会是否能给以金钱援助。

公民**默里**，代表团成员之一，接着宣读了告英国人民书的草稿。

主席①说，他在同意之前，必须先了解会提出什么决议案。他基本上同意这篇告英国人民书，因为十之八九都是事实，但还应压缩，使它更加鲜明有力。我们的观点不仅要很广泛，而且要清楚。

公民**泰勒**，代表团成员，说决议应在星期五代表们开会时准备好。

主席认为问题归结起来有以下三点：（1）协助组织会议；（2）捐助经费；（3）起草呼吁书。

公民**米尔纳**建议派几位代表去参加组织工作。

公民**荣克**认为时间非常紧迫。在召开这次大会之前总委员会不可能再开会了。呼吁书中不应有资产阶级的东西。

公民**拉萨西**认为呼吁书中应该表达这样的思想，巴黎人民有权举行起义，有权自治，有权废除国教，有权解散常备军。

公民**埃卡留斯**说，他不信任这个在所有问题都已解决的最后一刻提出来的关于合作的建议。要筹备好这样的大会，应该事先同各组织协商，然后才决定开会的日期。他赞成大家都为开好大会而努力，但他反对总委员会负责大会的组织工作及文件的起草工作。

公民**恩格斯**同意这个意见，并想知道国际民主协会为何没有加入国际。最近国际受到种种责难，它应负很大责任。

公民**奥利弗**说，几年前，他们加入了那个骗人的改革同盟[267]，根据他们所掌握的关于国际活动的情况，他们认为国际工作做得不够。他认

---

① 莫特斯赫德。

为鲁克拉夫特在几次代表大会上的发言都太温和了。

公民**韦斯顿**直到上星期五才知道将召开大会。看来总委员会大多数委员都已得知各报刊登的关于民主派内部发生分裂的报道，这一报道使他决定积极参加大会的组织工作。总委员会应该利用它的影响来保证大会的成功。他认为倘若不这样做，那便是胆怯的表现。他提议，总委员会应该与[民主]协会合作，同它一起起草决议和呼吁书。

公民**哈里斯**对打算承认革命表示满意，并支持这一建议。

公民**科恩**认为，合作应该只限于派三四人组成的代表团去参加海德公园的[大会]。

公民**米尔纳**提议，派代表团去出席星期五的代表会议。

公民**唐森**附议。

主席批驳了关于胆怯的指责，并且说，鲁克拉夫特虽然在许多问题上跟自己有分歧，但是他在我们许多同志还在梦想民主的时候就已经在为民主而斗争了，他是一个十分正直的人。

公民**布拉德尼克**说，协助组织示威游行，时间已来不及了。他提出一项修正案，总委员会的委员们应该运用总委员会的影响来保证这次示威游行成功，而不要派代表。

公民**埃卡留斯**附议。

有的意见认为采纳这项修正案等于否决了米尔纳的提议。

主席认为，这是一项真正的修正案，与否决决议案大不相同。

这项修正案以 6 票对 5 票被通过。

然后，**主席**提出原先的决议案付诸表决，该议案为多数票所否决。

主席　海·荣克
书记　约·格奥尔格·埃卡留斯

总委员会会议①

4月18日[268]

出席委员。布拉德尼克、埃卡留斯、恩格斯、黑尔斯、哈里斯、荣克、科尔布、马克思、米尔纳、普芬德、罗班、萨德勒、韦斯顿。

公民**荣克**主持会议。

宣读并批准了上次会议的记录。

通　讯

收到牛津共和派俱乐部书记寄来的一封信,内附铅印的该俱乐部纲领。来信索取文件材料以便了解国际的宗旨是否如俱乐部设想的那样,允许为共同目标进行合作。[269]

委托书记②回信并寄去文件。

收到伦敦排字工人协会书记的一封来信,信上通知说,26日晚将接见为安特卫普解雇事件而派去的代表团。[270]

公民**恩格斯**报告说收到马德里③的一封来信,信上要求为纺织工人的罢工提供援助。

委托书记与曼彻斯特联系。[271]

他[恩格斯]接着报告说,德国举行了一些群众集会,对公社表示声援。[272]

---

① 本日记录由埃卡留斯记在会议记录本第211—214页上。
② 埃卡留斯。
③ 此处原为"巴塞罗那"。

公民**马克思**报告说，普鲁士警察正在等着他回到德国，并且准备逮捕他。[273]

在巴黎，赛拉叶和国际的另一些会员被选入公社，填补空缺。

公民**荣克**说，他委托带信给赛拉叶。罗沙的那位妇女从利尔来信说，这两个人三个晚上都没有从市政厅回家，因而没有见到他们。不过，如果她还有时间，她将返回巴黎，到市政厅去找他们。

公民**韦斯顿**报告说，伦敦报纸上登了这样一条电讯：

"国际工人协会发表了下述声明：——鉴于托伦先生作为工人阶级的代表被选入国民议会，却以最卑鄙的方式背叛了工人阶级的事业，国际巴黎联合会委员会决定将他清除出自己的队伍，并建议伦敦总委员会批准这一决议。"[274]

在海德公园大会上[275]，公民韦斯顿结识了一位名叫理查兹的人，他有一些法文和德文的报纸，对革命具有很高热情。他自称是协会会员，但由于星期一他要到诺丁汉去，韦斯顿就没有约他参加星期二的总委员会会议。他在展览馆工作。

公民**黑尔斯**向总委员会推荐公民萨德勒为哈克尼路分部的代表。

公民**黑尔斯**提议，**恩格斯**附议，接纳他为总委员会委员。通过。

公民**黑尔斯**通知说，贝特纳-格林区分部任命公民布拉德尼克为书记。

公民**荣克**谈到关于托伦的报道时，怀疑总委员会是否应只根据报纸的报道处理这一问题。

公民**罗班**认为，总委员会与这件事无关，因为巴黎支部有权开除自己的成员。只有当托伦企图在其他地方成为协会会员时才需要采取行动。

埃卡留斯认为，只有在托伦提出申请时总委员会才需要处理这一问题。

公民**韦斯顿**认为，托伦是一位知名人士，他的情况与其他情况有点不同，但他认为仅仅根据报纸报道来采取行动是不对的。

公民**恩格斯**说，如果报载的这条消息带有官方的性质，那就应该予以注意。

公民**马克思**说，如果这条消息是发表在一家法国报纸上，而巴黎委员会又要求批准这一决定，就应予以批准。托伦应当受到这一惩罚。他在社会上被视为国际的代表。

接着，会议通过如下决定："如果这条英文电讯属实，总委员会就批准将托伦开除出国际，并公布这一决定。"

公民**黑尔斯**说，他为建立国际两个支部召开的群众大会，用去了4先令6便士。

在公民**恩格斯**的提议和**马克思**的附议下，一致同意报销这笔费用。

公民**米尔纳**问，总委员会是否认为不必就巴黎局势发表声明。

公民**荣克**认为应当发表，但缺少从巴黎直接来的消息，我们只有报上的一些不真实的报道。

公民**马克思**说：在目前情况下，唯一可做的事，是就斗争的总的趋势发表告国际全体会员的宣言。

公民**韦斯顿**认为总委员会最好表个态。可以草拟一个一般性的决议。

公民**马克思**认为可以这样做，然后再发表宣言。

公民**米尔纳**要求总委员会就当前斗争表明它的看法。如果总委员会无动于衷，就会丧失它的威信。

公民**哈里斯**说，伦敦的报刊可以从巴黎得到材料，可是我们却得不到。报纸的社论还不如通讯。

公民**米尔纳**提出一项决议案，公民**萨德勒**附议，但由于时间已是11点半，决定把这个问题搁到下次会议讨论，并明确下次会议将优先予以讨论。

委员会于11时35分休会。

主　席　海·荣克

总书记　约·格奥尔格·埃卡留斯

总委员会会议①

4月25日[276]

出席委员：科恩、埃卡留斯、恩格斯、哈里斯、荣克、列斯纳、马克思、普芬德、莫特斯赫德、罗班、唐森。

公民**黑尔斯**缺席。

公民**荣克**主持会议。

宣读并批准了上次会议的记录。

书记②报告说，他收到一份请柬，邀请总委员会派一名代表参加为成立共和大同盟而召开的会议。

公民**哈里斯**说，昨晚他参加了这个会议，出席会议的至多14人。他提议对收到请柬表示感谢。

接着，会议决定由书记对收到请柬表示感谢，并声明总委员会不能加入其他任何国际团体。

书记接着报告说，上星期六他出席了镀金工人协会执行委员会的会议，他们决定捐助1镑给被解雇的比利时雪茄烟工人，该协会仅有24名会员。[277]

公民**恩格斯**说，根据从西班牙寄来的信件和报纸看来，他认为西班

---

① 本日记录由埃卡留斯记在会议记录本第211—218页上。
② 埃卡留斯。

牙棉纺织工业正在发生英国近30年来所发生的同样情况。机器代替了工人；童工代替了男工和女工，工资则下跌。这就是巴塞罗那发生罢工的原因。书记已写信给曼彻斯特，但是至今没有得到回音，而且回信的希望也不大，因为工厂地区正在酝酿罢工，争取星期六12点停止工作。奥尔德姆的厂主们起初做了让步，但是其他厂主迫使他们收回前言，奥尔德姆就被选作对抗的试验场了。恩格斯已经给西班牙去信说明这一情况。

公民**科恩**报告说，布鲁塞尔和安特卫普的雪茄烟工人都遭到解雇。伦敦雪茄烟工人协会派了它的书记和一位比利时人前去调查。从荷兰招来了30名工人，但他们又都回去了。工人们相信同盟歇业维持不久。在德国雪茄烟工人罢工期间，他们给莱比锡寄去了3000法郎，因此，他们可以指望得到工人们的援助。大约9个月前在伦敦那些从事廉价雪茄烟生产的工人中成立的一个荷兰人团体捐了15镑。剥烟叶工人捐了20镑。另一个团体手头有25镑，也决定捐一部分给比利时工人。伦敦的比利时人已捐了375法郎。在3月31日至4月18日期间，在安特卫普的文娱晚会上募集了13法郎，有一位绅士私人捐了10法郎，根茨捐了74法郎，后来又捐了14法郎，德国的阿尔托纳捐了168法郎；阿姆斯特丹捐了200法郎；还收到了另一个地方寄来的30法郎。伦敦雪茄烟工人协会至今还未给利物浦写信。

公民**马克思**宣读了纽约委员会书记的来信，信中附有在委员会中有代表参加的支部的名单[278]：

1. 德国工人联合会（第五劳动联合会）。
2. 纽约国际工人协会法国人支部。
3. 纽约捷克工人协会。
4. 芝加哥第一社会政治工人协会。 ⎫ 德国人的
5. 芝加哥第二社会政治工人协会德国人的。 ⎭

6. 纽约社会民主工人协会。

7. 纽约国际工人协会爱尔兰人支部。

8. 纽约威廉堡社会民主协会（德国人的）。

信上说这些支部工作不错！爱尔兰人支部发展迅速，并打算和美国爱尔兰人同盟合并。出版德文周刊的工作也有进展。工人联合会曾决定，只认可那些代表劳工①而不代表资本的代表。全国劳动联合会在纽约各协会中丧失了基础，其中有许多协会拒绝派代表参加下一次代表大会。

纽约州工人大会在沃耳巴尼举行了自己的年会并通过决议，同意并接受国际工人协会的原则作为指导方针；决议结尾写的是"全世界工人联合起来！"

告工人协会和工联书正在草拟中，同宾夕法尼亚矿工互助团体建立了通信联系。工人的有组织的政治斗争在最近的选举中推翻了新罕布什尔的共和党的优势地位。在当地美国人当中成立了一个支部，它［向纽约委员会］派出了自己的代表。收到2英镑期票，这是203名会员的捐款和代表大会报告的酬金。

公民**马克思**通知说：收到两封巴黎来信，一封是12日的，另一封是15日的，但只是星期六收到。一个属于公社的法国人到伦敦来办理交易所业务，拜访了他［马克思］，以便得到他的帮助。开除托伦确有共事，为此马克思提出如下的决议案：

> 鉴于巴黎支部各联合会委员会送请总委员会批准该联合会委员会的下述决议：公民托伦作为工人阶级代表被选入国民议会，却用最卑鄙的方式背叛了工人阶级的事业，因此将他开除出协会；

---

① 会议记录本此处缺少一页。不久前发现了这一页（《马克思恩格斯全集》中文第1版第44卷第680—681页）。其文字从这里开始。——译者注

鉴于国际工人协会的每一个法国会员无疑地应该站在巴黎公社一边，而不应该留在篡夺权力的反革命的凡尔赛议会中，——

国际工人协会总委员会批准巴黎联合会委员会的决议，并宣布将公民托伦开除出国际工人协会。

埃卡留斯支持这个决议案，决议案获得一致通过。

公民**马克思**继续发言。他说，他向这位公社代表指出，既不给我们写信①，也不给我们寄报纸，这是很大的错误。这一点将来会纠正的，因为公社与伦敦之间的贸易往来将由一个跑外的经纪人办理，他将同时负责送交我们的信件。

赛拉叶和杜邦已被提名为第17区空缺的候选人。[279]赛拉叶曾来信说，杜邦定会当选，可是从选举以来，他就没有再来信，不过很可能他把信寄到曼彻斯特去了。可见，远不是所有发出的信件都按照地点投递到的。

费利克斯·皮阿和韦济尼埃在巴黎诽谤赛拉叶和杜邦，而当赛拉叶以控告来威胁他们的时候，他们就开始抵赖。必须马上写信到巴黎去，讲清楚皮阿为什么要诽谤赛拉叶和杜邦。[280]根据公民**莫斯特赫德**的建议，总委员会委托公民马克思起草这封信。

［**马克思**：］拉法格由巴黎防御工事线之外的邮局寄出了一些信件，因此这些信件在铁路沿线滞留了：信件既受到法国政府方面又受到普鲁士政府方面的检查。信里的大部分消息已陈旧，但也有报纸上没有谈到的一些事实。信中说，就同巴黎被围时期一样，外省现在很少知道巴黎发生了什么事情。而在巴黎，如果不算那些正在进行战斗的地方，却从来没有这样平静。[281]中等阶级的很大一部分人加入了贝尔维尔国民自卫

---

① 记录本原来缺少的那一页到此结束。——译者注

军。大资本家都逃走了，而小商人和手工业者则和工人阶级在一起。不能想象人民和国民自卫军的热情是多么高，凡尔赛人要想进巴黎，那真是愚蠢。巴黎不相信外省的起义，并且知道优势兵力正在集结起来反对它，但是它并不害怕，所担心的倒是普鲁士的干涉和粮食不足。关于房租和商业期票的法令，真是绝妙的措施，如果不颁布这些法令，四分之三的商人和手工业者就要破产。杜瓦尔和弗路朗斯的被害[282]，使人们都想为他们报仇。弗路朗斯的家属和公社派了一位司法官员去详细调查他们的死因，但是一无所获。弗路朗斯是在一所房子里被杀害的。

还得到了某些有关伪造电讯的消息。布鲁托[①]在检查国防政府的帐目的时候，发现国防政府曾拨款制造改良的可搬动的断头机。断头机被找出来并且按照公社的命令当众烧掉了。煤气公司欠了市政府100多万法郎，但是它根本不想还债；只是在查封了它的财产以后，它才交出了相应数额的法兰西银行票据。许多记者的电讯和报道把这一切完全说成另外的样子。最引起他们恼怒的，是公社的管理费用很低。高级负责人员〔每〕年只得到6000法郎，其他公务人员只得到工人的工资。

宣言将在下次会议以前拟好。[283]

公民哈里斯说，雷管弹药厂的女工跟他谈过话，并答应告诉他有关工作日和工资等级的详情细节。有传教士到这些工厂去说教；国际应该派宣传员到这些人中间去。

委员会于11时休会。

约翰·韦斯顿
书记　约·格奥尔格·埃卡留斯

---

① 应当是普罗托。

总委员会会议①

5月2日²⁸⁴

出席委员：布恩、科恩、埃卡留斯、恩格斯、哈里斯、荣克、科尔布、列斯纳、米尔纳、莫特斯赫德、普芬德、罗班、斯特普尼、唐森、韦斯顿。

公民**韦斯顿**主持会议。

宣读并批准了上次会议的记录。

书记②报告说，收到布里斯托尔激进派协会²⁸⁵的一封来信，信上问：既然德国政治犯现已释放，协会给这些政治犯家属寄来的8先令如何处理。

委托书记答复他们钱已转交。

巴塞罗那来信说，放弃政治的策略已带来成果。人们已摆脱了对社会主义的恐惧心理，反对社会主义的共和派现在不得不装作拥护社会主义了。来信要求知道各染色工人组织的地址，因为巴塞罗那的染色工人希望同其他国家的染色工人通信。²⁸⁶

公民**莫特斯赫德**说，利克、考文垂有染色工人的组织，斯皮特尔菲尔兹也有一个。

书记宣读了纽约《世界报》驻巴黎通讯员奥哈洛伦写的一篇文章，内中重复《巴黎报》的说法，说巴黎革命的计划是马克思等人制定的，并且还补充说，是在霍尔本街的一间阴暗的房间里制定的。

公民**哈里斯**说，对于协会的事，外人知道的比协会会员知道的还多。

---

① 本日记录由埃卡留斯记在会议记录本第218—221页上。
② 埃卡留斯。

他曾经遇到一个人，此人自吹曾和国际的主席一同吃过饭，这位主席知道巴黎事件的全部内情。据他说，这位主席住在北安普顿广场附近。

公民**荣克**说这大概是说他，因为他就住在那一带。

公民**哈里斯**说，他说的那个人是一个邮递员，他的名字［叫］纽曼。对此，公民**荣克**回答说，纽曼是他的一位顾客，是个蠢家伙，他瞧不起这个人，从不跟他议论政治。不过，这个人现在已经不是邮递员了。假如哈里斯下次再见到他，可以把自己听到的这些话告诉他。

公民**科恩**代表访问排字工人协会的代表团汇报情况。代表团受到极其热情的接待，据他从私人方面得到的消息，这个协会已决定捐15镑。从现在比利时的伦敦雪茄烟工人协会书记那里来的消息是令人满意的。一切问题都已经弄清楚，完全有希望成功。

公民**恩格斯**报告说，由于马克思的健康情况不佳，医生已建议他离开城市。宣言尚未完全写好。他建议，如果［宣言］在下次开会之前写好了，仍按以前那样，全权委托小委员会立即付印发表。

公民**荣克**说，宣言之所以拖延了，是因为赛拉叶夫人昨天收到几封巴黎来信，其中可能有重要消息。赛拉叶在圣丹尼投了7封信，可是这里一封也没有收到。俄国女士①来信说，她正在妇女当中进行积极宣传，每天晚上举行群众大会，并且准备组织一个女子兵团。已有5000名左右的妇女报名参加。她的身体健康状况很不好，以致她担心经受不住这场斗争。[287]

接着，公民**恩格斯**的提议被交付表决，一致通过。

公民**荣克**接着问，是否要把像阿普尔加思和奥哲尔这样长期不出席会议的委员的名字也署在宣言上。阿普尔加思告诉他说，他已被迫辞去联合会书记的职务，由于健康情况不佳，已不能回到车床上去工作，在

---

① 伊·托马诺夫斯卡娅（德米特里耶娃）。

宣言上署［上］他的名字可能会影响他的前途。

埃卡留斯提议，对这个宣言暂不采用总委员会的正式文件须有全体委员署名的规定。

公民**恩格斯**反对这个提议。

公民**米尔纳**赞成按规定办。

公民**哈里斯**不明白为什么有人反对把他的名字署在宣言上。如果阿普尔加思不愿署上他的名字，那就不署好了。

公民**莫特斯赫德**说，埃卡留斯的提议等于取消正式文件须有总委员会全体委员署名的决议。

埃卡留斯说，他不是要取消这个决议，仅仅是建议对这个具体场合暂不采用这个规定。

公民**荣克**说，阿普尔加思委托他把问题提出来，但他回答说，这样一来，阿普尔加思或许要落到向资产阶级讨好的地步。

随后，同意荣克必须同阿普尔加思谈谈这件事，埃卡留斯必须同奥哲尔谈谈这件事。

公民**米尔纳**重新提出了他早已提过的关于制定国际工资手册的建议。[288]同一种工作，在不同的国家支付的工资不同，而国际是目前唯一能够抓这种工作的组织。企业主掌握着为促进他们的利益所需要的一切情报，国际的任务是要传播与工人阶级利益有关的①情报，如工资差别、工人的社会状况等。他在发言结束时建议把这个问题纳入议事日程。

公民**荣克**说，每届代表大会都通过了关于收集劳动统计材料的决议，但却没有任何进展。[289]

公民**莫特斯赫德**说，最好的办法是委托米尔纳组织一个委员会负责这件事。这对任何人说来都是一项艰巨的任务。适合计时工人的东西又

---

① 原稿中此处划掉了"同样"一词。

不适合计件工人。

公民**哈里斯**说,要完成这件工作必须走出工联的圈子,因为需要研究合同工和一切劳动方式的情况;他愿意协助做这一工作。

公民**米尔纳**同意**莫特斯赫德**的建议。同意在下次会议上再作进一步研究。

主席　约翰·黑尔斯

书记　约翰·格奥尔格·埃卡留斯

总委员会会议①

5月9日[290]

出席委员:**布拉德尼克、科恩、埃卡留斯、恩格斯、黑尔斯、哈里斯、荣克、列斯纳、莫特斯赫德、普芬德、唐森、韦斯顿**。

公民**黑尔斯**主持会议。

宣读了上次会议的记录,记录在作了少许补充后被批准。

书记②要求在讨论议程上的问题之前发表一项声明。他说,他已决定辞去书记职务并请求立即同意他辞职的要求。

主席认为,辞职应提出理由才对。公民**莫特斯赫德**希望知道他是要立即弃职呢,还是把今晚的工作搞完。

书记回答说,他希望立即离职。辞职的一个原因是他从明早起就要去做裁缝工作,但是,如果不便立即任命书记,他愿继续工作直到新书记被任命为止。不过,他希望无须讨论立即同意他辞职。

公民**莫特斯赫德**接着建议同意辞职的要求。

---

① 本日记录由埃卡留斯记在会议记录本第221—227页上。
② 埃卡留斯。

公民**科恩**附议，一致通过。

埃卡留斯报告说，伦敦排字工人决定借给比利时雪茄烟工人15镑。

收到泰晤士河船舶捻缝工的一封来信，信上说他们没有能力给予援助。[291]

公民**荣克**说，他收到瑞士的一封来信[292]，信上询问为什么赛拉叶没有按照自己的诺言写信告知巴黎的情况。原因是赛拉叶已不在巴黎了。

他已跟阿普尔加思谈过宣言署名的问题，阿普尔加思让他全权处理。他认为，最好还是不要把阿普尔加思的名字写上去。

埃卡留斯说，他已和奥哲尔谈过，奥哲尔仍然认为自己是总委员会委员，他并不反对在宣言上署他的名字，不过他希望在宣言付印之前能够过目。**埃卡留斯**再次提议，这次宣言只署负责人的名字，但是，这个提议没有人附议。

公民**莫特斯赫德**希望把奥哲尔的名字署在宣言上，因为他不仅在国内而且在国外都被认为是工人阶级的真正代表。

公民**恩格斯**说，西班牙的罢工还在继续，比利时的罢工也在继续。他收到一封信，信上建议他从《工人报》上了解有关罢工的详细情况，但他没有得到《工人报》。厂主们最近雇了30名法国女工，然而毫无疑问，她们将受到和荷兰工人一样的待遇，也就是付给她们回去的路费。有些雇主已经让步，但大多数雇主仍坚持他们的决定。看来，布鲁塞尔人还没有完全加入国际，他们想知道伦敦雪茄烟工人是否已作为一个团体加入国际，如果是这样，他们希望写信告诉他们。荷兰代表大会即将召开，希望伦敦派代表参加。①

公民**恩格斯**接着说，比斯利教授收到新西兰一个工人团体的来信，该团体称他为国际的主席，因为信是写给总委员会的，所以比斯利教授

---

① 这句话是后来加上的。

把这封信交给了公民马克思。

接着,宣读了这封信。信上叙述了人们怎样被骗到新西兰去,到了那里以后,又受到怎样的虐待,以及这一切已造成怎样的贫困和苦难。信上要求总委员会为了那些打算出国侨居的人,务必把这封信在英国发表,以便尽可能使他们不要再像别人那样上当受骗。信上询问总委员会是否愿意和新西兰的这个团体定期通信联系。

同意将这封信全文发表,并委托书记回信。[293]

公民**科恩**又回到比利时雪茄烟工人的问题上,他认为公民恩格斯应该写信告诉他们,伦敦雪茄烟工人是加入国际的第一个工人团体。他继续说道,伦敦代表回来后,已在其他城市建立了一些工会组织。他从排字工人那里得到了 15 镑,准备寄往比利时的现款已有 56 镑。一切都进行得很顺利,比利时人还收到从美洲寄来的汇款。法国女工已经来了。她们来自斯特拉斯堡和梅斯,来自以前由政府开办、现在已由普鲁士人经营的工厂。但是,比利时的厂主对这些女工不满意,她们对工作漠不关心,生活比较比利时工人阔绰。关于加入国际的问题,看来,许多雪茄烟工人都是以个人身份加入的,他们的工会并没有加入。

公民**恩格斯**认为,最好由伦敦的雪茄烟工人自己写信去谈关于加入国际的问题。公民科恩可以写这样一封信,可由他转寄。

公民**荣克**认为,由伦敦雪茄烟工人直接寄去一封正式的信,效果会更好。

同意这个意见。

公民**布拉德尼克**说,这次会上有公民巴特里作为贝特纳-格林区分部的代表出席。他提议接纳这位代表。

公民**荣克**附议。一致通过。

接着公民**恩格斯**说,宣言①还没有草拟好。公民马克思病得很重,

---

① 《法兰西内战》。

宣言的起草工作使他的病势更加恶化了。但是宣言在星期六可以草拟出来，小委员会可以在下午5时以后的任何时间在马克思那里集会。

公社的一位使者到了伦敦，他带来了一些好消息。公社不得不采取了一些严厉措施来防止没有通行证的人钻到城里来。已经发现凡尔赛的奸细在城里自由自在地走来走去。主攻被击退了。凡尔赛的军队打算从国民自卫军的阵地和要塞围墙之间冲进来，但是它现在只能在一个地方，即在它先前已经遭受挫折的那个地方进犯。防御正在加强。公社失去了一块不大的土地，但又重新占领了克拉马。即使凡尔赛军队占领了要塞的围墙，在围墙后面还有街垒，在这些街垒中将出现前所未见的战斗。这些街垒将第一次用枪炮和组织正规的军队来防卫。交战双方的军队现在接近势均力敌。凡尔赛招不到外省的军队，凡尔赛人不得不把自己的一部分兵力派到外省去维持各城市的秩序。梯也尔甚至不能准许市镇参议会的代表们在波尔多集会讨论政治问题，他不得不援用拿破仑的法律来阻止它。[294]

公民**荣克**提醒总委员会注意罗伯特·欧文诞生100周年的纪念会，他认为总委员会应该有代表在会上表达我们的意见。[295]他提议派一个代表团去。

公民**恩格斯**附议。他说，他对纪念会的发起人几乎毫无了解，但是对罗伯特·欧文没有任何怀疑。欧文著作中的许多思想至今都还未过时。欧文是从他自己的认识出发的，他本人虽然原是一个工厂主，但他首先起来反对自己的阶级，以便结束工厂雇用女工和童工这一可耻的制度。恩格斯认为国际应该派代表参加纪念会。

公民**莫特斯赫德**说，在尊敬罗伯特·欧文方面他不逊于任何人，但是他必须搞［清楚］组织这次纪念会的是什么人。从大会议程上的大多数名字来判断，那里的社会主义将是软弱无力的。改革法案[296]通过后，资产阶级夺得了政权，他们发现罗伯特·欧文的原则实际上威胁着他们的政权，于是就企图把它压下去。不幸的是，他的学说中掺有形而上学的东西，因而运动没有推动经济改革，而是带上了宗教色彩。况且基督教社会主义者又加了进来，成了合作者，欧文派的领导人又跟他们跑到一起去了。这种冒牌的社会主义者将在那里吹嘘他们在罗奇代尔所取得的成就[297]和私有制的美妙。他很遗憾，但他不得不反对这个建议。①况且，罗伯特·欧文并不像恩格斯所想象的那样有独创之见。欧文的社会主义学说是从法国老一辈作家那里拿来的，他的宗教思想则来自洛克。

公民**哈里斯**说，如果有可能，总委员会应该派代表去。他本人认识欧文并和他一起工作过。欧文放弃了他从自己工厂工人那里赚得的7.5万镑，把情况告诉了他们就离开了。基督教社会主义者是骗子。莫里斯、休斯等借钱给工人，条件是只有偿还了债务才能选举自己的经理，但是他们又使工人无法还债。一些无能的人被任命为经理。在他工作过的缝纫工场，账目不清，他们要求请会计人员清理账目。他们抱怨不满的时候，管理人员就对他们抱怨不满。在这个合作社没有股份的人根本不参加分红。他建议派莫特斯赫德去。

公民**科恩**认为需要派代表团去，以免被歪曲。

公民**恩格斯**反驳莫特斯赫德说，洛克是自然神论者，而欧文却是唯物主义者。洛克的哲学把法国人引向了唯物主义。他怀疑欧文是否熟悉法国老一辈作家。他完全不同意莫特斯赫德的看法。欧文主义运动早在1809年就开始了，与以前写的任何东西都没有关系。1812年他出版了他的论婚姻的著作[298]，1818年他到亚琛的君主会议去说服他们宣布共产主义。[299]说运动后来带上了宗教色彩，这在某种程度上是正确的。但是对社会改革也发表了不少意见。大多数欧文主义者转到了资产阶级方面。他们曾一度属于宪章派，但是不得不做职业鼓动家，也就变得不大可靠，不坚持他们的原则了。他说，如果举行纪念会而我们不能去参

---

① 下面两句是后来加上的。

加,那将是很遗憾的。

公民**莫特斯赫德**反驳说,社会主义者不是宪章派;他们和宪章派辩论,企图驳倒宪章派,他们不是坚持社会改革,而是周游全国,同布雷尼利之流辩论宗教以糊口。国际如果同这类人联合,将玷污自己。他们在英国臭名昭著,诈骗人民。

公民**恩格斯**说,他的意思不是说所有的社会主义者都曾是宪章派,而是他所认识的某些社会主义者曾是宪章派。

公民**布拉德尼克**认为,与这种人混在一起,不是良策,但是他想知道国际是否能另想办法来安排一个纪念会。

主席认为应该派代表团去,以捍卫协会的原则。他说,甚至在现在,许多人还把社会主义和无神论看作是一回事。

公民**韦斯顿**说,协会接受罗伯特·欧文的原则比其他任何团体都多,因此应该派代表参加纪念会。他出席听过的那些演讲,与其说是宗教性的,还不如说是社会性的。

公民**恩格斯**说,他同意莫特斯赫德的意见,不去参加为妥。

公民**荣克**接着收回他的提议。

接着,委派公民荣克、哈里斯、莫特斯赫德和韦斯顿组成一个委员会,负责在下次会议上提出一个或几个合适的人作为书记的候选人。

同意小委员会在星期六7时召开会议。

委员会于11时半休会。

主席　约翰·黑尔斯①

---

① 没有书记的签名,显然是因为埃卡留斯在这次会议上已辞职,而接替者还未任命。

总委员会会议记录①

1871 年 5 月 16 日举行

出席委员：布拉德尼克、巴特里、恩格斯、黑尔斯、哈里斯、荣克、科尔布、列斯纳、莫特斯赫德、罗班、唐森。

公民黑尔斯主持会议。

宣读并批准了上次会议的记录。还宣读了一封荷兰来信，信上要求解释荷兰最大一家报纸登载的有关协会给巴黎公社提供一大笔钱的消息。300

公民莫斯特赫德问谁是荷兰的通讯书记，因为必须给这封信回信。

公民埃卡留斯说，没有给这个国家委派书记。公民黑尔斯建议荷兰的书记职务可以由别的国家的书记兼任。

公民恩格斯同意这个建议，并建议："把这个职务暂时交给德国书记②兼任。"

公民荣克附议，一致通过。

公民恩格斯报告说，由于公民马克思一直生病，宣言还没有写好。③

公民哈里斯代表遴选总书记候选人的小组委员会作了汇报。荣克、莫特斯赫德和他本人曾开会研究这一问题。奥哲尔、莫特斯赫德、哈里斯和黑尔斯的名字都被提到过，他们认为公民莫特斯赫德最合适。所以决定提名他为候选人。他同意作候选人，条件是书记的薪金应该随着总

---

① 本日记录由黑尔斯记在会议记录本第 227—231 页上。
② 马克思。
③ 这句话是后来加上的。

委员会的收入增加而增加。

公民**荣克**觉得委员会还没有确定提名谁作候选人就散会了。他想提名黑尔斯，不过他认为黑尔斯必须首先推倒对他的指责。最好提出两个候选人，总委员会才能有个选择。

公民**布拉德尼克**作为弹性织品织工协会的成员，支持这一建议；如果别人没有提议黑尔斯当书记，他就会提出来。谁也没有像他那样为弹性织品织工协会做了那么多的工作。他曾担任伦敦分部书记和联合会主席的职务，在他辞职时，决定授予他感谢状并选他为荣誉会员。因为在这之前还不曾有人被选为荣誉会员，所以这引起一些会员对黑尔斯的嫉妒。过后不久发生了一场争论，开了一个会（这个会不是根据章程规定召开的），在这个会上，黑尔斯被开除了，理由是他破坏了协会的章程；但是那些提出指责的人后来又撤销了指责，因此，黑尔斯就不需要推倒什么了。

公民**黑尔斯**说，前些时候的确发生过一场争论，在总委员会会议上对他提出过一些指责，总委员会决定对这些指责进行调查，要求协会派代表团带着证据前来参加会议。为了让他们收集证据，这个问题曾两次延期讨论。结果是这些指责被提出它们的那些人撤销了。他收到德赖4月10日的来信，信上表示愿意为他效劳，并希望不要把已经过去的事记在心上。

宣读［了］这封信的摘录。

他还收到帕内尔5月4日的一封来信，信上希望过去的事能被忘记，或者至少被宽恕；这封信在会上宣读［了］。

现在他认为，他所提供的证据已足以推倒对他提出的指责。的确他对女工问题的看法与协会的观点不同，但是，这个问题早在1867年就解决了；当时就这个问题对他提出不信任投票，但是被信任投票所击败。其证明是他连续三年被选为联合会主席，在此期间他的观点是众所周知的。

公民**恩格斯**建议,无论谁当选,"任期只有三个月";一个人在选为常任书记之前,其能力必须经过考查。

公民**荣克**附议,因为委员会也认为这项任命应该是暂时性的。

公民**莫特斯赫德**说,他处于尴尬的地位。他到荣克那里去时,问题已经讨论过了,一致认为在目前情况下必须选一位英国人。所以在够条件的候选人名单中只剩下他和黑尔斯,他认为黑尔斯没有可能承担这一工作,才同意暂时接受这一提名,限期为一个月左右。如果他知道黑尔斯将接受提名,他就不会反对黑尔斯了。但是,事情既然已经这样,那就由投票选举来决定吧。如果说他反对黑尔斯的提名,那完全不是由于罢工问题(在这个问题上,他对两方面的意见都没有听从),而是由于他的地位变了。他作为班长,全部时间都被占用了,根本不可能有足够的时间来做要做的工作。书记应该能够有时离开工作,而这一点黑尔斯做不到。有一个方面黑尔斯应当受到更大的信任,因为他始终忠于协会的原则和政策,而别人却把更多的注意力放到国内政治问题上去了。协会需要一个有富余时间的人,而黑尔斯却没有这样多的时间。协会既可扩大也可缩小,一个积极活动的书记就可能使它扩大,协会应该代表各工人团体,可是目前它还未做到。他是在不得已的情况下才接受提名的,因为委员会没有别的可以提名的人,他不是要和黑尔斯竞争。

公民**哈里斯**证实公民莫特斯赫德的发言,并且说莫特斯赫德接受提名,其条件是薪金不能减少而要随着总委员会的收入增加而增加。从他本人方面来说,他宁愿选奥哲尔,而不选黑尔斯,因为他对黑尔斯的能力一无所知。

公民**荣克**说他的行动可能显得是对委员会不忠,但是他这样做的原因是怕布拉德尼克反对黑尔斯——这种想法原来完全错了。

公民**莫特斯赫德**再次抗议造成他和黑尔斯竞争的尴尬处境;他不知道

他的名字在委员会里是怎样提出来的；他必须重申，黑尔斯有担任这一职务的能力，并且想得到这一职务，但他却没有做这一工作所必需的时间。

公民**黑尔斯**说提出莫特斯赫德为合适的候选人的是他本人。公民莫特斯赫德断言似乎黑尔斯没有足够的时间；对此他唯一可说的是，他对自己情况的了解绝不比莫特斯赫德所了解的少。而且他十分肯定地说，在20个工人中还找不到一个有他那样多的富余时间，或者说能够找到那样多的富余时间。他如果当选，他当然愿意做这一工作。他的能力应该在工作中受到检验，无论如何，他非常乐意听取对他工作的评价。他同意作候选人，但他认为必须说明，无论谁当选，都不会影响他的友谊。他有足够的勇气来经受落选的考验。他希望莫特斯赫德也有这样的勇气。

在后来进行投票选举时，公民**黑尔斯**报告说，昨晚原打算在哈克尼路伊丽莎白街的"雄鸡城堡"酒店召开讨论巴黎工人状况的群众大会，但是警察去找了店主，告诉他说，如果他让这样的会在他的酒店举行，就会危及他的营业执照。

公民**恩格斯**清点选票，结果是：黑尔斯5票、莫特斯赫德4票和未被提名的荣克1票。

公民**黑尔斯**说，他既已当选，一定尽力工作以不辜负对他的信任，但有一事希望总委员会给予考虑，那就是关于降低书记薪金的问题。他曾对荣克说，他准备建议把这一薪金降低为每周10先令。他并不是认为薪金太高，而是认为总委员会负担不了比他所说的更大的数目。只有等总委员会的收入增加后，才能提高书记的薪金。

公民**荣克**认为必须说，委员会已同意必须降低书记的薪金，他赞成黑尔斯所提意见，提议"书记的薪金降低为每周10先令"。他认为他完全有权提出这一建议，因为在通过每周15先令的建议时他是唯一投票反对的人。他也愿意多给一些钱，但是不要忘记，收入少，而总委员会又需要花钱来搞印刷和其他事情。他认为，书记的薪金在开支中占的比例太大。

公民**巴特里**认为，黑尔斯可能会感到薪金不够用。他建议把这个问题搁置三个月，等黑尔斯熟悉了工作再说。

公民**黑尔斯**说，他支持这项提议，不是因为他认为这项工作不足道，而是因为总委员会的需要要求这样做。薪金可以暂定10先令，总委员会以后完全可以再研究这个问题。

公民**布拉德尼克**附议。他认为总委员会也只能负担每周10先令。

公民**莫特斯赫德**原来认为对这项工作可以少给一些报酬，但是经过重新考虑，他认为对工作人员支付的报酬偏低是不明智的。书记得不到应得的薪金，就不能希望他做应做的工作。应该让书记能够离得开他的工作，因为有许多事要他做。协会已不是处在初建阶段了。它已经名闻欧洲，应当维护这种声誉。他将对这个提议投反对票。

公民**恩格斯**提出下述修正案，希望它将为大家所接受："由于公民黑尔斯提出准备暂时满足于每周10先令的薪金，所以总委员会将接受他的建议，把未来三个月的书记薪金订为每周10先令。"他认为，所有对10先令提出的反对意见也同样可以适用于15先令。

公民**荣克**撤销自己原来的建议而表示赞同公民恩格斯的提议，因为这个提议确实表达了他的想法。他不主张报酬过低，不过他还记得当年许多委员不得不每周拿出一些钱来补贴开支，在必须印刷东西的时候总委员会却没有钱。

公民**莫特斯赫德**认为降低薪金是不对的，一个好的书记会增进收入；这个提议即使经过修正，他也要投反对票。

公民**黑尔斯**赞成公民恩格斯所提的建议。在前任书记还在职的时候，他就支持降低薪金，他说，他不能接受总委员会无力支付的薪金。

接着提议交付表决，2票反对，其余赞成，提议被通过。

公民**莫特斯赫德**提议，公民**恩格斯**附议："责成前任书记和财务书记尽早将账薄和单据移交给新任书记。"通过。

委员会于11时休会。

主席　海·荣克

书记　约翰·黑尔斯

总委员会会议记录①

1871年5月23日星期二晚举行³⁰¹

出席委员：布恩、埃卡留斯、恩格斯、黑尔斯、哈里斯、荣克、鲁克拉夫特、列斯纳、马克思、普芬德、罗班、施穆茨、唐森、韦斯顿。

公民**荣克**主持会议。

宣读并批准了上次会议的记录后，宣读了美国一个英语支部的来信。信中报道了协会所取得的卓越成就，并且说为了对巴黎公社和被解雇的宾夕法尼亚矿工表示同情，在纽约举行了群众大会。信上还说，美国的彩画匠组织了秘密团体，国际的原则已渗透到这个团体的许多分会中去了。

还宣读了伯明翰工联理事会的一封来信，信中附有1镑捐款。

公民**马克思**说明，他由于生病而没有能完成他答应起草的宣言，但他希望，宣言可以在下星期二草拟出来。谈到关于巴黎的斗争问题时，马克思说，他担心结局快要到来了；但是即使公社被搞垮了，斗争也只是延期而已。公社的原则是永存的，是消灭不了的；在工人阶级得到解放以前，这些原则将一再表现出来。扮演着梯也尔的宪兵角色的普鲁士人正在帮助镇压巴黎公社。俾斯麦、梯也尔和法夫尔勾结起来密谋消灭巴黎公社，俾斯麦曾在法兰克福肯定地说，梯也尔和法夫尔曾请求他参

---

① 本日记录由黑尔斯记在会议记录本第232—234页上。

预此事。结果表明，他本来就打算尽一切可能来帮助他们，只是不用德国士兵的生命来冒险——这并不是因为当问题涉及到利害关系时他会珍惜人命，而是因为他希望法国更加卑躬屈膝，以便有可能向它提出更多的要求。他允许梯也尔拥有的士兵数目超过协定的规定，但是他只答应向巴黎输送数量有限的粮食。所有这一切只不过是过去历史的重演。上等阶级过去总是联合起来镇压工人阶级。在11世纪，法兰西的骑士和诺曼底的骑士之间发生了战争，当时农民举行了起义。骑士们马上就忘掉了自己的纠纷并且联合起来镇压农民运动。为了说明普鲁士人如何执行警察的职务，可以举出一件事实：在普鲁士人所占领的鲁昂，有500人遭到了逮捕，逮捕的借口是他们是国际的会员。国际正在引起恐惧。若贝尔伯爵——老古董，1834年的大臣，一个以支持采取措施反对报刊而闻名的人物——在法国国民议会上发表了演说，他在这次演说中说道，在恢复秩序之后，政府的首要任务应该是追查国际的活动和打垮国际。

公民**罗班**说，伦敦出版的《国际报》[302]（据说是法国警方的报纸）有一期发表了一篇反对国际工人协会的文章，文中说：

> 希望能找到把协会会员从欧洲清除出去的办法。希望能把他们迁到世界的其他地方去，与人类隔离开来，那时就让他们去实践他们的特殊理论。

公民**布恩**说，我们的一些朋友可望逃出，但他们无法进入比利时，他认为总委员会应该〔采取〕某些措施。

公民**恩格斯**想象不出有什么办法，因为国际本身与这事有牵连。

公民**马克思**说，他们可以派人去找普兰塔德夫人商量办法。

公民**哈里斯**说，他们必须像在1851年那样采取行动。[303]每个会员必须尽力而为。

公民**荣克**认为，可以委托公民特鲁拉夫派人到普兰塔德家去。

公民**布恩**问，是否收到赛拉叶的消息，在发生任何暴力行为时，总委员会应该抗议任何残忍的表现。

公民**马克思**说,我们可以揭露凡尔赛政府的行为,但是不能用抗议的方式,因为这样做就等于同我们称之为强盗的政府说话。总委员会的英国委员们可以做点工作:召开群众大会,或者就这个问题派代表团去找政府。

公民**韦斯顿**同意英国委员采取行动的方针。要求我们政府出面干涉,也许有用。

公民**恩格斯**认为,梯也尔的声明可以用作宣传鼓动的根据,在他认为难以镇压公社的时候,他就答应宽大为怀;一旦军队打了胜仗,他就以严厉镇压相威胁。

公民**鲁克拉夫特**认为,如果能够唤起真正工人的同情,那就会产生巨大的作用,而那些事事都插手的冒牌领导人所搞的运动则简直是有害无益。他由于生病,未能出席总委员会会议,但是,他的心始终是同总委员会和公社在一起的。如果工联不着手解决这一问题,他们就得不到信任了。

公民**布恩**认为,指望工联发动任何政治运动,是毫无用处的。

公民**黑尔斯**说,英国报刊上对事件进行了这么多歪曲的宣传,向工联呼吁恐怕是不明智的。工人们对事情并没有像应该的那样有确定的看法。最好还是向民主派呼吁。

公民**布恩**提出以下建议,公民**鲁克拉夫特**附议:

"总委员会的英国委员应组成委员会,设法制止凡尔赛政府的野蛮行为。"[304]

一致通过。

委员会于10时45分休会。

主席　海·荣克

书记　约翰·黑尔斯

总委员会会议记录①

1871年5月30日星期二晚在海-霍尔本街256号举行

公民**荣克**主持会议。

出席委员：**布拉德尼克、布恩、埃卡留斯、恩格斯、黑尔斯、哈里斯、荣克、科尔布、列斯纳、马克思、罗班、斯特普尼、唐森、韦斯顿**。

公民拉萨西、耐格里、梅奥和罗赫纳经同意也出席了会议。

宣读并批准了上次会议的记录。公民**荣克**报告说，在瑞士举行的代表大会通过了向公社致敬的决议。[305]

接着公民**马克思**提出他为总委员会草拟的关于巴黎公社的宣言[306]，宣读了宣言的全文。

宣读完毕，公民**韦斯顿**提议，公民**罗班**附议，通过这一宣言。没有争议，一致通过。

公民**布恩**提议，这篇宣言应该和关于战争的两篇宣言[307]一样，用同号字体印刷。

公民**黑尔斯**附议，一致通过。

接着公民**恩格斯**提议印1000册，公民**列斯纳**附议，一致通过。

｛公民德朗克尔和冈宁被接纳为协会会员。｝

委员会于11时30分休会。

海·容克
书记　约翰·黑尔斯

---

① 本日记录由黑尔斯记在会议记录本第234页上。

总委员会会议记录①

1871年6月6日晚举行[308]

出席委员：布恩、布列德尼克、埃卡留斯、恩格斯、黑尔斯、哈里斯、荣克、列斯纳、马克思、莫特斯赫德、普芬德、罗班、唐森、韦斯顿。

公民**荣克**主持会议。

宣读并批准了上次会议的记录后，**书记**宣读格拉斯哥的布莱尔先生的一封来信，信中要求了解协会的原则。回信已寄出。

主席报告说，瑞士法语区各支部最近召开的代表大会宣布声援巴黎公社，与会者都在宣言上签了名。他还收到舍马莱②的一封信；公社存在期间他一直生病待在图尔，但他是反对托伦的行为的，并且已经同托伦彻底决裂。主席还报告说他收到维尔布罗尔③的信，维尔布罗尔说他担心流亡者不大容易从比利时过境逃脱；比利时警察是很愿意替法国政府干事的。有一天晚上，一直不断有军警巡街，他们企图向工人挑衅，制造争端，以便使政府有借口扑灭工人对自己的巴黎兄弟表现出的同情。如有流亡者在比利时停留，肯定要被逮捕。要是有公社的人到达布鲁塞尔，应立即设法将他们送到荷兰。公民荣克还通知说，公社的一位代表公民卡迪奥已经到达伦敦。

公民**莫特斯赫德**希望巴黎的人有一些能安全到达英国。没有一个内阁敢把一个寻求英国法律保护的流亡者交出去，但是他希望流亡者不要落入杀害弗朗路斯的那些人手里。那些人能把他们捅死在海德公园的板

---

① 本日记录由黑尔斯记在会议记录本第235—237页上。
② Chemalé，记录原文拼作 Schmally。
③ 指格拉泽·德·维尔布罗尔。

凳上。他所指的这些人如果不是间谍，那么也是会使我们陷于危险境地的笨蛋，这同样是很糟糕的。

公民**哈里斯**说，如果这是指公民约·约翰逊，他可以用性命来替他担保。

公民**莫特斯赫德**说，他所指的这些人即使没干什么更坏的事，起码也是胡闹。有时候固然要大胆，可是有时候也要谨慎；巴黎公社的毁灭正是由于皮阿和他那一派人的任意胡为。

公民**马克思**说，总委员会必须同所谓的国际民主协会断绝一切联系，因为它是为了反对国际工人协会而建立的，而国际工人协会却要对一些行动，有时是很荒唐的行动负责。另外，他提请总委员会注意英国报刊散布的关于巴黎公社的无耻谰言。这些都是法国和普鲁士警察编造的谎话。他们害怕真相大白于天下。有人硬说米里哀尔是公社最狂暴的委员之一。事实上他从来就不是公社委员，但由于他当过巴黎的议员，所以就需要找个借口才能枪毙他。英国报刊充当了梯也尔的警察和警犬，为了替梯也尔的血腥政策效劳，而对公社和国际造谣中伤。报界对于国际的宗旨和原则是很清楚的。报刊上报道过帝国时期国际在巴黎遭到起诉的消息。报界代表也曾出席过协会举行的各次代表大会，报道过这些大会的进行情况。然而现在各报竟广泛刊登这样的报道，说什么加入工人工协会的有芬尼亚兄弟会、**烧炭党人**（1830年即不复存在），玛丽安娜社（1854年即不复存在），以及其他一些秘密团体[309]，并提出这样的问题，即亨德森上校是否知道据说设在伦敦的总委员会的地址？这一切无非是为了替所有的反对国际的行动辩护而编造出来的。上等阶级害怕国际的原则。

他还请大家注意马志尼在《现代评论》[310]上著文谴责公社。马志尼一向反对工人运动，这一点并不是像应该的那样为许多人所知道。他曾谴责1848年6月的起义者，受到了当时比现在要勇敢一些的路易·勃朗的反驳。

当负有家室重累的皮埃尔·勒鲁在伦敦谋得工作的时候,正是马志尼给他告了密。事实是,马志尼带着他那套老式的共和主义思想,什么也没有懂得,什么也没有做成。在意大利,他凭着高唱民族主义而建立了一个军事专制制度。对他说来想象中的国家就是一切,而现实的社会则毫无意义。这种人,人民越快地把他们抛弃掉越好。

公民**哈里斯**说,国际民主协会不是为了反对哪个运动而建立的,他参加了该协会的组建工作,是了解情况的。

公民**布恩**讲了他是怎样接触民主运动的。他与受到指责的这个协会发生过关系,但并不很了解它。他希望对协会的问题进行彻底审查,这样该组织中如有密探即可发现。

公民**布拉德尼克**说,有人给《旗帜报》送去了一篇关于总委员会所组织的群众大会的含有敌意的报道。他相信有人充当了密探。

公民**莫斯特赫德**说,参加那次大会的人中只有三个人能写报道,这三个人是黑尔斯、布恩和约翰逊。

公民**韦斯顿**表示他也能证明国际民主协会不是为了反对其他任何协会而建立的。

公民**荣克**说,马志尼想建立一个国际共和主义者联盟,但没有成功。后来杜邦建立了法国人分部,但其成员却思想各异。韦济尼埃同布鲁塞尔建立了通信联系,并狂言总委员会很快就会被打垮。芬伦说,因为国际工人协会不够先进,所以根据皮阿的特别指示建立了国际民主协会,韦伯带着一些被德意志协会①开除的德国人也加入了这一组织。

公民**哈里斯、布恩、韦斯顿**说,他们所说的协会和这个组织不是一回事。

公民**黑尔斯**说是一回事。他清清楚楚地回顾了全部情况。它是芬伦

---

① 指德意志工人教育协会。

和韦伯在皮阿的帮助和怂恿下组织起来的,接着又来了约翰逊,他从那以后一直同该协会或多或少地保持着联系。这个协会的确有好几次似乎已是奄奄一息,但又总是起死回生,活了过来,并且仍由那些人组成。

由于时间晚了,公民**布拉德尼克**提议募捐援助公民卡迪奥。

公民**莫特斯赫德**说,此事以及类似情况最好通过投票表决从协会的基金里拨款解决。他提议交给公民荣克5镑,用以援助那些需要援助的流亡者。他完全相信荣克的判断能力。

公民**埃卡留斯**附议,一致通过。

委员会于11时15分休会。①

公民**韦斯顿**抗议漏掉下面这一点,要求补记,因为他希望公民莫特斯赫德要么收回他的指控,要么提出证据来。在辩论当中公民莫特斯赫德说,公民韦斯顿曾经在许多场合赞许和支持这样的团体,它们的行动破坏国际的原则和宗旨,不仅如此,昨天他反对过的原则,今天他可以支持,不论在社会问题方面还是政治问题方面都是这样。

总委员会会议记录②
1871年6月13日星期二晚举行[311]

出席委员:布恩、科恩、恩格斯、黑尔斯、哈里斯、荣克、科尔布、列斯纳、马克思、莫特斯赫德、罗班、斯特普尼、唐森、韦斯顿。公民**莫特斯赫德**被推选为会议主席。

书记③宣读了上次会议的记录后,公民韦斯顿对记录漏掉公民莫特

---

① 本日记录无人签名。下面一段是后来加上的。
② 本日记录由黑尔斯记在会议记录本第238—241页上。
③ 黑尔斯。

斯赫德讲的一些关于他的话提出抗议，接着就批评起莫特斯赫德做过的事情。

书记要求遵守议事规则，他认为不能在批准会议记录的问题上来一次辩论。

公民**莫特斯赫德**说，公民韦斯顿显然违反了议事规则，但他没有打断他的发言，因为此事涉及他本人；在这种情况下，他只有辞去会议主席的职务才能发言。说完他就离开了主席的座位。

公民**马克思**被选为主席，会议继续进行。

公民**莫特斯赫德**说，他不想指责韦斯顿的正直品格，他完全相信他的良好意愿，但是韦斯顿有时是做错事的：曾支持过不应该支持的人，曾在不同的时候拥护不同的理论。他提出这些是为了说明问题；他不怀疑韦斯顿的正直，但的确怀疑他做事是否慎重。

公民**韦斯顿**于是提议"将漏掉的话补记上去"，提议被批准。

公民**哈里斯**也指出一处遗漏，亦予补正。

会议记录被批准。

公民**恩格斯**报告了6月11日小委员会在瑞琴特公园路122号开会研究茹尔·法夫尔发出的关于国际的通告的情况。公民马克思、恩格斯、黑尔斯、埃卡留斯、韦斯顿出席了那次会议。会上通过了下面这封信，并决定寄送所有各家日报。信件已寄出，但只有《泰晤士报》一家登载了这封信。[312]《派尔·麦尔新闻》刊登了这封信的摘要。恩格斯宣读了这封信，全文如下①：

---

① 以下是剪自1871年6月13日《泰晤士报》的剪报。

国际工人协会致《泰晤士报》编辑

阁下：

1871年6月6日茹尔·法夫尔向欧洲各国发出了一个通告，号召它们对国际工人协会进行斗争，直到把国际消灭。为了评价这个文件，只要举出几件事实就够了。

在我们章程的前言中已经指出，国际是"1864年9月28日在伦敦朗-爱克街圣马丁堂举行的公开大会上"成立的。茹尔·法夫尔由于他自己最清楚的原因，把国际成立日期推到1862年以前。

为了解释我们的原则，他就引证"它（国际）在1869年3月25日发的传单"。但是他实际上引证的是什么呢？是一个并非国际的团体的传单。当他还是一个颇为年轻的律师的时候，为了替被卡贝控以诽谤罪的巴黎《国民报》辩护，他就施展过这种伎俩。当时他硬说他宣读的是卡贝著的小册子中的一些摘录，实际上他宣读的是他自己加进去的一些话。这一欺骗行为在法庭审判时被揭发出来了，要不是卡贝的宽容，茹尔·法夫尔就要受到开除出巴黎律师公会的惩罚。茹尔·法夫尔用来作为国际文件引证的一切文件，没有一件是国际的文件。例如，他说："如1869年7月在伦敦建立的总委员会所说，同盟宣布自己是无神论的团体。"

总委员会从未发表过这一类文件。相反地，它发表了一个正是将"同盟"即日内瓦的社会主义民主同盟的章程——茹尔·法夫尔引证的就是这个章程——宣布为无效的文件。

茹尔·法夫尔在他的这个仿佛有一部分也是反对帝国的通告中，从头到尾都只是重复帝国检察官所捏造的警察言论来反对国际，这些言论甚至在帝国自己的法庭上就已被驳倒了。

大家知道，国际总委员会在关于前次战争的两篇宣言中（去年7月和9月发表的），揭露了普鲁士对法国的侵略计划。后来，茹尔·法夫尔的私人秘书雷特兰热尔先生曾向总委员会的若干委员请求——自然是徒劳无益——由总委员会发动游行示威来反对俾斯麦，以支持国防政府；同时特别请求他们不要提到共和国。由于预期茹尔·法夫尔将到伦敦来，游行示威的准备工作已经做好了（无疑是本着最善良的愿望），然而这是违背总委员会的意愿的，因为总委员会在9月9日的宣言中曾明确地警告过巴黎工人要防范茹尔·法夫尔和他的同僚。

如果国际也向欧洲各国内阁发出一个关于茹尔·法夫尔的通告，请它们特别注意已故的米里哀尔先生在巴黎公布的文件[313]，那末这位茹尔·法夫尔将说些什么呢？

阁下，我仍然是您的顺从的仆人。

国际工人协会总委员会书记　**约翰·黑尔斯**谨启

1871年6月12日于伦敦①

小委员会的报告一致通过。

公民**马克思**建议由总委员会像上面那封信里所说的那样向欧洲各国政府发出一个关于茹尔·法夫尔的通告。事实上法夫尔想甩掉其外交部长的职务，而且传说他将被任命为最高上诉法院院长，但是，他〔马克思〕认为致《泰晤士报》的信已经使此事无法实现。把这个家伙打倒是人们对巴黎人应尽的责任。

公民**哈里斯**提议，公民**韦斯顿**附议，"向欧洲各国政府发一通告，请它们特别注意已故的米里哀尔先生在巴黎公布的有关茹尔·法夫尔的文件"。一致通过。

---

① 剪报至此完。

《法兰西内战》这篇宣言交付讨论,一致决定予以发表。

公民**马克思**说,他和恩格斯已经自己出钱为宣言登了广告;宣言定价6便士。

公民**哈里斯**建议寄给议会全体议员每人一册。

公民**恩格斯**反对,他认为这是把钱白白扔掉;有500名议会议员是从来什么也不读的;他们也肯定不去读他们自己的那些免费得来的蓝皮书,他们惯于拿这些东西作练习射击的靶子。

同意给下院两党的领导人寄送宣言。

公民**荣克**提议,公民**列斯纳**附议,"给所有的工人联合会都寄送2册,伯明翰和曼彻斯特的两个工联理事会各寄送20册"。

接着又提出了一项建议作为前项建议的补充:凡工人联合会会员均可通过总委员会按每册3便士的价格购得宣言。通过。

公民**荣克**提议,公民**唐森**附议,总委员会委员每人领取6册由自己散发。

公民**莫特斯赫德**建议向进步的自由派报纸寄送宣言。

公民**恩格斯**提议,公民**列斯纳**附议,授权小委员会在它认为有必要时再印1000册。通过。

公民**科恩**向会议提交了一份关于比利时雪茄烟工人遭到集体解雇的报告。伦敦雪茄烟工人曾派出一些代表在那里呆了15天,彻底调查了这件事的情况。厂主们从荷兰招来30名工人,但又把他们都送回去了。他们还从梅斯和斯特拉斯堡招来25名女工,可是其中16名又走了,算起来,过了7个星期,厂主们才只搞到9名工人。没有一个被解雇的工人要求回厂,厂主们差一点被打垮。事情开始时,厂主们根本不承认这个工人团体。现在他们情愿承认,并且除免收煤气费和其他杂项费用外,还给工人提高工资。他们还同意雇用一些剥烟叶工人给雪茄烟工人当助手,同时工人们可以自己决定是否需要用些童工来捆烟。还有一两个问题没有解决,但是毫无疑问工人们会获得他们所要求的一切,因为他们得到有力的援助。汉堡的雪茄烟工人热情地支持了这一斗争并且为30名被解雇的工人找到了工作。下面这些钱已从英国寄往比利时：

	镑	先令	便士
伦敦雪茄烟工人	250	0	0
伦敦雪茄烟工人的另一团体	25	0	0
剥烟叶工人	2	0	0
荷兰雪茄烟工人	15	0	0
同上	5	0	0
捆烟工人	10	0	0
切烟工人	5	0	0
排字工人	15	0	0
镀金工人	1	0	0
彩画匠	3	0	0
制刷工人	5	0	0
编筐工人	10	0	0
白铁匠	10	0	0
制桶工人	10	0	0
伦敦的比利时雪茄烟工人	31	0	0
	415镑①	0	0

除此之外，还有一个团体为援助他们而搞了摊派捐款，如果斗争继续下去的话，援助也将继续下去。伦敦雪茄烟工人执行委员会打算在下次大会上提出要求：让它有权酌情向比利时工人赠送任何数目的款项。

书记宣读了格拉斯哥的公民布莱尔的一封信，他已经加入了协会。

---

① 可能是笔误，应为397镑。——编者注

总委员会研究了公民卡迪奥和公民博德里两个巴黎流亡者的问题。来到伦敦一个多星期并已领取过 2 镑 15 先令的卡迪奥,在一封信中要求每星期给他一笔钱,以便他能过体面的生活,他还要求把他不得不抵押的宝石还给他。他认为总委员会应该使他生活得像他参加运动前一样好。

公民博德里只要求总委员会能在他找到工作之前给他一点援助。他参加过保卫公社的战斗,从巴黎逃出后,夜间步行到海边,在那里他乘上第一艘启航的船来到威尔士的加的夫上了岸,从那里他又步行来到伦敦,相当穷困。总委员会决议,支给他们每人 1 镑,并多给博德里 15 先令,以解决他的急需。

公民**荣克**收到了阿普尔加思的一封信,信上说细木工在纽卡斯尔为争取九小时工作日举行了罢工[314],厂主们已从比利时招来了一些工人,并企图招更多的人。他当即给布里斯梅写了信,向他介绍情况,要他尽一切力量阻止工人前来英国。

公民**恩格斯**收到一封西班牙的来信。巴塞罗那的一个合作社希望从英国弄一些糊墙纸的样品,并要求标出价格。

公民埃利奥特和布莱尔被接纳为协会会员。

委员会于 11 时休会。

主席　海·荣克
书记　约翰·黑尔斯

总委员会会议记录①
1871 年 6 月 20 日星期二晚举行[315]

出席委员:布恩、布拉德尼克、巴特里、科恩、埃卡留斯、恩格

---

① 本日记录由黑尔斯记在会议记录本第 242—245 页上。

斯、黑尔斯、哈里斯、荣克、科尔布、列斯纳、鲁克拉夫特、马克思、莫特斯赫德、奥哲尔、普芬德、罗班、唐森、韦斯顿。

公民**荣克**主持会议。

公民罗奇和泰勒被接纳为协会会员。

宣读并批准了上次会议的记录以后，公民**恩格斯**要求会议暂缓宣读信件，以便马上研究紧急事项。

主席认为应接受这一建议。

公民**恩格斯**提请大家注意《每日新闻》刊登的一封由乔治·杰科布·侯里欧克署名的信，并宣读了一封他建议发出的复信的草案。[316]他认为有必要明确指出宣言是谁写的。

公民**哈里斯**附议。他认为侯里欧克先生批评宣言是无礼的行为。他不过是一个无聊文人。

公民**莫特斯赫德**赞成此回信，但他认为如果这封信能用侯里欧克自己的革命的词句刺他一下子就更好了。

公民**布恩**也赞成这封回信，他同意前面的一位发言者的意见，认为侯里欧克的信是无礼的。

公民**奥哲尔**进行了解释。侯里欧克问过他宣言的事，他回答说他没有看到宣言，这完全是事实。他认为像这种性质的宣言，不应该在送交每个需要在上面署名的人看过以前就发表。

公民**荣克**说，这是办不到的事。是在总委员会研究它之前送呢，还是之后送呢？如果在研究之前，文件还会有变动；如果在研究之后，文件又得修改。

公民**马克思**说，总委员会曾专门派人去问公民奥哲尔是否要把他的名字附在文件上，他说"要"。至于送校样给他，那是不可能的。不能为一个人打破惯例，惯例是什么奥哲尔是知道的。他要是出席了那次总委员会会议，他就会听到这个宣言。把奥哲尔的名字附了上去是件遗憾的事。

公民**布恩**认为这件事是奥哲尔本人的过错，他应该像其他委员一样注意履行自己的职责。

公民**奥哲尔**说他不愿听命于人。如果马克思博士的仆从们愿意的话，他们可以那样，而他是不愿意的。

公民**巴特里**对使用这种语言提出抗议，他说他决不是马克思博士的仆从，正如他从未做过，也从未打算做公民奥哲尔的仆从一样。

公民**布恩**和**布拉德尼克**也对公民奥哲尔的话表示抗议。

公民**鲁克拉夫特**问是谁把某些委员的名字删掉了。

书记[①]说就他所知，除阿普尔加思外，没有任何人的名字被删掉，而阿普尔加思是已经表示过要同总委员会断绝关系的。

公民**鲁克拉夫特**说总委员会本应通知委员们何时讨论宣言。宣言中有很多地方他都反对。国际竟保护那些所作所为使他憎恶的暴徒，那些不属于国际的暴徒。他是不赞成杀人放火的。他质问书记有什么权力在委员们还没看到宣言的时候竟把他们的名字作为本人签名印在上面。书记要么是哪个人手里的工具，要么应该受到谴责。

书记指出，公民鲁克拉夫特的话证明他根本没有读过他所谴责的这个宣言。他递给他一册，向他指出，事实是委员们的名字并非作为签名印上去的。他对公民鲁克拉夫特的自相矛盾感到惊奇。公民鲁克拉夫特在总委员会中是个最拥护把全体委员名字都附在总委员会文件上的人，而且他在别的场合、别的地点也都表示拥护这个办法，可现在他却来对此进行指责。

公民**鲁克拉夫特**向书记道歉，承认错误，他确实没读过宣言，他的印象是从报纸上得来的。然而他不同意这个宣言，所以他坚决要求把他

---

① 黑尔斯。

的名字从总委员会委员名单中取消。

公民**奥哲尔**说他本不是来辞职的,但既然在总委员会中无理可讲,他也要求勾掉他的名字。

公民**莫特斯赫德**对这件事的发生表示遗憾;对于奥哲尔,他是把他当作伦敦工人的领袖看待的,他希望他能留在总委员会里。对于鲁克拉夫特,他只能说他感到惊讶,在世上所有的人中,他最没料到鲁克拉夫特会挑剔宣言过激。其实,鲁克拉夫特自己就使用过比这个宣言激烈得多的语言,他估计大概是在伦敦市政厅里老同大人物坐在一起使得鲁克拉夫特变了[317];如果是这样的话,那末他也只能说,他但愿鲁克拉夫特能进议会,这样工人们就能彻底摆脱他。

公民鲁克拉夫特和奥哲尔随即离开会场。恩格斯的提议交付表决并一致通过。下面是会议通过的复信①:

侯里欧克先生和国际工人协会致《每日新闻》编辑

阁下:

国际工人协会总委员会委托我就《每日新闻》星期二所载乔治·杰科布·侯里欧克先生的信,作如下声明:

1. 关于说总委员会发表的宣言"会在凡尔赛造成有人被处死或放逐的后果"的谰言,总委员会认为它的巴黎朋友们对于这一点会比侯里欧克先生判断得更正确。

2. 总委员会所发表的一切正式文件都要附上全体委员的名字(不论出席的或缺席的),是总委员会的通例。

3. 至于说什么这篇宣言"虽然显系经过某个萨克森人或克尔特人

---

① 在会议记录本上此处粘贴了一条剪自1871年6月23日《每日新闻》的剪报。

的润色，但决非出自英国人的手笔",总委员会提请注意,国际性组织的文献自然不能带有哪一个民族的特色。然而总委员会在这一点上并没什么可隐瞒的。宣言以及以前总委员会所发表的许多文件,都是由德国通讯书记卡尔·马克思博士起草的。宣言是一致通过的,也没有经过任何人润色。

4. 去年,乔治·杰科布·侯里欧克曾自荐为总委员会委员候选人,但是遭到了否决。

阁下,我仍然是您的顺从的仆人

国际工人协会总委员会书记 约翰·黑尔斯

6月21日于西中央区海-霍尔本街256号①

公民**马克思**提议写信给《观察家》和《旁观者》,揭露据说是国际巴黎支部名义发表的那些宣言,所有这些宣言都是凡尔赛警察当局的捏造。[318]

公民**布恩**附议,一致通过。

公民**莫斯特赫德**说,有一家第一流的售价昂贵的周报的编辑同他定了一个约会,这个人希望得到一些材料用来撰写有利于国际的文章。

公民**马克思**提议,公民**科恩**附议,由莫特斯赫德和恩格斯前去拜访所说的这位编辑。一致通过。

总委员会接着讨论了援助流亡者的问题,公民马克思在此以前已交来6镑供援助流亡者之用。

公民**卡迪奥**抱怨每周要来总委员会一次,他认为总委员会应该给他更多的照顾。

公民**博德里**说,他前来是为了对总委员会给予他的慷慨援助表示感

---

① 剪报至此完。

谢和通知总委员会他想离开伦敦去寻找工作。他介绍了两位参加过保卫巴黎公社的战斗的意大利公民。

经片刻讨论后，大家同意支给新来者（4人）1镑，卡迪奥和博德里各15先令。

公民**科恩**宣布，伦敦雪茄烟工人又捐赠了100镑支援比利时被解雇的工人，利物浦的一个团体也决议捐赠10镑，莱斯特的弹性织品织工协会捐赠5镑。

公民**马克思**提议，公民**恩格斯**附议，"提名公民麦克唐奈为总委员会委员"。

公民**莫特斯赫德**提议，公民**韦斯顿**附议，"提名公民泰勒为总委员会委员"。

公民**布拉德尼克**提议，公民**黑尔斯**附议，"提名公民罗奇为总委员会委员"。

委员会于11时15分休会。

主席　约翰·韦斯顿
书记　约翰·黑尔斯

总委员会会议记录①

1871年6月27日星期二晚

在西中央区海-霍尔本街256号举行[319]

出席委员：**公民布恩、埃卡留斯、恩格斯、黑尔斯、哈里斯、荣克、列斯纳、马克思、莫特斯赫德、米尔纳、普芬德、吕尔、泰勒、唐森、韦斯顿。**

---

① 本日记录由黑尔斯记在会议记录本第246—248页上。

公民**韦斯顿**主持会议。

公民里沙尔和布里纳被接纳为协会会员。

公民**恩格斯**提议委托小委员会负责了解流亡者的要求和对他们进行救济,为此,小委员会应于每星期六晚在总委员会驻地开会;这是件很费时间的事。

公民**荣克**附议。他认为总委员会不是研究这种事情的合适场合。只有熟悉的人才被允许参加它的会议。

此议一致通过。

公民**马克思**接着提议"选举总委员会委员"。有些人的名字要从宣言的第2版上删掉,最好能由新委员填补他们的位置——如果选出来了的话。

公民**恩格斯**附议。一致通过。

公民阿·泰勒和约翰·罗奇当选。对公民麦克唐奈的选举推迟。

公民**恩格斯**提请会议注意《每日新闻》刊登的本·鲁克拉夫特和乔·杰·侯里欧克的两封信,并提议写一封回信。他认为鲁克拉夫特自从承认自己没读过宣言以后,一直在这件事情上表现得很卑劣。

公民**布恩**附议。对这种人的阴险狡诈应该予以揭露。

公民**莫特斯赫德**说侯里欧克想挣脱不愉快的处境。谁都知道他曾前来要求加入总委员会并希望参加代表大会。对此他自己记得很清楚。侯里欧克要加入总委员会是为了达到宣传的目的。他很高兴他为挫败侯里欧克出了力。对鲁克拉夫特他并不感到奇怪,因为此人从来就不是个有责任感的人,一向反复无常,但是对奥哲尔,他倒是感到惊讶的,从《电讯报》上看,奥哲尔也像鲁克拉夫特一样同总委员会分道扬镳了。他建议同意这两个人退出。

公民**哈里斯**附议。奥哲尔给各家报社当了一个文字垃圾供应者。现在是人民抛弃这些所谓的领袖的时候了。

公民**唐森**希望这个决议通过；他曾听到奥哲尔攻击国际。

公民**马克思**说奥哲尔表现卑劣；他非常狡猾，不会像鲁克拉夫特那样干，他是阴一套阳一套地进行活动，企图讨好资产阶级而又不触怒工人阶级。

两项决议都一致通过，并起草了下面这封信，决定寄出。①

国际工人协会致《每日新闻》编辑[320]

阁下：

国际工人协会总委员会全权委托我来答复贵报星期一所载乔·杰·侯里欧克和本·鲁克拉夫特两位先生的信。从总委员会会议记录上可以看到，侯里欧克先生曾获准参加1869年11月16日总委员会会议，在这次会议上，他表示希望成为总委员会委员，并希望参加应于1870年9月在巴黎举行的最近一次国际工人协会全协会代表大会。侯里欧克先生退席后，约翰·韦斯顿先生提出他作为总委员会委员的候选人，但是这一提议所引起的反应使韦斯顿先生没有坚持自己的建议，而将它撤回了。至于鲁克拉夫特先生声称在投票表决宣言时他未出席会议，对此我应当指出，鲁克拉夫特先生曾出席1871年5月23日举行的总委员会会议，当时曾正式宣布，宣言《法兰西内战》的草案将在下次即5月30日总委员会例会上予以宣读和讨论。因此，鲁克拉夫特先生完全有可能决定他是否要出席有关这个问题的会议。他不仅知道，按照总委员会的通例，总委员会的正式文件都要附上全体委员的名字，不论他们出席与否，而且他还是这个通例的最热烈的拥护者之一，他曾不止一次地

---

① 在会议记录本上此处粘贴了一条剪自1871年6月29日《每日新闻》的剪报。

Just Published, Price Twopence.

(THIS OUGHT TO BE READ BY EVERY BRITISH WORKMAN).

THE CIVIL WAR IN FRANCE

ADDRESS

OF

THE GENERAL COUNCIL

OF THE

INTERNATIONAL WORKINGMEN'S

ASSOCIATION.

SECOND EDITION, REVISED.

Printed and Published for the Council by
EDWARD TRUELOVE, 256, HIGH HOLBORN.
1871.

SOLD HERE.

关于《法兰西内战》第 2 版出版的传单

发言反对破坏这一通例的企图,例如在5月23日就是如此,那时他出自本意地告诉总委员会说,"他完全同情巴黎公社"。在6月20日星期二晚上举行的总委员会会议上,鲁克拉夫特先生不得不承认,甚至到这时他还没有读过宣言,只是根据报刊上的评论来判断它。关于奥哲尔先生的反驳,我只能这样说:有人专门拜访了他本人,通知他总委员会最近要发表宣言,并问他是否反对在宣言上有他的名字,他的回答是"不反对"。让社会舆论自己去做结论吧。我还能补充一点,总委员会已一致接受了鲁克拉夫特和奥哲尔两位先生的辞职。

  阁下,我仍然是您的顺从的仆人

     国际工人协会总委员会书记 约翰·黑尔斯

            于西中央区海-霍尔本街256号①

  公民**马克思**提请会议注意,他给《每日新闻》写的一封信遭到该报编辑的任意删节。这表明英国的报刊像大陆上的报刊一样坏。他当即把那封信交付书记寄给《东邮报》发表。³²¹下面就是这封信:②

  阁下:

  由30人以上组成的总委员会,当然不可能自己直接草拟它的文件。它不得不将这一工作委托给委员会的这个或那个委员,而自己保留否决文件或修改文件的权利。我写的《法兰西内战》这一宣言由国际总委员会一致通过,因而它是表达总委员会观点的正式文件。至于对茹尔·法夫尔之流的个人指责,则是另外一回事。在这个问题上,总委员会的绝大多数只得信赖我的正直。所以我支持一位总委员会委员③的建议,要约翰·黑尔斯先生在他给侯里欧克先生的回信中说明我是宣言的

---

① 剪报至此完。
② 接下去是一条剪自1871年7月1日《东邮报》第144期的剪报。
③ 恩格斯。

作者。对这些指责,只由我一个人承担责任,我在此建议茹尔·法夫尔之流向法院控诉我诬蔑他们。卢埃林·戴维斯先生在他的信中写道:

"读到法国人彼此间这样随便地指责对方的人格卑鄙,真令人失望。"

这种教训人的话,不带有曾经常受到威廉·科贝特嘲笑的英国人身上的那种假自负的味道吗?法国的**下流报纸**为警察服务,捏造最卑鄙的谣言诽谤公社社员——被枪杀的、被俘的或是隐藏起来的公社社员,英国报纸虽然表面上轻视**下流报纸**,但是迄今还在重复这种诽谤,请问卢埃林·戴维斯先生,这两种报纸哪一种更坏?例如,正是在英国,而不是在法国,在整整四分之一世纪内,可以压制像戴维·乌尔卡尔特先生这样的人对已故的帕麦斯顿勋爵所提出的如此严厉的指责[322],要知道,在这件事上,有失体面的不是法国人。①

公民**韦斯顿**提议,公民**布恩**附议,提名公民里沙尔为总委员会委员。

公民**马克思**接着宣布,宣言第 1 版已经没有了,他提议发行第 2 版,印数 2000 册,定价减为 2 便士,还提议印发传单宣告第 2 版出版。[323]现在有必要尽可能广泛地在工人阶级当中传播这一宣言。他补充说,还有一个提议是把登在《泰晤士报》上的关于茹尔·法夫尔的通告的那封信,作为一个说明附在宣言上。

公民**恩格斯**附议。一致通过。

会议对财务问题进行了短时间的讨论,决定筹集一笔援助流亡者的专款。

公民**马克思**又交来 4 镑作为捐款,公民**荣克**交来拉夫罗夫捐的 2 镑。

---

① 剪报至此完。

委员会于 11 时休会。

主席　海·荣克

书记　约翰·黑尔斯

总委员会会议①

1871 年 7 月 4 日举行³²⁴

出席委员：**布恩、埃卡留斯、恩格斯、黑尔斯、哈里斯、荣克、列斯纳、马克思、米尔纳、普芬德、罗奇、赛拉叶、唐森、韦斯顿。**

公民达尔贝卡、蒂巴尔迪、德·沃尔弗斯、罗瓦尔、罗扎洛夫斯基、德博福、莱热、达格贝尔、勒布朗、拉夫罗夫、谢尔策尔、热内等也出席了这次会议。

公民**荣克**主持会议。

书记②宣布说，他已经给一些有地位的人士写了信，请他们为流亡者救济基金捐款。他已收到下院议员彼·阿·泰勒 5 镑捐款、下院议员查理·温·迪尔克 5 镑捐款。他还宣读了赖德、温莎、曼彻斯特、伍斯特、森德兰、邓巴顿等地的来信。

公民**黑尔斯**提议、公民**韦斯顿**附议，提名公民埃利奥特为总委员会委员。

然后公民**马克思**说，由于会议议程的第一项是选举公民麦克唐奈，所以他想讲几句话。³²⁵他对那些关于麦克唐奈的谣传进行了调查，没有发现任何一件有损其名誉的事情。1862 年 1868 年期间他在爱尔兰工作非常积极，并且因此被监禁了 10 个月。爱尔兰的报纸高度赞扬他。有

---

① 本日记录由黑尔斯记在会议记录本第 249—252 页上。
② 黑尔斯。

人指责他在萨瑟克的上一次选举中想要出卖爱尔兰人的选票,事实是爱尔兰人希望他本人出来作候选人,而他拒绝了,并且建议爱尔兰人选举奥哲尔。还有人指责他组织救护队一事做得不太对[326],然而这个运动的目的是使爱尔兰人参加法国军队,使他们可以学会使用武器。他认为麦克唐奈的行动与其说应当受到指责,不如说应当受到赞扬,并且他非常愿意再次提议选举他为总委员会委员。

公民**恩格斯**说,他也同样很愿意再次支持这一提议。提议交付表决时一致通过。

然后公民**恩格斯**宣读了卡菲埃罗的来信。[327]卡菲埃罗一到佛罗伦萨就同各工人团体建立了联系。他发现其中有一个已经属于国际。他从佛罗伦萨又到了意大利南部,打算再到那不勒斯。他想知道那不勒斯的会员是些什么样的人。从这里所表现出的精神来看,他确信在今年秋天有可能举行一次意大利工人代表大会。马志尼派正迅速丧失阵地,尽管马志尼本人在他的报纸①上大骂"无神论者和唯物主义者"是巴黎废墟的制造者,拼命用这个办法来维持马志尼派的生命力。这个可怜的老家伙不了解他的国家统一的思想——它在提出的当时是了不起的——现在已是一种过时的东西,而且正在像烛光在阳光下一样地消失着,终将被各国人民的团结和从资本奴役下解放劳动者的伟大思想的光辉所遮蔽。

公民**马克思**宣读国际工人协会美国中央委员会的来信。[328]宾夕法尼亚的一些矿工仍在罢工,那些上工的工人则拿出自己的工资同罢工者分用。彩画匠和抹灰泥工人已经仿照克里斯平的后代(鞋匠对自己的称呼)组织起来。印刷工会刚刚在巴尔的摩举行了一次代表大会;华盛顿爆发了一场有色人种工人的大罢工,这场罢工由于白人工人插手而遭到了失败。民主党领导人正在迅速采纳全国劳工同盟纲领中的最主要之

---

① 《人民罗马》。

点，但是人们认为，已经完全具备组织一个具有劳工纲领的劳工党的条件，而且几乎肯定会这样做。北美中央委员会现在代表着10个支部，而新的支部每周都在建立。旧金山和圣路易斯刚刚建立了两个支部。打算召开一次住在纽约的全体会员大会，阐明他们对1848年6月起义和1871年斗争的看法，已经向全国所有的工人团体和工会发出了呼吁，要求他们加入国际。

公民**马克思**说，前《电讯报》驻巴黎通讯员、居住巴黎16年之久的罗伯特·里德先生，即将到英国各地作关于"巴黎公社"的讲演。[329]从他和里德先生的谈话中，他相信里德先生将维护国际的利益。因此他提议委托里德先生代销500册宣言①，让他抽35%的代售酬金。

公民**恩格斯**附议；他相信里德会把工作做好，里德曾为他们写过一些有意义的报道，证明这个国家的报刊在巴黎公社问题上所扮演的恶劣角色。《电讯报》曾对他寄去的信件和电讯稿作了删节，其原因是这些部分提供了有利于巴黎公社的真实情况。

公民**哈里斯**赞成这个提议，有必要使人民了解真实情况；像沃尔弗这样的人现在正尽其所能地损害公社的名誉。

公民**韦斯顿**完全同意必须对宣言进行宣传，他认为，再没有比执行这个提议更好的办法了。

然后提议交付表决，一致通过。

公民**马克思**说，他提请会议注意公民黑尔斯提到的那件事，即马志尼从前的秘书沃尔弗少校的行为。今年3月16日，他出席了巴黎联合会委员会会议，声称他同总委员会有联系，但是总委员会太消极，国际革命性也不很强；而这就是攻击过公社的那个人。此外，公民蒂巴尔迪还要谈到他所知道的另一件事。

---

① 《法兰西内战》。

接着，公民**蒂巴尔迪**用法文讲了几句话并把下述声明交给总委员会。声明宣读后交给书记送《东邮报》发表。①

"公民蒂巴尔迪说，9月4日革命爆发时他正在伦敦，但他收到甘必大一封电报，立即动身前往巴黎。他一到巴黎，'国防政府'就让他指挥一个营。10月28日他由营副官比夫先生陪同到财政部去了一趟，后者请他注意，并把放在该部待审查的秘密警察部门的账本（**秘密专款账**）上的一些账目指给他看。在这些账目中，沃尔弗先生的名字出现了几次，并注明是**拉格朗日的通信人，马志尼的秘书**。根据这个账本断定，L.沃尔弗先生的月薪是1000法郎，每笔支款后面都有**收款人**的签名。10月31日，当时的警察局长埃德蒙·亚当先生的秘书长拜访了他（蒂巴尔迪），让他看了几份充分证实沃尔弗是间谍的确凿可靠的材料，并且还说，他们正在寻找这个L.沃尔弗，因为自从M.比埃特里先生不再付给他津贴后，他很可能已成为普鲁士人的间谍。但是看来他设法躲开了，没有被查出来。今年2月沃尔弗去找他，但是他根本没有让他进屋，并且提了一下他的可耻的职业。而沃尔弗并没有试图为自己分辨，只是脸色变白了。古斯塔夫·弗朗路斯也受到警告，不要同沃尔弗来往，他也不会同他来往。"②

公民**赛拉叶**可以证实公民蒂巴尔迪关于沃尔弗是间谍的问题所讲的一切。他在任公社委员期间曾经看见过蒂巴尔迪提到的那个账本和那些账目。沃尔弗的薪金，正像公民蒂巴尔迪说的，是每月1000法郎或40英镑，即付给间谍的最大的数目，这是一点不错的。

公民**荣克**说，公民萨维奥曾经告诉他说，他也见过这个账本和那些账目。

---

① 下面是剪自1871年7月8日《东邮报》第145号的一条剪报。
② 剪报至此完。

然后公民**马克思**说，尽管他已经给《派尔·麦尔新闻》写信声明他对那些文章承担责任，他们仍然说这些文章是诬蔑，因此他就给编辑写了一封信，称他本人为诬蔑者。编辑一怒之下已将那些指控文章全文刊登出来。[330]

公民**恩格斯**说，由于上述事件，他已经与《派尔·麦尔新闻》断绝联系。

委员会于 11 时 15 分休会。

公民**哈里斯**提议写信质问阿普尔加思，他是否还把自己看作是总委员会委员。

主席　海·荣克

书记　约翰·黑尔斯

总委员会会议[①]

1871 年 7 月 11 日

出席委员：布拉德尼克、巴特里、恩格斯、黑尔斯、哈里斯、荣克、科尔布、列斯纳、马克思、麦克唐奈、罗班、吕尔、赛拉叶、泰勒、唐森、韦斯顿。

公民巴里、贝利斯顿，卡罗、达格贝尔、德博福、戈让、吉沙尔、格雷夫、胡利曼、罗赫纳、勒布朗、莱热、拉夫罗夫、奥特班、佩里雄、普兰塔德、罗瓦尔、罗沙、德·沃尔弗斯等也出席了这次会议。

书记[②]介绍了查理·韦德，但公民**哈里斯**反对他出席会议，因此他退出会场。

――――――――

① 本日记录由黑尔斯记在会议记录本第 252—254 页上。

② 黑尔斯。

宣读并批准了上次会议的记录。**马克思博士**要求推迟宣读来信，以便总委员会立即转入重要事项的讨论。

此议通过。于是**马克思博士**说，准备为阿西辩护的律师①的代理人拉姆利先生现在在场，他要求总委员会答复给他的信中提出的那些问题。这封信讲到，巴黎各报纷纷刊载了一封据称是马克思博士写的揭露阿西是间谍的信。由于警察当局正在利用这封信迫害阿西，写信人想搞清所谓马克思博士的信是不是真的。来信还说，阿西虽然被关在单人牢房里，可是他收到了一封寄自沃辛的密码信，信中尽是什么法国和英国的主要城市被烧毁之类的胡言乱语。来信问道：国际在通信中是否曾用过密码？公民马克思说，来信提到的那两封信都是法国警察当局伪造的，是一系列同样性质的伪造材料中的一部分。国际根本用不着使用密码。[331]他曾经就这个问题同赛拉叶商量过，他们认为应当送去两份声明，他和赛拉叶各写一份，现在两份声明都已拟就。接着他宣读了这两份声明。在公民**哈里斯**提议、公民**恩格斯**附议下，一致通过这两份声明。声明由公民马克思和赛拉叶签了字，盖上总委员会的正式印章，并由书记连署。

公民**巴特里**报告说，国际贝特纳-格林区分部的工作很活跃，它通过了一项赞扬爱尔兰人争取地方自治斗争的决议。爱尔兰人有自治的权利，支持爱尔兰人争取这一权利的斗争，是英国人的职责。

公民**荣克**报告说，一个定名为"前进分部"[332]的新的国际分部将于明晚在西蒂路197号宣告成立，他认为这个分部将是一个朝气蓬勃的组织。

书记报告说，7月7日星期五晚间举行了一次小委员会会议，对华施贝恩先生——美国驻巴黎大使——在公社被凡尔赛军队围困期间的行

---

① 比果。

为进行了讨论。通过了致国际美国中央委员会的宣言（其中包括两个声明），决定将它们提交给总委员会。

接着公民**马克思**宣读了这篇宣言①，同时他指出，这两个声明不能改动，因为写声明的两位公民②都对自己的声明负责，他们都准备必要时立宣誓证词，以证实他们的声明。

公民**巴特里**提议，公民**列斯纳**附议，批准这篇宣言和小委员会的报告。一致通过。

公民**马克思**提请会议注意，《晨报》转载了《巴黎报》上一封以他的名义伪造的信，并且把这封信当成真的而发表一篇文章加以评论。他认为他应该写信予以否认，从而证明这封信实属伪造。[333]

他还报告说，内务大臣布鲁斯先生的私人秘书拉特森先生曾给他写信，索取国际发表的一切文件[334]，他已经把文件寄去。

公民**罗班**表示准备建议"总委员会讨论瑞士支部内发生的分歧"。

公民**恩格斯**表示准备建议"总委员会研究一下，在召开代表大会之前是否最好举行一次预备性的代表会议"。

公民**马克思**提议，暂停总委员会关于选举总委员会委员的原定日程，以便立即选举公民罗沙。他是流亡者，曾经担任巴黎中央委员会委员。

公民**列斯纳**附议。一致通过。

公民**恩格斯**接着提议，选举公民罗沙为总委员会委员。

公民**哈里斯**附议。一致通过。

推迟议程上原定的选举公民里沙尔的项目，以便进一步调查其经历。

---

① 见本卷《美国驻巴黎大使华施贝恩先生》。——编者注
② 里德和赛拉叶。

公民米尔斯、贝内特、福斯特和贝利斯顿被接纳为协会会员。

公民**哈里斯**提议，公民**唐森**附议，"提名公民查理·米尔斯为总委员会委员"。

公民**马克思**提议，公民列斯纳附议，提名公民罗赫纳为总委员会委员。

接纳公民胡利曼作为伦敦瑞士协会的代表。

公民**马克思**报告说，美因茨工人举行了一次大规模集会，一致通过了总委员会的宣言《法兰西内战》。

主席　乔·E. 哈里斯
书记　约翰·黑尔斯

总委员会会议①

1871 年 7 月 18 日[335]

公民**哈里斯**主持会议。

出席委员：公民布恩、布拉德尼克、巴特里、科恩、恩格斯、黑尔斯、哈里斯、胡利曼、荣克、列斯纳、马克思、莫斯特赫德、罗班、罗沙、赛拉叶、唐森、韦斯顿。

下列公民作为来宾出席了会议：德博福、德雷尔、迪斯曼斯、德拉埃、埃尔曼、凯伦、拉夫罗夫、勒布朗、莱热、罗赫纳、马丁、梅奥、穆尼、佩普、普兰塔德、佩沙尔、罗森堡、罗瓦尔、斯坦斯比、蒂巴尔迪、王德威尔得、惠特利、沃尔弗斯②。

宣读并批准了上次会议的记录之后，总委员会开始选举总委员会委

---

① 本日记录由黑尔斯记在会议记录本第 255—259 页上。
② 德·沃尔弗斯。

员。首先讨论候选人公民里沙尔。公民**马克思**说，公民里沙尔出席了小委员会的会议，并证明了他在巴黎被围困期间尽了一个国民自卫军的职责，但是只此而已，他没有参加过运动。大陆上的会员和流亡者都反对选举他。

公民**莫特斯赫德**说，大陆上的会员最能判断大陆上的某个人是否适合当总委员会委员；他抱定这样一种看法并同意小委员会的报告，所以他要对里沙尔投反对票。

公民**黑尔斯**说，公民里沙尔不合格（如果可以这样讲的话）的唯一理由是他同运动发生联系的时间太短。他承认，他在巴黎被围之前没有参加政治活动，但是巴黎被围一事使他动了起来，而且在围困期间他表现积极。他还说，他的思想同国际是一致的。小委员会的一些委员认为，要接受他为总委员会委员仅仅这些是不够的，因为还有许多参加运动已经很久的朋友。

公民**恩格斯**说，总委员会不能把所有在巴黎执行过任务的国民自卫军都选进来，因为伦敦没有地方容得下他们。他认为没有理由选举里沙尔。

鉴于这一候选人遭到强烈反对，公民**韦斯顿**撤销了他的提议，然而同时声明说，他无论如何是不满意的。

接着，会议开始讨论候选人公民埃利奥特。

公民**黑尔斯**说，他知道公民埃利奥特是个思想进步的人，他无论是否当选，都会为国际好好工作。

公民**莫特斯赫德**表示反对，因为他对埃利奥特这个人毫无所知。他认为，在当选为总委员会委员之前，必须有一定的声望。［他］被选进总委员会时他负有名望已经20年了。

公民**马克思**赞成在选入总委员会之前必须有一定的声望。

公民**黑尔斯**反对在当选前必须有一定声望的论调，如果过去实行这一政策的话,那末已经当选的这些人中,十分之九都得取消资格。他自己被提名时,知道他的就只有提名者和附议者本人。在选举公民莫特斯赫德提名的委员公民泰勒的人中,知道他的也只有三个人。不错,莫特斯赫德负有名望已经20年了,但他这个名望究竟如何?是好名声还是别的什么名声?

公民**布恩**希望对公民埃利奥特的情况能有更多的了解。他问选举能否推迟?公民黑尔斯是否愿意撤销这个提名?

公民**黑尔斯**不愿撤销这个提名。

于是,提名交付表决,结果以9票对4票被否决,公民布拉德尼克、科恩、黑尔斯、韦斯顿赞成,公民布恩、恩格斯、列斯纳、马克思、莫特斯赫德、罗班、罗沙、赛拉叶、唐森反对。

公民**荣克**说,现在到了两个最好立即选为总委员会委员的会员,他提议暂停原定日程,以便能够进行选举。

公民**科恩**附议,一致通过。

接着,公民**恩格斯**提名公民埃尔曼为总委员会委员。比利时联合会委员会曾作出专门决议指定他为代表,并建议选他为比利时书记。

公民**罗班**附议,一致通过。

接着,公民**赛拉叶**提议,公民**罗沙**附议,提名公民德拉埃为总委员会委员。他是巴黎联合会委员会委员。提议一致通过。

鉴于还有其他紧急事项,公民**罗班**和**恩格斯**两人把他们准备提出的动议推迟一个星期。

接着,公民**荣克**提议总委员会改开"财务委员会"。此议通过。他报告说,流亡者救济基金几乎要用光了,然而对基金的需求却还在继续增加;许多过去没有申请援助的人,现在也提出申请了,而且每天都有新的流亡者到达。

公民**恩格斯**提议，由书记①给那些曾经捐过款的人写信，再向他们呼吁一下。此议通过。

公民**布恩**提议，公民**布拉德尼克**附议，"从总委员会的经费中借支5镑作为流亡者救济基金"。一致通过。

公民**莫斯特赫德**建议派一个代表团于星期五晚到下院会客厅去拜访一些议员；他认为也许能搞到钱．

公民**恩格斯**提议，公民**布恩**附议，按照前面提出的建议任命一个代表团，代表团由布拉德尼克、布恩、巴特里、黑尔斯、哈里斯、荣克组成。一致通过。

公民**布恩**表示准备建议"总委员会研究一下是否可以在切林-克罗斯戏院为流亡者举行一次义演"。他认为这样也许能募集到一笔钱。

公民**科恩**报告说，比利时雪茄烟工会的伟大斗争已持续了16周，现在仍在继续。然而在26个工厂主中，已有10个接受了工人的条件，210名工人在他们的全部要求得到满足后已经复工。不仅如此，列日的工人还举行了一次公开集会，会上一致决议成立一个"工会同盟"，以保护工人的利益，并决定在这次斗争进行期间木工和机械工人不再到英国来。他还递交了一份关于为支援比利时雪茄烟工人在英国募集的各项捐款的详细报告，并且要求书记在《东邮报》上予以公布，因为对于这件事有许多错误的说法。捐款总数是610镑19先令9便士。[336]

公民**恩格斯**报告说，《法兰西内战》这篇宣言已经译成荷兰文、德文、法文发表，比利时和瑞士两国都发表了法译文。意大利文、西班牙文、俄文等语种的翻译工作正在进行，不久即将完成。[337]

公民**赛拉叶**提请会议注意，奥哲尔先生在英国各地发表的演说中，声称自己是国际的创始人，并且起草了国际的第一个宣言。他认为总委

---

① 黑尔斯。

员会应该对此事提起注意。奥哲尔的行为和脱离国际后想要编造国际历史的托伦一个样。

公民**哈里斯**希望总委员会能就此事采取行动,要把奥哲尔搞得毫无办法,让他明白,他并不是个大智非凡的人物。

公民**马克思**指出,奥哲尔根本就没有参与过成立宣言的起草工作,那篇宣言是他亲自起草的。奥哲尔写过一篇宣言(说得更确切些是有一篇附有奥哲尔名字的宣言)给托伦和他的朋友们,但那是国际成立之前的事。成立宣言是国际的第一个宣言,它是在圣马丁堂会议上通过的。[338]

公民**莫特斯赫德**对奥哲尔的背叛深感遗憾,因为此人做事从来都是有目的的。他非常谨慎,决不会草率行事。因此,他担心奥哲尔是怀有某种意图的。如果仔细研究一下奥哲尔的演说,就会发现他正竭力使自己同一切带有社会性质的活动划清界线,并且转而拥护纯粹的共和主义。他估计,这是为了博得其主子的欢心,因为奥哲尔这样做当然不会是平白无故的,有人出了钱。他推测,出钱的人一定得到了他们想要的东西。

不久将出现一场关于共和主义的宣传运动,发起者是一些议员。但是,这些议员要求的仅仅是政府体制的改变,因为他们以为在共和国里他们有可能当部长。就他本人说来,他一点也不想仅仅为改变名称而奋斗。就纯粹的政治机构问题而论,他认为,我们已有了一个可能建立的最廉价的共和国。国际应该就这个问题发表一个声明,因为公众的兴趣可能很快就降低下去。

公民**黑尔斯**同意公民莫特斯赫德的意见,认为如果总委员会发表一篇致英国人民的宣言,阐明纯粹的共和主义同国际的目标之间的区别,那将会很有益处。

公民**马克思**要向总委员会提出一件他认为不应当忽略的事情。大家都知道，总委员会设立了一项流亡者救济基金，对需要救济的流亡者提供了重要的援助。然而，这种性质的事情是不能任其自流的。勒吕贝和拉塔齐在布拉德洛的支持下成立了一个委员会，发表了一个尽是无稽之谈的通告。[339]其中说东布罗夫斯基夫人现在极为贫困，征求捐款供她购买生活必需品之用。这些纯粹都是擅自编造的谎言。东布罗夫斯基夫人与通告的作者毫无接触，也不是处于通告所说的那种境地。她想到有人竟利用她的名字去谋私利深感痛心。她丈夫的弟弟 M. 泰·东布罗夫斯基给这个委员会写了一封信，声明说东布罗夫斯基夫人的经济虽然不宽裕，但还不是极端贫困，即使如此，她会向朋友们而不会向素不相识的人求援。

公民惠特利、佩普、班克斯被接纳为协会会员。

委员会于11时30分休会。

主席　海·荣克
书记　约翰·黑尔斯

总委员会会议①

1971年7月25日[340]

公民**荣克**主持会议。

出席委员：**公民布拉德尼克、布恩、科恩、德拉埃、恩格斯、黑尔斯、哈里斯、荣克、列斯纳、马克思、麦克唐奈、米尔纳、罗班、罗沙、吕尔、赛拉叶、唐森、埃尔曼。**

下列公民作为来宾也出席了会议：阿瓦纳、巴赫鲁赫、巴丹、德博福、孔斯旦、博桑、绍塔尔、达武、达格贝尔、热内、朗德兰、勒迪

---

① 本日记录由黑尔斯记在会议记录本第260—263页上。

克、诺艾、佩沙尔、菲力浦、罗森塔尔、罗斯坦、鲁利埃,圣马丁、施穆茨、特利埃、蒂巴尔迪、德·维尔布罗尔①、德·沃尔弗斯。

宣读并批准了上次会议记录之后,开始选举总委员会委员。

一致选举公民罗赫纳(他在总委员会成立初期曾任总委员会委员,但后来离开了伦敦)为总委员会委员。

公民米尔斯(他的身份和资格公民哈里斯和布恩作了说明)也当选为总委员会委员。

宣读了新奥尔良国际共和主义俱乐部的一封来信。[341]信中谈到俱乐部已经非常顺利地开始了活动,它希望同国际工人协会建立联系。它已经创办了一个机关报,该报是用法文出版的,称为《公社报》,随信附上一份。

会议决定让该俱乐部同法语支部通讯书记②进行联系,以使其隶属于美国中央委员会。

此外,还收到一封华盛顿来信,信中报告说该市新建立了一个国际支部。支部成员大多是新闻记者,他们决心要扩大国际对美国的政治影响。该支部完全有能力进行这项工作。正如纽约是美国的商业中心一样,华盛顿是美国的大的政治中心,因此该支部愿意直接同总委员会联系,而不愿通过纽约的中央委员会。[342]该支部的书记是公民理·乔·欣顿。

公民**马克思**报告说,教皇③本人一直在注意着国际。他在回答前去向他祝贺的瑞士代表团时说:"你们国家是一个非常自由的国家,但是它庇护了很多坏人。我指的是国际的那些人,他们要毁坏一切秩序和一

---

① 格拉泽·德·维尔布罗尔。
② 杜邦。
③ 庇护九世。

切法律,并且要像对待巴黎那样来对待整个欧洲。是的,国际的这些先生——他们不是正派人①——都是罪恶的化身,我们能够为他们做的唯一的事情就是为他们祈祷。"

公民**恩格斯**说[343]:刚才谈到教皇,现在应该来谈谈另一个教皇。他要报告的是,朱泽培·马志尼一直在攻击国际,攻击总委员会的性质[344],说什么"其灵魂是马克思博士——一个生性专横、多恨少爱的人"。马志尼声称,因为国际没有宗教信仰,所以他从一开始就拒绝加入国际。他还说:"协会的三项基本原则是:第一,否认上帝,即否认一切道德;第二,否认国家,它被融入到公社的集合体中,而互相仇视似乎是公社必然遭到的命运;第三,否认所有权,从而剥夺工人的劳动果实,因为个人所有权也就是每个人对他生产的东西所享有的权力。"对这些问题,公民**恩格斯**可以回答说,马志尼从来就不是国际的成员,但是他曾企图把国际变成他的工具。他草拟了一个纲领,并送交临时委员会审查,但是这个纲领遭到了否决。后来他又做了新的尝试,企图通过沃尔弗少校——此人后来被揭露是警探——来干涉国际,而这一尝试也失败了。

至于那些对国际的指责,它们不是不实之词就是无稽之谈。第一条说国际强求信奉无神论,这是不实之词,它已经在总委员会书记答复茹尔·法夫尔通告的那封信中被揭穿了。② 第二条指责本身就荒诞无稽,而第三条则只是暴露了马志尼在政治经济学的最基本问题上的无知。对于保证每个人获得其劳动果实的个人所有权,国际并不主张废除,而是主张确立。现在,群众的劳动果实落入了少数人的腰包,马志尼却建议原封不动地保留这种资本主义生产制度,而国际则主张消灭这种制度。

---

① 文字游戏:"先生"和"正派人"的原文都是"gentlemen"。——译者注
② 见本卷《关于茹尔·法尔夫的通告的信》。——编者注

公民**罗班**提请会议注意瑞士的事态,并且询问,1869年分别由总书记埃卡留斯和瑞士书记荣克寄给日内瓦**社会主义同盟**①的那两封信——信中通知接纳该组织为国际的支部——是不是真的。[345]

公民**荣克**说,他署名的那封信是他写的。

公民**罗班**接着又问,自那封信后,总委员会是否曾作过任何停止**社会主义民主同盟**享有国际支部权利的决议。

主席②回答说**没有**。没有作过这种决议。

公民**恩格斯**说,问题是一个附带某种条件被接纳而后来没有实现那些条件的支部是否享有支部的权利。

公民**马克思**说,**社会主义民主同盟**两年来没有缴纳过会费,因此可以说,它已经丧失了国际成员资格。

公民**赛拉叶**赞成公民马克思的话,缴纳会费是国际成员的一个条件。

公民**黑尔斯**认为,上面提出的这些问题应该由代表大会决定,而不是由总委员会决定。

公民**罗班**说,他只想询问一下情况,他希望主席的声明能签字。

同意。主席签字后由书记连署。

公民**罗班**说,还有一件事他想问一下,即关于瑞士法语区发生严重分裂一事。那里出现了两个各自独立行动的联合会委员会,其中一个继续保持着与总委员会的联系,另一个中止了联系。[346]能否采取一些措施进行调停,使他们双方一致起来?

决定这个问题须留待下次代表大会或代表会议解决。

公民**恩格斯**提议:"在9月的第三个星期日在伦敦召开协会的秘密

---

① 社会主义民主同盟。
② 荣克。

代表会议。"他说,由于战争所造成的情况,各支部在去年授权总委员会缓期召开一年一度的代表大会;现在情况并无多大改进。在法国召开代表大会是不可能的。在德国,协会正遭到迫害,而且任何一个敢于参加代表大会的人都要冒着被关进监狱的危险。在西班牙,协会也遭到迫害,而在比利时则没有任何自由。因此,如果考虑到这一切情况,就只有两个地方可以开会,即英国和瑞士。但是公民罗班已经谈过在瑞士的协会会员中所发生的分裂。况且,实际的情况又是:即使召开了代表大会,也只有不多的支部能够派代表参加,可是总委员会必须就未来的政策问题同各支部进行磋商并使自己的全权得到批准,而这只有通过召开他所建议的秘密代表会议才能办到。

公民**罗班**附议,他同意恩格斯的意见;此外,还必须设法调解瑞士的分裂。

此议通过。委托小委员会拟出一个议程提交总委员会。

公民**马克思**报告说,宣言《法兰西内战》的第2版已无存书,他问是否可以再印第3版。

公民**恩格斯**提议,公民**布恩**附议,授权小委员会再印1000册。一致通过。

公民**布恩**提议,公民**米尔纳**附议,指定两个查账员核对账目。

此议通过。公民科恩和赛拉叶被指定为查账员。

公民**恩格斯**表示准备建议立即着手正式任命书记,而不要等到三个月临时任期期满后再进行。

公民**黑尔斯**表示准备建议总委员会选举一名法国书记。

委员会于11时15分休会。

主席　海·荣克
书记　约翰·黑尔斯

总委员会会议①

1871 年 8 月 1 日[347]

公民荣克主持会议。

出席委员：**公民布恩、布拉德尼克、巴特里、科恩、德拉埃、埃卡留斯、黑尔斯、哈里斯、埃尔曼、荣克、列斯纳、罗赫纳、马克思、麦克唐奈、米尔斯、米尔纳、莫特斯赫德、罗奇、罗沙、吕尔、赛拉叶。**

公民**恩格斯**因病，公民**罗班**因事未能出席。

韦斯顿小姐代表她父亲出席会议，下列公民作为来宾参加了会议：巴赫鲁赫、康纳、达格贝尔、达武、德博福、丰德维、凯伦、科赫、勒布朗、勒迪克、莱热、龙格、佩沙尔、佩普、罗森塔尔、鲁利埃、泰斯。

宣读并批准了上次会议记录之后，**书记**②宣读全国星期日同盟的来信，信中要求支付或部分支付已经到期的 10 个月的房租。来信还对每星期六晚上占用这间房子分配流亡者救济基金一事表示不满。

公民**埃卡留斯**提议，公民**科恩**附议，支付 6 个月的房租。一致通过。

接着，公民**马克思**提议，指定一个委员会去另外找一间房子，他认为星期日同盟在目前这种情况下进行抱怨是非常卑鄙的，最好尽快同它〔断绝〕联系。

公民**麦克唐奈**附议，一致通过。该委员会由公民罗奇、列斯纳、哈里斯组成。

---

① 本日记录由黑尔斯记在会议记录本第 264—268 页上。
② 黑尔斯。

公民**米尔斯**说，他感谢总委员会给予他的荣誉，选举他当总委员会委员，但很遗憾，他不得不提出辞职。当他被提名为候选人的时候，他通过了土木工程考试，后来就在政府中得到了一个职务，他觉得自己不可能一面在政府中任职，一面担任总委员会委员。所以，他希望他的辞职申请能获同意，同时他祝愿协会一切顺利。

同意他的辞职申请，公民米尔斯退席。

公民**马克思**说，他看到《每日电讯》上有一条否认同罗伯特·里德有任何联系的短讯，马上就给里德写了一封信，请他注意这件事。里德先生在回信中附了一封信，这是他获悉上述情况后立即写给该报的信的抄件，其中说明了他受该报聘请的详情，并且要求该报撤销那条短讯；由于该报没有刊登这封信，他已经找了一个律师，准备进一步采取行动。[348]

宣读一封来信，信中建议总委员会把《比利时人民报》作为协会的正式机关报，条件是：总委员会每月给该报一笔津贴或者保证为它找到一定数量的订户。

公民**荣克**说，这个建议最初是向他个人提出的，他曾建议用书面形式提出。

公民**埃尔曼**说，《比利时人民报》在公社运动以前并不是社会主义的报纸，它非但不支持国际，反而发表文章攻击国际的某些会员。《自由报》[349]则是一贯支持国际原则的报纸。

公民**科恩**提议，委托公民荣克回复上述这封信，声明总委员会是不会接受什么正式的机关报的，它只能自己创办机关报。然而《比利时人民报》如果愿意不附带任何条件地刊登总委员会的通信，它可以刊登。

公民**埃卡留斯**附议。一致通过。

公民**科恩**说，他受托询问一下，为什么比利时雪茄烟工人每年要交1.25法郎的会费，而在英国，国际所属的各团体每年才交1便士。

公民**埃尔曼**说，比利时雪茄烟工人不是作为团体参加国际的，否则他们每年只须交2便士就够了：1便士交比利时联合会委员会，1便士交总委员会。作为单个的会员，他们自然必须为工作开销和宣传活动提供经费。

公民**马克思**说，有些支部让会员缴纳很多会费，而又丝毫不上缴总委员会，人们对此很有意见；这种意见在比利时、在瑞士都有。代表会议可以讨论一下有关地方组织会费的整个问题。

公民**科恩**同意。

公民**马克思**报告说，马林的大主教建立了一个国际天主教工人协会，目的是抵销国际工人协会的影响。

公民**埃卡留斯**问，他应如何答复希望直接同总委员会联系的华盛顿新支部。指示他回答如下：按照国际章程，每一个支部，只要它愿意，都有权这样做。

然后，**书记**提议，任命一名新的法国书记，代替在曼彻斯特的杜邦。对于总委员会失去杜邦他感到遗憾，但他觉得杜邦不可能继续履行法国书记的职责。

公民**马克思**说，对于书记提出的这个问题，范围可以考虑得广一些。比利时代表大会建议任命埃尔曼为比利时书记，这就使我们有必要重新研究一下领导职务的人选；此外，意大利书记已经永久离开了英国，留下的空缺需要补上。他还认为，任命一名爱尔兰书记会起很好的作用。因此，他提议任命公民赛拉叶为法国书记，公民埃尔曼为比利时书记，公民恩格斯为意大利书记，公民麦克唐奈为爱尔兰书记。

公民**布恩**附议。

公民**赛拉叶**不同意在目前情况下任命新的法国书记。在法国，人们将不理解为什么要换人，如果恰好在这个时候任命一个像他这样的流亡者担任书记，效果是不好的。他建议，将任命法国书记的问题推迟到代表会议召开时再议。

由于提议者和附议者都同意这一建议，于是就表决如下任命事项：任命公民埃尔曼为比利时书记、公民恩格斯为意大利书记、公民麦克唐奈为爱尔兰书记。一致通过。

公民**马克思**说，《巴黎报》不断地发表伪造的宣言，这些宣言假称是国际的文件，而实际上都是警察当局一手炮制的。在最近发表的一篇致法国工人的宣言中有这样一段话："火是有钱人惧怕的东西，因而就应该是我们的武器。让我们的敌人小心火吧！"[350]

公民**罗沙**用法语提出一个很长的决议案（主席①将它译成英语），大意是："鉴于很多有关巴黎公社统治的珍贵的证明文献已被销毁，总委员会应任命一个委员会搜集有关这方面的可信的证明文物和资料。委员会由公民罗沙、德拉埃和赛拉叶组成，并有权自行增加人员。"

公民**赛拉叶**支持这个提案。

公民**莫斯特赫德**怀疑这个提案是否切实可行。

相反地，公民米尔纳认为这个提案非常有益。

公民**布恩**支持这个提案。

公民**巴特里**认为任命一个委员会是有必要的，但是他觉得人员的挑选范围还应该扩大。他建议任命一些讲法语的总委员会委员参加这个委员会。

书记提议"任命小委员会承担这项工作，并授予它增加成员的权力"；他认为，小委员会的偏见会更少些。

公民**巴特里**支持这一修正案。

公民**罗沙**于是撤回自己的提案而同意修正案；但是他的提案又被**赛**

---

① 荣克。——编者注

拉叶采纳①，并得到公民马克思的附议。

在表决时，修正案被否决，原提案以绝大多数票通过。

公民**马克思**说，他想再谈一个问题。在土地和劳动同盟的会议上，一位叫希普顿的先生（他不认识此人）似乎批评了《法兰西内战》这篇宣言，并且说他（马克思博士）已经脱离了总委员会。讲这种话，只是说明希普顿先生无知。说什么"因为马克思承认是他提出了宣言中的那些指责，因此他是脱离了总委员会！"要知道，这样做是经过总委员会批准的，为的是让像奥哲尔先生那样替梯也尔和法夫尔先生辩护的人，再也不能说他们不知道宣言中的指责是否属实。他曾毫不含糊地向他所指责的那些人挑战，要他们出来控告他犯了诬蔑罪，以便由法庭来审理这个案件。但是这样做是不符合他们的目的的，因为他们很清楚这会得到什么样的结果。奥哲尔先生为什么不满意，这当然是不难理解的。他在对外政策问题上表现得极端无知，任何一个普通的报纸读者如果这样无知都是说不过去的。他曾说："茹尔·法夫尔的声誉是无可指责的。"其实，人人都知道，法夫尔在他的一生中是法国工人阶级和一切工人运动的仇敌；他是1848年6月血案的罪魁；他是1849年远征罗马的主谋；正是他设法把路易·勃朗赶出了法国；并参与把波拿巴弄回法国。尽管如此，奥哲尔先生还恬不知耻地出面宣称"茹尔·法夫尔的声誉是无可厚非的。"如果这位自称曾是国际领导人之一的奥哲尔先生履行了一个国际会员的职责的话，他一定会知道，这样说是毫无根据的。它不是故意编造的假话，就是显示着不可原谅的无知。最近五年以来，奥哲尔先生对于国际一无所知，因为他从未履行自己的职责。主席的职位已经被代表大会撤销[351]，因为大家发现它只是一个空名。奥哲尔先生是国际的第一任也是唯一的一任主席。他从未履行自己的职责，而

---

① 显然，此处应为"提出"。

总委员会没有他照样工作得很好,因此主席的职位就被撤销了。

委员会于 11 时 45 分休会。

主席 海·荣克

总委员会会议①

1871 年 8 月 8 日举行

公民**荣克**主持会议。

出席委员:**公民布恩、巴特里、科恩、德拉埃、埃卡留斯、恩格斯、黑尔斯、哈里斯、埃尔曼、胡利曼、荣克、列斯纳、龙格、马克思、麦克唐奈、罗班、罗沙、吕尔、赛拉叶、泰斯、瓦扬**。

下列公民作为来宾出席了会议:阿瓦纳、博福②、贝内特、孔斯旦、杜朗、吉兰、凯伦、孔潘斯基、马丁、纳斯、佩普、普隆斯科夫斯基、佩沙尔、普兰塔德、吕埃格、汤普逊、维尔茨比茨基、德·沃尔弗斯。

公民**布拉德尼克**和**罗奇**因病未能出席。

宣读并通过上次会议记录后,**书记**③宣布说,他收到了奥哲尔先生的一封信,信内附有泰恩河畔纽卡斯尔的机械工人的一份电报,他们正在为争取九小时工作日举行罢工,要求总委员会给予指导和帮助。[352] 书记还报告说,他收到了纽卡斯尔的贝内特先生的来信,信中说将有一个代表团前来向总委员会汇报此事。这个代表团现已在此,他要求先听取它的汇报。

---

① 本目记录由黑尔斯记在会议记录本第 268—272 页上。
② 德博福。
③ 黑尔斯。

同意这一要求，**主席**遂请伯内特先生（他同惠茨通、斯托科、威尔金森等先生一起组成代表团）讲话。

[**伯内特**]说：大约三个月前纽卡斯尔的细木工举行了争取九小时工作日的罢工，大部分工厂主都让了步，但有几个大公司却决定，不但不答应工人的要求，而且如有可能还要搞垮他们的工会。为此，他们派人到比利时雇来大批工人破坏罢工。这样雇来的工人中有些人一了解到事实真相便回去了，但有150—200人留了下来，而且至今还在工作，因而在罢工者中存在着一种非常强烈的敌对情绪。10个星期以前，机械工人为了同一目的也举行了罢工，整个罢工期间他们采取和平的行动方式，为此，他们受到报刊的一致好评。他们的厂主决定仿效建筑业的雇主，并且同他们一样，也派了人到比利时去招工。如果不采取一些措施加以阻止，预计可以雇来3000人。在这种情况下，机械工人认为最好是向国际请求帮助；如果国际肯帮助，它是能够制止这些外国工人前来的。为了各国工人之间应有的友谊，为了和平和秩序，最好能够采取一些措施，因为已经产生了一种强烈的敌对情绪；如果比利时工人真的到来，几乎可以肯定将造成流血事件。

他还说，威廉·阿姆斯特朗爵士已经取得丹麦政府的同意，可以从丹麦的国家兵工厂雇一些工人。总委员会如能对此采取一些措施，他将感到高兴。他认为，总委员会派一个代表团就能够办妥一切必要的事情。工人们将乐于承担这笔经费。

公民**埃尔曼**认为，不派代表团也可以达到目的，因为国际在比利时的组织相当健全。只要通知布鲁塞尔、安特卫普、根特、韦尔维耶、列日、沙勒罗瓦等六个城市的支部，它们立即就会采取措施使比利时每一个铁工厂的工人都了解到真实情况。他很了解那些工人，他敢说，工人们如果知道事实真相，他们就不会来，因为他们自己正在为同一目标而斗争。韦尔维耶的一些工人和纽卡斯尔的工人一样，也在举行争取九小

流亡者救济基金委员会的捐款单

时工作日的罢工，他们大概是不会来的。可能会有几个难以对付的人，但这些人也就是在英国常使工会大伤脑筋的那一类工人；非工会工人在英国有，在比利时当然也有。

公民**科恩**同意公民埃尔曼对于国际在比利时的组织的看法，但是他认为派代表团要比仅仅依靠通信办法效果好得多。无论信写得多么好，直接谈总比写信作用大。代表团可以用使工人满意的方式向他们作出解释和讲明详情。

公民**巴特里**认为派代表团的建议是明智的；他确信这是最有效的做法。凡是总委员会能够做到的它都应该去做，因为争取缩短劳动时间的斗争具有极其重大的意义。只要一国工人肯充当制服另一国工人的工具，就一定存在着嫉恨。防止这种事情发生的唯一办法就是通过国际使各个支部彼此间建立更紧密的联系。工人们一旦彼此了解了对方的需求和愿望，就再也不会互相对立了。

公民**马克思**同意总委员会应该尽其所能予以支援——而事实上，任何一次工人斗争，只要为总委员会所知，无不得到它的全力援助。不幸的是，工会和劳工组织都同国际很疏远，只有遇到困难时它们才前来要求援助。倘若它们同国际建立了联系，它们事先就能够采取预防措施。如果机械工人和细木工参加了国际的话，他们在罢工开始之前就能够通知比利时。既然没有把情况告知国际，那末遇到挫折就不能责怪国际。他希望以后各团体在平时也要把国际放在心上。同国际保持距离不仅对其他组织有害，而且对它们本身也是危险的。

惠茨通先生（机械工人联合会主席）说，该组织的理事会正在讨论加入国际的问题，现在问题取决于总委员会。他希望，所有的工人不分行业或国籍联合在一起的日子很快就会到来。

公民**德拉埃**主张派一个代表团并立即写信通知西班牙、意大利、德国和法国。

公民**哈里斯**认为，比利时各支部可以派一些代表陪同机械工人联合会派去的代表团，这样就不必由总委员会派代表团了。

公民**埃尔曼**和**科恩**又讲了几句话以后，提案交付表决并获通过[353]，公民科恩和埃卡留斯被推选为代表团成员，待征求机械工人联合会的同意。

接着，公民**马克思**提议暂停原定日程，立即选举公民龙格、瓦扬和泰斯为总委员会委员。

公民**恩格斯**附议，一致通过。

书记宣读公民阿普尔加思的来信，信中说，他认为他仍是总委员会的委员，同时对他没有较好地履行自己的职责表示歉意。但他希望今后能更好地履行自己的职责。关于使用他的名字问题，他认为，只要他还是总委员会委员，他的名字就属于总委员会支配，总委员会有权在其利益需要时使用它。

公民**恩格斯**提议"今后来宾不许出席总委员会会议"，他指出，已经决定要召开一次秘密代表会议，而总委员会需要讨论议程。他认为，在讨论议程的时候，尤其是在协会目前这种情况下，不应该让外人参加会议。

公民**哈里斯**附议，提案交付表决并获通过。

公民**赛拉叶**宣读来自波尔多的一封信，信中说，该市的国际组织正在进行改组，并正在试图建立工会。在警察当局看来，有六七个支部在进行活动。

公民**恩格斯**说，现在显然再也不能为流亡者从资产阶级那里取得援助了，因而就有必要检验一下工人阶级是由什么材料构成的了。他认为，英国工人阶级的表现是不光彩的：巴黎人不惜牺牲自己的生命，可是英国工人却根本没有想办法对他们表示同情或给予援助。英国工人在政治上是没有生气的。他提议"为流亡者向英国工人发出呼吁"，如果他们毫无反应的话，就让他们自我暴露吧。

公民**布恩**附议。他很同意公民恩格斯关于［英国］工人阶级冷酷无情的说法；他对英国工人阶级已经不抱任何希望了。

公民**黑尔斯**不同意说英国工人阶级那么冷酷无情，如果说他们没有按照人们所希望的那样去做，那要怪总委员会，因为它没有发起建立一个英国支部。国际应该像指导大陆各国的政治运动那样指导英国的政治运动。

公民**巴特里**认为，对英国工人这样严厉的指责是不公平的。在对他们进行指责之前，应该先考验他们一下；可是总委员会还没有向他们发出过呼吁。

公民**恩格斯**说，他们应该像德国工人那样，主动站出来，表明他们对公社社员的同情。他不明白，总委员会为什么要对那种冷酷无情的表现负责。总委员会建立了改革同盟，但结果却是英国的委员背弃了总委员会。

在公民**马克思**、**布恩**、**黑尔斯**又讲了一些话之后，这个问题交付表决，一致通过；决定由书记负责印制和散发捐款单。

委员会于11时30分休会。

主席　海·荣克

书记　约翰·黑尔斯

会议记录①

1871年8月15日

公民**荣克**主持会议。

---

① 本日记录由黑尔斯记在会议记录本第273—275页上。

出席委员：公民比舍普、布恩、巴特里、埃卡留斯、恩格斯、德拉埃、黑尔斯、哈里斯、埃尔曼、胡利曼、列斯纳、罗赫纳、龙格、马克思、吕尔、泰斯、唐森、瓦扬、韦斯顿。

下列公民作为来宾出席了会议：巴斯特利卡、孔斯旦、达格贝尔、杜朗、福斯特、德尼、马罗特、勒鲁、佩沙尔、菲力浦、蒂巴尔迪。

宣读并批准了上次会议记录之后，书记宣布利物浦和莱斯特郡的拉夫伯勒都成立了分部。他还宣读了来自加尔各答的一封信，信中要求授权在印度建立一个分部。决定由书记回信，建议他们成立一个分部，但是要告诉写信人，这个分部必须自筹经费。他还强调指出，必须吸收当地居民加入协会。[354]

公民**马克思**报告说，他得到了一些纽约的消息。世界主义者俱乐部[355]的人们全文翻印了《法兰西内战》这篇宣言，美国的联合会委员会翻印了关于华施贝恩先生的宣言并附有该委员会自己写的序。但最重要的消息是，反奴隶制运动的著名领袖温德尔·菲力浦斯加入了国际的行列。

公民**埃卡留斯**报告说，一位叫麦肯齐夫人的美国女士猛烈地抨击了现存的社会制度并且表示拥护国际的原则。

公民**恩格斯**说，他收到了在意大利旅行的卡菲埃罗的来信。[356]在佛罗伦萨，协会举行的会议受到阻挠，但协会会员仍决心继续他们的工作。在那不勒斯他发觉情况有些混乱，被监禁了14天的卡波鲁索已经失去政治热情，据说他盗用了300法郎；而他解释说，他是用那笔钱作为受到监禁的补偿费。然而，实际上从来没有就这件事进行过表决，因此卡波鲁索被开除出协会。那不勒斯支部抱怨说，他们写过一些信，但是却从未得到回复。毫无疑问，意大利书记发出的信都被政府当局扣压了。

公民**恩格斯**还报告了西班牙的情况。巴塞罗那委员会遭到了迫害，马德里的联合会委员会也为了避免被政府起诉暂时解散了。所有成员除一人外（他们已给他一份证件，证明他不是委员会成员）都已离开马德里前往里斯本，那里已决定建立一个支部。

公民**荣克**报告说，公民比舍普作为前进（西蒂路）分部的代表出席会议。

公民**埃卡留斯**提议，公民**恩格斯**附议，同意他作为前进支部的代表出席，一致通过。

公民**黑尔斯**提议，公民**荣克**附议，提名公民梅奥为总委员会委员。

会上宣布公民赛拉叶由于家事的缘故，无法执行查账员的任务，于是公民**恩格斯**提议，公民**列斯纳**附议，由公民布恩接替他。

公民**马克思**提议，行将召开的秘密代表会议应仅限于研究组织问题和政策问题。他认为，在目前情况下，组织问题是最重要的。

公民**恩格斯**附议。理论问题的讨论如果不公开发表是没有任何价值的，而这次代表会议将是秘密会议。

公民**埃尔曼**支持这一提议，公民**布恩**、**巴特里**、**黑尔斯**、**泰斯**也表示支持。公民**韦斯顿**有些不同意见，在进行表决时，一票反对，此议通过。

公民**马克思**提议，给小委员会再增加一些人，并责成它在22日星期二以前拟出代表会议的议程。

公民**哈里斯**附议。一致通过。

公民**埃尔曼**提议，公民**瓦扬**附议，将公民龙格补进小委员会。通过。

公民**埃卡留斯**提议，公民**列斯纳**附议，将公民莫特斯赫德补进小委员会。通过。

书记报告说，他的三个月临时任期已满。公民**恩格斯**提议将书记的任期延至代表会议闭幕。

公民**列斯纳**附议，一致通过。

委员会于 11 时 30 分休会。

主席　海·荣克

书记　约翰·黑尔斯

总委员会会议记录①

1871 年 8 月 22 日举行[357]

公民**荣克**主持会议。

出席委员：**公民布恩、巴特里、德拉埃、埃卡留斯、恩格斯、弗兰克尔、巴斯特利卡、沙兰、黑尔斯、哈里斯、埃尔曼、胡利曼、荣克、列斯纳、龙格、麦克唐奈、罗沙、泰勒、泰斯、唐森、瓦扬、韦斯顿**。

下列公民作为来宾也出席了会议：杜朗、克莱芒特、孔斯旦、德尼、福斯特、莱热、马罗坦、佩沙尔。

宣读并批准了上次会议记录之后，**书记**②说，他本日下午参加了在《蜂房报》社举行的一个会议，会上提出了把囚禁在凡尔赛的 35000 名公社社员迁移到加拿大法语区的方案。这个方案是爱·华金爵士倡导的，已经同加拿大政府协商过并得到了肯定的答复。据说被俘的公社社员自己也赞同这个方案。[358]

公民**埃卡留斯**反对这个方案，因为它是由凡尔赛政府策划的。凡尔赛政府曾就同一问题和美国政府进行过磋商；他们研究过把公社社员送到落基山脉的某个地区的方案，打算在那里建立一个移民区，以清除在犹他州的摩门教徒移民区的影响。还有，凡是博尔特大院（Bolt Court）③ 提出的

---

① 本日记录由黑尔斯记在会议记录本第 275—277 页上。
② 黑尔斯。
③ 此处是《蜂房报》编辑部所在地。

方案，他一概不相信。

公民**瓦扬**对于这个方案出自一位英国议会议员感到高兴。如果凡尔赛政府接受了这个方案，那就等于承认那些人是被非法囚禁的。

公民**哈里斯**表示不愿与此事发生任何关系。①

公民**恩格斯**说，总委员会如果与此事发生任何关系，那将是可耻的。

公民**列斯纳**认为总委员会不能同意这个方案。因为它正在维护公社。

公民**韦斯顿**认为，宁可接受这个方案，也不要让这些人被送往卡宴。②

公民**龙格**指出，对被俘的人们来说，被送往加拿大同被送往卡宴一样糟糕。如果被俘的人们被审讯并且判刑的话，他们很可能不久就会得到大赦。

公民**泰斯**的意见也是如此。应该让这些人自己处理这件事。

又讲了几句话以后，公民**龙格**提议转入下一项议程，公民**瓦扬**附议，公民**黑尔斯**支持，一致通过决议如下：

鉴于总委员会如赞同爱·华金爵士的方案，则意味着它同意从道义上否定那些按照它自己公开阐述的观点为欧洲工人阶级而战的工人。

其次，鉴于总委员会不应在战败的革命战士和屠杀他们的凡尔赛刽子手之间进行调停——会议现转入下一项议程。

公民**恩格斯**报告说，他收到来自西班牙的一封信。马德里联合会委员会的成员现在仍留在里斯本，但是可以期望最近的内阁更迭将会停止

---

① 原稿中划掉了如下一句话："许多资产阶级人士卷入这种与其无关的事情究竟想干什么呢？"
② Cayenne，法属圭亚那首府。——编者注

对国际的迫害。³⁵⁹

此外,还收到纽约的德国人第一支部的一封信。信中建议总委员会为流亡者向美国工人发出呼吁。³⁶⁰

决定此事由公民马克思处理。

公民**埃尔曼**报告说,韦尔维耶工人的斗争已经取得了胜利,他们的日工资增加了2.5［法郎］,同时工作日缩短了两个小时。他们不会允许一个工人离开韦尔维耶前往纽卡斯尔。来自安特卫普的消息说,科恩已经到达;布鲁塞尔、列日、塞兰、伊夫里①等地都举行了集会,会上一致通过了支持纽卡斯尔机械工人的决议。

暂停原定日程,公民巴斯特利卡、沙兰、弗兰克尔被一致选举为总委员会委员。

委员会于11时30分休会。

主席　卡尔·马克思
书记　约翰·黑尔斯

总委员会会议②
1871年8月29日举行③

公民**马克思**主持会议。

---

① 应为伊瓦尔。
② 本日记录由黑尔斯记在会议记录本第277—279页上。
③ 这次总委员会会议的报道载于1871年9月2日《东邮报》第153号。由于会上讨论的问题不准备在报刊上发表,报道中便叙述了总委员会收到的一些信件的内容。一封加尔各答来信谈到当地对国际表现出的兴趣;一封美国来信讲了吸收黑人工人参加国际的必要性。英国的一些来信建议在英国宣传国际的原则,特别是关于土地和生产工具国有化以及消灭阶级统治等要求。

出席委员：公民巴斯特利卡、布恩、巴特里、沙兰、德拉埃、埃卡留斯、恩格斯、弗兰克尔、黑尔斯、哈里斯、埃尔曼、荣克、列斯纳、罗赫纳、龙格、马克思、麦克唐奈、米尔纳、莫特斯赫德、罗奇、罗班、罗沙、赛拉叶、唐森、瓦扬、韦斯顿。

宣读并批准了上次会议记录之后，公民**马克思**说，鉴于总委员会会议进行情况已经通过某种渠道传到法国警察那里，因而有必要执行关于不许外人参加会议的决议。

外人按照要求离开会场。

接着，**主席**报告说，流亡者协会[361]的一个代表团前来参加会议，并宣读了该代表团的介绍信。于是会议决定听取它的发言。

从发言看来，这个流亡者委员会想要总委员会明确答复下列要求：第一，对本月20日和27日《雷诺新闻》[362]报道中提到的总委员会收到的各项钱款作出说明；第二，将今年5月凡尔赛军队进入巴黎以来人们捐助流亡者的全部钱款列出清单交该委员会；第三，将所有领取过救济金的人员列一名单交该委员会，并注明所领款额。

书记解释说，《雷诺新闻》报道中提到的各项钱款都已收到并且是按手续入账的，可是并非所有的钱都是在实际收到的那个星期内报道的。有些钱在六个星期前已经收到，后来在报纸上加以报道是为了促使其他人捐钱。

公民**荣克**反对总委员会答应他们提出的这些要求，他可以给总委员会或总委员会的任何一位委员开清单，但是不能给别的什么人开清单。

公民**黑尔斯**认为流亡者无权提出这些要求；总委员会只对此项基金的捐款者负责，而不能对领取者负责。

公民**哈里斯**认为，该委员会的目的是要防止作弊，因为可能有人会领两次救济金。

公民**莫特斯赫德**希望总委员会不要让外人对它的公正产生怀疑；为

了保护声誉，总委员会最好对这些问题作出答复。

公民**瓦扬**认为，该委员会丝毫没有怀疑总委员会的光明正大，它只不过是想防止作弊。

公民**罗班**认为，可以做三点答复，即总委员会收到过多少钱；在流亡者委员会成立前总委员会发放了多少钱；总委员会给了该委员会的代表多少钱。

公民**米尔纳**和**韦斯顿**认为不应交出捐款人名单，但是，他们认为没有理由不交出收款人名单。

公民**赛拉叶**认为，如果总委员会能向该委员会说明已经付给该委员会代表的钱数，那就行了。

公民**荣克**反对提供任何情况。

公民**泰斯**说，那些人几乎快要饿死了。他们中有些人不得不睡在公园里。然而要记住，他们是牺牲了一切，并且是由于为原则而进行了英勇斗争才落到现在这种地步。即使他们有一点无理的地方，也应该加以谅解。

公民**龙格**也认为那些人无权提出那样的要求，但最好还是迁就一些。

公民**黑尔斯**希望用照章办事的态度来处理此事。基金是总委员会募集的，总委员会有权对此项基金认为怎样合适就怎样发放，除捐款者外任何人都无须过问。他反对总委员会提供任何情况，或者对此项基金今后的发放问题作任何许诺。

公民**恩格斯**不承认他们有权提出那些要求，特别是因为自从该委员会成立后，除去有时为帮助某些人找工作发过一些救济金外，总委员会收到的捐款已经全部交给了该委员会。他提出了以下的决议案：

总委员会不承认除捐款者外的任何人有权调查流亡者救济基金的发放情况，

但在目前的特殊情况下，同意作以下几点说明：

第一，在流亡者委员会成立以前，总委员会共发给个人……①

第二，自该委员会成立后，总委员会除去为帮助某些人找工作发过一些救济金外，没有直接发放过任何救济金。

第三，自流亡者委员会成立后，总委员会已交给该委员会……②

公民**列斯纳**附议，此决议案通过，但8人不同意引言，5人不同意第一条，4人不同意第二条，4人不同意第三条。

公民**荣克**于是提出辞去流亡者救济基金保管人的职务。

公民**韦斯顿**报告说，他收到美国寄来的一笔转给在瑞士的流亡者的钱。

公民**布恩**提议，把流亡者救济基金的账目清查到8月底。

公民**莫特斯赫德**附议，此议通过。此外还通过了同时把总账目也清查到8月底的建议。

指定公民莫特斯赫德和龙格同公民布恩和巴特里一起完成这项工作。

委员会于11时45分休会。

主席　海·荣克
书记　约翰·黑尔斯

公民**莫特斯赫德**指责会议记录不正确，理由是没有记下他的发言。③

---

① 原稿未注明数字。
② 原稿未注明数字。
③ 这段话是记在记录纸边的空白处的。

总委员会会议①

1871年9月5日举行[363]

公民**荣克**主持会议。

出席委员：公民**巴斯特利卡**、**比舍普**、**布恩**、**沙兰**、**德拉埃**、**埃卡留斯**、**恩格斯**、**黑尔斯**、**哈里斯**、**埃尔曼**、**荣克**、**列斯纳**、**罗赫纳**、**龙格**、**马克思**、**梅奥**、**米尔纳**、**莫特斯赫德**、**罗班**、**罗沙**、**吕尔**、**赛拉叶**、**斯特普尼**、**泰斯**、**唐森**、**瓦扬**、**韦斯顿**、**弗兰克尔**。

书记宣读上次会议记录后，公民**哈里斯**抗议报告中没有提到公民**莫特斯赫德**。公民**莫特斯赫德**在上次会议上非常活跃，然而他说的话报告里竟一句也没提到。记录是不确切的。他要求书记把记录上记的莫斯特赫德的发言念给大家听。

公民**莫特斯赫德**说，刚刚宣读的会议记录根本不确切，这是他见过的最糟糕的记录；如果主席就按这个样子提出它的话，他要提议否决它。他在辩论中起过重要的作用，可是记录里却没有他的名字。

书记于是添上一段公民莫特斯赫德的发言，公民**罗班**提议把公民莫特斯赫德的抗议加进会议记录后再予以批准。

公民**赛拉叶**附议。

公民**莫特斯赫德**提出一个修正案，即将会议记录暂时搁下，不予批准，先研究总委员会的事情。

公民**哈里斯**附议。

在投票表决时，修正案被否决，会议记录被批准。

公民**马克思**指出，因为有很多事情要办，有必要定出几条规定，以

---

① 本日记录由黑尔斯记在会议记录本第280—284页上。

避免浪费时间。他提议每个人的发言应限制在 5 分钟以内。

公民**埃卡留斯**附议，提议一致通过。

公民**马克思**、**恩格斯**、**黑尔斯**、**荣克**提出辞去流亡者委员会委员的职务，理由是代表会议即将召开，他们再无时间做那方面的工作。

辞职得到批准，公民莫斯特赫德、瓦扬、泰斯、弗兰克尔被选出暂时接替他们的职务。

公民**马克思**说，他收到了特鲁拉夫先生送来的 28 镑印刷费账单。[364] 还有关于他本人和公民恩格斯经手的小额广告费用问题。他必须要求总委员会来处理此事。

公民**布恩**作为查账员说，他发现现金已不到 6 镑，而且这笔钱还要用来支付房租。他听特鲁拉夫先生说还有将近 2000 册宣言《法兰西内战》没有卖出，感到很惊奇。他原来以为，第 2 版销售光了才着手印第 3 版的。

公民**马克思**说有必要审查和核实一下账目。所以，他想提议把这件事交给小委员会办理。① **列斯纳**附议，一致通过。

然后公民梅奥被一致推选为总委员会委员。

公民**马克思**说，他要提出一系列与即将召开的代表会议有关的决议案。其中有几个涉及手续方面的问题，必须比别的决议案先通过。他提议把账目准备好，于下星期二提交总委员会，同时就各支部和分部自巴塞尔代表大会以来缴付的款项提出报告。

提议通过，但这个工作应该由财务书记完成。

然后他提议指定一个委员会去物色可举行代表会议的会场以及可供代表们住宿的旅馆。

此议通过。指定公民赛拉叶、莫特斯赫德和唐森完成这一工作。

---

① 见本卷《1871 年 9 月 11 日小委员会会议》。——编者注

公民**马克思**接着提议，总委员会全体委员都有权出席代表会议，并且有权对所有问题发表意见，但是有表决权的只能是一部分，这个名额应该在总委员会知道了每个支部派多少代表后再确定。

公民**恩格斯**附议。

公民**赛拉叶**问，是不是由代表会议来确定这个问题更好些。

公民**埃尔曼**说："毫无疑问，总委员会的很多委员都将被选为各个支部的代表，在这种情况下，他们就不应该再算入总委员会委员的名额。"

公民**巴斯特利卡**认为，由代表会议确定总委员会的代表名额较好。

公民**莫斯特赫德**说，总委员会应该或是确认自己的权利，或是放弃这种权利。如果它认为自己有确定代表名额的权利，那就决定它的全体委员都有表决权。可是却提出了部分地放弃这种权利的提议。他希望能有一个行动的准则。

公民**瓦扬**说，当前最重要的问题是组织问题。意见再多都不嫌多，每一个人都应该发表意见，但是有表决权的名额应该是有限的。

公民**米尔纳**认为，最好是总委员会为自己保留一定的票数，不是指派代表，而是集体投票。

公民**布恩**说，公民米尔纳的建议是行不通的，因为在总委员会内部对每个问题都会有争论，最后还是要看谁的意见起决定作用。

公民**韦斯顿**说，总委员会是由巴塞尔代表大会选出的，如果它把自己的权力让给一个可能不代表整个协会的小团体，那是不对的。总委员会的每一个委员如果不能都参加表决，也应该都能发表意见。

公民**黑尔斯**指出，公民韦斯顿的论据是站不住脚的，因为总委员会的大部分委员都是巴塞尔代表大会后补选进去的。代表大会选的只有很小一部分。总委员会并不是一个清一色的团体，而是由政治观点各不相同的人们组成的。

公民**马克思**说，总委员会与它的成员不同，它是一个领导机构，有其集体制定的政策。

公民**莫斯特赫德**说，总委员会的做法太不确定。必须有一个可以作为行动依据的原则。总委员会或者有决定表决权问题的权利，或者没有这种权利。

公民**马克思**说，总委员会坚持每个委员都有出席代表会议并发表意见的**权利**；他还提议确定有表决权的名额。

公民**泰斯**同意提议的前一部分，这样每个委员就可以有权代表总委员会说话，但是他完全不同意后一部分。他认为总委员会的任何委员都不应该就他们自己的行动问题参加表决。如果这样做了，那便是自己重选自己。

公民**恩格斯**说，总委员会一向都能派出有表决权的代表，并且不限名额，它不应该放弃这个权利。代表会议本身是一种妥协，是国际章程中所没有规定的，只是由于形势需要才产生的。

公民**埃卡留斯**说，至于代表人数问题，在日内瓦瑞士各协会的代表跟其他各方面比占压倒多数。总委员会没有权利在人数上压倒其他各方面的代表，如果要这样的话，它完全可以不召开代表会议，而是通过几条决议，要求各个支部遵行就是了。

公民**沙兰**说，不存在什么压倒的危险。民族问题也根本谈不上。

公民**莫特斯赫德**说，这个问题是权利问题，还没有解决。必须要有一个作为基础的原则。

公民**瓦扬**认为，总委员会完全有权只是召开代表会议就协会的处境征询意见，而不赋予代表们以表决权。总委员会有权自己决定组织问题，因为它是协会的中央机构，最了解整个协会的要求，也最有条件判断如何才能最好地增进协会的利益。

公民**黑尔斯**同意瓦扬的意见，他认为，总委员会未必有权把自己的职权交给一个并不能代表整个协会的代表会议。可以说总委员会本身是代表各个支部的。他认为总委员会中的法国委员完全能够代表巴黎支部，就好像他们是直接从巴黎来参加代表会议一样。

然后决议案交付表决，第一条一致通过。第二条以9票对8票通过。

公民**马克思**然后提议，那些将接到各个支部的委任状的总委员会委员不应该算作总委员会的代表，有人附议，一致通过。

公民**马克思**还提议，让现在住在伦敦的法国人自己选出三名代表，组成法国各支部的代表团。通过。

公民**荣克**提议，公民**赛拉叶**附议，提名公民马丁和勒穆修为总委员会委员。①

委员会于11时45分休会。

主席　卡尔·马克思
书记　约翰·黑尔斯

总委员会会议②

1871年9月12日

公民**马克思**主持会议。

出席委员：公民**巴斯特利卡**、布恩、布拉德尼克、德垃埃、埃卡留斯、恩格斯、弗兰克尔、黑尔斯、哈里斯、埃尔曼、胡利曼、荣克、列斯纳、勒穆修、罗赫纳、马克思、马丁、麦克唐奈、梅奥、米尔纳、莫特斯赫德、罗沙、斯特普尼、赛拉叶、泰勒、唐森、瓦扬。

---

① 最后两句是后来加上的。
② 本日记录由黑尔斯记在会议记录本第284—286页上。

宣读并批准了上次会议的记录。公民**恩格斯**提出小委员会关于代表会议的议程问题的报告。前六条一致通过。[365]第七条有争议，它建议如有支部或下属团体违反共同章程，不向总委员会提供统计资料，则暂时剥夺其会员权利。[366]

公民**布恩**反对这一条：他对总委员会提出这一条是否明智表示怀疑，他认为总委员会太过分了，他怀疑，这条如果通过的话，总委员会是否有权实施它。

公民**布拉德尼克**认为总委员会有这个权利，但他怀疑这样做是否策略。

公民**列斯纳**说，总委员会有权要求那些享有会员权利的人们履行自己的义务。

公民**黑尔斯**认为这个提议违反共同章程。每个支部都有权保持其自主性，并且有自己的章程，只要它不与共同章程相抵触；然而很多团体的章程都不许它们提供所要求的资料。

公民**恩格斯**说，如果某些团体有黑尔斯所说的这种章程，那末现在应该废除这种章程。

公民**哈里斯**希望这条能得到通过。

公民**荣克**的意见是，这样的一条是绝对必要的。每次代表大会都作出决议，说必须向总委员会提供要求的资料，然而，对这些决议却一直无人重视，其原因就是没有对不执行决议者进行惩处。

公民**瓦扬**说，共同章程要我们在罢工合理时予以支持，但是他认为总委员会也有权要求各个团体遵守总委员会规定的条件。

公民**巴斯特利卡**说，各支部和分部不仅可要求权利，而且要履行义务。

公民**恩格斯**提出把小委员会的决议改成这样：关于不向总委员会提供所需资料的支部或分部问题，应提交总委员会，由它采取适当的措施。

一致通过。

接着宣读其余各条，无争议，通过。

公民**恩格斯**问账目是否准备好了。

公民**哈里斯**说总书记还没有把全部账目都交给他，所以他无法准备报告。

公民**黑尔斯**说，所有的误解都是由公民哈里斯引起的，他把账本扔在外面，任人利用。他要求［指定］一个委员会调查此事。

公民**哈里斯**反对公民黑尔斯的说法。

公民**黑尔斯**说，有个委员会就可以搞清谁是正确的。他提议指定一个委员会。

公民**布拉德尼克**认为最好选出一个委员会。

公民**布恩**和**米尔纳**反对成立一个委员会，认为没有此种必要。

公民**恩格斯**说，现在需要审查一下账目，他提议星期六以前将账目准备好。

公民**哈里斯**同意于星期六前准备好账目，但在此期间总书记必须给他提供最近的账目。

黑尔斯答应照办。

公民**莫特斯赫德**代表受托为代表会议物色会场的委员会汇报情况。他们看了纽曼街的"蓝柱"和手工业者俱乐部的房子。他们建议在"蓝柱"开会，因为能否借到手工业者俱乐部还很难说。

公民**列斯纳**看了卡斯尔街的弗兰克林厅，他认为那里很合适。

公民**埃卡留斯**提议，如能借到手工业者俱乐部，还是用它作会场较好。

公民**米尔纳**附议，一致通过。

公民**荣克**提议，公民**布拉德尼克**附议，在16日星期六举行一次非常会议,以完成代表会议的组织安排工作。一致通过。

公民**巴斯特利卡**提议,公民**泰斯**附议,提名公民阿夫里亚尔和卡梅利纳为总委员会委员。

委员会于 11 时 45 分休会。

主席　海·荣克
书记　约翰·黑尔斯

总委员会会议(非常)记录①

1871 年 9 月 16 日星期六举行

公民**荣克**主持会议。

出席委员:公民**巴斯特利卡**、布恩、沙兰、德拉埃、埃卡留斯、恩格斯、弗兰克尔、黑尔斯、哈里斯、埃尔曼、荣克、列斯纳、杜邦、勒穆修、龙格、马克思、马丁、米尔纳、莫特斯赫德、罗班、罗沙、赛拉叶、斯特普尼、泰斯、唐森、瓦扬。

主席宣布布鲁塞尔、列日、韦德尔河谷、韦尔维耶、安特卫普、日内瓦以及西班牙的代表已经到达,西班牙的那位代表是由在瓦伦西亚举行的西班牙代表大会指派的。他认为总委员会可以着手选举自己的代表;现在可以确定应该派出的代表名额了。

公民**巴斯特利卡**收到一封从马赛来的信。那里的书记已经隐蔽 3 个月了,他担心那里派不出代表。

公民**罗班**认为,鉴于法国目前的混乱状态,可以允许由非正式代表去代表那些熟悉他们情况,自己又没有派出代表的地区。巴斯特利卡可以代表马赛,绍耳可以代表里昂,其他公民同样可以代表其他地区。

---

① 本日记录由黑尔斯记在会议记录本第 287—289 页上。

公民**莫斯特赫德**同意罗班的话有些道理，但还是认为应该有委任状之类的东西。

公民**巴斯特利卡**反对各个城市分别派出代表。流亡者应该选出3人来代表法国。

公民**德拉埃**认为罗班的建议很好；既然代表会议要讨论组织问题，就需要有各个省的代表，否则它们就会不满意。

公民**巴斯特利卡**说，他个人是得到马赛［支部］信任的，但是别人不一定都得到自己所属支部的信任。

公民**马克思**说，可以邀请一些公民出席代表会议，对一些具体问题发表自己的意见。

鉴于流亡者们没有按照前一次会议所作的决议选出3名代表①，这项决议必须撤销，大家都知道，法国警察同流亡者中的某人有联系，必须提防奸细。他提议撤销该决议。

恩格斯附议，一致通过。

公民**黑尔斯**说，鉴于必须有人代表法国，他提议法国的代表们自己选出三人来代表法国。

公民**马克思**反对这类决议。别的国家都没有代表。法国的情况将同意大利、德国和美国完全一样。

因无人附议，提议自动作废。

公民**恩格斯**提议，那些没有派出代表的国家应该由它们的通讯书记代表。

公民**列斯纳**附议，一致通过。

公民**恩格斯**提议，公民**巴斯特利卡**附议，总委员会选派6名代表。一致通过。

---

① 见本卷1871年9月5日总委员会会议记录。

公民**莫特斯赫德**说，既然总委员会已经减去了自己的一部分表决权，那末它应该固定保有这6票表决权，他想提议，总委员会的代表有权代理投票。

公民**唐森**附议，一致通过。

接着下列公民受到提名，他们所得票数如下：莫特斯赫德21票，弗兰克尔16票，荣克16票，赛拉叶15票，巴斯特利卡15票，瓦扬11票，龙格8票，列斯纳6票，米尔纳6票，布恩5票，罗班4票，泰斯8票，唐森2票。据此，宣布前6名当选。

然后公民**黑尔斯**提议，"要求伦敦各分部着手选举伦敦联合会委员会，这个委员会在得到各地方分部的承认后，即成为英国联合会委员会"。他说，他当总委员会书记的经验使他确信这种措施是必要的。英国的通信联系大量增加，为了节省总委员会的时间，必须采取这一步，此外，总委员会没有时间来处理纯粹英国的事务，这使英国的运动受到损失。国际的会员一直在询问，协会是否在为英国的政治运动采取什么措施。

公民**龙格**附议。他认为英国的运动缺乏行动，目前它没有什么目的。

公民**莫特斯赫德**反对这个提议，理由是，英国没有分部，也没有任何政治运动。英国的工人阶级没有热情，成立了联合会也只是个摆设。自1848年以来，那里就没有过政治生活。要先有分部——真正的分部，然后再成立联合会委员会。共和派获得莱斯特议员①的支持——无疑是为了奖赏他们在《国民改革者》报上攻击国际和国际的书记。

公民**龙格**说，如果像所说的那样没有分部，那更应该成立联合会委员会，这样就可以进行宣传工作。

---

① 这显然是指彼得·阿尔弗勒德·泰勒。

公民**黑尔斯**说，英国有分部，国际有相当充分的力量，可以证明他的提案是正确的。

公民**马克思**说，最好把这个问题提交代表会议。经过短暂的意见交换之后，决定将这个问题提交代表会议研究解决，因为有些代表对这个问题也有些建议要提。[367]

委员会于11时休会。

主席　海·荣克
书记　约翰·黑尔斯

总委员会会议①

1871年9月26日举行[368]

公民**荣克**主持会议。

出席委员：公民阿普尔加思、布恩、沙兰、埃卡留斯、弗兰克尔、黑尔斯、埃尔曼、荣克、列斯纳、勒穆修、马克思、马丁、梅奥、米尔纳、罗班、罗沙、赛拉叶、泰勒、唐森、瓦扬、龙格。

公民**马克思**报告说他收到了一位不愿透露姓名的朋友寄给国际的50镑，并把这笔钱交给了书记。

主席说罗班有点事情需要讨论一下。

公民**罗班**说，代表会议通过了一项决议，要求他收回他写的表示打算不再参加代表会议的信，其理由是它侮辱了代表会议；他认为那封信中丝毫没有侮辱性的东西，相反，他认为倒是他自己受到了公民吴亭的侮辱。他不能收回那封信，他被当作囚犯一样对待，而他不过是以证人的身份讲话。[369]

---

① 本日记录由黑尔斯记在会议记录本第290—295页上。

公民**瓦扬**说，公民［罗班］把自己的处境理解错了，他是被邀请来参加代表会议指定的一个特别委员会为瑞士冲突[370]作［证］的，因为据认为他了解这个问题的一个方面。根本就没有对他提出任何指控，他不应该退出会议。

公民**赛拉叶**问罗班，在瓦扬作了这番解释后，他是否要收回那封信。

公民**罗班**回答："不收回"。

公民**赛拉叶**于是提议，将这个问题留至下星期解决，既然罗班拒绝收回那封信，有必要讨论一下这个问题。

公民**马克思**说，在邀请或传唤罗班参加特别委员会的通知中没有一句谴责他的话，吴亭的指责不可能带有任何法律意义，因为一个证人是不能指控另一个证人的，除非他有事实为据。公民罗班最初要离开并不是因为他受到了指控，而是因为最后一班火车马上就要开车了。吴亭要他留下，当他拒绝留下时，吴亭说："如果你不留下的话，我（因我不想在背地里谈论别人）只好说你是这次冲突的主要煽动者。"于是，公民罗班离开会场，同时冲着吴亭说道："我蔑视你。"所以吴亭侮辱了罗班，罗班也同样侮辱了吴亭，吴亭也完全可以以同样理由拒绝参加特别委员会。罗班的信对代表会议是一种侮辱，因为他不参加会使特别委员会徒劳无功，没有他，这个委员会就无法完成它所承担的工作。

公民**罗班**说，他想把信改动一下，改为"受到一个证人的指控"。

公民**赛拉叶**反对，既然信已经记入会议记录［它］就不能再改动了，而只能把它收回或者为它辩护；他要求接受他提出的推迟解决这个问题的提议。

公民**罗沙**附议，一致通过。

公民**马克思**介绍哥本哈根支部一封来信的内容。该支部办了一家报纸，名为《社会主义者报》，它希望同总委员会建立直接的联系。[371]

马克思提议同它保持定期通信，**龙格**附议，一致通过。

公民**马克思**又宣读了柏林支部寄给他的一封信，该支部没有被最近的迫害吓倒。它已决定举行一次公众集会，驳斥对国际的诽谤。但是，在这之前，他们想再要一些会员卡。他准备回信告诉他们，代表会议已经决定废除会员卡，并把决议的全文通知他们，同时告诉他们，一俟会费券印制完毕，便立即给他们寄去。同时，他要敦促他们最好尽快开会，不要拖延，因为这会产生极其深远的影响。[372]

公民**瓦扬**宣读一封巴黎来信，其中提出一项根据劳资合作原则在新喀里多尼亚建立垦殖场的方案。说已经弄到 4 万镑，如果方案能得到工人及其朋友们的支持，筹集 20 万镑没有多大问题。

已经采取措施购买土地，将按工人家庭人口的多少进行分配。工人们将参加分红，他们可以自由种植各种自己喜欢的东西，自己享用，甚至也可以出卖；但是垦殖场主要是生产糖，糖容易找到销路；写信人在信的末尾问是否可以呼吁英国资本家对这一方案给以支持。[373]

公民**龙格**说，他要得到进一步的说明后，才能发表自己的意见。这个方案是建立在移民基础上的，而移民还没有开始。在目前的情况下，总委员会是无法采取任何行动的。

公民**沙兰**说总委员会已经拒绝考虑前一个方案。①

公民**马丁**指出，这是一个反动的方案；它旨在帮助凡尔赛政府摆脱困境。

公民**马克思**提议会议转入原定的议事日程；总委员会根本不能赞同那种建议，因为它是和那些将要因此决定命运的人们站在一起的。

公民**勒穆修**说，提出这一方案的人显然是想把工人弄走，以便从中谋利，总委员会若是同意这一方案，将是一种耻辱。

---

① 见本卷 1871 年 8 月 22 日总委员会会议记录。

公民**弗兰克尔**认为，他认识制定这一方案的人——如果情况真是这样，那他简直是发疯了。

公民**布恩**指出，如果总委员会参与此事，它所扮演的角色便是资产阶级进行移民的帮凶。这个方案很明显是同国际的利益相抵触的。他对转入原定议事日程的提议表示附议。

提议交付表决，一致通过。

公民**阿普尔加思**说，他收到里廷豪森从科伦的来信，里廷豪森说他有一个兄弟在安特卫普，是个雪茄烟制造商，他雇用的工人罢工了。他请里廷豪森去试试能否解决这件事，并且答应支付他的花销。公民阿普尔加思认为，如果制造商请求国际调解争端的事传播开去，会产生很好的影响。

公民**德帕普**说，雪茄烟工人的罢工已经结束了。[374]

公民**布恩**反对总委员会插手此事。他认为，总委员会今后在指派代表时应该谨慎一些，以使那些实际上对工人问题一窍不通的人不能说他们代表国际。

公民**马克思**提议，会议转入原定议事日程。总委员会不应该与工厂主们打交道。

公民**罗沙**附议，一致通过。

公民**赛拉叶**说，他收到原里昂联合会委员会委员绍耳寄来的一封信，要求拨给3镑，为一个被判处死刑，但设法逃出监狱并隐藏起来的公社社员支付路费；他提议支给2镑，其余的钱他认为会由其他朋友筹到。

公民**瓦扬**附议。

公民**勒穆修**提议支给3镑。

公民**罗班**附议，通过。

接着开始选举负责人员。

公民马克思提议，公民赛拉叶附议由公民黑尔斯任总书记。

公民布恩提议，公民泰勒附议由公民莫特斯赫德任总书记。

投票表决，黑尔斯15票，莫特斯赫德5票。

公民黑尔斯提议，公民埃尔曼附议，撤销财务书记一职，代之以财务委员会。

公民布恩反对，他认为通讯书记和财务书记的职能是有区别的，应该分开。公民哈里斯记的账是很清楚的。

公民米尔纳同布恩的意见相同。

公民马克思说，代表会议建议改变记账的方式。[375]

提议被通过，指定公民布恩、莫特斯赫德及恩格斯成立财务委员会。

公民马克思提议，公民龙格附议，公民泰斯任财务委员。一致通过。

公民弗兰克尔提议，公民瓦扬附议，任命马克思博士为德国书记。一致通过。

公民马克思提议，公民埃卡留斯附议，任命弗兰克尔为匈牙利和奥地利的书记。一致通过。

公民龙格提议，公民布恩附议，任命赛拉叶为法国书记。

公民沙兰提议，公民马丁附议，任命公民瓦扬为法国书记。

投票表决，赛拉叶13票，公民瓦扬7票。

公民赛拉叶提议，公民弗兰克尔附议，任命恩格斯为意大利书记。

公民龙格提议，公民沙兰附议，任命巴斯特利卡为意大利书记。9票同意恩格斯，8票同意巴斯特利卡，3票同意瓦扬（他曾拒绝当候选人）。

其他选举推迟。委员会于11时45分休会。

主席　海·荣克

书记　约翰·黑尔斯

总委员会会议①

1871年10月2日举行³⁷⁶

公民**荣克**主持会议。

出席委员：公民阿普尔加思、巴斯特利卡、布恩、德拉埃、埃卡留斯、恩格斯、弗兰克尔、黑尔斯、哈里斯、埃尔曼、荣克、列斯纳、罗赫纳、马丁、勒穆修、马克思、麦克唐奈、米尔纳、罗奇、罗沙、普芬德、吕尔、赛拉叶、施穆茨、泰勒、泰斯、唐森。

宣读并批准了前三次会议的记录，公民**哈里斯**就书记②寄给《雷诺新闻》的一封证实钱已收到的信问兰贝斯是否存在一个支部。

书记简短地回答说"不存在"，并且宣布会议第一项议程是研究选举公民阿夫里亚尔和卡梅利纳为总委员会委员的提议。

公民**马克思**认为，这个问题应在总委员会讨论了代表会议的报告后再进行研究，因为代表会议有一项建议，指出总委员会应该对增添委员人数有所限制。³⁷⁷

公民**泰斯**说，曾经说过，代表会议不干预总委员会的组织情况，因此他认为在这个问题上总委员会不应理睬代表会议，而应该照常进行选举。

公民**马克思**认为，在进行任何新的选举之前，总委员会应该先听取代表会议的建议。

公民**恩格斯**说，总委员会已开始进行改组，部分书记已经选出，他认为，应先选出其余的书记，再进行任何其他的事情。

---

① 本日记录由黑尔斯记在会议记录本第295—299页上。
② 黑尔斯。

公民**巴斯特利卡**说，这个建议提得很适时，既然对这两名候选人没有提出任何反对意见，他认为总委员会应该立即决定，它是否有权选举他们。

公民**马克思**指出，这不是有权无权的问题，而是怎样履行手续的问题；如果坚持要进行选举，那就必然要提出代表会议的决议问题。

公民**埃卡留斯**说，他同意公民恩格斯的意见，他认为应先任命所有书记，再进行任何其他的事情。

公民**巴斯特利卡**说，这个问题不是他提的，而是书记在宣读会议记录时提的。他提议讨论一下这个问题。

公民**泰斯**附议。

公民**赛拉叶**同意讨论这个提议，但他认为应该传达一下代表会议的决议，因为动议者和附议者在听到这些决议后有可能改变自己的意见。

公民**埃尔曼**说，有很多重要的事情要做，像负责人员的选举等，他认为这些事应该在选举新委员之前做好。

公民**哈里斯**认为，总委员会甚至应该在选举负责人员之前听取代表会议的报告。

公民**布恩**问，代表会议是否以某种方式干涉了代表会议①。

公民**恩格斯**提议，公民**埃卡留斯**附议，在进行其他任何工作之前，首先进行负责人员的选举。通过。

公民**埃尔曼**说，他收到一封比利时的来信，说布鲁塞尔有一个人试图招募一些铜匠到格拉斯哥去工作。只要这不会造成什么危害，工人们是愿意应招的；他们想在受雇之前了解一下那里是否发生了什么纠纷或罢工，因为他们不愿充当别人的工具。

决定由书记立即给格拉斯哥的公民布莱尔发个电报，询问一下情

---

① 显然应为"总委员会"。

况。此事当即办理。

公民**布恩**提议，公民**麦克唐奈**附议，公民恩格斯任西班牙书记。

公民**泰斯**提议由公民巴斯特利卡担任此职，但因巴斯特利卡拒绝当候选人，公民恩格斯得到一致同意。

公民**马克思**提议，公民**列斯纳**附议，公民麦克唐奈任爱尔兰书记。一致通过。

公民**罗沙**提议，公民**恩格斯**附议，公民埃尔曼任比利时书记。一致通过。

公民**弗兰克尔**提议，公民**列斯纳**附议，公民埃卡留斯任美国书记。一致通过，也有人提公民哈里斯，但他拒绝当候选人。

公民**赛拉叶**提议，公民**恩格斯**附议，公民瓦扬任美国的法语支部书记。一致通过。

公民**马克思**说，公民扎比茨基已经回到加里西亚岛，但是，他曾授权总委员会在他的继任人被任命之前仍以他的名字作波兰书记。因此，同意在另一个波兰人接任这一职务以前暂时保留他

公民**荣克**由公民**马克思**提议，公民**黑尔斯**附议，任瑞士书记。一致通过。

公民**黑尔斯**提议，公民**列斯纳**附议，公民罗沙任荷兰书记。一致通过。

公民**布恩**提议，待公民科恩从纽卡斯尔回来后再选举丹麦书记。但在听了情况说明后[378]，他撤销提议并建议由公民莫特斯赫德任丹麦书记。

公民**泰勒**附议。一致通过。

俄　国

公民**恩格斯**提议，公民**罗奇**附议，任命公民马克思为该国书记。他

们说这是俄国支部的希望，提议得到一致通过。

公民**荣克**问宴会的问题应该怎么解决；他已经用总委员会的基金支付了这笔花销，应该为抵偿这笔钱采取一些措施。

同意参加宴会的人每人交5先令；据估计，这样就可以抵偿除买酒以外的全部开支。

公民**罗沙**提议，公民**赛拉叶**附议，由总委员会偿付上述差额4镑5先令。一致通过。

公民**马克思**建议总委员会应为每次会议确定一个必须遵守的议程。代表会议的报告绝对有必要讨论。共同章程[379]需要重印，有许多事情都不能拖延了。

公民**埃尔曼**说，信件在每次会上都应该宣读，应该规定一个开始工作的固定时间。

公民**恩格斯**说，花时间宣读所有的来信是不值得的，［但］只应该宣读有重要内容的信件。

公民**巴斯特利卡**想撤销他关于阿夫里亚尔和卡梅利纳的提议①，因为它已在一些站不住脚的借口下被一再推后，不予讨论。

公民**恩格斯**要求他收回"站不住脚的借口"的说法。总委员会从未利用站不住脚的借口做过什么事情。

公民**巴斯特利卡**说，他用这个词不是像公民恩格斯所理解的那样，而是指那些做法很荒唐。先是说应该研究这个问题，后来又说应该推迟，现在又提议确定一个完全不同的议程。

公民**布恩**说，最好举行一次"特别的、非常的"会议对一些紧急事情进行研究。他提议总委员会于本月7日星期六召开一次会议听取和讨论代表会议的报告。

---

① 见本卷1871年9月12日总委员会会议记录。

公民**米尔纳**附议，一致通过。

公民**赛拉叶**提请大家注意，公民罗班虽然知道这次会要讨论他的信，却没有来参加。他建议在下星期的会上重新提出此事。

委员会于11时45分休会。

主席　海·荣克
书记　约翰·黑尔斯

非常会议记录①

1871年10月6日②星期六晚举行³⁸⁰

公民**马克思**主持。

出席委员：公民**德拉埃、埃卡留斯、恩格斯、弗兰克尔、黑尔斯、列斯纳、马克思、马丁、勒穆修、罗沙、赛拉叶、瓦扬、普芬德**。

首先审查一些证明一个名叫古斯塔夫·杜朗的国际成员是法国警察雇用的密探的书面材料。

这些材料是上述密探与警察之间来往信件的副本。

公民**恩格斯**提出下列决议：

巴黎首饰匠、前巴黎工人团体联合会³⁸¹首饰匠代表、前国民自卫军营长、前巴黎公社财政委员会出纳主任古斯塔夫·杜朗，在伦敦冒充流亡者，过去和现在一直为法国警察机关充当密探，对流亡的公社社员，特别是对国际工人协会总委员会进行监视，并且已领取酬金725法郎。总委员会对上述情节已掌握了最充足的证据，因此，——

总委员会斥责古斯塔夫·杜朗的可耻行为，并将他开除出国际工人协会。

---

① 本日记录由黑尔斯记在会议记录本第299—301页上。
② 应该是："10月7日"。

本决议应在国际的所有机关刊物上公布。[382]

公民**瓦扬**附议。

公民**赛拉叶**同意这一决议，但他认为将本决议公开，从而使警察当局知道，是不策略的。最好是利用这个家伙来迷惑警察当局。

公民**弗兰克尔**认为，还是公开将他开除更好。

公民**瓦扬**说，赛拉叶的想法如果能够实现，那他是完全正确的；但是那不可能实现，所以必须把杜朗的叛卖行为通知流亡者们。

公民**恩格斯**认为，总委员会没有选择的余地，只能将此事公开，因为它是正式提交给总委员会的。

公民**马丁**认为，最好是把杜朗召到总委员会的一次会上，用事实当面揭露他的那些丑事。

这个建议遭到普遍反对。该决议一致通过。

主席[①]说，现在时间已经太晚，不能整个提出代表会议的报告。总委员会应该指定一系列为贯彻执行代表会议的建议所必要的委员会。

会议同意，并指定了下面几个委员会，全体一致投票通过。

负责综合瓦扬和赛拉叶的提议的委员会[383]由公民恩格斯、马丁、勒穆修组成。

由**黑尔斯**提议，**埃卡留斯**附议。

负责准备新版共同章程和代表会议决议的委员会由公民马克思、荣克和赛拉叶组成。

由**恩格斯**提议，**瓦扬**附议。

负责印刷会费券和刻制总委员会新的正式图章的委员会由公民勒穆修、弗兰克尔和荣克组成。

---

① 马克思。

由**黑尔斯**提议,**恩格斯**附议。

委托公民马克思起草一份声明,宣布涅恰也夫在俄国领导的活动与国际无关。①

由**恩格斯**提议,**埃卡留斯**附议。

委员会于11时休会。

主席　**海·荣克**

书记　**约翰·黑尔斯**

会议记录②

1871年10月10日举行[384]

公民**荣克**主持会议。

出席委员:公民**布拉德尼克、埃卡留斯、恩格斯、弗兰克尔、哈里斯、黑尔斯、埃尔曼、荣克、勒穆修、列斯纳、罗赫纳、龙格、马克思、马丁、米尔纳、普芬德、罗沙、赛拉叶、唐森、瓦扬**。

宣读并批准了上次会议的记录。**书记**宣布,会议的第一项议程是研究关于选举公民阿夫里亚尔和卡梅利纳的提议。

公民**赛拉叶**说,公民巴斯特利卡和泰斯通知他说,他们想撤销这项提议,因为阿夫里亚尔和卡梅利纳两人都是最近成立的法国人分部[385]的成员,而该分部制定了一条规定,除派到总委员会当代表的人以外,其他成员都不准参加总委员会。

因无人支持这项提议,提议自动作废。

---

① 见本卷1871年10月16日总委员会会议记录。
② 本日记录由黑尔斯记在会议记录本第301—305页上。

公民**瓦扬**说，前一次总委员会会议给了他很大的荣誉，把他选为书记①，但是根据促使他拒绝担任意大利书记②的同样考虑，他不能接受这个职务；他请求允许他提出辞职并建议由勒穆修担任此职。

公民**埃卡留斯**说，他认为瓦扬的时间和他一样多，而他已经答应做书记工作了。

公民**龙格**说，瓦扬的时间是很充足的，而且据了解他也有能力。

公民**勒穆修**说，公民瓦扬对他讲过他想辞职一事，并且说了他想提议让他担任此职；但是，他当时就回答瓦扬说，他在国际工人协会中还比较年轻，并且没有足够的经验来做这项工作。

公民**弗兰克尔**说，他认为瓦场提出的理由不够充分。

公民**瓦扬**说，他的理由是他想把他的能力贡献给法国的事业；他认为正是在那里他能最好地发挥作用。

公民**马丁**提议，公民**瓦扬**附议，接受这一辞职申请。提议以 9 票对 7 票通过。

然后公民**瓦扬**提议，公民**罗沙**附议，由公民勒穆修担任在美国的法语支部书记；一致通过。

公民**荣克**提议暂停原定日程，立即选举公民符卢勃列夫斯基为总委员会委员；他还打算提议由他担任尚空缺的波兰书记一职。波兰应该有自己的代表。

公民**弗兰克尔**对符卢勃列夫斯基没有反对意见，但他不赞成暂停原定日程的提议，因为对于过去某些没有停下原定日程来优先讨论的提议来说，它引起了一些不愉快的感觉。

---

① 指在 1871 年 10 月 2 日的总委员会会议上，瓦扬被选为美国的法语支部书记。
② 见本卷 1871 年 9 月 26 日总委员会会议记录。

公民**埃卡留斯**同意暂停原定日程，其理由与他在选举弗兰克尔时提议暂停原定日程的理由相同。

公民**米尔纳**认为会议应该立即进行选举。

公民**赛拉叶**指出，总委员会将要出新版的共同章程和一些宣言，因此所有职务都必须有人担任。目前波兰还没有书记，必须任命一个。

公民**龙格**附议。他说，符卢勃列夫斯基不仅以他对公社的劳绩，而且也以他以前对原则的忠诚，而为人们所熟知。

于是提议交付表决，以 1 票反对通过。

然后公民**荣克**提议，公民**龙格**附议，提名公民符卢勃列夫斯基为总委员会委员。一致通过。

同一提议者和附议者又提议由公民符卢勃列夫斯基任波兰书记。一致通过。

书记通知大家米德尔斯伯勒新近成立了一个分部，这个分部有可能成为一个非常成功的支部。

书记提请会议注意，尽管决定不准报道代表会议的情况，可是《苏格兰人报》上还是出现了一篇关于代表会议活动情况的报道。他看过这篇报道，感到它无疑是某位出席了代表会议的人写的。

公民**龙格**在法国报纸上也看到了一篇译自《科伦日报》的报道。

公民**马克思**和**恩格斯**指出，龙格说的那篇报道与《苏格兰人报》上的报道实质上是同一篇东西。[386]

公民**马克思**说，在决定不准报道会议情况之后，还有人将会议情况报道出去，这是不能容忍的。他提议成立一个调查委员会。

公民**弗兰克尔**附议，一致通过。

公民**布拉德尼克**说，这个调查委员会应该由两名英国委员和一名大陆上的委员组成。他想提公民荣克、米尔纳和哈里斯。

公民**马丁**附议，一致通过。

书记提请大家注意，书记的薪金没有固定。那个同意每周给他 10 先令作为工作报酬、为期 3 个月的决议已经停止生效，因为 3 个月期限已到。

公民**恩格斯**指出，每周 10 先令的工作报酬是书记自己提出来的，所以现在他应该说明一下，他是否想要另作规定。

公民**布拉德尼克**认为，总委员会应该按照书记的功绩来决定这个问题，而不应该依据他本人的意见。

公民**马丁**认为，组织整顿工作将增加书记的工作量。

公民**赛拉叶**认为，成立英国的联合会委员会将会减轻总书记的工作。³⁸⁷

公民**哈里斯**说，书记在担任这个职务时，是了解这个工作的，他同意公民恩格斯的意见，书记的薪金还应该同原来一样多，尽管他并不赞成廉价劳动。①

公民**瓦扬**说，报酬差的工作通常搞得都不好，但他想了解一下总委员会的财务情况如何。

公民**黑尔斯**说，他并不是要求增加薪金，而只是要求把薪金固定下来。他曾提出一个建议，被总委员会接受了。现在那个建议已经停止生效，所以总委员会应该按照它认为合适的数目把薪金固定下来。至于财务情况，现在比起他刚担任书记时好一些了。

公民**弗兰克尔**提议，公民**龙格**附议，书记的薪金在今后三个月内定为每星期 15 先令。提议以 2 票反对通过。

公民**马克思**说，他想就议事日程谈点意见。代表会议开完已有三个星期，可是几乎还什么事情都没有做。所有的联合会委员会都会抱怨，

---

① "尽管他并不赞成廉价劳动"这几个字是在批准这次会议记录时加上的。

而且完全有理由抱怨总委员会迟迟不落实代表会议托付给它的工作。因此，他提议于本月14日星期六①召开一次总委员会的特别会议，听取关于代表会议的报告。

公民**恩格斯**附议，一致通过。

公民**赛拉叶**指出，必须对罗班的问题加以讨论。他要求宣读代表会议对这个问题所作的决议，会上宣读了决议。于是他提醒代表会议②说，罗班曾要求召开一次代表会议来讨论瑞士的冲突，他当时被告知，这个问题并没有重要到要为它专门召开一次代表会议的程度，决定将这个问题提交这次代表会议。但是当问题提交代表会议时，他却拒绝承认代表会议指派的专门调查此事的委员会；之后，他又写了第二封信为自己辩护，并且拒绝收回第一封信。他要求开除罗班。

公民**龙格**说，如果赛拉叶像他挑剔罗班的毛病那样下功夫寻找和解办法的话，问题也许已经解决了。他认为，罗班提出要更改信中的一句话，也就是部分地承认了错误。

公民**马克思**说，他不应该参与此事，但他想提醒总委员会，罗班知道吴亭已经离开伦敦，就想把一切罪名都推到吴亭身上。

公民**米尔纳**说，他觉得罗班只要还呆在总委员会里，他就会制造纠纷；他认为罗班越早离开总委员会越好。总委员会竟容许一个成员不断制造麻烦，真是岂有此理。

公民**弗兰克尔**提出如下决议案，公民**黑尔斯**附议：

要求公民罗班无条件地收回他送交代表会议的那封信，他如果拒绝这样做，那便表示他辞职。

决议案以4票弃权通过。

---

① 特别会议于10月16日星期一举行，而不是在14日星期六举行。
② 此处是笔误，应为"总委员会"。

委员会于 12 时休会。

主席　海·荣克

书记　约翰·黑尔斯

非常会议记录①

1871 年 10 月 16 日举行[388]

公民**荣克**主持会议。

出席委员：公民**德拉埃、埃卡留斯、恩格斯、弗兰克尔、黑尔斯、若昂纳尔、荣克、列斯纳、勒穆修、埃尔曼、马克思、马丁、莫特斯赫德、普芬德、罗沙、吕尔、赛拉叶、斯特普尼、唐森**。

公民**黑尔斯**报告说，他收到了纽约联合会委员会为了响应总委员会的号召而给流亡者寄来的一张 42 镑的汇票。他没有早点报告此事，是以为总委员必定要专门研究它，因为在他收到汇票的前一天晚上，总委员会曾专门投票决定为一个由于参加巴黎公社活动而在里昂被判处死刑，但却设法逃出并隐藏起来的人，拨出 3 镑作路费。

公民**马克思**说，募集这些钱是专门供总委员会使用的，所以应该由总委员会来分配。[389]

公民**恩格斯**提议，将这 42 镑交给由马克思、荣克和瓦扬组成的三人委员会。

提议得到公民**唐森**附议，一致通过。

主席报告说，他收到巴斯特利卡的一封信，声明他要辞去总委员会委员的职务，因为最近成立的法国人分部通过了一条规定，除作为代表被派往总委员会的人以外，其他任何人都不准参加总委员会；由于不得

---

① 本日记录由黑尔斯记在会议记录本第 306—310 页上。

不在分部和总委员会之间作出选择,他选择了分部。

公民**赛拉叶**说,他曾跟巴斯特利卡谈过这个问题,并且告诉过他,这个组织在被正式承认之前不能算作支部,而且,所说的这条规定也与"共同章程"相抵触,不能得到批准。因此,他提议接受这一辞职,他认为巴斯特利卡的态度是对总委员会的侮辱,是拒不承认共同章程。

公民**恩格斯**附议,提议一致通过,但不能把这当作承认该信所提出的论点的先例看待。

公民**赛拉叶**交上新成立的法国人分部的章程,会议同意将这个章程交给负责修订章程的委员会。[390]

公民**马克思**说,总委员会成立了一个委员会,综合赛拉叶和瓦扬两人向代表会议提出的提议①,然而还必须成立别的一些委员会,同时总委员会还必须对什么应该公开发表,什么不应该公开发表作出决定。然后他宣读伦敦代表会议通过的关于代表会议②的成员的决议。第一个决议建议总委员会不要过多地增添自己的人数,特别注意不要过多地增添同一个民族的委员。第二个决议要求总委员会把提名到选举之间的考验期延长为3个星期,以便有充足的时间进行调查。第三个决议建议总委员会在进行选举之前让各国支部提出本国的通讯书记的候选人。第四个决议同意总委员会把几名巴黎公社的流亡者增补为总委员会委员。

这些决议都得到一致同意。[391]

还宣读了另外一项决议,在这项决议中,代表会议表示批准总委员会提出的财务报告,但建议它今后采用更好的记账办法。

然后公民**马克思**宣读一项由他起草的关于涅恰也夫的声明,在公民**黑尔斯**的动议和公民**埃卡留斯**的附议下,声明一致通过。[393]

---

① 见本卷1871年10月7日非常会议记录。
② 此处是笔误,应为"总委员会"。

声明内容如下:"1871年9月17日至23日在伦敦举行的国际工人协会代表会议委托总委员会公开声明,涅恰也夫从来不是国际工人协会的会员或代表;他声称他创建了布鲁塞尔的国际支部……"①

接着通过代表会议的这样一些决议,它们建议总委员会发表告法国工人和意大利工人的宣言,并且发表一篇反对一些国家的政府迫害协会会员的宣言。**394**

然后作出决定,除关于内部组织问题的那部分决议外,其余决议全部收入致各联合会委员会的通告加以发表。

由公民**莫特斯赫德**提议,公民**恩格斯**附议。

在公民**马克思**提议和**弗兰克尔**附议下,决定发表告法国工人的宣言,号召他们同野蛮侵犯他们的权利的行为进行斗争,并告诉他们应该怎样进行组织工作。

在公民**恩格斯**提议和公民**列斯纳**附议下,一致通过关于建议伦敦各分部成立伦敦联合会委员会,并在得到各省分部承认后,使之成为英国联合会委员会的决议。

会议接着开始讨论关于一般组织问题的决议。

通过一项关于特殊任务的决议,并决定加以印发。**395**

由公民**弗兰克尔**提议和公民**列斯纳**附议。

还决定印发关于成立女工支部的决议以及关于提供统计材料的决议。**396**

关于后者,公民**弗兰克尔**指出,有很多大陆上的支部抱怨他们从来没有收到过总委员会印发的通告信。

经过短时间的讨论,下列各项决议也都决定印发:

---

① 引文未完,声明全文见本卷《关于涅恰耶夫盗用国际名义的声明》。

关于总委员会的代表有权出席任何支部的会议的决议。[397]

关于在农业地区进行宣传鼓动工作，以便建立农村支部的决议。[398] **弗兰克尔**提议和**列斯纳**附议，用大号字印发这一决议，被否决。

关于代表会议授权总委员会确定下届代表大会或代表会议的时间和地点的决议。[399]

修改关于赞助各国工会的决议，决定按修改后的决议印发。[400]

推迟讨论关于印发代表会议就涅恰也夫事件给吴亭的指示的问题。

决定印发关于"社会主义民主同盟"的决议。[401]

委托公民赛拉叶和瓦扬起草一篇告法国工人的宣言。

由**勒穆修**提议，**马丁**附议。

委托公民恩格斯和若昂纳尔起草一篇告意大利工人的宣言。

由**埃卡留斯**提议，**赛拉叶**附议。

委托马克思博士准备包括各项决议的通告。[402]

由**莫特斯赫德**提议，**恩格斯**附议。

公民**埃尔曼**提议，公民**马克思**附议，由各国通讯书记将未收入通告的决议转达给他们各自的支部。一致通过。

公民**恩格斯**向总委员会提出负责综合赛拉叶和瓦扬的提议的委员会所写的报告。他说，该委员会是想要用尽可能清晰的语言把那两项提议中包含的思想整理出来。总委员会可以判断，看看结果是否同本来的意图相符。

对报告普遍表示满意，只有关于"工人阶级的斗争"一段有些争议。有些委员认为此处可能被误解，但是经过讨论，会议仍按原样通过了报告，并决定印发。[403]

会议于11时15分结束。

主席　弗·恩格斯

书记　约翰·黑尔斯

总委员会会议①

1871年10月17日举行

公民**恩格斯**主持会议。

出席委员：公民**布恩**、**布拉德尼克**、**巴特里**、**德拉埃**、**埃卡留斯**、**恩格斯**、**弗兰克尔**、**黑尔斯**、**哈里斯**、**埃尔曼**、**荣克**、**列斯纳**、**罗赫纳**、**龙格**、**勒穆修**、**马克思**、**马丁**、**梅奥**、**麦克唐奈**、**米尔纳**、**莫特斯赫德**、**吕尔**、**赛拉叶**、**斯特普尼**、**唐森**、**若昂纳尔**。

宣读了10月10日的会议记录之后，公民**哈里斯**对记录中漏掉了他的发言表示不满，他要求纠正；纠正之后，记录被批准。

公民绍塔尔和卡梅利纳带着新成立的法国人分部的证书出席会议。他们在被告知讨论他们的问题不能有他们在场后离开会场，同意将此事与该分部章程一样，交给负责修订章程的委员会解决。

主席宣读公民泰斯的来信，他在信中提出辞去总委员会委员的职务；他认为自己最好辞职，以便给新成立的法国人分部的代表出席让位，他对总委员会没有意见，他保证自己在任何情况下都将给总委员会以支持。

公民**赛拉叶**提议，公民**莫特斯赫德**附议，推迟研究公民泰斯的辞呈。赛拉叶说，促使公民泰斯提出辞职的新成立的法国人分部的章程，不可能得到总委员会的承认，它很可能将由该分部废除，那时公民泰斯可能会重新考虑他的决定。

提议一致通过。

---

① 本日记录由黑尔斯记在会议记录本第310—315页上。

主席问书记①是否已把上次会议的决议通知公民罗班。

书记回答说,他还没通知罗班,因为他不知道罗班的地址,而且不会写法文。

这个回答引起极大的不满,决定立即把决议送去。然而,没过多久,公民罗班来到总委员会,于是主席将决议通知了他。

公民**罗班**说,他没有提出辞职,总委员会无权宣布他辞职,如果愿意的话,它可以把他开除,但他不能收回那封信。

公民**哈里斯**提议重新审理罗班的问题,应该注意,要全面听取各种材料。

公民**德拉埃**附议。

公民**荣克**反对这个提议,理由是这件事已经讨论过了,现在总委员会只能履行它的义务。他没有说罗班侮辱了代表会议,是代表会议这样说的,并且它还委托总委员会来处理此事。

公民**赛拉叶**指出,公民罗班知道上次会议要讨论这个问题,而且他也在城里,可是他却没有参加会议,他如果参加了,现在要求的对他的问题的审理也早就进行了。

公民**布恩**说,他还没有完全弄懂这件事,如果这是私人的事情,那就应该在总委员会外面解决,如果是涉及总委员会的事情,他倒是觉得总委员会已经处理完了。

提议交付表决,8票赞成,12票反对。

主席将决定告诉罗班。罗班说,辞职是自愿的行动,而他不想采取这个行动,此外,他要以总委员会委员的身份留下来,直到总委员会开除他。

于是公民**哈里斯**说,他要提议不再承认公民罗班是总委员会委员。

---

① 黑尔斯。

公民**荣克**附议。

公民**德拉埃**说，这个决议与情况根本不符。罗班如不配做总委员会的委员，总委员会就应该开除他，如果他不是不配的话，就不应该通过这种决议。

公民**弗兰克尔**说，在上次会议上他是赞成进行调解的，但是听了罗班的发言后，他不再赞成了。罗班声称，总委员会应该有勇气开除他；他有这个勇气，并且要求开除他。

公民**龙格**并不希望采取德拉埃建议的行动；总委员会当然有权说，它认为某一行动等于辞职，而且它是为了尊重罗班的感情才作出这项决议的。它并不想把罗班说成是不正派的人。但是如果罗班坚持要人家开除他，那他认为，总委员会就应该这样做。

公民**德拉埃**说：如果说原来这个提议还有道理的话，那么现在则完全没有了，因为罗班已经收回他对代表会议的指责。

然后提议交付表决，以5票对4票通过，其余委员都弃权。

公民罗班于是退出会场。

公民**马克思**提出委员会关于新建立的法国人分部章程的报告。该委员会建议总委员会批准除第二条和第十二条以外的章程各条。对于那两条，委员会建议不予批准，因为它们很明显是与"共同章程"相抵触的。第二条要求每个成员说明其生活来源，这是统治阶级一贯使用的手段，是国际章程中所不能接受的。第十二条规定，分部的任何成员，除作为分部的代表被派到总委员会外，不得参加总委员会。这实际上是说，总委员会的任何委员都不能成为该分部的成员，从而使该分部的权力凌驾于总委员会的权力之上，这是不能容忍的。必须向该分部指出这两条是违反共同章程规定的，并要求予以取消。

公民**弗兰克尔**说，巴斯特利卡和泰斯的辞职申请就说明这个决议应作何理解；他认为，这两个人的名字都应写入报告。

公民**赛拉叶**将弗兰克尔的话译成英文,并且说,他认为没有必要像弗兰克尔建议的那样提到这两个人的名字。

公民**哈里斯**问主席,英国委员们是否听懂了赛拉叶的解释。

主席回答说,他们如果没听懂,可以自己申明;每个人都有权提出自己的问题,而无权为别人提问题。

公民**埃尔曼**说,现在讨论的这个章程会使这个法国人分部高于一切,而整个法国则一文不值。如果法国的各个支部想向总委员会派出自己的代表,它们只有不加入法国人分部,才能［办到］。

公民**龙格**对这样解释这个章程不理解。

公民**莫特斯赫德**指出,不理解这件事的委员很可能会以为这里面还有一些更深奥的东西,他希望再听到一些解释,以便弄清楚应该就此事如何投票。要不是前面发言的四个人作了解释,他就会当即投票赞成这个报告。可是从辩论情况看,还需要作些解释。

公民**龙格**说,根本就没有什么辩论;公民马克思提出的报告无疑是非常符合原则的,不过他认为这个分部的成员并不清楚他们的章程的含义,这是最主要的。

公民**莫特斯赫德**希望知道这个章程后面是否隐藏着什么东西,他不能不为泰斯和巴斯特利卡的辞职而感到震惊;他想问一下,这个分部是否值得重视;他觉得此事可以在不丧失原则的情况下妥协解决。

公民**马克思**认为,公民莫特斯赫德就这个问题的发言是毫无道理的,他没有涉及报告,而是对关于法国人分部的流言蜚语感兴趣。总委员会与背着它发生的事情毫不相干,它只审查章程。

公民**埃卡留斯**提议通过这个报告。

公民**马丁**附议。

公民**哈里斯**认为,法国人分部的成员也许不清楚其章程的含义。

公民**布恩**说,似乎他弄懂了这是怎么回事:任何分部都无权践踏协会的"共同章程"。

公民**勒穆修**也表示支持这个报告。

于是将报告交付表决，一致通过。[404]

公民**马丁**宣读瓦扬关于辞去基金发放委员会委员一职的声明，瓦扬不同意任命这样一个委员会。

辞职被批准。

公民**恩格斯**报告协会在意大利和西班牙工作的进展情况。[405]

公民**埃卡留斯**宣读了纽约第十二支部寄来的一封信。[406]

公民**黑尔斯**宣读了从得克萨斯州加尔维斯顿寄来的一封信。两封信都转交给了常务委员会，按原来的规定，这个委员会应由全体负责人员组成。[407]

公民**哈里斯**认为所有来信都应宣读。

公民**马克思**报告说，他收到苏黎世斯拉夫人支部寄来的一份报告。[408]

公民**埃尔曼**说，他被委托代表比利时机械工人表示愿意与大不列颠机械工人联合会结成联盟，以便互相维护和支持；他要求选出一名代表陪同他前往机械工人联合会委员会。

公民**哈里斯**提议，公民**布恩**附议，派公民**埃卡留斯**去。

公民**荣克**和**黑尔斯**不同意派人，但公民**埃卡留斯**还是被选派了。

公民**马克思**要求授权印刷通告。

公民**布恩**提议，公民**列斯纳**附议，印500份。[409]一致通过。

公民**马克思**提议，公民**布恩**附议，将章程修订委员会关于修订章程的报告列为下次会议的第一项议程。一致通过。

公民**布恩**提议将下面这个决议案列为在一个月以后讨论的会议议程。[410]

公民**米尔纳**支持这个决议案："总委员会认为，现在已应该成立国际仓库管理局，让国际成员在那里储存他们生产的产品，并领得作为国际支付手段的国际钞票；这种钞票应该在国际的所有成员之间（以及其余公众之间，如果他们愿意接受的话）进行流通。这种以有用的和可交换的财富（如靴子、衣服、怀表等）为基础的国际交换制度，将是……"①

公民**黑尔斯**提议无限期推迟这个问题的讨论。

公民**荣克**支持这一修正案。

修正案被否决，原提议以 10 票对 5 票通过。

公民**马丁**和**龙格**也表示准备提出建议。

委员会于 12 时休会。②

会议记录③

1871 年 10 月 24 日

公民**龙格**主持会议。

出席委员：公民布恩、布拉德尼克、德拉埃、埃卡留斯、恩格斯、弗兰克尔、黑尔斯、哈里斯、埃尔曼、荣克、列斯纳、勒穆修、若昂纳尔、龙格、马克思、马丁、梅奥、麦克唐奈、普芬德、罗奇、罗沙、吕尔、赛拉叶、斯特普尼、唐森、瓦扬、符卢勃列夫斯基。

宣读并批准了前两次会议的记录，公民**马克思**将章程修订委员会的报告提交会议。

报告未经讨论便一致通过，公民**马克思**提议，公民**若昂纳尔**附议，

---

① 引文未完。
② 本日记录无人签名。
③ 本日记录由黑尔斯记在会议记录本第 315—317 页上。

印刷5000份，并告诉印刷商不要拆版。[411]一致通过。

公民**恩格斯**提议把这个工作交给印刷商特鲁拉夫。

公民**马克思**说，无论由谁来印，都必须明确，印出的东西全都归总委员会所有。

公民**哈里斯**建议，总委员会委员以及其他由他们保荐的人，想要多少份，预订后就应该能够得到多少份。

公民**荣克**认为，如果可以的话，这个工作应该交给流亡者。

公民**恩格斯**认为流亡者做不了这个工作；这个工作要求快速完成。

公民**若昂纳尔**说，总委员会在把这个工作交给其他人去做之前，应该先了解一下流亡者是否能胜任。

公民**埃卡留斯**说，通常是让小的印刷商去印，麻烦事更多。

公民**黑尔斯**提议，公民**列斯纳**附议，将这个找谁担任印刷商的问题交给章程修订委员会解决。

一致通过。

公民**马克思**指出，既然泰斯还没有撤销辞职申请，完全有必要另指定一名财务委员，因为要印上财务委员的名字——他想提议由公民荣克担任财务委员。

公民**赛拉叶**附议，一致通过。

书记[①]宣读公民罗班给他的来信，来信索取有关开除他的那部分会议记录的抄本。

公民**布恩**认为应该送给他。

公民**荣克**反对这种做法。

公民**弗兰克尔**提议会议进行原定议事日程。

公民**若昂纳尔**附议，一致通过。

---

① 黑尔斯。

书记宣读星期日同盟书记来的一封信，来信要求立即支付欠租，并对这间房子星期六晚被占用表示不满。

会议决定偿还全部欠租，并委托原先指定的委员会向下次会议报告另外寻找一间房子的情况。

公民**荣克**宣读马隆的来信，来信通知说，日内瓦的流亡者组织了一个国际分部，并要求总委员会承认它是国际的组织；这已是他的第三封来信，所以应尽快予以回复。[412]

公民①解释说，由于总委员会的事情紧迫，他一直未能将此事提出来，但根据共同章程的规定他已经给日内瓦联合会委员会写了信，将此事告诉了他们，并让他们提供些情况；可是，他至今尚未收到回信。

公民**若昂纳尔**认为，如果该支部的章程没有与"共同章程"相抵触的地方，应该承认该支部。

公民**赛拉叶**说，根据"共同章程"，所有新建支部必须首先向本国的联合会委员会提出申请。此外，还可以成立讲同一种语言的人的分部，但［不是］民族的分部。

公民**马克思**说：各支部有权直接与总委员会通信，但是总委员会应该先给联合会委员会写信。公民荣克最好再给联合会委员会写封信。

公民**荣克**同意再写信。

公民**哈里斯**提议，公民**马丁**附议，由公民荣克给新成立的支部写信，通知他们，他已经给日内瓦联合会委员会写了信。一致通过。

公民**赛拉叶**说他个人和公民**瓦扬**的意见是，最好推迟发表告法国工人的宣言，因为它可能使被关押的公社社员处境更坏。

同意推迟。

公民**埃尔曼**对大家说，由于无法找到工作，他不得不暂时回到比利

---

① 此处无人名，但很明显是指瑞士通讯书记荣克。

时，但他仍愿继续担任比利时通讯书记，他将定期寄来报告，同时可以指派一个人代理他在总委员会的工作。

公民**罗沙**同意按照埃尔曼的建议代理他的工作。

总委员会同意公民埃尔曼的要求。

公民**埃尔曼**还报告说，根特的机械工人——共有250人——被解雇了，他们希望能从英国为他们募集一些捐款。

此事交公民埃卡留斯和埃尔曼两人负责处理，他们应在明天晚上前去拜访机械工人委员会。

委员会于11时15分休会。

主席　海·荣克

卡尔·马克思和弗里德里希·恩格斯的手稿

总委员会致瑞士罗曼语区联合会委员会[413]

总委员会在1870年1月1日的非常会议上决定：

1. 在1869年12月11日的《**平等报**》上我们读到这样一段话：

"**毫无疑义**，它（总委员会）轻视极其重要的事情……我们援引条例的第1条来提醒它注意它们（总委员会的职责），这一条规定：'总委员会必须执行代表大会的决议……'**我们本来可以向总委员会提出大量的问题**，这些问题的答案足以构成一份冗长的文件。**稍后我们将这样做**……而现在……"

总委员会无论在章程或条例中都找不到这样一条规定，即**它必须同**《平等报》通信或辩论，或者"**回答**"报纸提出的"**问题**"。总委员会认为，只有瑞士罗曼语区**联合会委员会**才是瑞士罗曼语区各支部的代表者。如果罗曼语区联合会委员会通过唯一合法的途径，即通过自己的书记向我们提出质问或指责，那末总委员会随时都准备回答它。但是，**罗曼语区联合会委员会**既无权放弃自己的职责，把它转让给《平等报》和《进步报》的编辑部，也无权让这两家报纸**篡夺**它的职责。一般地说，如果把总委员会同各个全国性的和地方性的委员会的来往信件公布出来，那就会使协会的总的利益遭到巨大的损害。的确，如果国际的其他机关报仿效《进步报》和《平等报》，那末，总委员会就不得不二者择其一：或者保持缄默而使自己在公众面前丧失威信，或者违背自己的职责而公开作答。①

《平等报》同《进步报》（这家报纸并不寄给总委员会）一起动员《劳动报》（一家巴黎报纸，它还没有宣称自己是**国际的**机关报，并且同样也不寄给总委员会）从自己方面要求总委员会进行解释。② 多么像个公共福利同盟！[414]

2. 暂且假定《平等报》提出的这些问题是来自罗曼语区联合会委员会，因此我们将回答这些问题，但是必须有一个条件，就是今后不再以这种方式向我们提这类的问题。

3. **关于通报的问题**。载入条例的日内瓦代表大会决议规定，各个全国性的委员会应该把有关无产阶级运动的文献资料寄给总委员会，以便总委员会"**在其经费许可的情况下**尽量经常地用各种文字出版通报"（"As often as its means permit, the General Council shall publish a report etc."）。

因此，总委员会所承担的责任是同那些**条件**有连带关系的，那些条件**从未**实现。甚至连章程上规定的统计调查工作也从**未**进行，虽然关于这件事在前后召开的许多次全协会代表大会上都作出了决议，而且总委员会每年都要求进行这项工作。但总委员会没有收到任何文献资料。至于**经费**，要不是英国各地交的会费和总委员会委员的个人捐献，总委员会早就不存在了。

---

① 手稿上在"公开作答"之后，马克思删去了这样一句话："《进步报》（这家报纸并不寄给总委员会，而按照全协会代表大会三次通过的决议，它应该寄给总委员会）竟然开始篡夺联合会委员会的职权。"

② 手稿上在这句话后面划去了如下一段："那些很晚才加入我们协会的人去年一入会后就提出了一个危险的计划：在国际工人协会内部建立另一个受他们个人支配的国际团体，这个团体的所在地在日内瓦；的确，这些人已然又回到这个计划了，而且迄今还相信，他们的特殊使命就是篡夺国际协会的上层领导。总委员会提醒罗曼语区联合会委员会注意，它对《平等报》和《进步报》的问题负有责任。"

这样一来，日内瓦代表大会通过的条例就成了一纸空文。①

至于巴塞尔代表大会，它所讨论的不是关于现有条例的**执行**问题，而是关于及时出版通报的问题，并且对这个问题没有作出任何决议。(见在代表大会监督下于巴塞尔刊印的德文报告[415]

不过，总委员会认为，通报的原定任务现在完全由国际的各个机关刊物在完成，这些刊物用各种文字出版，并且通过相互交换而得到传播。如果要让代价很高的通报去做不花代价就已经做得到的事，那是荒唐的。从另一方面说，如果通报发表国际的机关刊物上没有发表的东西，那只能帮助我们的敌人窥视内幕。

4. 关于把总委员会同英国联合会委员会分开的问题。

在《平等报》创办以前很久，这个建议就已经在总委员会中由它的一两个英国委员定期地提出过了。但是这个建议几乎总是受到全体一致的反对。

尽管革命的**发起**可能来自法国，但只有英国可以成为**重大经济革命的杠杆**。它是这样一个国家，唯有那里已经没有农民并且土地所有权集中在少数人手里。唯有这个国家中的资本主义形式——即劳动大规模地联合在资本主义企业主的统治下——几乎笼罩了整个的生产。唯有这个国家中的**绝大多数居民是雇佣工人**（wages labourers）。唯有这个国家中的阶级斗争和工人阶级在**工联**中的组织**达到**了一定程度的成熟和普遍性。由于英国在世界市场上占统治地位，因而唯有英国这个国家在经济方面的每个变革会立即在全世界得到反应。如果说英国是一个典型的大地主所有制和资本主义的国家，那末从另一方面说，在英国消灭大地主所有制和资本主义的**物质条件**也比任何地方都更加成熟。总委员会现在

---

① 手稿上在"一纸空文"之后勾掉了这样一句话："巴塞尔代表大会正是这样看的。"

所以处在**值得庆幸**的地位,是因为**无产阶级革命的这个伟大杠杆直接握在它手里**。如果把这个杠杆单单交给英国人,那该是多么愚蠢,甚至可以说是多么严重的犯罪行为!

英国人拥有进行社会革命的一切必要的物质前提。他们所缺乏的是总结的精神和革命的热情。只有总委员会能够弥补这个缺陷,从而加速这个国家的以及**任何地方**的真正的革命运动。我们在这方面已经取得的巨大成绩,得到了统治阶级最聪明的和最有影响的机关报刊,例如《派尔·麦尔新闻》、《星期六评论》、《旁观者》、《双周评论》的证实,更不用说**下院**和**上院**中那些不久前还对英国工人领袖有很大影响的所谓激进的议员了。他们公开地责难我们,说我们毒害了而且几乎灭绝了工人阶级中的**英国精神**,把它推向了革命的社会主义。

实现这个转变的唯一方法,就是像**国际协会总委员会**那样行动。作为总委员会,我们可以鼓励采取这样的措施(例如成立**土地和劳动同盟**),将来当这些措施实现的时候,它们就会像英国工人阶级的自发行动那样出现在公众而前。

如果在**总委员会**之外成立一个**地区委员会**,那会产生什么样的直接后果呢?

如果地区委员会处于**总委员会**和**工联全国理事会**之间,它就不会享有任何威信。另一方面,国际的**总委员会**就会放弃**这个伟大的杠杆**。如果我们宁愿作前台的闲扯,而不愿进行幕后的严肃的工作,我们也许会犯这样的错误,即公开地回答《平等报》的问题:为什么**总委员会**能容忍"如此繁重的兼职"。

不能把英国简单地同其他国家等量齐观。应当把它看做是**资本的首都**。

5. 关于总委员会就爱尔兰大赦所作的决议问题。

如果说英国是大地主所有制和欧洲资本主义的堡垒,那末唯一能使官方英国受严重打击的地方**就是爱尔兰**。

第一，爱尔兰是英国大地主所有制的支柱。如果大地主所有制在爱尔兰崩溃了，它在英国也必定要崩溃。在爱尔兰发生这样的事可能要容易一百倍，因为**那里的经济斗争只是集中在土地所有制上**，因为在那里这一斗争同时又是民族斗争，因为爱尔兰人民比英国人民更富有革命情绪和更加顽强不屈。爱尔兰的大地主所有制仅仅是靠**英国军队**来维持它的地位。一旦这两个国家的**强制的合并**①停止，社会革命，尽管是古老形式的社会革命，就会在爱尔兰爆发。英国的大地主所有制不仅会失去它的巨大的财富来源，而且会失去作为**英国统治爱尔兰的代表者的那种极大的精神力量**。另一方面，如果让英国大地主在爱尔兰保持强大的势力，英国无产阶级就无法使他们在英国本土受到损伤。

第二，英国资产阶级不仅利用爱尔兰的贫困，通过对爱尔兰贫民采取**强制移民**手段来使英国工人阶级的状况更加恶化，除此以外，它还把无产阶级分成两个敌对的营垒。克尔特工人的革命热情和盎格鲁撒克逊工人的严肃的但是迟缓的性格没有和谐地结合起来。相反，在所有的英国**大工业中心**，英国无产者和爱尔兰无产者之间存在着很深的对立。普通的英国工人憎恨爱尔兰工人，把他们看做降低工资和 standard of life（**生活水平**）的竞争者，他们对爱尔兰工人抱有民族的和宗教的厌恶，几乎像美国南部各州的 poor whites（**白种贫民**）看待黑奴那样看待他们。资产阶级在英国本土的无产者之间人为地煽起和培植这种对立。资产阶级知道，无产者的这种分裂状态是保存它的势力的真正秘诀。

在大西洋彼岸也产生了这样的对立。被牛群和**羊群**从故乡排挤出去的爱尔兰人在美国重逢，他们是那里的居民中人数众多而且不断增长的

---

① 指英国政府在镇压 1798 年爱尔兰民族解放起义后强加给爱尔兰的英爱合并（于 1801 年 1 月 1 日生效）。——译者注

一部分。他们一致的思想、一致的情感就是憎恨英国。英国政府和美国政府（或它们所代表的那些阶级），正在培植这样的情感，其目的是使美国和英国之间的隐蔽的斗争永远继续下去。它们以此来阻挠大西洋两岸的工人之间的严肃而真诚的联合，从而阻挠他们的共同解放。

还有，爱尔兰是英国政府维持**庞大的常备军**的唯一借口，一旦需要，正像已经发生过的那样，就把这支在爱尔兰受过军事锻炼的军队用来对付英国工人。

最后，目前在英国正重复着在古罗马到处都能看到的事件。奴役其他民族的民族是在为自身锻造镣铐。

因此，国际协会在爱尔兰问题上的立场是十分明确的。它的主要任务是加速英国的社会革命。为了达到这个目的，必须在爱尔兰进行决定性的打击。①

总委员会关于爱尔兰大赦的决议只是其他另一些决议的引言，那些决议将说到：姑且不谈国际上的公道，英国**工人阶级解放的先决**条件，是把现存的**强制的合并**（即对爱尔兰的奴役）变为**平等自由的联盟**——如果这是可能的话；或者**完全分离**——如果这是必要的话。②

---

① 手稿上在"必须在爱尔兰进行……打击"之后删去了下面一句话："用一切可能的方法促进爱尔兰人的经济斗争和民族斗争。"

② 手稿上在"如果这是必要的话"后面删去了下面一段话："关于站在这种立场上的总委员会委员们所面临的困难，甚至危险，可以根据以下的事实来判断，即《蜂房报》在它报道我们的会议情况时不仅删去了我们的决议，甚至不提及总委员会研究爱尔兰问题的事实本身，——这样一来，委员会就不得不采取措施来印发自己的决议，以便把决议分别寄给每一个工联。现在《平等报》的圣人很容易地说什么这是地方性的政治运动，说什么按照它的意见，应当由地区委员会本身去处理这些琐事，而无须改善各国现有的政府。《平等报》还可以根据同样的理由，说什么我们揭露比利时政府进行的屠杀是打算改善比利时政府。"

此外,《平等报》和《进步报》所提出的关于社会运动和政治运动之间的联系的理论,或者更确切些说,关于二者之间没有联系的极端无知的理论,据我们所知,从未被任何一次国际代表大会承认。它同我们的章程相矛盾。章程中说:

"That the economical emancipation of the working classes is therefore the great end to which every political movement ought to be subordinate as a means."①

在1864年巴黎委员会所译的法译文中,"as a means"("作为手段")这几个字被删掉了。[416]巴黎委员会在答复总委员会的质问时,借口自己的政治地位的困难来为自己辩解。

对章程原文的其他地方也有一些任意的删改。章程的引言部分的第一段宣称:"The struggle for the emancipation of the working classes means……a struggle……for equal rights and duties, and the abolition of all class rule."②

在巴黎的译文中谈到了"平等的权利和义务",也就是说重复了近百年来几乎在**所有民主主义宣言**中都能遇到,而在不同阶级的代表人物口中却含有不同意义的一般词句;但是译文中删去了"the abolition of all class rule"("消灭阶级")这一具体要求。

继而在章程的引言部分的第二段中写道:"That the economical subjection of the man of labour to the monopoliser of the means of Labour, that is the sources of life, etc."③

---

① ——"因而工人阶级的经济解放是一切政治运动都应该作为手段服从于它的伟大目标"。——译者注
② "工人阶级的解放斗争……是要争取平等的权利和义务,并消灭任何阶级统治"。——译者注
③ "劳动者在经济上受劳动资料即生活源泉的垄断者的支配……"——译者注

在巴黎的译文中把"the means of labour, that is the sources of life"①——这个词除了包括其余的劳动资料,还包括土地——改成了**"资本"**。

不过,登载在《左岸》报社1866年在布鲁塞尔出版的小册子上的法译文②恢复了原文的本来面目。

6. 关于李卜克内西和施韦泽的问题。

《平等报》说:"这两派都属于国际。"

这是不正确的。爱森纳赫派(承蒙《进步报》和《平等报》把它变成公民李卜克内西派)属于**国际**。**施韦泽派不属于它**。施韦泽自己曾在他的报纸(《社会民主党人报》)上详细地阐明过,为什么**拉萨尔派的组织不消灭自己本身就不能加入国际**。[417]他自己并不知道他说出了真理。他的那个拼凑起来的宗派主义组织是同工人**阶级的历史的、自然形成的组织**相矛盾的。

《进步报》和《平等报》要求总委员会公开说出自己对李卜克内西和施韦泽之间的个人分歧的"**看法**"。既然公民**约翰·菲力浦·贝克尔**(他同李卜克内西一样都遭到施韦泽的报纸的诽谤)是《**平等报**》**编辑委员会**的一员,那末让人感到非常奇怪的是,这家报纸的出版者竟如此消息不灵通。他们应该知道,李卜克内西在《民主周报》上曾经公开地建议施韦泽承认总委员会是**他们的分歧的仲裁人**[418],而施韦泽也曾经同样公开地拒绝承认总委员会的权威。[419]

为了结束这场不光彩的吵闹,总委员会从自己方面用尽了一切手段。它委托自己的德国书记同施韦泽通信;通信持续了两年之久,但

---

① "劳动资料即生活源泉"。——译者注
② 指1866年夏天发表的由沙·龙格译的《临时章程》法译文。译文载于《左岸》报社出版的小册子。

是，总委员会的一切尝试都由于施韦泽无论如何都要固执地把自己的专横霸道同宗派组织一起保存下来而归于失败。总委员会要做的事情是，选择一个有利的时机，那时它公开干预这场争吵将利多弊少。

7. 既然《平等报》编辑部公开提出它的谴责，而这又可能被认为是来自日内瓦的罗曼语区委员会的谴责，因此总委员会将自己的答复通知所有与之有通信关系的各委员会。

受总委员会的委托

卡尔·马克思写于1870年1月1日左右部分发表在1872年在日内瓦出版的《所谓国际内部的分裂》小册子中

原文是法文
参看《马克思恩格斯全集》中文第1版第16卷第435—443页

讣　告[420]

伦敦总委员会北美通讯员、国际的创建人之一、公民罗伯特·肖因患肺结核症不幸于本周逝世。

罗伯特·肖是委员会最热忱的委员之一。他心地纯洁，性格刚毅，具有火热的感情和真正的革命精神，藐视狭隘的虚荣和私利。他自己是一个贫苦的工人，但他总是尽一切可能来帮助比他更贫苦的工人。他在私人交往方面像孩子一般温顺，但在社会生活中却对任何妥协行为深恶痛绝。**工联**所以能够团结在我们的周围，主要是由于他的不间断的努力。但他也由于这方面的活动而给自己招来了许多死敌。英国**工联**是由各种地方性的组织形成的,这些组织在其成立之初都是以维护工资等等作为唯一的宗旨,因此它们全都或多或少地沾染了中世纪行会所特有的那种狭隘性。一部分为数不多的保守派力求不惜任何代价来保存工联成立之初的框架。肖在国际成立时就抱定宗旨要打碎这种自造的桎梏,把工联变成准备无产阶级革命的中心。他的努力差不多一直都是卓有成效的,然而,与此同时,他整个一生所经历的严酷无情的斗争损害了他病弱的身体。他去出席布鲁塞尔代表大会的时候(1868年9月),已经是病势垂危了。而他回来以后,他那慈善的资产阶级雇主们又把他关在企业的大门之外。他死后妻女贫困不堪,但是英国工人绝不会把他们丢开不管的。

卡尔·马克思写于1870年1月8日左右载于1870年1月16日《国际报》第53号

按报纸原文刊印
参看《马克思恩格斯全集》中文第1版第16卷第444—445页

国际工人协会总委员会致日内瓦的俄国支部委员会委员[421]

公民们:

总委员会在3月22日的会议上一致宣布,你们的纲领和章程符合国际工人协会的共同章程。它立即接受了你们支部加入国际。我十分高兴地接受你们要我担任你们在总委员会中的代表这个光荣的任务。

你们在纲领中写道：

"……压迫波兰的帝国桎梏是同样阻碍两国人民——俄国人民和波兰人民——的政治自由和社会自由的障碍。"

你们还可以补充一句，俄国以暴力侵占波兰，是对军事统治在德国的存在、因而也是在整个大陆的存在的极有害的支持，并且是这种统治存在的真正原因。因此，俄国社会主义者在致力于粉碎束缚着波兰的锁链的同时，也就担负起消除军事统治的崇高任务，而消除军事统治乃是欧洲无产阶级共同解放的一个十分必要的先决条件。

几个月以前，我接到从彼得堡寄来的一部弗列罗夫斯基的著作《俄国工人阶级的状况》。这对于欧洲来说是一个真正的发现。在大陆上甚至被一些所谓革命家散布的俄国乐观主义，在这部著作里被无情地揭露了。如果我说，从纯粹的理论观点来看，这部著作在某些地方还不是完全无可非议的，那也不会降低它的价值。这是一位严肃的观察家、勤劳无畏的劳动者、公正的批评家、大艺术家；而首先是一个愤恨形形色色的压迫、憎恶各种各样的民族颂歌、热情地分担生产者阶级的一切痛苦和希望的人的作品。

弗列罗夫斯基的以及你们的导师车尔尼雪夫斯基的作品，为俄国争得了真正的荣誉，而且证明你们的国家也开始参加到我们这一世纪的共同运动中来了。

致兄弟般的敬礼

卡尔·马克思
1870年3月24日于伦敦

载于1870年4月15日《人民事业》报（日内瓦）第1号

参看《马克思恩格斯全集》中文第1版第16卷第463—464页

总委员会关于瑞士罗曼语区联合会委员会的决议[422]

总委员会致罗曼语区联合会委员会

鉴于：

虽然拉绍德封的代表大会的多数代表选出了新的罗曼语区联合会委员会，但是，这个多数只是表面上的多数。

日内瓦的罗曼语区联合会委员会对总委员会、对国际工人协会始终如一地履行了自己的职责，并一贯按照协会章程办事，因此，总委员会没有权利除掉这个委员会的名称。

总委员会于1870年6月28日的会议上一致决定：设在日内瓦的罗曼语区联合会委员会应当保留自己的名称，而设在拉绍德封的联合会委员会则应当选定任何其他的对自己合适的地方性名称。

受国际工人协会总委员会委托并代表总委员会

瑞士书记　海·荣克

1870年6月29日于伦敦

卡·马克思写
载于1870年7月24日《米拉波报》第53号

原文是法文
参看《马克思恩格斯全集》中文第1版第16卷第490页

日内瓦建筑业的同盟歇业[423]

国际工人协会总委员会致欧洲和美国的男女工人们

工人同志们！

日内瓦的建筑业主经过深思熟虑之后得出结论说，"劳动的绝对自由"是增进劳动贫民幸福的最好条件。为了使自己的工人能享受到这种福气，他们在6月11日决定采用英国发明的一种诡计，宣布对目前仍在他们那里工作的3000余名工人实行同盟歇业。

而对于近来在瑞士发展起来的工联主义，这些日内瓦建筑业主则一向愤慨地称之为英国的进口货。两年前，他们责难他们的工人缺乏爱国主义，因为工人们企图把像限制工作日和固定小时工资这样的外来植物移植到瑞士的土壤中来。他们丝毫不怀疑，这件事是出自恶毒的幕后煽动者之手，因为他们本地的工人若单靠自身，就会自然地满足于每昼夜苦干12—14小时的工作，好得到主人所肯于付给的随便多少的报酬。企业主们断言，受骗的工人是按伦敦和巴黎的指示行事的，完全像瑞士的外交官员习惯于服从圣彼得堡、柏林和巴黎的命令一样。然而，无论是劝诱、非难还是威胁，都不能使工人相信：限制每昼夜工作时间为10小时和规定固定的小时工资会有损自由公民的尊严。同样，挑唆他们采取某种暴力行动而使企业主能获得貌似合理的借口来对工会进行公开镇压的做法也没有得逞。

最后，在1868年5月，当时的司法和警务部长康佩里奥先生使双方达成了一项协议，按照这个协议，工作日限制为冬季9小时，夏季11小时，工资每小时为45至50生丁。这项协议是在部长参加下由企业主和工人签订的。1869年春季，一些企业主拒绝对夏季11小时工作比对冬季9小时工作支付更多的工资。于是又重新达成一项协议，规定所有建筑工人的统一工资为每小时45生丁。这项协议虽然也明显地包括了抹灰泥工人和彩画匠，但他们还是不得不继续在原先的条件下工作，因为他们还没有充分组织起来以争取新的条件。这一年5月15日，他们要求同其他行业有同样的条件，并在老板们断然拒绝后，从第二个星期就开始了罢工。6月4日建筑业主决定，如果抹灰泥工人和彩画匠在6月9日前不复工，就从6月11日起对所有建筑工人宣布同盟歇业。这一威胁兑现了。但是企业主并不满足于解雇工人，他们还公开地请求联邦政府用暴力解散工会，并且把外国人驱逐出瑞士。[424]但是，由于瑞士非建筑业工人举行了规模巨大的群众集会进行抗议，他们高尚的真正自由主义的要恢复"劳动自由"的企图遭到了失败。

日内瓦其他工业部门的工人成立了一个管理被解雇工人事务的委员会。一些同建筑业主签订了修建新房舍合同的房东认为这些合同已被废除，便建议原先在他们那里工作的工人继续工作下去，就像什么事情也没有发生过那样。这些建议立即被采纳了。有许多单身工人正在匆忙地离开日内瓦。仍然有2000户左右被剥夺了通常维持生存的手段。因此，国际工人协会总委员会号召文明世界一切正直的男女工人们从道义上和物质上支援日内瓦建筑工人反对资本专横的正义斗争。

受委员会的委托

主　　席　　本·鲁克拉夫特
财务委员　　约翰·韦斯顿
总 书 记　　格奥尔格·埃卡留斯

1870年7月5日于伦敦西中央区
海-霍尔本街256号

卡·马克思写
以传单形式印行

原文是英文
参看《马克思恩格斯全集》中文
第1版第16卷第491—493页

国际工人协会第五次年度代表大会[425]

1870年的国际工人协会代表大会将在莱茵河畔美因兹市举行。要求代表们于9月5日星期一上午9时在大理石厅集合,该市市长已经善意地把该厅交给协会在代表大会开会期间自由使用。

议程:
1. 取消国债,给予公平赔偿。
2. 关于工人阶级的政治活动与社会运动之间的联系。
3. 把土地变为公有制的实际道路和方法。
4. 把一切发行钞票的银行改变为国家银行。
5. 关于在全国范围内进行合作生产的条件。
6. 执行1866年日内瓦代表大会关于劳动统计决议的必要性。
7. 代表大会再次考虑遏止战争的手段。

受总委员会之命,

主　　席	本杰明·鲁克拉夫特
财务委员	约翰·韦斯顿
总 书 记	约·格·埃卡留斯

1870年7月12日于伦敦西中央区
海-霍尔本街256号

卡尔·马克思写，
总委员会于1870年7月12日批准

按照传单刊印印成《国际工人协会
第五次年度代表大会》传单

在美因兹召开的国际代表大会的议程[426]

1. 关于取消国债的必要性问题。讨论赔偿权问题。
2. 工人阶级的政治活动和社会运动之间的相互关系。
3. 关于把土地所有制变为公有制的实际措施。
4. 关于把发行银行变为国家银行的问题。
5. 在全国范围内进行合作生产的条件。
6. 关于工人阶级必须按照1866年日内瓦代表大会的决议进行**全面的劳动统计**的问题。
7. 由代表大会再次讨论关于消除战争的手段问题。

第3项注：比利时总委员会提出如下问题：

"采取实际措施在**国际**内部成立**农业支部**以及在农业无产者和其他工业部门的无产者之间建立团结一致的关系。"

国际协会总委员会认为，这个问题可以包括在第3项内。

载于1870年7月31日《自由报》第162号和1870年8月13日《人民国家报》第65号页译文刊印

卡尔·马克思写于1980年7月14日
原文是法文
参看《马克思恩格斯全集》中文第1版第16卷第495页

给各支部的机密通知[427]

（1）总委员会要求各支部就1870—1871年改变总委员会驻在地是否适宜的问题给本支部的代表们发出正式指示。

（2）如果决定了改变，总委员会则建议布鲁塞尔作为上述年度总委员会的驻在地。

卡·马克思写于1870年7月14日
第一次发表

原文是法文

1871年6月11日总委员会小委员会会议

1871年6月11日于瑞琴特公园路122号①

小委员会开会研究是否应对茹尔·法夫尔6月6日关于国防的通告

---

① 恩格斯的住所。

发表一项答复。

出席的有：公民**埃卡留斯**、**恩格斯**、**马克思**、**黑尔斯**、**韦斯顿**。

公民**韦斯顿**被指定为会议主席，**恩格斯**为书记。

公民**恩格斯**宣读了答复的草稿，得到一致通过。

同时还一致决定把这一答复送交伦敦所有各家日报。

此次会议记录经宣读并一致通过。

弗·恩格斯
约翰·韦斯顿

恩格斯记录

原文是英文
第一次用原文发表

卡·马克思和弗·恩格斯就伦敦代表会议的筹备工作给总委员会的建议[428]

财务报告。

（1）为代表会议寻觅会场。

（2）为代表会议代表寻觅下榻的旅馆；建议租用从前租过的那家在莱斯特广场上的旅馆。

（3）任命一个委员会来处理这两个问题。

（4）总委员会全体出席代表会议，并有权参加讨论，但只有一定人数的总委员会委员充任代表，享有表决权。这些委员的人数，俟代表会议的代表总数明确后,由总委员会①确定。

(5) 现在住在伦敦并且是得到承认的国际会员的法国人,应派出三名代表,代表法国出席代表会议。

(6) 在代表会议上,如果某一国家的国际会员没有代表时,其代表将由该国的通讯书记担任。

马克思于1871年9月5日在总委员会会议上提出第一次用俄文发表于《第一国际伦敦代表会》1936年版

原文是英文
参看《马克思恩格斯全集》中文第1版第17卷第437页

卡·马克思和弗·恩格斯应以总委员会名义在代表会议上提出的建议[429]

(1) 代表会议结束后,任何一个支部,在未向总委员会缴清本年度会费(每个会员缴1便士)以前,无论总委员会或各国的中央委员会均不承认其为协会的支部。

(2) (L)至于因政府的阻挠而现时无法设有国际经常性组织的国家,建议这些国家的代表根据各该国的特殊情况提出组织计划;(N)协会可以进行改组,改用其他名称;(J)但是绝对禁止建立任何秘密团体。

---

① "由总委员会"一语是马克思写的。

（3）总委员会应向代表会议提出自上届代表大会以来国际的工作报告。

（5）总委员会建议代表会议讨论是否应对过去和现在迫害国际的各国政府发表一项答复；代表会议应指派一个委员会，委托它在代表会议闭幕后草拟这一答复。

（4）**必须实行巴塞尔代表大会的决议**：建议各国中央委员会，为避免误会起见，今后定名为联合会委员会，冠以它们所代表的国名；地方支部及其委员会，定名为该地区的支部或委员会。

（6）①

（3）由总委员会任命执行特殊任务的一切代表，有权出席联合会委员会、地方委员会和支部的一切会议并发表意见，但没有表决权。

8. 委托总委员会颁布新版的章程，附入与章程有关的各次代表大会的决议；由于法国目前仍然通用章程的被歪曲了的法文译本，而西班牙文和意大利文译本又是根据法文译本翻译的，因此总委员会应提供标准的法文译本，并将其寄往西班牙和意大利。德文译本寄往荷兰。

章程本文用三种文字并列印出。

恩格斯起草，马克思补充。时间在
1871年9月9日左右

原文是英文
参看《马克思恩格斯全集》中文
第1版第17卷第438—439页

---

① 原稿中此处划掉了下面一句话："凡设有协会经常性组织的国家的联合会委员会应定期呈交关于它们从各地区征收的会费数目的报告"。

1871年9月9日小委员会会议

[1871年]9月9日8时

龙格主持会议。

马克思提议，**朗德克**是否仍然属于国际的问题与总委员会毫不相干，让他去找伦敦的法国国际会员解决。国际会员在巴黎受审时朗德克丧失气节，保证今后不再同国际有任何联系。但是这样的问题不能由总委员会来决定。

莫特斯赫德附议。

一致通过。

代表会议。**马克思**：代表会议不是由各分部的代表而是由**各国**的代表组成，代表们是在特殊情况下来同总委员会商讨问题的，因此代表会议同代表大会有很大区别，职权也很不相同。此点一定不要忘记。第一个问题将是：（1）**钱**的问题，会费没有按规定缴纳。代表会议无权改变章程，但能够执行章程，因此第一个提案就是，分部在被接纳入会之前要缴纳会费。①

荣克附议。一致通过。

马克思：（2）（国际遭到禁止的各国，应提出自己的计划，允许他们使用其他名称，但**不许**成立**秘密团体**。）

埃卡留斯附议。一致通过。

---

① 原稿中此处划掉了"除有无法克服的困难外"一语。

马克思：（3）指定几名委员起草准备提交代表会议的总委员会两年工作报告。照例通过。

荣克提议①，**埃卡留斯**附议，指定马克思起草报告。

马克思：（4）执行巴塞尔代表大会关于中央委员会改称为联合会委员会的决议，等等。

赛拉叶附议。一致通过。

马克思：（5）会后起草致各国政府的答复。

恩格斯附议。一致通过。

（6）② 没有经常性组织的国家要定期提出有关地方和联合会征收会费情况的报告。

这一条由马克思自己撤销了。

马克思：（7）凡总委员会派出的代表均有权出席联合会委员会和地方支部的会议并在会上发表意见。

赛拉叶附议。一致通过。

马克思：（8）总委员会应颁布新版《章程》以及标准的法文和德文译本，并列印出，而③所有其他各国的译本，在印行之前须经总委员会批准。

荣克附议。一致通过。

莫特斯赫德：要求代表会议责成总委员会执行《章程》中关于对工人阶级进行普遍统计的第五条以及日内瓦代表大会关于同一问题的决议。为进行这一工作，可作如下决议：工会等组织，凡拒绝提供所要求之材料者，在罢工时总委员会将不给予援助。

---

① 原稿中此处划掉了"龙格附议"一语。
② 原稿中在"（6）"之前划掉了马克思的名字。
③ 原稿中此处划掉了"西班牙"一词。

麦克唐奈附议。一致通过！

马克思：小委员会星期一晚8时在马克思住处开会。

通过。

恩格斯记录

第一次用原文发表
原文是英文
参看《马克思恩格斯全集》中文
第1版第44卷第542—544页

1871年9月11日小委员会会议

1871年9月11日星期一下午1[时]
于梅特兰公园路

赛拉叶主持会议。

恩格斯被指定为书记。

在恩格斯提议和黑尔斯附议下，决定同意特鲁拉夫的25镑11先令6便士的账单决定予以同意，传单和第五次印刷的1000册①的售价问题留待考虑。一致通过。

恩格斯提议，埃卡留斯附议：先付给特鲁拉夫先生10镑，其余部分等他把售出的册数报来后再付。一致通过。

马克思提议，龙格附议：为避免任何误解，要求总委员会在代表会

---

① 指《法兰西内战》。

议开幕时宣布,代表会议只不过是根据特殊情况的需要而举行的各国代表的会议,其任务是同总委员会一起商讨和决定一些组织措施。

黑尔斯提议,**龙格**附议:总委员会应建议成立英国联合会委员会。旋又撤销,准备明天在总委员会会议上提出。

马克思提议,**荣克**附议,建议成立女工支部。

恩格斯记录

第一次用原文发表
原文是英文
参看《马克思恩格斯全集》中文第 1 版第 44 卷第 545—546 页

国际工人协会总委员会文件

国际工人协会总委员会关于普法战争的第一篇宣言[430]

致国际工人协会欧洲和美国全体会员

在1864年11月的《国际工人协会成立宣言》中,我们已经说过:"工人阶级的解放既然要求工人们兄弟般的合作,那末在那种为追求罪恶目的而利用民族偏见并在掠夺战争中洒流人民鲜血和浪费人民财富的对外政策下,他们又怎么能完成这个伟大任务呢?"我们当时用这样的话描述了国际所主张的对外政策;"……努力做到使私人关系间应该遵循的那种简单的道德和正义的准则,成为各民族之间的关系中的至高无上的准则。"

路易·波拿巴利用法国的阶级斗争篡夺了政权,并且以不时进行的对外战争来延长其统治,无怪他一开始就把国际看做危险的敌人。在全民投票的前夕,他下令在巴黎、里昂、鲁昂、马赛、布雷斯特以及其他地方,即在法国全境搜捕国际工人协会各个领导机构的成员,借口说国际是一个秘密团体,试图密谋暗杀他。这种借口之荒唐无稽,不久就由他自己的法官们揭穿了。[431]国际的法国各个支部的真正罪行究竟何在?就在于他们曾经公开地大声告诉法国人民:参加全民投票就等于投票赞成对内专制和对外战争。的确,由于他们的努力,在法国所有的大城市,所有的工业中心,工人阶级都一致起来反对全民投票。不幸,由于农村地区的极端愚昧无知,形势发生了逆转。欧洲各国的证券交易所、政府、统治阶级和报刊都欢庆全民投票的成功,认为这是法国皇帝对法国工人阶级的重大胜利。实际上这是个谋杀的信号,谋杀的对象已不是一个人,而是许多民族。

1870年7月的军事阴谋不过是1851年12月的**政变**[432]的修正版。初看起来,事情荒谬得很,全法国都不肯相信当真要发动战争。他们宁肯相信那位把内阁的好战言论斥为不过是交易所把戏的议员①。当7月15日立法团终于被正式告知要打仗的时候,全体反对派都拒绝批准初步用费,甚至梯也尔也申斥此事为"可憎"。巴黎所有独立的报纸都对此事进行了谴责,并且,说也奇怪,外省的报纸也与它们几乎采取一致行动。

与此同时,国际的巴黎会员也再次行动起来。在7月12日的《觉醒报》上,他们发表了《告全世界各民族工人书》,现摘引几段如下:

"在保持欧洲均势和维护民族尊严的借口下,政治野心又在威胁世界和平了。法国、德国、西班牙的工人们!把我们的呼声联合成为共同反对战争的怒吼吧!……争夺霸权的战争,或维护某一王朝利益的战争,在工人看来只能是荒谬绝伦的犯罪行为。我们渴望和平、劳动和自由,我们坚决反对那些自己不付'血税'却利用社会灾难来进行新的投机的人的黩武叫嚣!……德国弟兄们!我们彼此分裂只会使专制制度在莱茵河两岸都获得完全胜利……全世界的工人们!不管我们的共同努力在目前会产生怎样的结果,我们这些不分国界的国际工人协会会员,代表法国工人向你们表示良好的祝愿和敬意,并保证忠于牢不可破的团结。"

在我们的巴黎支部发表这个宣言以后,接着法国各地也发出了许多同样的宣言。我们这里只能引用其中一篇。塞纳河畔讷伊支部在7月

---

① 茹尔·法夫尔。

22日的《马赛曲报》⁴³³上发表的宣言中说：

"这次战争是正义的吗？不！这次战争是民族的吗？不！这只是王朝的战争。为了人道，为了民主，为了法国的真正利益，我们完全并坚决拥护国际反对战争的声明。"

这些抗议表达出了法国工人的真实情感。不久就发生的一件奇事证明了这一点。原先在路易·波拿巴当总统的时候纠集起来的**十二月十日匪帮**⁴³⁴换上了工人衣服，受指使跑上了巴黎的大街去表演战争狂热，市郊的真正工人们当即出来举行了拥护和平的示威，声势异常浩大，以致警察局长比埃特里觉得还是立即禁止任何街头政治活动为妙。他提出的借口是，忠诚的巴黎人民已经充分宣泄了他们蕴藏已久的爱国情感与高涨的战争热情。

不管路易·波拿巴同普鲁士的战争进程如何，第二帝国的丧钟已经在巴黎敲响了。它以一场模仿丑剧开始，仍将以一场模仿丑剧告终。但是不应该忘记，正是欧洲各国政府和统治阶级使路易·波拿巴能够把**复辟帝国**的残酷笑剧表演了18年之久。

在德国方面来说，这次战争是防御性的战争。但是，究竟是谁把德国置于必须进行自卫的地位呢？是谁使路易·波拿巴能够对德国进行战争呢？正是**普鲁士**！是俾斯麦恰恰同这个路易·波拿巴暗中勾结，目的是要镇压普鲁士本国人民的反抗，并使霍亨索伦王朝兼并全德。如果萨多瓦之役⁴³⁵不是打胜而是打败了，法国军队就会以普鲁士盟友资格在德国到处横行。普鲁士在得胜之后，难道曾有过片刻想过要以一个自由的德国去和一个被奴役的法国相对抗吗？恰恰相反！普鲁士细心保存了自己旧制度固有的一切妙处，另外又采纳了第二帝国的一切奸猾伎俩：它的真专制与假民主，它的政治面具与财政欺骗，它的漂亮言辞和龌龊手腕。波拿巴体制以前只是在莱茵河的一岸称雄，如今在河的另一岸又出来个貌似一样的体制。在这种形势下，除了**战争**，还能有什么结果呢？

如果德国工人阶级听任目前这场战争失去其严格的防御性质而蜕变为反对法国人民的战争，那末无论胜利或失败，都同样要产生灾难性的后果。德国在它的所谓解放战争之后所遭到的那一切不幸，将会变本加厉地重新落到它的头上。

然而，国际的原则在德国工人阶级中间传播非常广，扎根非常深，我们不必担心会发生这种悲惨的结局。法国工人的呼声已经在德国得到了反响。7月16日在不伦瑞克举行的工人群众大会宣布完全赞同巴黎宣言，唾弃对法国持民族对立态度的主张。会上通过的决议在结束语中是这样说的：

"我们反对一切战争，而首先反对的是王朝战争⋯⋯ 我们为即将被迫参加一场无可避免的不幸的防御战争而深感悲痛；同时我们向德国全体工人阶级呼吁：一定要使这样一种巨大的社会灾难不再重演。为此，工人阶级必须争取让各国人民都有权决定战争与和平问题，从而使他们成为自己命运的主人。"

在开姆尼茨，代表5万萨克森工人的代表大会一致通过了如下的决议：

"我们以德国民主派的名义，特别是以参加社会民主党的工人的名义宣布，目前这场战争完全是王朝战争⋯⋯ 我们很高兴地握住法国工人们向我们伸出的兄弟之手⋯⋯ 我们谨记着国际工人协会的'**全世界无产者，联合起来！**'的口号，永远也不会忘记**世界各国的工人都是我们的朋友**，而**世界各国的专制君主都是我们的敌人**。"[436]

国际的柏林支部也回答巴黎宣言说：

"我们全心全意地支持你们的抗议⋯⋯ 我们庄严地宣誓：无论是军号的声音或大炮的轰鸣，无论是胜利或失败，都不能使我们背离我们全世界工人联合起来而奋斗的共同事业。"

好极了！

在这场自杀性斗争的背景上，显现出俄国的阴影。不祥的征兆是，目前这场战争发出信号时，正赶上俄国政府刚刚建成它的具有战略意义的铁道线并且已经向普鲁特河方向集结军队。不论德国人在反对波拿巴侵略的防御战争中应该得到怎样的同情，只要他们容许普鲁士政府请求或者接受哥萨克的援助，那他们得到的同情就会立即消失。他们应该记得，德国在进行了反对拿破仑第一的解放战争以后，曾经有数十年之久匍匐跪倒在沙皇脚下。

英国工人阶级向法国工人和德国工人伸出了友谊的手。他们深信，不管当前这场可憎的战争进程如何，全世界工人阶级的联合终究会根绝一切战争。法国当局和德国当局把两国推入一场手足相残的争斗，而法国的工人和德国的工人却互通和平与友谊的信息。单是这一件史无前例的伟大事实，就向人们展示出更加光明的未来。这个事实表明，同那个经济贫困和政治昏聩的旧社会相对立，正在诞生一个新社会，而这个新社会的国际原则将是**和平**，因为每一个民族都将有同一个统治者——**劳动**！

这个新社会的开路先锋就是国际工人协会！

总委员会：

罗伯特·阿普尔加思	乔治·米尔纳
马丁·詹·布恩	托马斯·莫特斯赫德
弗雷德里克·布拉德尼克	查里·默里
考埃尔·斯特普尼	乔治·奥哲尔
约翰·黑尔斯	詹姆斯·帕内尔
威廉·黑尔斯	普芬德

乔治·哈里斯　　　　　　　吕尔
弗里德里希·列斯纳　　　　约瑟夫·谢泼德
乌·林特恩　　　　　　　　斯托尔
勒格廖利耶　　　　　　　　施穆茨
捷维·莫里斯　　　　　　　威·唐森

通讯书记：

欧仁·杜邦——法国
卡尔·马克思——德国
奥·赛拉叶——比利时、荷兰和西班牙
海尔曼·荣克——瑞士
乔万尼·波拉——意大利
安东尼·扎比茨基——波兰
詹姆斯·科恩——丹麦
约·格·埃卡留斯——美国

主　　席　本杰明·鲁克拉夫特
财务委员　约翰·韦斯顿
总 书 记　约翰·格奥尔格·埃卡留斯

1870年7月23日于伦敦西中央区
海-霍尔本街256号

卡尔·马克思写于1870年7月19—23日 1870年7月用英文以传单形式发表，1870年8—9月用德文、法文和俄文印成传单，并在期刊上发表

参看《马克思恩格斯文集》第3卷第113—119页

给社会民主工党委员会的信[437]

……掌权的武人奸党、大学教授、市民阶级和啤酒店的小政客都说，这①是永远防止德国同法国作战的办法。恰好相反，这是把这场战争变成**欧洲的经常性事务**的最可靠的办法。这的确是在获得了新生的德国使军事专制制度作为霸占**西方的波兰**——阿尔萨斯和洛林——的必要条件永世长存下去的最好办法。这是使未来的和平仅仅变成在法国未强大到要求收复失地时的停战状态的万无一失的办法。这是使德国和法国在相互残杀之中同归于尽的万无一失的办法。

发明了这种永久和平保证的恶棍和傻瓜们，应该哪怕从普鲁士的历史中，从拿破仑为蒂尔西特和约[438]付出惨重代价的例子中知道：用这种强力手段来压服一个具有生命力的民族，其结果将和预期的目的刚刚相反。而法国，即使在失去阿尔萨斯和洛林之后，都不是蒂尔西特和约以后的普鲁士可与相比的！

如果说，只要**旧的国家体系**继续存在，法国的沙文主义就能在下列事实即首都巴黎，从而整个法国自1815年以来几次战败后已处于无法防守的地位这一事实中，找到一定的现实根据，那末，一旦把国境线东边移到孚日山脉，北面移到梅斯城，这种沙文主义将得到什么样的新鲜养料呵。

---

① 指兼并阿尔萨斯和洛林。

说洛林人和阿尔萨斯人期待着**德国**政府的仁政，就连最狂妄的①条顿人也不敢这样断言。这次宣扬的是一个泛日耳曼主义和"安全"边界的原则，据说这个原则会在东方给德国和欧洲带来光辉的结果。

谁没有完全被当前的叫嚣震聋耳朵或者**不热衷于震聋德国人民的耳朵**，他就应该了解到，1870年的战争必然孕育着**德国和俄国之间的一场战争**，正如1866年的战争孕育着1870年的战争一样。

我说这是**必然的，不可避免的**，除非有一种不大可能的情况发生，即在这以前**俄国爆发一次革命**。

如果这种不大可能的情况不出现的话，那末德国和俄国之间的战争现在就应该认为是一种 fait accompli（既成事实）。

这场战争是有利还是有害，完全取决于德国胜利者当前的行动。

如果他们夺去了阿尔萨斯和洛林，那末法国就会**联合俄国共同**对德国作战。这种战争的致命后果是没有必要加以说明的。

如果他们同法国缔结光荣的和约，那末，这场战争就会把欧洲从俄国人的独裁下解放出来，就会使普鲁士溶于德国之中，就会使欧洲大陆的西部获得和平发展，最后，它还会促进俄国社会革命的爆发（这一革命的因素只有靠这样一种外来的推动才能得到发展），因而这对俄国人民也是有利的。

但是，我担心的是，如果德国工人阶级不众口一辞地说出他们的主张，那些恶棍和傻瓜就会肆无忌惮地继续他们的疯狂的赌博……

目前的战争开辟了一个有世界历史意义的新时代，因为在战争中德国证明了：它即使在没有奥地利的德意志区的情况下，也能够**不依赖外国而独立行动**。德国首先要**在普鲁士的兵营里**取得自己的**统一**，这完全是它应得的惩罚。但是，虽然是用这种方法，**结果**毕竟是获得了。一些

---

① 传单上被删去的"最狂妄的"这几个字，是在留有恩格斯笔迹的传单上由他添上的。

琐琐碎碎的事情，如德国北部的民族自由党和德国南部的人民党[439]之间的冲突，将不能再徒劳无益地挡住前进道路了。局势将会有很大的发展，而且将会简单化起来。如果德国工人阶级那时不能负起他们应负的历史使命，那是他们的过错。**这场战争已经把欧洲大陆的工人运动的重心从法国移到德国**。所以德国工人阶级肩负着更大的责任……

马克思和恩格斯写于1870年8月22日和30日之间 1870年9月5日以传单形式刊印的社会民主工党委员会的宣言中曾引用这封信，该宣言又载于1870年9月11日《人民国家报》第73号

原文是德文
参看《马克思恩格斯选集》中文第1版第2卷317—319页

国际工人协会总委员会关于普法战争的第二篇宣言[440]

致国际工人协会欧洲和美国全体会员

在我们7月23日发表的第一篇宣言中，我们说过：

"第二帝国的丧钟已经在巴黎敲响了。它以一场模仿丑剧开始，仍将以一场模仿丑剧告终。但是不应该忘记，正是欧洲各国政府和统治阶

级使路易·波拿巴能够把**复辟帝国**的残酷笑剧表演了 18 年之久。"

这样，在军事行动尚未开始以前，我们就已经把那个波拿巴泡沫当作过去的事务来看待了。

我们对于第二帝国生命力的看法没有错，我们担心在德国方面"战争失去其严格的防御性质而蜕变为反对法国人民的战争"，也没有错。从事实本身来看，防御性战争是到路易·波拿巴缴械、色当投降和巴黎宣告共和国成立时告终的。但是还在这些事件之前很久，当波拿巴军队腐朽透顶的情况刚变得显而易见的时候，普鲁士军事上的幕后操纵者就决定要打一场征服战争了。不过在他们的面前有一个讨厌的障碍，即**国王威廉自己在战争开始时发表的声明**。威廉在北德意志联邦国会上发表的御前演说中曾庄严地声明，他是同法国皇帝作战，不是同法国人民作战。8 月 11 日，他曾发布告法兰西民族书，其中说道：

> 拿破仑皇帝在陆上和海上向昨天和今天一直都愿意同法国人民和平相处的德意志民族发动了进攻；**为了打退他的进攻**，我负起了指挥德国军队的责任，而现在战局驱使我**越过了法国的国界**。

威廉并不满足于宣称他只是"**为了打退进攻**"才负起指挥德国军队的责任，以此来表白战争的防御性质，他又补充说，他只是在"战局驱使"时才越过了法国的国界。自然，防御战争并不排除"战局"所要求的进攻行动。

可见，这位虔诚的国王曾向法国和全世界保证他所进行的是严格意义的防御战争。怎样才能使他摆脱这一庄严保证的约束呢？导演这出戏的人们便不得不把事情弄成这样：仿佛威廉是违心地顺从了德意志民族的不可抗拒的要求。他们立刻将此意暗示给了德国自由资产阶级以及他们那帮教授、资本家、市议员和新闻记者。这个在 1846—1870 年争取公民自由的斗争中表现得空前犹豫、无能和怯懦的资产阶级，看到要在欧洲舞台上扮演凶猛吼叫的德国爱国之狮的角色，当然是欣喜若狂。它再次要求它的公民独立自主的权利，摆出一副逼迫普鲁士政府的样子。逼迫政府干什么呢？逼使政府接受政府自己的秘密计划。它深切忏悔不该那样长久地、几乎像信奉宗教一样深信路易·波拿巴永无谬误，因此它大声疾呼要求肢解法兰西共和国。让我们略微听一听这些爱国勇士们所用的独特论据吧。

他们不敢公然说阿尔萨斯和洛林的居民渴望投入德国怀抱。恰恰相反。为了惩罚这些居民对法国的爱国情感，斯特拉斯堡（一个有一座居高临下的独立要塞的城市）被"德意志的"炸弹野蛮地滥轰了六天之久，城市被焚毁，大批赤手空拳的居民被杀害！当然啦！这两省的领土先前有个时候曾经隶属于早已寿终正寝的德意志帝国。因此，这块领土连同它所有的居民，看来应该当做德国不可剥夺的财产加以没收。如果依照古玩鉴赏家的想法恢复昔日欧洲的地图，那就千万不要忘记，先前勃兰登堡选帝侯曾以普鲁士领主身份做过波兰共和国的藩臣。**441**

但是，更有心计的爱国者们要求阿尔萨斯和洛林德语区的理由是，此乃防止法国侵略的"物质保证"。因为这种卑鄙的口实曾把许多头脑迟钝的人弄得糊里糊涂，我们认为有责任比较详细地谈谈这一点。

毫无疑义，阿尔萨斯的一般地势（和莱茵河对岸比较起来），加上在巴塞尔和盖默斯海姆之间的半路上有斯特拉斯堡这样一个大筑垒城市，这就使法国入侵南德意志十分容易，而从南德意志入侵法国就特别困难。同样毫无疑义，阿尔萨斯和洛林德语区并入德国，会大大加强南德意志的边防，因为那时南德意志将能够控制全部孚日山脉和作为北面关隘屏障的各个要塞。如果梅斯也被并入，当然，法国两个主要的作战基地立刻就都失掉了，但是这并不能阻止它在南锡或凡尔登建立新的基地。德国拥有科布伦茨、美因茨、盖默斯海姆、拉施塔特和乌尔姆等，这些基地都是用于对法国作战的，并且在这次战争中都曾被充分地加以利用。如果德国连法国这一地带仅有的两个还算是有价值的要塞——斯特拉斯堡和梅斯——都不肯给它留下，那还有什么公平可言？况且，斯特拉斯堡只有在南德意志成为与北德意志分离的势力时，才能使南德意志受到威胁。从1792年到1795年，南德意志一次也没从这方面受到侵犯，因为普鲁士当时参加了反对法国革命的战争；但是，当普鲁士于1795年缔结了单独和约[442]而把南方置之不顾的时候，南德意志立即受到以斯特拉斯堡为基地的侵犯，并且一直继续到1809年。实际上，**统一的**德国任何时候都能够使斯特拉斯堡以及驻在阿尔萨斯的任何法国军队无以为害，办法是：把自己的全部军队集中在萨尔路易和兰道之间——在这次战争中就是这样做的——并沿美因茨到梅斯的交通线进攻或应战。只要德国的大部军队驻扎在那里，那末从斯特拉斯堡向南德意志进犯的任何法国军队，都有被从侧翼包围和被切断交通线的危险。如果最近这次战争证明了什么东西的话，那就是证明了从德国向法国进攻较为容易。

但是，老实说，把军事上的考虑当成决定国界的原则，岂不完全是一种愚蠢和时代错乱吗？如果按照这条规则行事，那末奥地利就仍然有权要求取得威尼斯，要求取得明乔河一线；而法国就仍然有权为保护巴黎而要求取得莱茵河一线，因为巴黎从东北受到进攻的危险，无疑比柏林从西南受到进攻的危险要大。如果国界按军事利益来决定，那末这种要求就会没完没了，因为任何一条军事分界线都必然有其缺点，都可能用再兼并一些邻近地区的办法加以改善；并且这种国界永远也无法最终地和公允地划定，因为每一次总是战胜者强迫战败者接受自己的条件，从而播下新战争的种子。

全部历史的教训就是这样。就各民族来说和就个人来说都是如此。为了剥夺对方的进攻能力，就必须剥夺对方的防御手段。不但要勒住对方的喉咙，而且要杀死对方。如果说过去有哪个战胜者曾经获取"物质保证"用以摧毁一个民族的力量的话，那就是拿破仑第一：他缔结了蒂尔西特和约，并利用这个和约来宰割普鲁士以及德国的其余部分。然而，几年之后，他那赫赫威势就像一根腐朽的芦苇似地被德国人民摧毁了。普鲁士现在在它最狂妄的幻想中能够或者敢于向法国索取的"物质保证"，难道能够和拿破仑第一曾从德国本身索取过的相比吗？结果也会是同样悲惨的。历史将来给予报应的时候，决不会是看你从法国割去了多少平方英里的土地，而是看你在19世纪下半叶重新推行**掠夺政策**的这种罪恶有多大！

条顿族的爱国喉舌们会说：但是你们不应该把德国人同法国人混为一谈呀。**我们**所要的不是荣誉，而是安全。德国人本质上是爱好和平的民族。在他们清醒的监护下，甚至掠夺行为也从未来战争的原因变成了永久和平的保证。1792年为了用刺刀镇压18世纪革命这一崇高目的而侵入法国的当然不是德国人呀！由于奴役意大利、压迫匈牙利和瓜分波兰而染污了双手的也不是德国人呀！在德国现行军事制度下，所有成年男子被分成现役常备军和归休常备军两部分，这两部分都必须绝对服从自己的天赐长上。这样的军事制度当然是维护和平的"物质保证"，并且是文明的最终目的！在德国，也如在任何其他地方一样，有权势者的走卒总是用虚伪的自我吹嘘毒化社会舆论。

这帮德国爱国志士一看到法国的梅斯和斯特拉斯堡这两个要塞就装出气愤的样子，但是对于俄国在华沙、莫德林、伊万城等处修筑庞大的防御工事体系，他们却不认为有什么不好。他们在波拿巴入侵带来的恐怖景象面前周身发抖，而他们对于受俄皇监护的耻辱却若无其事。

在1865年，路易·波拿巴和俾斯麦相互作出保证，同样，在1870年，哥尔查科夫同样也和俾斯麦相互作出保证。[443]从前，路易·波拿巴曾自鸣得意地认为1866年的战争将使奥地利和普鲁士都精疲力竭，因而使他成为德国的最高主宰；同样，亚历山大也自鸣得意地认为1870

年的战争将使德国和法国都精疲力竭,因而使他成为西欧大陆的最高主宰。当年第二帝国认为自己不能与北德意志联邦并存,如今专制的俄国也定会认为到普鲁士领导的德意志帝国对它是一个威胁。这原是旧的政治制度的规律。在这个旧制度范围内,一国之所得即是他国之所失。沙皇能对欧洲发生极大的影响,是由于他对德国有传统的控制力。当俄国内部的那些火山似的社会力量有可能动摇专制制度最深固的根基时,难道沙皇能容许丧失他的这种国外威势吗?俄国的报纸已经用波拿巴的报纸在1866年战争结束后所用的口气说话了。难道条顿族的爱国志士真的以为他们迫使法国投入俄国的怀抱,就可以保证德国获得自由与和平吗?如果德国在军事上的侥幸、胜利后的骄横以及王朝的阴谋驱使下要去宰割法国,那末它就只有两条路可走。它必须不顾一切后果、**公开**充当俄国扩张政策的工具,或者是稍经喘息之后重新开始准备进行另一次"防御"战争,但不是进行那种新发明的"局部"战争,而是进行**种族战争**,即反对联合起来的斯拉夫种族和罗曼语种族的战争。

德国工人阶级坚决支持了它所无力阻止的这场战争,把这看做是争取德国独立、争取法国和全欧洲从第二帝国这个可恶的梦魇的羁绊下解放出来的战争。正是德国的产业工人和农业劳动者一起,撇下了半饥半饱的家庭而组成了英勇的军队的骨干。他们在国外战场上有许多人战死,而回国后还要有许多人穷死饿死。所以他们现在也要求得到"保证"——保证使他们付出的无数牺牲不致白费,使他们获得自由,使他们对波拿巴军队的胜利不会像1815年那样变成德国人民的失败。[444]而他们所要求的第一个这样的保证,就是给**法国以光荣的和平**并**承认法兰西共和国**。

德国社会民主工党中央委员会在9月5日发表了一个宣言,坚决要求这些保证。宣言说:

我们抗议兼并阿尔萨斯和洛林。我们了解我们是代表德国工人阶级说话的。为了法国和德国的共同利益,为了和平和自由的利益,为了西方文明战胜东方野蛮的利益,德国工人决不能容忍兼并阿尔萨斯和洛林……我们将忠实地同我们的全世界工人同志们站在一起,为无产阶级共同的国际事业而奋斗!

遗憾的是,我们不能指望他们马上获得成功。既然法国工人在和平时期尚且不能制止住侵略者,那末德国工人在军事狂热时期又怎么会有更多的希望制止住胜利者呢?德国工人的宣言要求把路易·波拿巴当做普通罪犯引渡给法兰西共和国。他们的统治者却已在竭力设法重新把他扶上土伊勒里宫的宝座,认为他是能葬送法国的最佳人选。可是无论如何,历史会证明,德国工人决不是像德国资产阶级那样由柔软的材料制成的。他们一定会尽到自己的责任。

我们像他们一样为法国建立共和国而欢呼,但是同时他们感到不安,我们唯愿这种不安是无根据的。这个共和国并没有推翻王位,而只是占据了它空出来的位子。它不是作为社会的胜利,而是作为民族的防御措施宣告成立的。它掌握在一个临时政府手中。组成这个政府的,一部分人是声名狼藉的奥尔良党人,一部分人是资产阶级共和党人,而后者中间某些人的身上又在1848年六月起义[445]时期留下了洗不掉的污点。这个政府的成员之间的职务分配情形是不妙的。奥尔良党人夺取了军队和警察这样一些重要据点,而自称共和党的人分到的则是那些空话的部门。这个政府采取的最初几个步骤中已经很清楚地表明,这个政府不只是从帝国那里承袭了一大堆残砖断瓦,而且还继承了它对工人阶级的恐惧。如果说现在他们说了许多大话,以共和国的名义要求去做终归是不可能做到的事情,那么其目的不是为了组建"可能存在的"政府而掀起一场喧嚣吗?这个共和国在它的某些资产阶级管理者的眼中,不是仅仅应当成为奥尔良王朝复辟的跳板和桥梁吗?

由此可见，法国工人阶级正处于极困难的境地。在目前的危机中，当敌人几乎已经在敲巴黎城门的时候，一切推翻新政府的企图都将是绝望的蠢举。法国工人应该执行自己的公民职责，但同时他们不应当为民族历史上的1792年所迷惑，就像法国农民曾经为民族历史上的第一帝国所欺骗那样。他们不应当重复过去，而应当建设未来。唯愿他们镇静而且坚决地利用共和国的自由所提供的机会，去加强他们自己阶级的组织。这将赋予他们以海格立斯般的新力量，去为法国的复兴和我们的共同事业即劳动解放的事业而斗争。共和国的命运要靠他们的力量和智慧来决定。

英国工人已经采取了一些步骤，以求用外部的有效压力来强迫他们的政府改变不愿承认法兰西共和国的态度。[446]英国政府现在迟迟不决，大概是想以此为反雅各宾战争，为自己过去承认政变时所表现的不体面的草率态度弥补过失吧。[447]此外，英国工人要求他们的政府用一切力量反对肢解法国，而这种肢解是一部分英国报刊公然无耻地要求的。正是这部分报刊曾在整整20年内把路易·波拿巴崇奉为欧洲的救主，并且欢欣若狂地赞扬了美国奴隶主的叛乱。现在，它们也像当时一样，为奴隶主的利益卖力。

每一个国家的**国际工人协会**支部都应当号召工人阶级行动起来。如果工人们忘记自己的职责，如果他们采取消极态度，那末现在这场可怕的战争就只不过是将来的更可怕的国际战争的序幕，并且会在每一国家内使刀剑、土地和资本的主人又一次获得对工人的胜利。

共和国万岁！

总委员会：

罗伯特·阿普尔加思　　　　　　马丁·詹·布恩
弗雷德里克·布拉德尼克　　　　凯西尔

约翰·黑尔斯	威·黑尔斯
乔治·哈里斯	弗里德里希·列斯纳
洛帕廷	本·克鲁拉夫特
乔治·米尔纳	托马斯·莫特斯赫德
查里·默里	乔治·奥哲尔
詹姆斯·帕内尔	普芬德
吕尔	约瑟夫·谢泼德
考埃尔·斯特普尼	斯托尔
施穆茨	

通讯书记:

欧仁·杜邦——法国
卡尔·马克思——德国
奥·赛拉叶——比利时、荷兰和西班牙
海尔曼·荣克——瑞士
乔万尼·波拉——意大利
捷维·莫里斯——匈牙利
安东尼·扎比茨基——波兰
詹姆斯·科恩——丹麦
约·格·埃卡留斯——美国

——

主　　席　威廉·唐森
财务委员　约翰·韦斯顿
总 书 记　约翰·格奥尔格·埃卡留斯

1870年9月9日于伦敦西中央区
海-霍尔本恩街256号

卡尔·马克思写于1870年9月6—9日，1870年9月11—13日用英文以传单形式发表，1870年9—12月用德文印成传单，并用德文和法文在期刊上发表

按英文传单（第2版）刊印
参看《马克思恩格斯文集》第3卷第120—130页

致国际工人协会比利时各支部第六次代表大会[448]

1870年12月23日于伦敦

公民们：

　　国际工人协会总委员会向你们第六次代表大会祝贺。召开这次代表大会这一事实本身就再次证明，甚至当血腥的和兄弟残杀的战争使整个欧洲充满恐怖，暂时使社会舆论无暇他顾的时候，比利时无产阶级仍然不倦地坚持着他们争取工人阶级解放的斗争。

　　我们特别满意地指出，比利时各支部在对待这次战争的态度上遵循了符合各国无产阶级利益的行动路线，宣布了符合各国无产阶级利益的思想，即拒绝一切侵略意图，支持法兰西共和国。而且我们的比利时朋友们在这方面和其他国家的工人们行动完全一致。

　　自从普鲁士人占领鲁昂以后，我们和法国所保持的最后联系就暂时中断。可是在英国、美国和德国的工人中却异常迅速地掀起了反对侵略战争、支持法兰西共和国的运动。尤其是在德国，这个运动所具规模之大，使得普鲁士政府觉得必须为了它的反动掠夺政策的利益来镇压工

人。设于不伦瑞克的德国社会民主工党中央委员会被逮捕了；该党的许多党员也遭到了同样的命运；而且在北德意志联邦议会中代表工人阶级观点和利益的两个议员，公民倍倍尔和李卜克内西也被关入监狱。国际被指责向所有这些公民发出了实行一次广泛革命阴谋的信号。我们所面临的无疑是声名狼藉的所谓国际在巴黎的阴谋的翻版，这个阴谋据说是被波拿巴的警察破获的，但是后来证明是一种不攻自破的捏造。国际工人运动尽管遭到种种迫害，仍然日益发展和壮大。

这次代表大会使你们能够确定支部和其他附属团体的数目，以及其中每一个组织的人数，从而对我们的运动在比利时的成就得到一个正确的概念。我们希望你们把这个说明我们协会在比利时的状况的统计资料通知总委员会。我们将尽力给这个统计资料加上其他国家的材料。自然我们会对这个材料保守秘密，我们从中了解到的事实不会公开发表。

其次，总委员会希望比利时各支部能在1871年内考虑一下历次国际代表大会关于向总委员会缴纳会费的决议。这次战争使大陆上的大部分国家都很难拿出钱来；我们也清楚地知道，比利时的工人们也正经受着这次战争所造成的普遍萧条的影响。总委员会所以提出这个问题，只不过是提醒比利时各支部，没有物质上的支援，总委员会就势难开展如它所期望的那种规模的宣传活动。

由于比利时书记公民赛拉叶不在，总委员会特委托本人向代表大会发出此项通知。

敬礼和兄弟友谊

弗里德里希·恩格斯

恩格斯用法文写

致国际工人协会西班牙联合会委员会[449]

1871年2月13日于伦敦

公民们：

总委员会非常高兴地收到了你们12月14日的来信。你们7月30日寄出的上一封信，我们也收到了；这封信已经交给了西班牙书记公民赛拉叶，委托他代表我们给你们写回信。但是公民赛拉叶不久就到法国为共和国战斗去了，而且接着就被困在巴黎。你们所以没有收到还在他手头的你们7月30日的那封信的回信，那就是这种情况造成的。现在，总委员会在本月7日的会议上授权信末签名人——弗·恩暂时负责同西班牙通信，并且把你们最近的这封信交给了他。

我们按期收到了下面几种西班牙文的工人报纸——巴塞罗那的《联盟》周报、马德里的《团结报》（到1870年12月为止）、帕尔马的《工人报》（到停刊为止），新近还收到了帕尔马的《社会革命报》（仅仅是创刊号）。[450]这些报纸使我们经常了解到西班牙工人运动中所发生的事情；我们非常满意地看到社会革命的思想愈来愈成为你们国家的工人阶级的共同信念。

毫无疑问，旧政党的空洞的豪言壮语，正如你们所说的，吸引了人民的过多的注意力，因而给我们的宣传造成了很大的障碍。这种情况在无产阶级运动的最初年代中到处都发生过。在法国，在英国，在德国，社会主义者过去曾经不得不反对，而且现在也还不得不反对旧政党的影响和活动，即反对贵族的或资产阶级的、君主派的或者甚至是共和派的政党的影响和活动。各地的经验都证明，要使工人摆脱旧政党的这种支配，最好的办法就是在每一个国家里建立一个无产阶级的政党，这个政党要有它自己的政策，这种政策将同其他政党的政策显然不同，因为它必须表现出工人阶级解放的条件。这种政策的细节可以根据每一个国家的特殊情况而有所不同。但是，因为劳动和资本之间的基本关系到处都一样，有产阶级对被剥削阶级的政治统治这一事实到处都存在，所以无产阶级政策的原则和目的就总是一样的，至少在一切西方国家中是这样。有产阶级，即土地贵族和资产者，使劳动人民处于被奴役的地位，这不仅靠他们的财富的力量，不仅靠资本对劳动的剥削，而且还靠国家的力量，靠军队、官僚和法庭。如果放弃在政治领域中同我们的敌人的斗争，那就是放弃了一种最有力的行动手段，特别是组织和宣传的手段。普选权赋予我们一种卓越的行动手段。在德国，组织成坚强政党的工人，派出六个代表参加所谓国民代表会；我们的朋友倍倍尔和李卜克内西居然能在那里反对侵略战争，这比起我们多年来通过报刊和集会所进行的宣传，起了有力得多的、有利于国际宣传的作用。现在，在法国也刚刚选出了工人的代表，他们将在国民议会中大声宣布我们的原则。在英国最近的选举中，也将发生同样的情形。

我们高兴地知道你们想把你们国家的各个支部的会费转给我们，我们将以感激的心情接受这笔会费。会费请通过伦敦的任何一家银行用汇票汇给我们的财务委员约翰·韦斯顿，汇票请用挂号信寄给信末的签名人，地址是：伦敦海-霍尔本街256号（总委员会驻在地），或瑞琴特公园路122号（他的住址）。

我们还很感兴趣地等待着你们答应寄给我们的那份关于你们联合会的统计材料。

至于国际的代表大会，在当前的战争继续进行的时候，是无从考虑召开的。但是，如果和平很快就恢复——这是很可能的——总委员会马上会研究这个重大问题,并且会考虑你们提出的在巴塞罗那召开代表大会的友好邀请。

我们在葡萄牙还没有支部;同这个国家的工人建立联系,这对你们来说也许比我们容易些。如果这样的话,那就请你们就这件事再写一封信给我们。同样,我们相信,如果你们能同布宜诺斯艾利斯的印刷工人建立联系,以后把所取得的结果告诉我们,那至少在开始时是比较好的。现在,如果你们能给我们寄一期《布宜诺斯艾利斯印刷工人协会年鉴》[451]来看一看,那你们就给我们的工作帮了一个令人满意的和有益的忙。

在其他各国,国际运动虽然障碍重重,但是仍在继续发展。在英国,伯明翰和曼彻斯特的工会中央理事会(Trades' Councils)不久以前已经直接加入我们的协会,通过它们,这个国家的两个最大的工业城市的工人也就加入我们的协会了。在德国,我们现在正受着政府的迫害,这种迫害和一年前我们在法国所受到的路易·波拿巴的迫害是一样的。我们的德国朋友们——其中已经有50多人被投入监狱——真正是在为国际的事业受苦;他们之所以被逮捕和受迫害,是因为他们用全部力量反对侵略政策,要求德国人民和法国人民友好。在奥地利,我们的许多朋友也被关在监狱里,但是运动还是在发展。在法国,我们的各地的支部都成为反抗侵略的灵魂和力量,它们在南方各大城市中夺得了地方政权。里昂、马赛、波尔多、土鲁斯都发挥了前所未见的毅力,这应当完全归功于国际会员的努力。在比利时,我们有强大的组织;我们的比利时各支部刚胜利地开过自己的第六次全国代表大会。在瑞士,不久以前在我们各支部之间出现的意见分歧,看来在开始平息下去。我们从美国接到了消息,说又增加了一些新的支部,即法国人支部、德国人支部和捷克人(波希米亚人)支部,此外,我们同一个很大的美国工人组织——劳工同盟(Labor League)仍然保持着兄弟般的关系。

希望很快能得到你们的新消息，向你们致兄弟般的敬礼。

代表国际工人协会总委员会

弗·恩·

恩格斯用法文写（除标题用西班牙文外）

参看《马克思恩格斯全集》中文第1版第17卷第303—306页

致《人民国家报》编辑部[452]

办得最有成绩的一家巴黎警察报纸《巴黎报》，3月14日发表了一篇文章，标题耸人听闻：《Le Grand chef de l'Internationale》①（"Grand chef"，大概是施梯伯的"Hauptchef"[453]的法文译法）。

那篇文章开头这样说道："众所周知，他是德国人，更糟糕的是，还是普鲁士人。他叫卡尔·马克思，住在**柏林**"云云。"真想不到！这个卡尔·马克思不满意**国际**的法国会员的做法。单凭这一点就可看出他的特色。他认为他们过分注意政治，对社会问题关心不够。这就是他的看法，他刚才写信给他的战友，**国际**的一位巴黎祭司，公民**赛拉叶**，作了十分明确的阐述。卡尔·马克思要求国际的法国会员，特别是巴黎的会员不要忽视他们的协会只有一个唯一的目标：劳动的组织和工人协会的未来。但是他们不组织劳动，反而加以破坏，因此他认为必须使这些违法乱纪者尊重协会的章程。我们声明，只要卡尔·马克思先

---

① 《国际的最高首脑》。

生的这封值得注意的信向国际会员一宣布，我们就有可能予以发表。

3月19日的《巴黎报》果真刊载了一封说是由我署名的信。这封信立刻为巴黎所有的反动报刊，以后又为伦敦的报纸转载了。不过这时《巴黎报》探听到我住在**伦敦**，而**不是住在柏林**。因而这一次和第一次的报道不同，信上注明是伦敦。但是这个过迟的更正有这样一个毛病，即硬要我转弯抹角地经过巴黎和我住在伦敦的友人**赛拉叶**通信。正如我已经在《泰晤士报》上声明的，这封信彻头彻尾是无耻的**捏造**。

正是这家《巴黎报》和巴黎其他的"正派报纸"散播谣言，说**国际巴黎联合会委员会**似乎通过了超出它权限范围的把德国人开除出国际工人协会的决议。伦敦的几家日报赶忙抓住这条使它们感到高兴的新闻，幸灾乐祸地在自己的社论里大谈其**国际**终于进行的自杀。使它们感到不快的是，今天《泰晤士报》刊载了**国际工人协会总委员会**的如下声明：

> 英国报刊纷纷报道，似乎国际工人协会的巴黎会员秉承**反德同盟**的意旨，竟然开除了**国际**中的全体德国人。这个报道完全违背事实。无论是我们协会的巴黎联合会委员会，也无论是它所代表的任何巴黎支部，都从未想到做出这样的决定。所谓的反德同盟纯粹是贵族和资产阶级玩弄的把戏。它是由赛马俱乐部倡议成立的，由于科学院、交易所、某些银行家和工厂主等的支持才得以继续存在。工人阶级从来就与它毫无关系。
>
> 这种诽谤的目的十分明显。在这次战争爆发前不久就有人企图把国际当做替罪羊，要它承担一切不愉快事件的责任。现在又是在耍这种手法。例如，瑞士和普鲁士的报纸指责国际是制造不久前在苏黎世发生的侮辱德国人事件的罪人，而像《里昂信使报》、《吉伦特信使报》、《自由》等法国报纸则报道说，**日内瓦和伯尔尼**的'国际会员'在**普鲁士大使主持**下举行了什么秘密会议；在这些会议上仿佛拟定了计划，要夺取**里昂**，让联合一致的普鲁士人和国际会员来共同洗劫该城。

这就是总委员会的声明。旧社会中身居高位的人物和统治阶级只有靠**民族**斗争和**民族**矛盾才能继续执掌政权和剥削从事生产劳动的人民群众,很自然,他们都把**国际工人协会**看做自己共同的敌人。只要能消灭它,**一切**办法都是好的。

国际工人协会总委员会德国书记　**卡尔·马克思**

1871年34月23日于伦敦

载于1871年3月29日《人民国家报》第26号,1871年3月31日《平等报》第6号(有删节),1871年4月23日《先驱》第4期

原文是德文
参看《马克思恩格斯全集》中文第1版第16卷第314—316页

国际工人协会总委员会

1871年4月5日于伦敦西中央区

海-霍尔本街256号

亲爱的先生:

我受总委员会委托,提请贵团体对安特卫普雪茄烟工人遭遇同盟歇业一事予以关注。[454]过去多年来,在比利时、荷兰和英国的本行业工人之间缺乏了解,以致发生过一些问题。1868年,伦敦雪茄烟工人协会

的代表①在国际的布鲁塞尔代表大会上,为布鲁塞尔和安特卫普的雪茄烟工人工会奠定了基础,以后这种工会在其他城镇,在荷兰也都建立了起来。目前在布鲁塞尔没有入会的只有4人,在安特卫普有49人。所有这些工会都是国际的支部,互相之间都有通讯联系。

雇主们成立了一个反联盟,几天以前,安特卫普的雇主们决定实行同盟歇业,除非工人们退出工会。工人们决定坚持留在工会,结果现在有500人被赶出工厂。他们手里有240镑,伦敦雪茄烟工人协会决定给他们150镑,伦敦的比利时人募集了20镑。再多得到一点援助就可以保证胜利。安特卫普的工人并不要求捐助,而是要求借款,我们根据经验知道这种借款都是如数偿还的。有鉴于此,总委员会呼吁贵团体予以考虑,务请提供力所能及的一切援助。闭厂期间的补助金数额不高,每周仅5法郎。不能让工人联合的事业因缺少几周的补助金而遭失败。此次胜利也将会为其他行业减少麻烦。

如需总委员会派代表前来,请通知为盼。

您的工人兄弟

总书记 约·格奥尔格·埃卡留斯

埃卡留斯写,以传单形式发表

按传单刊印
原文是英文

---

① 詹姆斯·科恩。

总委员会关于将托伦开除出国际工人协会的决议[455]

鉴于巴黎各支部联合会委员会送请总委员会批准该联合会委员会关于公民托伦作为工人阶级代表被选入国民议会,却用最卑鄙的方式背叛了工人阶级的事业,因此将他开除出协会的决议,

鉴于国际工人协会的每一个法国会员无疑地应该站在巴黎公社的队伍中,而不应该留在篡夺权力的和反革命的凡尔赛议会中,——

国际工人协会总委员会批准巴黎联合会委员会的决议,并宣布将公民托伦开除出国际工人协会。

总委员会没有可能较早地就这一问题采取措施,因为直到4月25日才收到上述巴黎联合会委员会决议的原文。

恩格斯起草,马克思修改
载于1871年4月29日《东邮报》第135号,1871年5月14日《国际报》第122号,1871年5月24日《人民国家报》第42号

原文是英文
参看《马克思恩格斯全集》中文第1版第17卷第321页

法兰西内战

国际工人协会总委员会宣言

致协会欧洲和美国全体会员

一

1870年9月4日，当巴黎工人宣告成立共和国而几乎立刻受到法兰西举国一致欢迎的时候，有一伙钻营禄位的律师——梯也尔是他们的政治家，特罗胥是他们的将军——占据了市政厅。那时他们的头脑里充满着这样一种迷信，即巴黎在一切历史危机时期负有代表全法国的使命，所以他们以为只要出示他们业已失效的巴黎议员证书，就足以使他们僭取到的法兰西统治者头衔合法化。在这伙人上台5天以后，我们在关于最近这场战争的第二篇宣言中已经向你们说明他们究竟是些什么人了。但是，当时巴黎处在措手不及的混乱状态下，工人阶级的真正领袖们还关在波拿巴的监狱里，而普鲁士军队又已经向巴黎开来，所以巴黎容忍了这些人掌握政权，不过附有一个明确的条件，就是他们只能为国防的目的运用这个政权。然而要保卫巴黎，就不能不武装它的工人阶级，把他们组织成为一支有战斗力的军事力量，并且就在战争中锻炼他们的队伍。可是，武装巴黎无异是武装革命。巴黎战胜普鲁士侵略者，无异是法国工人战胜法国资本家及其国家寄生虫。国防政府在民族义务和阶级利益之间的这一冲突中，没有片刻的犹豫便把自己变成了卖国政府。

这个政府所采取的第一个步骤，就是派梯也尔遍访欧洲各国宫廷，以把共和国换成王国为条件，乞求调解。巴黎被围4个月以后，他们就认为开始谈论投降的适当时机已经到来了，那时特罗胥在一次有茹尔·法夫尔及其他同僚在场的场合，向聚会的巴黎区长们讲了如下一席话：

> 我的同僚们在9月4日当晚向我提出的第一个问题就是：巴黎究竟有没有可能经受住普鲁士军队的围困？我当时毫不迟疑地做了否定的答复。现在在座的同僚中，有几位会证明我说的是实话，并且会同意我坚持这个看法。我那时对他们就是这样说的：在目前的情况下，巴黎想要经受住普鲁士军队的围困，那将是一件蠢举。当然，我当时加了一句：这可能是一件英勇的蠢举，但终究不过是蠢举而已……事变的发展（由他自己策划的）并没有推翻我的预见。

特罗胥的这篇美妙而简短的演讲词，后来由当时在场的一位区长科尔邦先生公布了。

可见，还在共和国宣告成立的当天晚上，特罗胥的同僚已经知道他的"计划"就是使巴黎投降。如果国防真的不仅仅是梯也尔和法夫尔之流图谋私人统治地位的幌子，那末9月4日一步登天的那些人在9月5日就应该引退，把特罗胥的"计划"告诉巴黎人民，让他们要么立即投降，要么自己掌握自己的命运。那些无耻的骗子并没有这样做，而是决定要巴黎饱尝饥饿和残杀的痛苦，借以治好巴黎爱干英勇蠢举的毛病，同时用一些冠冕堂皇的宣言来欺蒙它，说特罗胥这个"巴黎总督是永远不会投降的"，外交部长茹尔·法夫尔"决不会让出我们的一寸领土，决不会让出我们碉堡上的一块石头"。而这同一个茹尔·法夫尔在给甘必大的一封信中却承认说，他们"防御"的不是普鲁士的士兵，而是巴黎的工人。被特罗胥十分高明地委以巴黎军权的那些波拿巴匪徒们,在整个巴黎被围期间,在他们自己人相互的通信里,用粗鄙的语言对他们深知内幕的这种滑稽防御大加嘲笑(见公社《公报》上公布的巴黎卫戍军炮兵司令、荣誉军团大十字勋章获得者阿尔丰斯①·西蒙·吉奥写给炮兵师将军苏桑的信[456])。到1871年1月28日[457],骗子们终于丢开了假面具。国防政府投降了,它视极度的自甘屈辱为真正的英雄行为,变成了由俾斯麦的俘虏组成的法国政府——这样一个屈辱的角色,甚至连路易·波拿巴在色当时都未敢承当。这批投降派[458]在三月十八日事变以后仓皇逃往凡尔赛,把足以证明他们的卖国勾当的一些文件遗落在巴黎手中。正如公社在致外省的宣言中所指出的那样,为了销毁这些文件,

> 这些人不惜把巴黎变为淹没在血海中的一堆瓦砾[459]。

国防政府的一些主要成员之所以一心要造成这样的结局,还有一些极特殊的个人原因。

在停战协定签订以后不久,国民议会的一位巴黎议员米里哀尔先生(现在已经被茹尔·法夫尔专门下令枪毙了)公布过许多确凿的法律文件,证明茹尔·法夫尔在与一个逗留在阿尔及尔的酒徒的妻子姘居时,前后若干年间大胆地拼凑伪造了一套文件,以他的私生子女的名义谋得了一大笔遗产,因而变成了一个财主。后来在合法继承人提出诉讼时,只是由于波拿巴的法庭偏袒他,他才没有被揭穿。既然无论花多大力气进行诡辩也抹杀不了这些无可辩驳的法律文件,于是茹尔·法夫尔就生平第一次不开口,静待国内战争的爆发,准备到那时候大骂巴黎人民是一群擅敢反叛家庭、宗教、秩序和财产的逃犯。正是这个伪造文件犯在9月4日后刚一掌权,就立即出于同情而立即释放了皮克和塔伊费,这

---

① 应为"阿道夫"。

两个人是在帝国时代就在《旗帜报》[460]的丢丑事件中因伪造文件而被判了罪的。这两位先生中的一位，即塔伊费，竟敢在公社时期回到巴黎，公社立即又把他送回来监狱。而这个时候，茹尔·法夫尔却在国民议会讲坛上大声喊叫，巴黎正在释放一切囚犯！

厄内斯特·皮卡尔，国防政府中的这位约·密勒[461]，在帝国时代曾钻营内务大臣职位而没有成功，现在自封为共和国的财政部长。他是一个叫做阿尔图尔·皮卡尔的人的哥哥。那个阿尔图尔·皮卡尔曾因诈骗钱财而被逐出巴黎交易所（见1867年7月31日巴黎警察局的报告），并且因在任动产信用公司[462]的一个分公司（帕勒斯特罗街5号）经理时盗用30万法郎而被判有罪，犯罪事实是他自己供认的（见1868年12月11日警察局的报告）。厄内斯特·皮卡尔正是指派这个阿尔图尔·皮卡尔担任他主办的《自由选民》[463]的主笔。财政部的这份报纸用官方谎言来误导一般的证券投机商，而阿尔图尔·皮卡尔则在财政部和交易所之间不断来来往往，利用法国军队的惨败发财。这一对宝贝兄弟的全部财务信件都落到公社手里了。

茹尔·费里在9月4日以前是个一文不名的律师，在被围期间以巴黎市长身份千方百计地利用饥馑刮了大笔钱财。当他将来不得不交代他乱政失职之日，就是他受制裁之时。

这些人只能够在巴黎变成废墟时得到假释证①；他们正好是俾斯麦所需要的人。稍微经过一番重新摆布，一向躲在幕后操纵政府的梯也尔现在成了政府的首脑，而假释犯们则成了部长。

---

① 恩格斯在1871年德文版上加了一个注："在英国，普通刑事犯服过大部分刑期以后，常常发给假释证，犯人持着这种证件可以出狱居住，但应受警察监视。这种证件称为tickets-of-leave（假释证），持有假释证的人称为ticket-of-leave men［假释犯］。"

梯也尔这个侏儒怪物，将近半世纪以来一直受法国资产阶级的倾心崇拜，因为他是这个资产阶级的阶级腐败的最完备的思想代表。还在他成为国家要人以前，他作为一个历史学家就已经显出说谎才能了。他的政治生涯的记录就是一部法国灾难史。1830年以前，他和共和党人混在一起，在路易-菲力浦统治时代，他背弃了他的恩人拉菲特而谋得了首相的位置。为了献媚于国王，他煽起了平民暴动来反对僧侣，因而使圣日尔曼奥赛鲁瓦教堂和大主教的宅邸遭受了抢劫；并且在对付贝里公爵夫人这件事情上充当了密探大臣和监狱产婆的角色。[464]特朗斯诺南街上屠杀共和党人的事件以及接着颁布的针对新闻出版和结社权利的可憎的九月法令，都是他的杰作。[465] 1840年3月，他再度出任首相，以他的修建巴黎防御设施的计划震惊了全法国。[466]在共和党人指责这个计划是一个危害巴黎自由的恶毒阴谋时，他在众议院中答复道：

  什么话？你们竟以为修建城防设施就会危害自由！首先，对任何一个可能存在的政府来说，你们如果假定它有朝一日会企图用炮轰首都的办法来保全自己，那你们就是在诽谤它……殊不知这样一个政府在胜利后将会比在胜利前更加百倍地不可能生存。

  是的，除了预先已将炮台交给普鲁士人的政府，再没有哪一个政府敢于从这些炮台轰击巴黎。

  1848年1月，当炮弹国王在巴勒莫城动手的时候[467]，早已没有官位的梯也尔又在众议院中发表了演说：

  诸位先生！你们都知道在巴勒莫发生的事情。一听说有一个大城市竟被连续轰击了48小时之久，你们大家都感到震惊（纯系议会语言）。是被谁轰击的呢？是被行使战争权利的外敌轰击的吗？不是的，诸位先生，是被它自己的政府轰击的。为什么？就是因为这个不幸的城市要求享受自己的权利。好吧，就是为了要求享有自己的权利，就遭受了48小时的轰击……请允许我向欧洲的舆论呼吁。挺身而出，从也许是欧洲最伟大的讲坛上，用愤怒的言辞（不错，是用言辞）来斥责这种行动，这就是对人类的一个贡献……当为自己的祖国效过劳（这是梯也尔先生从来没有做过的）的埃斯帕特罗摄政，想以炮轰巴塞罗那城来镇压那里的起义时，全世界各地都发出了共同的愤怒的呼声。

过了一年半，梯也尔已经是法军炮击罗马的最狂热的辩护者之一了。其实，炮弹国王的过错看来只是在于他的轰击仅限于48小时而已。

二月革命前几天，因被基佐弄得长期没有官做没有财发而满腹怨懑的梯也尔，一嗅到人民风暴将临的气息，就用他那曾使他获得"蝇子米拉波"绰号的假英雄腔调在众议院中声称：

我属于革命党，不但属于法国的革命党，而且也属于全欧洲的革命党。我希望革命政府留在温和派的手中……但是，即令这个政府落到了激烈人物以至激进派的手中，我也决不因此放弃我的事业，我将永远属于革命党。

二月革命爆发了。革命不是像这个小矮子所梦想的那样，把基佐内阁换成梯也尔内阁，而是以共和国代替了路易-菲力浦。在人民胜利的第一天，他小心翼翼地躲藏了起来，岂知工人们对他的鄙视已使他不会成为他们泄恨的对象了。虽然如此，尽管他有神奇的勇气，他还是继续避免在公共场所抛头露面，直到六月屠杀[468]为他这种人的活动扫清道路的时候为止。那时，他就成了秩序党[469]及其议会制共和国的首脑。这个议会制共和国是一种隐名的空位王朝，在这个空位王朝时期，统治阶级的所有争权夺利的派系暗中互相勾结起来压制人民，同时它们又因各自企图恢复自己的王朝而互相倾轧。梯也尔当时也如现在一样责备共和党人，说他们是巩固共和国的唯一障碍，他当时也如现在一样，对共和国说过刽子手对唐·卡洛斯说过的话："我要杀你，是为了你好。"现在也和那时一样，他在取得胜利以后的第二天就禁不住高呼：帝国大业已成。尽管梯也尔满口都是关于必不可少的自由的虚伪说教，而且他还对路易·波拿巴怀有私怨，因为路易·波拿巴愚弄过他并一脚踢开了议会制度——而这个小矮人心中明白，离开了议会那种人为的气氛他就变得一钱不值——尽管如此，第二帝国所干一切可耻勾当都有他的参与：从法国军队占领罗马直到对普鲁士作战。他为对普战争煽风点火时拼命咒骂德国的统一——并不是把德国的统一看做掩盖普鲁士专制制度的假面具，而是看做对法国固有的保持德国分裂状态的权利的侵犯。他喜欢用它那侏儒之臂在欧洲面前挥舞拿破仑第一的宝剑——在他自己的历史著作中就一味替拿破仑第一擦皮靴——可是他的对外政策始终是把法国引到极端屈辱的地步，从1840年的伦敦公约[470]到1871年的巴黎投降和目前这场内战都是如此。在这场内战中，他得到俾斯麦的特许，驱赶色当和梅斯的俘虏去攻打巴黎。[471]虽然他有随机应变的本事，虽然他的主张反复无常，但是此人一生都极端墨守陈规。不言而喻，现代社会深层次的暗流他永远闭眼不看，而表面上明摆着的最清楚不过的变化，也是这样一个把头脑的全部活力都用来耍嘴皮的人所深恶痛绝的。例如，他不倦地把一切偏离法国陈旧的保护关税制度的东西都指斥为渎犯神明。他在当路易-菲力浦的大臣时，曾经嘲骂铁路是荒诞的怪物；当他在路易·波拿巴时代处于反对派的地位时，他把任何改革法国陈腐的军事制度的尝试都斥为大逆不道。他在多年的政治生涯中，从来没有办过一件哪怕是极微小的稍有实际好处的事情。梯也尔始终不忘的，只是对财富的贪得无厌和对财富生产者的憎恨。他第一次当路易-菲力浦的内阁首相时，穷得和约伯一样，而到离职时已经成了百万富翁。在这同一个国王手下最后一次当首相时（自1840年3月1日），他曾在众议院中被人公开指责侵吞公款。对于这个指责，他就抱以眼泪了事。眼泪这种东西，他也像茹尔·法夫尔和任何别的鳄鱼一样，随时都能拿得出来。在波尔多的时候①,他为了使法国避免即将来临的财政崩溃而采取的第一个措施,就是给自己规定了300万法郎的年俸:这就是他1869年在他的巴黎选民面前当作前景描绘出的那个"节俭共和国"的全部内容。他昔日在1830年的众议院中的同僚贝累先生(本人是一个资本家,然而也是巴黎公社的一个忠诚的委员),最近在一篇公开声明中对梯也尔说了如下一番话:

> 使劳动受资本的奴役,一向是你的政策的基础。从你看到劳动共和国在巴黎市政厅内宣告成立的那一天起,你就没有停止过向法国叫喊:这些人都是罪犯!

梯也尔是一个谋划政治小骗局的专家,背信弃义和卖身变节的老手,一个在议会党派斗争中施展细小权术、阴谋诡计和卑鄙伎俩的巨匠;在野时毫不迟疑地鼓吹革命,掌权时毫不迟疑地把革命投入血泊;他只有阶级偏见而没有思想,只有虚荣心而没有良心;他的政治生涯劣迹昭彰,他的私生活同样为人所不齿——甚至在现在,他处在法兰西之苏拉的位置上,仍难免要以其自吹自擂之可笑衬托其所作所为之可恨。

不仅把巴黎而且把全法国都拱手交给普鲁士的巴黎投降一举,是历时很久的一连串通敌卖国阴谋勾当的总收场。这些阴谋勾当,正如特罗胥自己所说,是9月4日的窃国大盗们在窃得政权的当天就开始推行的。另一方面,这次投降又是他们在普鲁士支持下对共和国和巴黎发动内战的开端。陷阱在投降条件中就已经布设好了。那时候,三分之一以上的国土陷于敌人手中,首都和外省的联系已被切断,一切交通联络处于混乱状态。在这种情况下,要选出法国的真正代表是不可能的,除非有充分的时间进行准备。正因为这样,所以在投降书中就规定国民议会

---

① 在1891年德文版中是"1871年在波尔多的时候"。

必须在一周之内选出；结果法国许多地区只是在选举前夕才得到要进行选举的消息。并且，投降书的一项明确规定，选举这个国民议会唯一目的就是为了决定和与战的问题，最后可能还要由它来签订和约。人民不能不感觉到：停战条款已经使战争根本不可能继续下去，而为了批准俾斯麦强加给法国的和约，法国最坏的人便是最佳人选。但这些预先采取的办法还不能使梯也尔放心，于是他在停战的秘密尚未晓示巴黎以前，就动身到各省去作竞选旅行，以便在那些地方把正统派[472]复活起来。必须让这一派和奥尔良派一起替换当时已无法立足的波拿巴派。梯也尔对他们并不害怕。这个正统派在现代法兰西组阁是不可能的，所以作为敌手也就微不足道；而它在行动时，用梯也尔自己的话（1833 年 1 月 5 日在众议院的演说）来说，

　　一向只依靠三种资源：外敌入侵、内战和无政府状态。

　　可见，充当反革命工具，还有哪个党派比这个党派更合适呢？正统派当真相信，他们期望已久的昔日的千年王国就要重现。真的，法国已沦于外敌的铁蹄之下，帝国被推翻了，波拿巴被俘虏了，而正统派则重新站起来了。显然，历史的车轮已经向后倒转，回到了 1816 年的"无双议院"[473]。在 1848—1851 年的共和国时期的国民议会中，代表正统派的是一些颇有素养和富有议会斗争经验的人物；现在挤进来的都是这个党派的寻常庸碌之辈，即法国的所有布索那克①。

　　当这个"乡绅议会"[474]在波尔多刚刚开会的时候，梯也尔甚至没有让他们进行议会辩论就干脆告诉他们，他们必须立刻接受初步和约的条款，因为只有这样，普鲁士才会准许他们发动反对共和国及其堡垒巴黎

---

① 布索那克（Pourceaugnac），莫里哀喜剧中的一个人物，表示那种愚蠢、心胸狭隘的小土地贵族。

的战争。反革命势力实在不能再耽搁时间了。第二帝国已使国债增加了一倍多,使所有的大城市都背上了沉重的地方债务。战争极度地加重了债负,无情地耗尽了全国的财源。造成彻底崩溃的是,普鲁士的夏洛克手持票据勒索供养他在法国土地上的50万军队的粮饷,要求支付他的50亿赔款,对其中留待以后分期交付的款额加收5%的利息。[475] 由谁来支付呢？只有用暴力推翻共和国以后,财富所有者才有希望把他们自己所发动的战争的费用转嫁到财富生产者的肩上。所以,法国的大破产就促使地产和资本的这班爱国的代理人,在外国侵略者的监视和卵翼下把对外战争变成一场国内战争——一场奴隶主叛乱。

有一个巨大的障碍阻挠这个阴谋的实现,这就是巴黎。解除巴黎的武装,是保证成功的首要条件。因此,梯也尔要求巴黎放下武器。接着就发生了一系列令巴黎人愤慨的事情:"乡绅议会"进行疯狂的反共和国示威活动,而梯也尔本人对共和国的合法地位含糊其词;巴黎面临砍去头颅取消首都地位的威胁,奥尔良分子被任命为驻外使节;杜弗尔就商业期票和房租拖欠问题提出的法令[476]给巴黎工商业带来破产;普耶-凯尔蒂埃要求不论任何出版物一律每本征收两生丁;布朗基和弗路朗斯被判死刑;共和派报纸被查封;国民议会迁到凡尔赛;当初由八里桥伯爵①宣布而在9月4日取消了的戒严又重新恢复;十二月分子维努瓦[477]被任命为巴黎总督,帝国时期的宪兵瓦朗坦被任命为警察局长,耶稣会会士奥雷尔·德·帕拉丹将军被任命为巴黎国民自卫军总司令。

现在我们要向梯也尔先生和他手下的国防人士们提出一个问题。大家知道,梯也尔通过他的财政部长普耶-凯尔蒂埃先生谈妥了一笔为数20亿的借款。我们要问:

---

① 即古赞-蒙多邦,1860年英法联军侵华时曾指挥侵略军,因在北京和通州之间的八里桥战胜清兵,由拿破仑第三授予八里桥伯爵封号。——译者注

（1）据说在这笔生意中，安排了几亿佣金以饱梯也尔、茹尔·法夫尔、厄内斯特·皮卡尔、普耶-凯尔蒂埃和茹尔·西蒙的私囊，此事是真是假？

（2）据说只有在"平定"巴黎以后才支付这笔借款[478]，此话是虚是实？

无论如何，此事必为某种原因所迫，因为梯也尔和茹尔·法夫尔已用波尔多议会大多数的名义毫不羞愧地乞求普鲁士军队立即占领巴黎。但是，俾斯麦的算盘不是这样打的，他回到德国以后对法兰克福那些衷心叹服的庸人们公开发表的那一番嘲讽性的言论就表明了这一点。

二

武装的巴黎是实现反革命阴谋的唯一严重障碍。因此必须解除巴黎的武装。在这一点上，波尔多议会是很坦率的。如果乡绅议员们的狂暴鼓噪还令人听不出所以然，那末梯也尔把巴黎交给十二月分子维努瓦、波拿巴宪兵瓦朗坦和耶稣会会士奥雷尔·德·帕拉丹将军三人摆布，则已令人不能再有丝毫怀疑了。但是，阴谋分子们在狂傲地亮出解除巴黎武装这一真正目的的同时，却以一种极端露骨、极端卑劣的谎言作为要求巴黎放下武器的借口。梯也尔说，巴黎国民自卫军的大炮是国家的，必须交还给国家。事实是这样的：从投降的那一天起，巴黎就已严加戒备，因为在投降的时候，俾斯麦的俘虏们一方面签字画押把法国拱手交出，一方面却为自己保留了一支人数众多的警卫部队，目的毫不含糊，就是为了威胁巴黎。国民自卫军进行了改组，把最高指挥权交给了由国民自卫军全体官兵（某些旧波拿巴军队残部除外）共同选出的中央委员会。在普军开进巴黎的前夕，中央委员会设法把投降派故意遗弃在普军即将进驻的那些街区及其附近的大炮和机关枪运到了蒙马特尔、贝尔维尔和拉维莱特。这些武器是由国民自卫军筹款置备的。在1月28日的投降书中，正式承认这些武器是国民自卫军自有的财产，因而没有列入应该缴给胜利者的属于政府的武器总数之内。梯也尔实在找不出借口，哪怕是最蹩脚的借口来对巴黎开战，因此他只好采用明目张胆地撒谎的手段，说什么国民自卫军的大炮是国家的财产！

夺取大炮显然正是全面解除巴黎武装，因而也就是解除9月4日革命武装的开端。可是，这次革命已经成为法国的合法局面。这次革命所产生的共和国，已在投降书上由胜利者予以承认。在投降以后，它又取得了外国列强的承认，还以它的名义召集了国民议会。9月4日的巴黎工人革命，是波尔多国民议会及其行政当局的唯一合法根据。如果没有9月4日的革命，这个国民议会就得立即让位给1869年在法国人统治下而不是在普鲁士人统治下由普选产生的、后来被革命强迫解散的立法团。梯也尔和他的那帮假释犯们就不得不认降，以便求得路易·波拿巴签发的护身证件，以免长途跋涉前往卡宴[479]。握有全权可以同普鲁士媾和的国民议会，不过是这次革命中的一个插曲，而革命的真正体现者仍然是武装的巴黎。正是巴黎发动了这次革命，为这次革命忍受了五个月的围困和饥饿的灾难，并且不顾特罗胥的计划而以自己的持久抵抗使外省有可能进行顽强的自卫战争。而现在，这个巴黎或者是按照波尔多那帮叛逆奴隶主的羞辱命令放下武器，承认9月4日的革命只不过意味着使政权从路易·波拿巴手里转到那些同他竞争的保皇党人手里；或者是必须挺身而出，以自我牺牲的精神来保卫法国。但是，如果不用革命手段消除那些产生了第二帝国并在帝国庇护下达到彻底腐朽地步的政治条件和社会条件，要拯救法国于危亡并使之获得新生是不可能的。受过五个月饥饿煎熬的巴黎，片刻都没有犹豫。它英勇无畏地决心冒一切风险抗击法国阴谋分子，尽管当时有普鲁士的大炮从它自己的炮台上威胁着它，也在所不辞。但是，中央委员会极不情愿巴黎被推入一场内战，因此，不管国民议会如何挑衅，不管行政当局如何僭越权限，也不管军队在巴黎城内和巴黎周围的集结造成多大威胁，它仍然坚持采取纯粹防御的立场。

是梯也尔发动了内战：他派维努瓦率领一大群警察和几个战斗团去夜袭蒙马特尔，企图出其不意地夺走国民自卫军的大炮。大家知道，由于国民自卫军的抵抗和战斗团对人民的同情，这个企图没有得逞。奥雷尔·德·帕拉丹事先已经印好了胜利公报，梯也尔也已经预备好了宣布他的政变措施的告示。现在这些只好都换成梯也尔的一项声明。声明说，他做出了宽容的决定：让国民自卫军保留他们的武器。他还说，相信国民自卫军会拿着这些武器团结在政府周围来反对叛乱分子。在30万国民自卫军中，只有300人响应了这个号召，团结在小矮子梯也尔的周围来反对他们自己。光荣的三月十八日工人革命完全掌握了巴黎。中央委员会就是革命的临时政府。欧洲一时似乎怀疑它新近在政治上和军事上经历的惊人巨变到底是真的，还是早已消逝的往事的梦幻。

从3月18日到凡尔赛军队进入巴黎，无产阶级的革命完全没有出现像"上等阶级"的革命，特别是反革命中极为常见的那种暴行，因而它的敌人除了抓住勒孔特和克莱芒·托马两将军的被杀和旺多姆广场事件，是找不到任何借口来表示愤慨的。

勒孔特将军是参加夜袭蒙马特尔的波拿巴军官之一，他曾四次命令第81战斗团常备团开枪射击聚集在皮加尔广场上的手无寸铁的群众，而当士兵们拒绝执行他的命令时，他就百般辱骂他们。是他自己的士兵没有射击妇孺而把他枪毙了。士兵们在工人阶级的敌人的训练下所养成的根深蒂固的习性，自然不可能在他们转到工人方面来的一刹那间就改变。克莱芒·托马也是被这些士兵枪毙的。

克莱芒·托马"将军"过去是一个不得志的军需中士，在路易-菲力浦统治的后期进入共和派的《国民报》[480]报馆，为这家非常好斗的报纸充当责任代理人（gerant responsable①）和决斗打手的双重角色。二月革命以后，《国民报》这派人掌握了政权，他们便让这位先前的军需中士摇身一变而成为将军。这是六月屠杀前夕的事情。他和茹尔·法夫尔一样，是这次事件的阴狠毒辣的策划人之一，也是这次屠杀的最卑鄙的刽子手之一。在此以后，他带着他的将军头衔隐没了很久，直到1870年11月1日才又抛头露面。在这前一天，被执于市政厅中的国防政府曾向布朗基、弗路朗斯和其他工人代表庄严地允诺，把他们篡夺的政权转交给巴黎自由选出的公社。但是，国防政府并没有履行自己的诺言，却驱使特罗胥的布列塔尼兵——他们现在代替了波拿巴的科西嘉兵[481]——去蹂躏巴黎。只有塔米西埃将军一人不愿以这种背信弃义的勾当来玷污自己的名誉，辞去了国民自卫军总司令的职务。代替他担任这个职务的克莱芒·托马便又当上了将军。他在任总司令的整个期间，不向普军作战，而向巴黎国民自卫军作战。他阻挠国民自卫军全面武装，挑动国民自卫军中的资产阶级营和工人营互相争斗，他清洗反对特罗胥"计划"的军官，而且偏偏把那些英勇善战、现在连最凶顽的敌人也为之震惊的无产阶级营诬蔑为怯阵而加以解散。克莱芒·托马感到十分得意的是，他又重新赢得了他在六月屠杀事件中享有的巴黎工人阶级大仇人的殊荣。就在3月18日的前几天，他向陆军部长勒夫洛呈递了他一手炮制的"彻底消灭巴黎暴徒之［精华］（la fine fleur）"的计划。在维努瓦吃了败仗以后，他却偏偏要到场充当业余密探。中央委员会和巴黎工人对克莱芒·托马和勒孔特两人被杀应负的责任，就像威尔士亲王夫人驾临伦敦时对被挤死者的命运应负的责任一样。

所谓在旺多姆广场上屠杀赤手空拳的公民，那是个神话。梯也尔先

---

① 在1871年和1891年的德文版中加有："其职务是遇极低被控告判罪时由他去受监禁。"

生和乡绅议员们在议会中决不提及此事,只让那些欧洲报界的走卒去传播。"秩序人物",即巴黎的反动分子,听到3月18日胜利的消息时吓得全身发抖。在他们看来,这是人民报复的时刻终于到来的信号。从1848年六月事件到1871年1月22日惨遭他们杀害的那些死者的冤魂,都浮现在他们眼前。但他们受到的惩罚仅仅是这场惊吓。甚至警察也没有受到应有的处置——解除武装、关起来,反而是巴黎为他们敞开城门,让他们安然撤往凡尔赛。不仅没有触动"秩序人物"一根毫毛,反而容忍他们集结起来并在巴黎的正中心悄悄地占据不止一个据点。中央委员会的这种宽容态度,武装工人的这种宽宏大量,与"秩序党"的作风差异太大了,以致"秩序党"竟误认为这只是工人自感软弱的表现。于是他们就产生了一个愚蠢的计划——试图在举行徒手的游行示威的幌子下做到维努瓦用大炮和机关枪所没有做到的事情。3月22日,从富人区里吵吵闹闹地走出了一群派头十足的人物,队伍里全都是纨绔阔少,领头的是埃克朗、科特洛贡、昂利·德·佩恩之流这样一些著名的帝国猪仔。这一帮流氓胆怯地以和平示威游行作幌子,暗中携带杀人凶器,在街上列队行进,遇到单独执勤的国民自卫军巡逻队和哨兵,就加以凌辱并缴械。他们走出和平街时高喊着"打倒中央委员会!打倒杀人犯!国民议会万岁!"企图冲过岗哨的警戒线,出其不意地占领设在旺多姆广场上的国民自卫军总部。国民自卫军在受到手枪射击后,按常规发出sommations(在法国相当于英国的骚扰取缔令)[482],此措施无效,国民自卫军的将领①才下令开枪。一排枪就打得这群愚蠢的花花公子抱头鼠窜,而这些家伙本来以为只要一摆出他们的"派头"来,就会对巴黎革命产生像约书亚的羊角声对耶利哥城墙所产生的那种影响。国民自卫军方面有两人被这些窜逃分子打死,有九人受重伤(其中一人是中

---

① 茹·贝热瑞。

央委员会委员①)。在这帮家伙这次建功立业的现场,到处都抛弃有手枪、匕首和手杖刀这类证明他们"徒手"举行"和平"示威游行的证物。当1849年6月13日国民自卫军为抗议法军穷凶极恶地袭击罗马而举行真正的和平示威游行时,当时的秩序党的将军尚加尔涅曾被国民议会特别是被梯也尔先生推崇为社会救主,因为他让自己的军队从四而八方冲击赤手空拳的群众,用枪击、刀斩和马踏来对付他们。巴黎当时宣布了戒严。杜弗尔急忙在国民议会通过了许多新的镇压法令。新的逮捕,新的流放,新的恐怖统治开始了。但是现在"下层等级"处理这样的事情却迥然不同。1871年的中央委员会干脆就没有去理会那些"和平示威"的英雄们,结果仅仅过了两天他们又能够纠合在一起,在海军上将赛塞率领下来了一次**武装**示威。人所共知,那次示威以窜逃凡尔赛收场。当梯也尔通过偷袭蒙马特尔已经发动了内战的时候,中央委员会却不肯把这场内战打下去,因而犯了一个致命的错误,即没有立刻向当时毫无防御能力的凡尔赛进军,一举彻底粉碎梯也尔和他的那帮乡绅议员们的阴谋。中央委员会没有这样做,反而容许秩序党在3月26日的公社选举中再次进行较量。这一天,"秩序人物"在巴黎各区政府同他们的过分宽宏的战胜者互道温和的和解之词,可他们内心里却咬牙切齿地发誓,时机一到定要将对方消灭干净。

现在来看看这幅图画的背面吧。梯也尔在4月初第二次对巴黎开战。被送到凡尔赛去的第一批巴黎俘虏,受到了令人发指的残酷虐待。而厄内斯特·皮卡尔则两手插在裤袋里,在他们面前踱来踱去,恣意要

---

① 路·马尔儒纳尔。

笑他们，梯也尔夫人和法夫尔夫人由她们的贞（？）女①们簇拥着，站在阳台上拍手喝采，欣赏凡尔赛匪徒的暴行。被俘的战斗团士兵都被冷酷地屠杀。我们英勇的朋友、铸工杜瓦尔将军没有经过任何审讯就被枪决了。加利费——这是个靠自己那位因在第二帝国闹宴上无耻卖弄色相而出名的妻子吃饭的人——在一篇公告中夸耀，他曾下令把被他的士兵突袭缴械的一小队国民自卫军连同队长和副队长一并杀害。维努瓦这个逃跑者，因发布把在公社战士当中抓到的战斗团士兵一律枪毙的通令，被梯也尔授予荣誉军团大十字勋章。宪兵德马雷也被授勋，因为他忘恩负义，像屠夫一样把高尚而豪爽的弗路朗斯，即在1870年10月31日救了国防政府头目们的命的那个弗路朗斯[483]，剁成了碎块。梯也尔在国民议会扬扬自得地大谈这次屠杀事件的"令人兴奋的细节"。议会里的一个小矮子居然得以扮演跛帖木儿的角色，他因此而忘乎所以，对敢于向他这个卑劣渺小的人物造反的人，竟剥夺他们依文明战争原则所应享有的一切权利，救护站中立权也包括在内。再没有比伏尔泰所预见的这种得以暂时恣意发挥其老虎本能的猴子更加可恶的了②（见本文附录一）。

4月7日的公社法令宣布采取报复措施，声明公社有责任"保护巴黎不受凡尔赛匪帮的野蛮虐杀，要以眼还眼，以牙还牙"[484]。在公社颁布了这个法令以后，梯也尔并未停止对被俘者的野蛮虐待，甚至在他的公报上这样侮辱他们说："正直人士还从未这样痛心地目睹过代表一种堕落的民主制的如此堕落的面孔"——所谓正直人士就是像梯也尔和他的内阁里的假释犯那样的人。不过，枪杀俘虏还是暂时停止了一下。但

---

① 在英语里，侍候女王、王后、"公主等尊贵妇女的女侍称做贞女"（maid of honour 或 lady of honour）。这里显然指的是梯也尔夫人和法夫尔夫人身边的女侍。
② 参看伏尔泰《老实人》第22章。

是，当梯也尔和他的那些十二月将军们①发现公社的报复法令只不过是空洞的威胁，连在巴黎抓到的假扮国民自卫军的宪兵密探和身上搜出燃烧弹的警察都得到了饶恕，他们立刻就又开始大批枪杀俘虏，直到杀完为止。躲藏有国民自卫军的房屋，被宪兵团团围住，浇上煤油（此种办法在这场战争中首次使用），纵火焚烧；烧焦的尸体后来被特尔纳街区的印刷厂救护队运走了。4月25日，有四名国民自卫军在贝尔-埃皮纳向一队骑兵投降，后来被这队骑兵的队长（加利费的好部下）开枪一个个打倒在地。这四个受害者中有一个被认为已打死了的名叫舍弗尔的人，爬回到巴黎的前哨地点，向公社的一个委员会证实了此事。当托伦就这个委员会的报告向陆军部长勒夫洛提出质问时，乡绅议员们用叫喊声盖住他的发言，并且不让勒夫洛回答。对于他们"光荣的"军队说来，谈论它的行为就是对它的侮辱。梯也尔的公报宣布在穆兰-萨凯用刺刀杀死睡梦中的公社战士和在克拉马进行集体枪杀这种事件时所用的轻率口气，甚至使不那么容易激动的伦敦《泰晤士报》也为之震惊。但是今天要试图一一列举出那些在外国侵略者卵翼下轰击巴黎、发起奴隶主叛乱的人们刚刚才开始的暴行，那是可笑的。面对这一切惨象，梯也尔竟忘记了他曾用议会辞令表白他对自己侏儒之肩所负的重任感到诚惶诚恐，居然在自己的公报上扬扬得意地说 l'Assemblée siège paisiblement（议会一片和平气氛），他还不断地大摆筵席，时而同他的十二月将军们狂饮，时而同德国王公们欢宴，以此来证明他依然健谈如初，甚至勒孔特和克莱芒·托马两人的鬼魂也没有败坏他的胃口。

---

① 指波拿巴派的将军们。

三

1871年3月18日清晨，巴黎被"公社万岁！"的雷鸣般的呼声惊醒了。公社，这个使资产阶级的头脑怎么也捉摸不透的怪物，究竟是什么呢？

中央委员会在它的3月18日宣言中写道：

> 巴黎的无产者，目睹统治阶级的无能和叛卖，已经懂得：由他们自己亲手掌握公共事务的领导以挽救时局的时刻已经到来他们已经懂得：夺取政府权力以掌握自己的命运，是他们无可推卸的职责和绝对权利。①

但是，工人阶级不能简单地掌握现成的国家机器，并运用它来达到自己的目的。

中央集权的国家政权连同其遍布各地的机关，即常备军、警察局、官僚机构、教会和法院——这些机关是按照系统的和等级的分工原则建立的——起源于专制君主制时代，当时它充当了新兴资产阶级社会反对封建制度的有力武器。但是，领主权利、地方的特权、城市和行会的垄断以及地方的法规等这一切中世纪的垃圾还阻碍着它的发展。18世纪法国革命的大扫帚，把所有这些过去时代的残余都扫除干净，这样就从社会基地上清除了那些妨碍建立现代国家大厦这个上层建筑的最后障碍。现代国家大厦是在第一帝国时期建立起来的，而第一帝国本身又是从半封建的旧欧洲反对现代法国的几次同盟战争中产生的。在以后各个时期的政治体制下，政府都被置于受议会控制，即受有产阶级直接控制的地位。它不但变成了巨额国债和苛捐重税的温床，不但由于拥有令人

---

① 1871年3月21日《法兰西共和国公报》第80号。

倾心的官职、金钱和权势而变成了统治阶级中各不相让的党派和冒险家们彼此争夺的对象,而且,它的政治性质也随着社会的经济变化而同时改变。现代工业的进步促使资本和劳动之间的阶级对立更为发展、扩大和深化。与此同步,国家政权在性质上也越来越变成了资本借以压迫劳动的全国政权,变成了为进行社会奴役而组织起来的社会力量,变成了阶级专制的机器。① 每经过一场标志着阶级斗争前进一步的革命以后,国家政权的纯粹压迫性质就暴露得更加突出。1830年的革命使政权从地主手里转到了资本家手里,也就是从离工人阶级较远的敌人手里转到了工人阶级的更为直接的敌人手里。资产阶级共和党人以二月革命的名义夺取了国家政权,并且利用这个政权进行了六月屠杀,从而向工人阶级证明,"社会"共和国就是保证使他们遭受社会奴役的共和国;向资产阶级中的大批保皇派和地主阶级证明,他们尽可以放心地让资产阶级"共和党人"去操治理国家之心,得治理国家之利。但是,资产阶级共和党人在建树了他们唯一的六月勋业以后,不得不从"秩序党"的前列退居后列——"秩序党"是一个由占有者阶级的所有相互倾轧的党派构成的联盟,是在这些党派现在公开宣布的同生产者阶级的对抗中形成的。他们合股执政的最适当的形式就是由路易·波拿巴任总统的**议会制共和国**。他们这个议会制共和国是一个公开实行阶级恐怖和有意侮辱"群氓"的体制。如果说,像梯也尔所讲的那样,议会制共和国"使他们[统治阶级的各个派别]最不易分裂"②,那么,它在这个人数很少的阶级和这个阶级以外的整个社会机体之间却挖了一道鸿沟。在以往各

---

① 在1871年德文版中是"越来越变成了压迫劳动的社会权力,变成了阶级统治的机器";在1891年德文版中是"越来越变成了压迫工人阶级的社会权力,变成了阶级统治的机器"。

② 《梯也尔先生的计划》,载于1871年3月29日《形势报》第163号。

种体制下，统治阶级内部的分裂还使国家政权受到制约，现在由于这个阶级的联合，这种制约已经消失了。由于存在着无产阶级起来造反的危险，联合起来的统治阶级已在残酷无情地大肆利用这个国家政权作为资本对劳动作战的全国性武器。但是，统治阶级对生产者大众不断进行的十字军征讨，使它不仅必须赋予行政机关以越来越大的镇压之权，同时还必须把它自己的议会制堡垒——国民议会——本身在行政机关面前的一切防御手段一个一个地加以剥夺。结果，这个体现于路易·波拿巴其人之身的行政机关把国民议会一脚踢开了。"秩序党"共和国的自然产物就是第二帝国。

这个以政变为出生证书、以普选为批准手续、以宝剑为权杖的第二帝国，声称它倚靠农民阶级，即倚靠没有直接卷入劳资斗争的广大生产者群众。它声称它通过打破议会制度并因而打破政府公开为有产阶级当奴仆的局面而拯救了工人阶级。它声称它以支持有产阶级对工人阶级的经济统治而拯救了有产阶级。最后，它声称它通过为所有的人恢复了国家荣誉的幻觉，而把一切阶级联合了起来。事实上，帝国是在资产阶级已经丧失统治国家的能力而工人阶级又尚未获得这种能力时唯一可能的统治形式。全世界都欢迎这个帝国，认为它是社会救主。在它的统治下，资产阶级社会免除了各种政治牵挂，得到了甚至它自己也梦想不到的高度发展。工商业扩展到极大的规模；金融诈骗风行全世界；民众的贫困同无耻的骄奢淫逸形成鲜明对比。表面上高高凌驾于社会之上的国家政权，实际上正是这个社会最丑恶的东西，正是这个社会一切腐败事物的温床。它本身的腐朽性以及它所拯救了的那个社会的腐朽性，恰恰被一心想把这个统治制度的最高司令部从巴黎搬到柏林去的普鲁士的刺刀尽行戳穿了。帝国制度是国家政权的最低贱的形式，同时也是最后的形式。它是新兴资产阶级社会当做自己争取摆脱封建制度的解放手段而开始缔造的；而成熟了的资产阶级社会最后却把它变成了资本奴役劳动的工具。

帝国的直接对立物就是公社。巴黎无产阶级在宣布二月革命时所呼喊的"社会共和国"口号，的确是但也仅仅是表现出这样一种模糊的意向，即要求建立一个不但取代阶级统治的君主制形式、而且取代阶级统治本身的共和国。公社正是这个共和国的毫不含糊的形式。

既是旧政权中央政府所在地同时又是法国工人阶级社会大本营的巴黎，手执武器奋起反抗了梯也尔和乡绅议员们恢复并巩固帝国留给他们的这个旧政权的企图。巴黎所以能够反抗，只是由于被围困使它摆脱了军队并用主要由工人组成的国民自卫军来代替它。现在必须使这一事实成为制度，所以，公社的第一个法令就是废除常备军而代之以武装的人民。

公社是由巴黎各区通过普选选出的市政委员组成的。这些委员对选民负责，随时可以罢免。其中大多数自然都是工人或公认的工人阶级代表。公社是一个实干的而不是议会式的机构，它既是行政机关，同时也是立法机关。警察不再是中央政府的工具，他们立刻被免除了政治职能，而变为公社的承担责任的、随时可以罢免的工作人员。其他各行政部门的官员也是一样。从公社委员起，自上至下一切公职人员，都只能领取相当于**工人工资**的报酬。从前国家的高官显宦所享有的一切特权以及公务津贴，都随着这些人物本身的消失而消失了。社会公职已不再是中央政府走卒们的私有物。不仅城市的管理，而且连先前由国家行使的全部创议权也都转归公社。

公社在铲除了常备军和警察这两支旧政府手中的物质力量以后，便急切地着手摧毁作为压迫工具的精神力量，即"僧侣势力"，方法是宣布教会与国家分离，并剥夺一切教会所占有的财产。教士们要重新过私人的清修隐遁的生活，像他们的先驱者即使徒们那样靠信徒的施舍过活。一切教育机构对人民免费开放，完全不受教会和国家的干涉。这样，不但人人都能受教育，而且科学也摆脱了阶级偏见和政府权力的桎梏。

法官的虚假的独立性被取消，这种独立性只是他们用来掩盖自己向历届政府奴颜谄媚的假面具，而他们对于那些政府是依次宣誓尽忠，然后又依次背叛的。法官和审判官，也如其他一切公务人员一样，今后均由选举产生，对选民负责，并且可以罢免。

巴黎公社自然是要为法国一切大工业中心作榜样的。只要公社制度在巴黎以及次一级的各中心城市确立起来，那么，在外省，旧的集权政府就也得让位给生产者的自治政府。在公社没有来得及进一步加以发挥的全国组织纲要上说得十分清楚，公社将成为甚至最小村落的政治形式，常备军在农村地区也将由服役期限极短的国民军来代替。每一个地区的农村公社，通过设在中心城镇的代表会议来处理它们的共同事务；这些地区的各个代表会议又向设在巴黎的国民代表会议派出代表，每一个代表都可以随时罢免，并受到选民给予他的限权委托书（正式指令）的约束。仍须留待中央政府履行的为数不多但很重要的职能，则不会像有人故意胡说的那样加以废除，而是由公社的因而是严格承担责任的勤务员来行使。民族的统一不是要加以破坏，相反，要由公社在体制上、组织上加以保证，要通过这样的办法加以实现，即消灭以民族统一的体现者自居同时却脱离民族、凌驾于民族之上的国家政权，这个国家政权只不过是民族躯体上的寄生赘瘤。旧政权的纯属压迫性质的机关予以铲除，而旧政权的合理职能则从僭越和凌驾于社会之上的当局那里夺取过来，归还给社会的承担责任的勤务员。普选权不是为了每三年或六年决定一次由统治阶级中什么人在议会里当人民的假代表，而是为了服务于组织在公社里的人民，正如个人选择权服务于任何一个为自己企业招雇工人和管理人员的雇主一样。大家都很清楚，企业也像个人一样，在实际业务活动中一般都懂得在适当的位置上使用适当的人，万一有错立即纠正。另一方面，如果用等级授职制⁴⁸⁵去代替普选制，那是最违背公社精神不过的。

一般说来，全新的历史创举都要遭到被误解的命运，即只要这种创举与旧的、甚至已经死亡的社会生活形式可能有某些相似之处，它就会被误认为是那些社会生活形式的翻版。所以，这个新的、摧毁了现代国家政权的公社，就恰恰被误认为是那最初产生于现代国家政权之先、尔后又成为现代国家政权基础的中世纪公社的再现。公社体制被误认为是企图把各大国的统一——这种统一虽然最初由政治暴力所造成，但现已成为社会生产的强大因素——化为孟德斯鸠和吉伦特派所梦想的那种许多小邦的联盟。公社与国家政权的对抗被误认为是反对过分集权这一古老斗争的被夸张了的形式。可能是特殊的历史条件①阻碍了像在法国出现过的那种资产阶级政权形式的典型发展，并使得像英国那样的情况能够存在：庞大的中央国家机构在城市里有腐败的教区委员会、钻营私利的市议员、凶暴的济贫法委员会委员为其补充，在乡村里有实际上是世袭的治安法官为其补充。公社体制会把靠社会供养而又阻碍社会自由发展的国家这个寄生赘瘤迄今所夺去的一切力量，归还给社会机体。仅此一举就会把法国的复兴推动起来。法国外省城市的资产阶级在路易-菲力浦时期控制着乡村，在路易-拿破仑时期，他们对乡村的控制为乡村对城市的虚假统治所取代。现在他们以为公社就是企图恢复他们过去的那种对乡村的控制。事实上，公社体制是把农村的生产者置于他们所在地区中心城市的精神指导之下，使他们在中心城市有工人作为他们利益的天然代表者。公社的存在本身自然而然会带来地方自治，但这种地方自治已经不是用来牵制现在已被取代的国家政权的东西了。只有俾斯麦这个除了策划铁血阴谋之外，总是喜欢重操最适合于他的智力的旧业即

---

① 在1871年和1891年的德文版此处有"在其他国家"。

给《喧声》杂志（柏林的《笨拙》杂志）撰稿的人，才会异想天开，以为巴黎公社要仿效普鲁士的市政体制。普鲁士的市政体制不过是1791年法国旧的市政组织的拙劣仿制品，它把城市管理机构降低为普鲁士国家警察机器上的辅助轮子。

公社实现了所有资产阶级革命都提出的廉价政府这一口号，因为它取消了两个最大的开支项目，即常备军①和国家官吏。公社的存在本身就意味着那至少在欧洲是阶级统治的真正赘瘤和不可或缺的外衣的君主制已不复存在。公社给共和国奠定了真正民主制度的基础。但是，无论廉价政府或"真正共和国"，都不是它的终极目标，而只是它的伴生物。

人们对公社有多种多样的解释，多种多样的人把公社看成自己利益的代表者，这证明公社完全是一个具有广泛代表性的政治形式，而一切旧有的政府形式都具有非常突出的压迫性。公社的真正秘密就在于：它实质上是工人阶级的政府，是生产者阶级同占有者阶级斗争的产物，是终于发现的可以使劳动在经济上获得解放的政治形式。

如果没有最后这个条件，公社体制就没有存在的可能，就是欺人之谈。生产者的政治统治不能与他们永久不变的社会奴隶地位并存。所以，公社要成为铲除阶级赖以存在、因而也是阶级统治赖以存在的经济基础的杠杆。劳动一解放，每个人都变成工人，于是生产劳动就不再是一种阶级属性了。

说来也奇怪，虽然近60年来出现了大量的关于劳动解放②的高谈阔论和巨著，可是只要工人在什么地方决心由自己来做这件事，那些替以资本和雇佣奴隶为两极的现代社会（地主现在只不过是资本家的驯顺伙

---

① 在1871年和1891年的德文版中是"军队"。
② 在1891年的德文版中是"工人解放"。

伴）说话的喉舌，立刻就出来大唱辩护之歌，仿佛资本主义社会还处在童贞和白璧无瑕的状态，仿佛它的对立还没有发展，它的欺人假象还没有被戳穿，它的丑恶现实还没有被揭露！他们叫喊说，公社想要消灭构成全部文明的基础的所有制！是的，先生们，公社是想要消灭那种将多数人的劳动变为少数人的财富的阶级所有制。它是想要剥夺剥夺者。它是想要把现在主要用做奴役和剥削劳动的手段的生产资料，即土地和资本完全变成自由的和联合的劳动的工具，从而使个人所有制成为现实。但这是共产主义，"不可能的"共产主义啊！然而，统治阶级中那些有足够见识而领悟到现存制度已不可能继续存在下去的人们（这种人并不少），已在拼命地为实行合作生产而大声疾呼。如果合作生产不是一个幌子或一个骗局，如果它要去取代资本主义制度，如果联合起来的合作社按照共同的计划调节全国生产，从而控制全国生产，结束无时不在的无政府状态和周期性的动荡这样一些资本主义生产难以逃脱的劫难，那么，请问诸位先生，这不是共产主义，"可能的"共产主义，又是什么呢？

  工人阶级并没有期望公社做出奇迹。他们不是要凭一纸人民法令去推行什么现成的乌托邦。他们知道，为了谋求自己的解放，并同时创造出现代社会在本身经济因素作用下不可遏止地向其趋归的那种更高形式，他们必须经过长期的斗争，必须经过一系列将把环境和人都加以改造的历史过程。工人阶级不是要实现什么理想，而只是要解放那些由旧的正在崩溃的资产阶级社会本身孕育着的新社会因素。工人阶级充分认识到自己的历史使命，满怀完成这种使命的英勇决心，所以他们能够笑对那些摇笔杆子的文明人中之文明人的粗野谩骂，笑对好心肠的资产阶级空论家的训诫，这些资产阶级空论家总是滔滔不绝地宣讲他们那一套无知的陈词滥调和顽固的宗派主义谬论，口气俨如发布永无谬误的神谕一般。

当巴黎公社把革命的领导权掌握在自己手中的时候，当普通工人第一次敢于侵犯他们的"天然尊长"①的执政特权，在空前艰难的条件下虚心、诚恳而卓有成效地进行他们的工作，而所得报酬最高额还不及科学界高级权威人士②所建议的伦敦国民教育局秘书最低薪额的五分之一⁴⁸⁶的时候，旧世界一看到象征劳动共和国的红旗在市政厅上空飘扬，便怒火中烧，气得浑身颤抖。

然而这是使工人阶级作为唯一具有社会首创能力的阶级得到公开承认的第一次革命；甚至巴黎中等阶级的大多数，即店主、手工业者和商人——唯富有的资本家除外——也都承认工人阶级是这样一个阶级。公社拯救了这个中等阶级，因为公社采取英明措施把总是一再出现的中等阶级内部纠纷之源，即债权和债务问题解决了。[487]正是中等阶级的这一部分人在1848年为镇压六月工人起义出过力之后，立即被制宪议会毫不客气地交给他们的债主们去任意宰割。[488]但这还不是他们现在靠拢工人阶级的原因③。他们感觉到他们只能在公社和不管打着什么招牌的帝国之间进行抉择。帝国在经济上毁了他们，因为它大肆挥霍社会财富，恣惠大规模的金融诈骗，支持人为地加速资本的集中，从而使他们遭受剥夺。帝国在政治上压迫了他们，它的荒淫无度在道义上震惊了他们；帝国侮辱了他们的伏尔泰思想，因为它把教育他们子弟的事情交给无知兄弟会[489]；帝国激怒了他们作为法兰西人的民族感情，因为它把他们一下子推入这样一场战争，这场战争制造了那么多毁灭性灾难，得到的结果只有一个——帝国灭亡。事实上，在波拿巴派和资本家这样一些高等流氓从巴黎逃跑以后，真正的中等阶级秩序党就以共和联盟[490]的形式出

---

① 在1871年和1891年的德文版中加有"即有产者"。
② 在德文各版中加有"（赫胥黎教授）"。
③ 在1871年和1891年的德文版中是"唯一原因"。

现，站到了公社的旗帜下，并且反驳梯也尔的胡编乱造，保卫公社。至于这一大部分中等阶级的感激心情能否经得住目前的严峻考验，将来自有分晓。

公社对农民说，"公社的胜利是他们的唯一希望"[491]，这是完全正确的。炮制于凡尔赛、由光荣的欧洲报界文丐一传再传的所有谎言中最惊人的就是：乡绅议员代表法国农民。试想一想，法国农民对于他们在1815年以后不得不付予10亿赔偿金[492]的人们竟产生了爱戴心情！在法国农民的心目中，大土地所有者存在本身就是对他们1789年的胜利果实的侵犯。1848年，资产者们对农民的那块土地加上了每法郎45生丁的附加税[493]，而那时候他们还是以革命的名义这样做的；现在他们则挑起了反对革命的国内战争，借以把他们约定要付给普鲁士人的50亿赔款的主要重担转嫁到农民身上。与此相反，公社在最初发表的一项公告里就已经宣布，战争的费用要让真正的战争发动者来偿付。公社能使农民免除血税，能给他们一个廉价政府，能把现今吸吮着他们鲜血的公证人、律师、法警和其他法庭吸血鬼，换成由他们自己选出并对他们负责的领工资的公社勤务员。公社能使他们免除乡警、宪兵和省长的残暴压迫，能用启发他们智慧的学校教师去代替麻痹他们头脑的教士。而法国农民首先是善于算账的人。他们会发现，教士的薪俸不由税吏们强制征收，而只由各教区的居民依其宗教情感自愿捐赠，那是极为合理的。这些都是公社的统治——也只有这种统治——使法国农民马上就能得到的巨大好处。所以这里用不着细讲那些只有公社才能够而且必须以有利于农民的方式加以解决的更复杂但极重要的问题，例如：农民那小片土地负担着压得他们喘不过气来的抵押债务，prolétariat foncier（农村无产阶级）因此而与日俱增，农民的土地恰恰由于现代农业的发展以及资本主义农场经营的竞争而以越来越快的速度被剥夺。

路易·波拿巴是被法国农民选为共和国总统的，第二帝国则是秩序党的作品。在1849年和1850年，法国农民就开始表明他们实际需要的是什么了。他们的表达方式就是：以自己的区长对抗政府的省长，以自己的学校教师对抗政府的教士，以自身对抗政府的宪兵。秩序党在1850年1月和2月所制定的一切法律[494]，都是明目张胆压迫农民的措施。农民曾经是波拿巴派，因为在他们的眼中大革命及其带给农民的所有利益都体现在拿破仑的身上。这种在第二帝国时代迅速破灭的（而且就其本质而言对乡绅议员是不利的）错觉，这种过去时代的偏见，怎么能够抵得住公社对农民切身利益和迫切需要的重视所具有的号召力呢？

乡绅议员知道（并且实际上也最害怕这一点），如果公社治理下的巴黎同外省自由交往起来，那么不出三个月就会引起一场农民大起义，所以他们才急于对巴黎实行警察封锁，以阻止这种传染病的蔓延。

可见，公社是法国社会的一切健全成分的真正代表，因而也就是真正的国民政府，而另一方面，它作为工人的政府，作为劳动解放的勇敢斗士，同时又具有十足国际的性质。普鲁士军队使法国的两个省归属于德国，而就在这支军队的眼前，公社使全世界的工人都归属于法国。

第二帝国曾是集普天下坑蒙拐骗之大成的盛世。世界各国的坏蛋都响应了它的号召，赶来参加它的闹宴和对法国人民的掠夺。甚至此时此刻梯也尔也还是以瓦拉几亚的流氓加内斯科为右手，以俄国的暗探马尔科夫斯基为左手。公社则使一切外国人都能享有为不朽事业而牺牲的荣誉。资产阶级由于它自己的叛变而招致了对外战争的失败，又同外国侵略者勾结挑起了国内战争，它在这两次战争的间隙找到了机会来表现它的爱国热情，其表现方式就是派警察搜捕在法国的德国人。公社则委任了一个德国工人①担任自己的劳动部长。梯也尔、资产阶级、第二帝国都不断欺骗波兰人，口头上冠冕堂皇地对他们表示同情，实际上把他们

---

① 莱·弗兰克尔。

出卖给俄国，替俄国干坏事。公社则请波兰的英雄儿子①荣任巴黎捍卫者的领导人。为了使公社所自觉地开辟的历史新纪元有一个鲜明的标志，公社一方面当着普鲁士胜利者的面，另一方面当着由波拿巴派将军们率领的波拿巴军队的面，推倒了象征战争光荣的庞然巨物——旺多姆圆柱[495]。

公社的伟大社会措施就是它本身的存在和工作。它所采取的各项具体措施，只能显示出走向属于人民、由人民掌权的政府的趋势。这类措施是：不让面包工人做夜工；用严惩的办法禁止雇主们以各种借口对工人罚款以减低工资——雇主们在这样做的时候集立法者、审判官和法警于一身，而且以罚款饱私囊。另一个此类的措施是把一切已关闭的作坊或工厂——不论是资本家逃跑了还是自动停了工——都交给工人协作社，同时给企业主保留获得补偿的权利。

公社的那些引人注目的明智而温和的财政措施，只能是与围城状态相适应的措施。鉴于各大金融公司和承包商们在欧斯曼庇护下掠夺了巴黎大量钱财，公社要是没收他们的财产，其理由要比路易·波拿巴没收奥尔良家族的财产充足万倍。霍亨索伦家族和英国的政治寡头们的财产中有很大一部分是靠掠夺教会得来的，而公社从没收教会财产上仅仅得到8 000法郎，他们对此自然是大为震惊。

凡尔赛政府刚刚恢复了一点元气，便采取最残暴的手段对付公社。它在全法国压制言论自由，甚至禁止来自各大城市的代表举行集会；它在凡尔赛和法国其他地区设置暗探，远远超过第二帝国时代；它的宗教裁判官似的宪兵焚毁一切在巴黎出版的报纸，检查巴黎的一切来往信件；在国民议会中，谁如果斗胆要替巴黎说句话，立刻就会被呵斥住，这种情形甚至在1816年的"无双议院"里也未曾有过。凡尔赛方面从

---

① 雅·东布罗夫斯基和瓦·符卢勃列夫斯基。

外部对巴黎进行着野蛮的战争，而且还想在巴黎内部进行收买和阴谋活动——在此种情况下，公社若是装做像在太平盛世一样，遵守自由主义那一套表面上温文尔雅的行为规范，岂不是可耻地背叛了自己的使命？如果公社政府和梯也尔政府是同一类政府的话，那么凡尔赛方面就没有理由查禁公社的报纸，而巴黎方面也就同样没有理由查禁秩序党的报纸了。

就在乡绅议员宣称法国得救的唯一办法是回到教会怀抱里去的时候，不信教的公社却揭露了毕克普斯女修道院和圣洛朗教堂的秘密[496]，这实在是使这些议员恼火的事情。梯也尔将大把的大十字勋章随意掷给波拿巴派将军们以表彰他们打败仗、签降书和在威廉堡卷香烟[497]的本事，公社却在自己的将军们稍有失职嫌疑时就予以撤职和逮捕，这对于梯也尔先生是一种讽刺。公社把一个只是因为无支付能力而在里昂被监禁过六天，后来用假名混进公社的委员①予以撤职和逮捕，这对于那位伪造文据犯茹尔·法夫尔——他当时还在做法国的外交部长，还在向俾斯麦出卖法国，还在向比利时的那个模范政府发号施令——难道不像是有意打在他脸上的一记耳光吗？但是，公社可不像一切旧政府那样自诩决不会犯错误。它把自己的所言所行一律公布出来，把自己的一切缺点都让公众知道。

在任何一次革命中，除了真正代表革命的人物，总还要挤进来另外一种人。这种人当中有些是以前各次革命的忠诚的幸存者，他们对当前的运动并没有深刻的了解，但他们由于具有人人皆知的忠诚和勇敢精神或者纯粹是由于传统力量，还保留有对人民的影响；另外有些人则不过是空喊家，他们年复一年地用老一套的刻板语言大骂现政府，从而骗取了第一流革命家的名声。在3月18日以后，确实也出现了上面说的那

---

① 让·普里尔，教名布朗舍。

样一些人，他们有时甚至扮演了显要的角色。他们极力阻碍工人阶级的真正运动，同以前这种人阻碍各次革命充分发展的情况完全一样。他们是一种无法避免的祸害；摆脱他们需要时间，但是公社却没有这样的时间。

公社简直是奇迹般地改变了巴黎的面貌！第二帝国的那个花花世界般的巴黎消失得无影无踪。巴黎不再是不列颠的大地主、爱尔兰的在外地主[498]、美利坚的前奴隶主和暴发户、俄罗斯的前农奴主和瓦拉几亚的大贵族麇集的场所了。尸体认领处里不再有尸体了，夜间破门入盗事件不发生了，抢劫也几乎绝迹了。事实上自从1848年2月的日子以来，巴黎街道第一次变得平安无事，而且不再有任何类型的警察。有一个公社委员说：

> 我们再也听不到杀人、偷盗和人身袭击事件；看来真好像警察已经把他们所有的保守派朋友一起带到凡尔赛去了。①

荡妇们已经跟在她们的庇护者——那些家庭、宗教、尤其是财产的卫士们的屁股后头跑掉了。没有了荡妇们，真正的巴黎妇女又出现在最前列，她们像古典古代的妇女那样具有英勇、高尚和献身的精神。努力劳动、用心思索、战斗不息、流血牺牲的巴黎——它在培育着一个新社会的同时几乎把大门外的食人者忘得一干二净——正放射着它的历史首创精神的炽烈的光芒！

与巴黎这个新世界相对峙的是凡尔赛的旧世界。看看这个旧世界吧——这是个由来自所有死亡了的旧体制的食尸鬼组成的议会。食尸鬼就是渴望撕食民族尸体的正统派和奥尔良派。还有一个尾巴，这就是陈

---

① 保·拉法格《巴黎访问记。4月7—18日》，载于1871年4月24日《波尔多论坛报》。

腐的共和派。这些共和派以出席国民议会来表示他们对奴隶主叛乱的支持；他们把他们的议会制共和国得以维持下去的希望，寄托于那个充当着共和国首脑的老骗子的虚荣心；他们十分可笑地学着1789年的样子，在 Jeu de Paume① 举行他们的令人毛骨悚然的会议。这个代表法国一切死亡事物的议会，只是靠着路易·波拿巴的将军们的军刀的支持，才得以维持住生命的假象。巴黎全是真理；凡尔赛全是谎言，是出自梯也尔之口的谎言。

梯也尔对塞纳-瓦兹省的区长代表团说：

你们可以信赖我的话，我从来不食言。②

他竟对这个议会说，"它是法国从未有过的最自由地选出的最开明的议会"③；他对他的杂牌军队说，他们是"世界的瑰宝，是法国从未有过的一支最优秀的军队"；他对外省说，传言他下令轰击巴黎纯属无稽之谈：

如果曾经打了几发炮弹，那也不是凡尔赛军队打的，而是一些叛乱者为了假装他们在作战才打的，可是实际上他们连头都不敢露出来。④

后来他又对外省宣称：

---

① 恩格斯在1871年德文版上加了一个注：网球场，国民议会于1789年在这里通过了著名的决议。
② 阿·梯也尔《致市长、副市长、市参议员大会委员会的声明》，载于1871年4月28日《号召报》第684号。
③ 阿·梯也尔《1871年4月27日在国民议会的演说》，载于1871年4月29日《号召报》第685号。
④ 《梯也尔先生的通告》，载于1871年4月19日《复仇者报》第21号。

"凡尔赛的炮兵不是轰击巴黎，而只是向它开了几炮。"①

他对巴黎大主教②说，硬说凡尔赛军队曾执行大批处决和进行报复（！），这全是胡扯。他对巴黎说，他只是想"把巴黎从可憎的暴君压迫下解放出来"③，说公社的巴黎实际上"不过是一小撮罪犯"。

梯也尔先生的巴黎并不是"群氓"的真正的巴黎，而是幽灵的巴黎，francs-fileurs[499]的巴黎，男女闲荡者的巴黎，富人的、资本家的、花花公子的、无所事事者的巴黎。这个巴黎目前正带着它的奴仆、骗子、文痞、荡妇麇集在凡尔赛、圣但尼、吕埃和圣日耳曼；这个巴黎认为内战不过是惬意的消遣，它从望远镜中观赏战斗的场面，计算放炮的次数，用自己的以及自己的娼妇们的名誉赌咒发誓说，这里上演的戏要比圣马丁门剧场中的精彩得多。被打死者真的死了，伤者的惨叫声也是实实在在的惨叫，而且这整个事件具有如此深刻的历史意义④。

这就是梯也尔先生的巴黎，正像逃到科布伦茨[500]的那帮人是卡龙先生的法国一样。

四

奴隶主阴谋用普鲁士军队的占领来制服巴黎的第一次企图，因俾斯麦的拒绝而没有得逞。3月18日第二次企图制服巴黎，结果是军队溃

---

① 《市镇通报……》，载于1871年5月6日《号召报》第692号。
② 若·达尔布瓦。
③ 阿·梯也尔《关于穆兰－萨凯的公报。1871年5月4日于凡尔赛》，载于1871年5月6日《号召报》第692号。
④ 在1871年和1891年的德文版中是"具有何等的世界历史意义啊！"

败和政府逃往凡尔赛，政府并命令全部行政机关也停止工作，随之出逃。梯也尔假装同巴黎议和，借以争取时间准备对巴黎作战。但是到哪里去搜罗军队呢？战斗团的残部人数很少，而且不可靠。梯也尔向外省发出紧急呼吁，要求派国民自卫军和志愿军前去增援凡尔赛，但是遭到断然拒绝。只有布列塔尼派去了一小撮朱安兵[501]，他们作战时打着白旗，每人胸前佩戴着用白布做成的耶稣圣心，口里呼喊着"Vive le Roi!"（国王万岁!）。这样，梯也尔就只好匆忙纠集一群杂牌队伍，其中有水兵、海军陆战队士兵、教皇的朱阿夫兵[502]、瓦朗坦手下的宪兵以及皮埃特里手下的警察和密探。可是这支军队要不是补充了一批批的帝国被俘兵员，那就会毫无用处而令人觉得可笑。俾斯麦准予放回被俘兵员的人数，刚好既够打内战之用，又足以保持凡尔赛政府对普鲁士的屈从和依赖。真正打起来，凡尔赛的警察还得照应凡尔赛的军队，而在一切危险的地方，都是宪兵打头阵，拖着军队前进。陷落的炮台不是夺来的，而是买通的。公社战士的英雄气概向梯也尔表明，凭他自己的谋略和他所掌握的武装力量，巴黎的抵抗是无法击破的。

与此同时，他和外省的关系越来越紧张了。没有接到一份可以使梯也尔和他的乡绅议员们高兴地表示拥护的宣言。恰恰相反。来自四面八方的代表团和宣言，都是用很不尊敬的口气坚决要求同巴黎和解，而和解的基础是毫不含糊地承认共和国，确认公社规定的各项自由权利，解散任期已满的国民议会。代表团和宣言是如此之多，致使梯也尔的司法部长杜弗尔在4月23日给国家的检察官们的通令中命令他们把"呼吁和解"当做罪行查办！然而梯也尔看到进攻巴黎没有希望，于是决定改变策略，下令在4月30日按照他自己叫国民议会通过的新市镇法在全国进行市镇选举。一方面有他那些省长玩弄阴谋手段，另一方面有警察机关进行威胁恫吓，这使他满怀希望地认为：外省作出的裁决会赋予国民议会以前所未有的道义力量，并且他最终定会从外省取得征服巴黎的物质力量。

梯也尔一开始就竭力想在进行他的这场在他自己的公报中备受赞美的反对巴黎的强盗战争的同时,在他的部长们企图在全法国建立恐怖统治的同时,表演一出和解小戏。这出小戏要达到几个目的:蒙蔽外省视听,诱骗巴黎的中等阶级分子,而最主要的是使国民议会中的冒牌共和党人能够以对梯也尔的信任掩盖他们对巴黎的背叛。梯也尔在3月21日,即在他还没有军队的时候,对国民议会声明说:

> 不管发生什么情况,我决不派军队到巴黎去。

3月27日,他又站起来说:

> 我发现共和国已是既成事实,我坚决维护它。①

实际上,他用共和国的名义镇压了里昂和马赛的革命[503],而他的乡绅议员们在凡尔赛只要一听到"共和国"这个词就要把它淹没在狂吼声中。他作出这番勋业之后,就把"既成事实"降低为假定事实。奥尔良王室子弟原是他为慎重起见从波尔多打发走的,现在他明目张胆地破坏法律,准许他们在德勒从事阴谋活动了。梯也尔在同巴黎和外省代表们无休止的会见当中所作出的让步——尽管谈话的口气和腔调总是随着时间和情况而变化——实际上从来没有超出这样一个承诺:将来的报复对象仅限于:

> 那一小撮与杀害勒孔特和克莱芒·托马有关的罪犯,

而且还有一个不言而喻的前提,即巴黎和法国要无条件地承认梯也

---

① 《梯也尔先生的宣言》,载于1871年4月1日《爱尔兰人报》第13卷第39期。

尔先生本人就是最好不过的共和国，就像他在1830年对待路易-菲力浦那样。然而，就连这种让步，他也竭力通过他的部长们在国民议会进行的官方解释而使之暧昧不明。不仅如此，他还让他的那位杜弗尔行动起来。杜弗尔，这个老牌奥尔良派律师，在历次戒严时期都充当最高法官；如今1871年梯也尔掌权时是如此，1839年路易-菲力浦在位时和1849年路易·波拿巴任总统时也是如此[504]。他在不担任部长职务时，曾以替巴黎资本家辩护而大发横财，以反对出自他自己之手的法律来捞取政治资本。现在他不仅赶快在国民议会通过一批镇压性的法律，以便在巴黎陷落后用来消灭法国共和制自由的最后残余[505]，他还把对他说来太缓慢的军事法庭审判程序加以简化[506]，并且新炮制出一部严酷的流放法，以此预示巴黎未来的命运。1848年革命取消了对政治犯的死刑，而代之以流放。路易·波拿巴没有敢恢复，至少是不敢公开恢复断头机的统治。乡绅议会甚至还不敢暗示巴黎人不是造反者而是杀人犯，所以它只得把将来对巴黎进行报复的手段局限于杜弗尔的新流放法。在此种情况下，如果梯也尔的和解滑稽剧不是按照他的意图引起乡绅议员们的一片怒吼声，他的这出滑稽剧就演不下去了。那些乡绅议员百思不得其解，他们既没有领会这套把戏，又不懂得玩弄这套把戏非用伪善、狡辩、拖延这样一些手法不可。

梯也尔鉴于4月30日的市镇选举在即，便于4月27日做了一次精彩的和解表演。他在国民议会讲坛上大讲假惺惺的漂亮话的时候，慷慨激昂地说道：

> 只有巴黎的阴谋是反对共和国的阴谋，巴黎的阴谋迫使我们让法国人流血。我要再三重复说：让那些举起邪恶武器的人放下他们的武器吧，那我们就会立即通过和平协议停止惩罚，只有那一小撮罪犯另当别论。

他对那些大喊大叫地打断他讲话的乡绅议员说：

诸位先生，我恳求你们告诉我，难道我说的不对吗？难道你们听见我如实地说明罪犯不过是一小撮人，真的觉得遗憾吗？忍心杀害克莱芒·托马和勒孔特将军的人只是罕有的例外，这难道不是不幸中之万幸吗？

然而，法国对于梯也尔这一番自以为像海上女妖歌声那样动听的议会讲话置若罔闻。在法国尚存的3.5万个市镇所选出的70万名市议员中，联合起来的正统派、奥尔良派和波拿巴派总共还占不到8000人。在后来的补充选举中他们更是受到绝对的敌视。这样，国民议会不但没有从外省方面得到它迫切需要的物质力量，而且连最后一点道义力量，即作为这个国家普选权体现者的资格也丧失了。而意味着它彻底失败的是，法国所有城市新选出的市议会给凡尔赛的这个篡权的国民议会以公开的威胁，即决定在波尔多召集一个与之针锋相对的国民议会。

对俾斯麦而言，期待已久的采取决定性行动的时刻已经到来。他向梯也尔发号施令，要他派全权代表到法兰克福去签订最后的和约。梯也尔卑躬屈膝地遵从自己主子的吩咐，急忙派出了自己的亲信茹尔·法夫尔并以普耶-凯尔蒂埃做他的助手。普耶-凯尔蒂埃是鲁昂"鼎鼎大名的"棉纺厂厂主，是第二帝国的狂热的甚至奴颜婢膝的拥护者，对他说来，第二帝国是无可挑剔的，只有一事例外，即帝国同英国签订过损害他这个企业家利益的商约[507]。他在波尔多刚当上梯也尔的财政部长，马上就抨击这个"邪恶的"条约，暗示这个条约很快就会被废除。他甚至厚颜无耻地试图——虽然未能做到（因为做此盘算时没有请示俾斯麦）——立即对阿尔萨斯实行旧的保护关税，据他说那里没有任何旧有的国际条约妨碍这样做。此人把搞反革命看做在鲁昂降低工资的手段，把割让法国两省看做在法国抬高他的货物价格的手段。**这种人**岂不是注定要被梯也尔挑选为茹尔·法夫尔的助手去完成他最后的卖国大业吗？

这绝妙的一对全权代表一到法兰克福，盛气凌人的俾斯麦立即粗暴地要他们二者择一:"或者是恢复帝国,或者是无条件地接受我的媾和条件!"他的条件里有这样的内容:缩短战争赔款分期交付的期限,并由普鲁士军队继续占领巴黎各炮台,直到将来俾斯麦对法国形势感到满意时为止。这样一来,普鲁士就被承认为法国内政的最高主宰者。作为回报,俾斯麦愿释放被俘的波拿巴兵员去消灭巴黎,并调派威廉皇帝的军队直接援助他们。为了保证不食言,他把赔款第一期交付时间推到"平定"巴黎之后。梯也尔和他的全权代表们当然贪馋地急忙吞下了这一钓饵。5月10日,他们在和约上签了字;5月18日,他们就让凡尔赛国民议会批准了这个条约。

从缔结和约到被俘的波拿巴兵员返回这一段时间,梯也尔觉得更加需要把他的和解滑稽剧继续演下去,因为他的共和党走卒们极需要一个借口,以便装做看不见为血洗巴黎而进行的准备。直到5月8日,他还对一个主张和解的中产阶级代表团说:

> 只要暴乱者决定投降,巴黎的城门就可以对一切人洞开一个星期,唯有杀害克莱芒·托马和勒孔特两将军的凶手除外。

几天以后,当他为此诺言而遭到乡绅议员们激烈质问时,他避而不作任何解释,但意味深长地暗示说:

> 我对你们说,你们当中有些缺乏耐心的人,未免太性急了。这些人还得再忍耐一个星期。一个星期以后就不会再有什么危险,那时就会有与他们的勇气和能力相称的任务了。

当麦克马洪刚刚有把握向梯也尔保证很快就进入巴黎时,梯也尔立即对国民议会宣称,他

> 将手持**法律**进入巴黎,要向那些牺牲了士兵生命和毁坏了公共纪念物的恶

棍们彻底讨回这笔债。

当决定的时刻临近时，他对国民议会说："我将毫不留情！他对巴黎说，它末日将临；对自己的那些波拿巴强盗们说，政府准许他们任意向巴黎复仇。最后，在叛徒已于5月21日给杜埃将军打开了巴黎城门的情况下，梯也尔于5月22日向乡绅议员们揭开了他们先前无论如何也悟不出的他那出和解滑稽剧的"目的"：

> 几天前我对你们说过，我们正在接近**我们的目的**；今天我来告诉你们吧，这个**目的**已经达到。秩序、正义和文明终于获得胜利！

确实如此。每当资产阶级秩序的奴隶和被压迫者起来反对主人的时候，这种秩序的文明和正义就显示出自己的凶残面目。那时，这种文明和正义就是赤裸裸的野蛮和无法无天的报复。占有者和生产者之间的阶级斗争中的每一次新危机，都越来越明显地证明这一事实。和1871年的无法形容的罪恶比起来，甚至资产阶级的1848年6月的暴行也要相形见绌。巴黎全体人民——男人、妇女和儿童——在凡尔赛军队开进城内以后还战斗了一个星期的那种自我牺牲的英雄气概，反映出他们事业的伟大，而士兵们穷凶极恶的暴行则反映出雇用他们作为保镖的那个文明所固有的精神。这种为处置自己在战事结束后的杀戮中留下的成堆尸体而感到困难的文明，真是光辉灿烂的文明啊！

要想找到可以同梯也尔和他那些嗜血豺狼的行为相比拟的东西，必须回到苏拉和罗马前后三头执政的时代[508]去。同样是冷酷无情地大批杀人；同样是不分男女老幼地屠杀；同样是拷打俘虏；同样是发布公敌名单，不过这一次被列为公敌的是整个一个阶级；同样是野蛮地追捕躲藏起来的领袖，使他们无一幸免；同样是纷纷告发政治仇敌和私敌；同样是不惜杀戮根本和斗争无关的人们。不同处只在于罗马人没有机关枪来大规模地处决公敌，他们没有"手持法律",也没有口喊"文明"罢了。

看了这一切恐怖景象之后,现在再来看一看这种资产阶级文明由它自己的报刊所描绘的另一副更加丑恶的面貌吧。

伦敦的一家托利党报纸驻巴黎记者写道:

> 远处还响着零星的枪声;濒临死亡的可怜的受伤者躺在拉雪兹神父墓地的墓石之间无人照管;6000个惊恐万状的暴乱者,在迷宫似的墓地地道中绝望地转来转去;沿街奔跑的不幸的人们,被机关枪大批地射杀。在这样的时候令人看了气愤的是,咖啡馆里挤满了爱好喝酒、打弹子、玩骨牌的人,荡妇们在林荫道上逛来逛去,纵酒狂欢的喧嚷声从豪华酒楼的雅座里传出来,打破深夜的寂静!①

爱德华·埃尔韦先生在曾被公社查禁的一家凡尔赛报纸《巴黎报》上写道:

> 巴黎居民〈!〉昨天表现他们的欢乐的方式有些太轻佻了,我们担心以后还会越来越糟。巴黎笼罩着节日的气氛,这实在不协调,令人难过;要是我们不想被叫做堕落时代的巴黎人,就必须消除这种现象。②

接着,他引用了塔西佗的一段话:

> 可是,在这场可怕的斗争的第二天早晨,甚至在斗争还没有完全结束的时候,堕落和腐败的罗马就又开始沉湎于毁坏其躯体、玷污其灵魂的酒色之中了。——alibi proelia et vulnera, alibi balneae popinaeque(这里是战斗和创伤,那

---

① 1871年6月2日《旗帜报》第14613号刊登的《暴动之结局》,这段话转引自爱·埃尔韦发表在1871年5月31日《巴黎报》第138号的文章。
② 1871年5月31日《巴黎报》第138号。

里是澡堂和酒楼）。①

埃尔韦先生只是忘记说，他提到的"巴黎居民"仅仅是梯也尔的巴黎的居民，是从凡尔赛、圣但尼、吕埃和圣日耳曼蜂拥返回的那些francs-fileurs，也就是已经"没落"的**那个**巴黎。

这个建立在劳动奴役制上的罪恶的文明，每次血腥地战胜了为实现美好新社会而献身的斗士时，都要把牺牲者的呻吟淹没于在世界各地都可听到回音的大喊大叫的诽谤声中。工人们的平静的巴黎，公社的巴黎，突然被那帮"秩序"恶狗变成了地狱。这一惊人巨变在世界各国资产阶级看来证明了什么呢？竟然证明公社阴谋反对文明！为公社慷慨赴死的巴黎人，数目之多超过历史上的任何战斗。这证明什么呢？竟然证明公社不是人民自己当家作主，而是一小撮罪犯篡夺政权！巴黎妇女在街垒旁和刑场上都是视死如归。这证明什么呢？竟然证明公社恶魔把她们变成了麦格拉和赫加特！公社在处于绝对统治地位的两个月内表现得十分温和宽厚，而与此形成对照的是，它在保卫战中则表现得英勇无比。这证明什么呢？竟然证明两个月内公社只是在小心翼翼地用温和宽厚和人道精神的假面具掩盖其凶残的嗜血本性，好让这种嗜血本性在垂死挣扎时发泄出来！

工人的巴黎在英勇地自我牺牲时，也曾把一些房屋和纪念碑付之一炬。既然无产阶级的奴役者们对无产阶级刀砍斧劈，那他们就休想在得胜后回到他们的完好无损的住宅里去。凡尔赛政府叫喊道："这是纵火！"同时悄悄地示意它所有的、直至远在穷乡僻壤的走卒，要他们在各个地方把它的敌人都当做专事纵火的嫌疑犯加以搜捕。全世界的资产阶级看着战斗结束后的大屠杀感到开心，而对人们"亵渎"砖瓦和灰

---

① 塔西佗《历史》第 3 篇第 83 章。

泥却万分愤怒!

有的政府正式准许自己的海军实行"杀、烧、毁",这是不是准许纵火?英国军队随心所欲地火烧华盛顿的国会大厦和中国皇帝的夏宫[509],这是不是纵火?普鲁士人不是为了军事上的理由,而只是为了报复泄愤,就用煤油烧毁了许多像沙托丹那样的城市和无数村庄,这是不是纵火?梯也尔炮轰巴黎达六个星期之久,借口是他只想把里面有人的房屋烧毁,这是不是纵火?在战争当中,火像任何其他武器一样,也是合法的武器。轰击敌人占据的房屋,是为了把这些房屋烧毁。防御者不得不撤离这些房屋时,他们自己就把这些房屋付之一炬,使敌人不能利用这些房屋来进攻。妨碍世界上任何正规军作战的一切房屋,都是不免要被烧毁的。可是,在被奴役者反对奴役者的战争中,在这场有史以来唯一合理的战争中,这个道理竟不适用!公社严格地把火用做防御的手段。它使用火是为了封锁欧斯曼特意为便于开炮而打通的那些又长又直的街道,使凡尔赛军队无法进入;它使用火是为了掩护自己撤退,而凡尔赛军队使用火炮却是为了进攻,他们用炮弹破坏的房屋并不比公社用火烧毁的少。究竟哪些房屋是防御者烧毁的,哪些是进攻者烧毁的,直到现在还有争论。况且防御者只是在凡尔赛军队已经开始大批杀害俘虏时,才使用火。再者,公社早就公开宣布过,公社一旦被逼到绝境,就会把自身埋葬在巴黎的废墟中,并把巴黎变成第二个莫斯科[510]。国防政府也曾说过要这样做,为此,特罗胥还给它准备了煤油。但它这样说只是为了掩盖自己的叛变。公社知道,它的敌人毫不爱惜巴黎人民的生命,却十分爱惜他们自己在巴黎的住宅。而另一方面,梯也尔已经宣布说他将毫不留情地进行报复。当他这边刚把军队准备好,同时普鲁士人那边刚把各出口截断,他就立刻宣布说:"我决不会手软!抵罪要彻底,审判要严厉!"如果说巴黎工人的行为是汪达尔行为[511]的话,那么这是誓死防御的汪达尔行为,而不是在胜利后干出的汪达尔行为,如基督徒对待异教世界真正无价的古代艺术珍品所采取的那种行为。就是这后一种汪达尔行为，也有历史学家为之辩护，他们认为这是正在诞生的新社会与正在崩溃的旧社会之间所进行的伟大斗争中不可避免和较为次要的伴生现象。巴黎工人所做的更不是欧斯曼为了给游手好闲者的巴黎腾出地盘而把历史的巴黎夷为平地的那种汪达尔行为！

可是，公社处死了以巴黎大主教①为首的64个人质啊！资产阶级及其军队在1848年6月恢复了枪毙没有自卫能力的俘虏这一早已绝迹的战争惯例。自此以后在欧洲和印度，凡是镇压民众动乱的时候，就都不同程度地严格照此野蛮惯例行事了。这证明它真是"文明的一个进步"！另一方面，普鲁士人在法国曾恢复扣留人质的做法——硬要一些无辜的人用自己的性命去为别人的行为负责。既然，如我们所看到的，梯也尔从冲突一开始时就采取了枪杀公社方面被俘人员的不人道做法，公社就不得不为保护这些被俘者的生命而采用了普鲁士人扣留人质的做法。这些人质中已经接连有人因凡尔赛方面不断枪杀俘虏而丧命。在麦克马洪的御用军[512]为庆祝自己开进巴黎而进行了大屠杀以后，他们怎么还能再保住性命呢？难道连这一遏制资产阶级政府肆无忌惮的暴行的最后办法——扣留人质——也只应当是装装样子吗？杀死大主教达尔布瓦的真正元凶是梯也尔。公社曾再三提议以大主教，而且还加上许多个教士，来交换当时被梯也尔扣押的布朗基一人。梯也尔顽固地拒不接受。他知道，放走布朗基就是给公社一个首脑，而大主教则在成为死尸之后对他最有用。梯也尔仿效了卡芬雅克的先例。在1848年6月，卡芬雅克和他那些秩序人物不就是通过污蔑起义者是杀害大主教阿弗尔的凶手而掀起了一片义愤填膺的喧嚣吗？他们心里很清楚，大主教是被秩序党的士兵们枪杀的。当时在场的大主教的代理雅克美先生事后立刻向他们

---

① 若·达尔布瓦。

提交了证词。

秩序党在他们的血腥闹宴上总是少不得要对自己的受害者大肆诽谤一番。这一切诽谤只是证明：现代资产者已把自己看做旧封建主的合法继承人。旧封建主认为自己用任何武器镇压平民都是正当的，而平民拥有武器，不论什么样的武器，都是犯罪。

统治阶级利用外国侵略者支持的内战来镇压革命的阴谋，即我们所一步步追述的从9月4日这一天起直到麦克马洪的御用军进入圣克卢门为止的这场阴谋，以巴黎的大屠杀告终。俾斯麦满意地望着巴黎的废墟。当他还只是1849年普鲁士无双议院[513]中一名普通的乡绅议员时就盼望着把大城市都加以消灭。现在他大概认为巴黎变为废墟就意味着他的这一愿望的初步实现。他满意地望着巴黎无产者的尸体。在他看来，这不但是革命被消灭，而且也是法国的灭亡，这个法国现在已经真正被砍掉了头颅，而且是由法国政府自己砍掉的。他和一切飞黄腾达的政治家一样，目光短浅，看到的只是这一巨大历史事件的外表。历史上何曾有过战胜者不仅为战败政府充当宪兵，而且还充当受雇杀手以求胜利完美无缺这种怪事？普鲁士和巴黎公社之间没有发生过战争。相反，公社接受了初步和约，普鲁士宣布了中立。因此普鲁士不是交战一方。它扮演了杀手的角色，而且是一个怯懦的杀手，因为这不会带来危险；它是一个受雇的杀手，因为事先商定了巴黎陷落后要付给它5亿行凶酬金。这样，上天为惩罚不信神的荒淫堕落的法国而授命虔诚的仁义道德的德国进行的那场战争，其真正的性质终于暴露无遗了！这种甚至在旧世界的法学家看来也是空前违反国际法的行为，并未能提醒欧洲的那些"文明"政府把纯系圣彼得堡内阁傀儡的罪恶的普鲁士政府宣布为各国之公敌，却只是促使它们去琢磨要不要把为数很少的逃出巴黎双重包围圈的受害者送交凡尔赛的刽子手！

在现代最惊心动魄的这场战争结束后胜败两军联合起来共同杀戮无

产阶级这样一个史无前例的事件，并不是像俾斯麦所想的那样，证明正在崛起的新社会被彻底毁灭了，而是证明资产阶级旧社会已经完全腐朽了。旧社会还能创造的最高英雄伟绩不过是民族战争，而这种战争如今被证明不过是政府用来骗人的东西，意在延缓阶级斗争，一旦阶级斗争爆发成内战，这种骗人的东西也就会立刻被抛在一边。阶级的统治再也不能拿民族的军服来掩盖了；面对无产阶级，各民族政府乃是**一体**！

在1871年的圣灵降临节[514]以后，法国工人和他们的劳动产品占有者之间，已经既不能有什么和平，也不能有什么停战了。雇佣军的铁腕可能暂时把这两个阶级都压服一下。但是，斗争定会一次又一次地爆发，规模也将越来越大，最终谁将取得胜利——是少数占有者还是绝大多数劳动者——那是非常清楚的。而法国工人阶级还只是整个现代无产阶级的先锋队。

欧洲各国政府在巴黎面前显示了阶级统治的国际性，可是它们却大骂国际工人协会，把这个与之对立的、反对全世界资本阴谋的国际劳动组织说成是所有这一切灾难的总根源。梯也尔指责这个组织是劳动的暴君，而自己却装成劳动的解放者。皮卡尔下令将法国的国际会员同国外的国际会员之间的一切联系切断。梯也尔的1835年的同谋者，那个已成为老古董的若贝尔伯爵声称，铲除国际是所有文明国家政府的大事。乡绅议员们对国际狂吼，全欧洲的报刊都随声附和。有一位同我们协会毫无关系的可敬的法国作家这样说：

> 国民自卫军中央委员会委员和大部分公社委员，都是国际工人协会的最积极、最有见识、最刚毅的人物……这些人都百分之百地正直、真挚、聪明、忠诚、纯洁、狂热——**正面意义上的狂热**。①

---

① 让·罗比耐《有关法兰西和巴黎当前局势的政治笔记》1871年伦敦版。

在颇有几分警察头脑的资产阶级心目中，国际工人协会自然是以密谋方式活动的，其中央机构不时命令在各个国家制造事端。实际上，我们的协会只是文明世界各国最先进的工人之间的国际纽带。无论在何处，在何种形式或何种条件下，只要进行着阶级斗争，自然总是我们协会的会员站在最前列。产生这个协会的土壤就是现代社会本身。无论屠杀多少人，都不能把这个协会铲除。要铲除它，各国政府必须铲除资本对劳动的专横统治，即铲除它们自身的寄生虫生活的条件。

工人的巴黎及其公社将永远作为新社会的光辉先驱而为人所称颂。它的英烈们已永远铭记在工人阶级的伟大心坎里。那些扼杀它的刽子手们已经被历史永远钉在耻辱柱上，不论他们的教士们怎样祷告也不能把他们解脱。

总委员会：

马·詹·布恩	弗·布拉德尼克
G. H. 巴特里	凯希尔
德拉埃	威廉·黑尔斯
阿·埃尔曼	科尔布
弗·列斯纳	罗赫纳
约·帕·麦克唐奈	乔治·米尔纳
托马斯·莫特斯赫德	查·米尔斯
查理·默里	普芬德
罗奇	罗沙
吕尔	萨德勒
奥·赛拉叶	考埃尔·斯特普尼
阿尔弗勒德·泰勒	威廉·唐森

通讯书记：

欧仁·杜邦——法国

卡尔·马克思——德国和荷兰

弗·恩格斯——比利时和西班牙

海尔曼·荣克——瑞士

P. 乔瓦基尼——意大利

捷维·莫里斯——匈牙利

安东尼·扎比茨基——波兰

詹姆斯·科恩——丹麦

约·格·埃卡留斯——美国

主　　席　海尔曼·荣克
财务委员　约翰·韦斯顿
财务书记　乔治·哈里斯
总 书 记　约翰·黑尔斯

1871年5月30日于伦敦西中央区

海-霍尔本街256号

附　录

一

一队囚犯在乌里克大街停下，在人行道上脸朝马路站成四五排。将军加利费侯爵和他的参谋下了马,从左端开始巡视。将军慢慢地走动,审视着行列,时而在这里,时而在那里停下来,在某一个人的肩膀上拍一下,或是向某一个站在后排的人招招手要他出列。这样挑选出来的人,多半不再多问就被赶到马路中心去,那里很快就又形成了一个小队……很明显,这里出错的可能性很大。一个骑在马上的军官把一个男人和一个女人指给加利费将军,告诉他他们犯了什么罪。那个女人连忙从行列里冲出来,跪倒在地伸出双手,用痛切的言语申诉自己的无辜。将军停了一会,然后带着毫无表情的面孔和无动于衷的神情说道:'夫人,巴黎的所有戏院我都去过,你不必在此表演了(ce n'est pas la peine de jouer la comédie)'……在这一天,谁要是比自己的近邻显然长得高一些,穿得脏一些或者干净一些,年长一些或者是相貌丑一些,那可不是好事。特别是有一个人,我发现他大概就是因为有一个受过伤的鼻子而迅速摆脱了人世的烦恼……这样挑出了一百多人并且指定了行刑队,然后那队囚犯又继续前进,而挑出的人则被留在后面。过了几分钟,在我们后面开始听到断断续续的枪响,历时一刻钟以上。这是把那些被仓促定罪的不幸者处决了。"(《每日新闻》驻巴黎记者6月8日报道)

这位加利费,即"靠自己那位因在第二帝国闹宴上无耻卖弄色相而出名的妻子吃饭的人",在战时曾有法国的"毕斯托军曹"之称。

《时报》——一家立论谨慎而不求耸人听闻的报纸——登载过一条可怕的消息,说有些人被枪击并未当场毙命,在气绝身亡之前就被埋掉了。圣雅克-拉-布希埃尔附近的广场埋了很多人,有的埋得很浅。白天街上的嘈杂声使人们无所察觉,但是到夜深人静的时候,这一带的居民常被隐约传来的呻吟声惊醒,到早晨,他们看见地里伸出了一只握得紧紧的拳头。因此,当局下令把被掩埋的人挖出来……我丝毫也不怀疑,有许多受伤的人被活埋了。有一件事我可以证实。布吕内尔同他的情妇一起于上月24日在旺多姆广场的一座庭院中被枪杀,尸体在那里一直放到27日午后。掩埋队来抬走尸体的时候,发觉这个女人还活着,于是把她送到救护站。虽然她身中四颗子弹,可是现在她已经没有生命危险了。"(《旗帜晚报》驻巴黎记者6月8日报道)

二

6月13日的《泰晤士报》登载了如下一封信[515]：

致《泰晤士报》编辑

先生：

1871年6月6日，茹尔·法夫尔先生向欧洲各大国发出了一个通告，呼吁它们清除国际工人协会。只需三言两语就足以说明这个文件的性质。

我们章程的前言中已经指出，国际是"1864年9月28日在伦敦朗-爱克街圣马丁堂举行的公开大会上"① 成立的。茹尔·法夫尔出于他个人的目的，把国际成立日期提早到1862年以前。

为了解释我们的原则，他说他引证了"他们〈国际〉1869年3月25日的传单"。可他实际上引证的是什么呢？是一个并非国际的团体的传单。这种伎俩，当他还是一个较为年轻的律师，替那家被卡贝控以诽谤罪的巴黎《国民报》作辩护时，就曾经采用过。当时他假装宣读从卡贝的小册子里摘出的一些话，实际上他读的是他自己加进去的东西。这一欺骗行为在法庭上被揭穿，要不是卡贝的宽容，茹尔·法夫尔就要受到开除出巴黎律师公会的惩罚。茹尔·法夫尔用来作为国际文件引证的一切文件，没有一件是属于国际的。例如，他说：

> 如1869年7月在伦敦建立的总委员会所说，同盟宣布自己是无神论的团体。

总委员会从未发表过这样一个文件。相反，它发表了一个将同盟即

---

① 参看《马克思恩格斯全集》中文第2版第21卷第17页。

日内瓦的社会主义民主同盟最初的章程——也就是茹尔·法夫尔引证的那个章程——宣布为无效的文件①。

茹尔·法夫尔在他这个也装出一些反对帝国样子的通告中，从头到尾都只是重复帝国检察官那套警察式的奇谈怪论来反对国际，这些奇谈怪论甚至在帝国自己的法庭上就已被揭穿了。

大家知道，国际总委员会在关于最近这场战争的两篇宣言中（去年7月和9月发表的），谴责了普鲁士对法国的侵略计划。后来，茹尔·法夫尔的私人秘书雷特兰热尔先生曾向总委员会的一些委员请求——自然是徒劳的——由总委员会发动一次反对俾斯麦、支持国防政府的示威游行；同时特别请求他们不要提及共和国。鉴于茹尔·法夫尔预计前来伦敦，有人做了示威游行的准备工作，这当然是出于善意，然而却违背了总委员会的意愿。总委员会在它9月9日的宣言中就曾明确地警告过巴黎工人须防范茹尔·法夫尔和他的同僚。

如果国际也向欧洲各国内阁发出一个通告，谈一谈茹尔·法夫尔，请它们特别注意已故的米里哀尔先生在巴黎公布的文件，那么茹尔·法夫尔将说些什么呢？

先生，我是您的顺从的仆人

国际工人协会总委员会书记　　约翰·黑尔斯

6月12日于伦敦西中央区

海-霍尔本街256号

在一篇题为《国际协会及其目的》文章中，伦敦《旁观者》（6月24日）作为虔诚的告密者在玩弄其他许多类似的把戏之余，也把上述"同盟"的文件作为国际的文件加以引证，引证得甚至比茹尔·法夫尔

---

① 指马克思起草的通告信《国际工人协会和社会主义民主同盟》。

还更完整。而且此事发生于上述的反驳信在《泰晤士报》上发表11天以后。我们对此并不感到惊奇。弗里德里希大帝常说：所有耶稣会会士中最坏的是新教徒里的那些耶稣会会士。

卡·马克思写于1871年4月中旬   原文是英文
—5月底1871年6月中以小册子形 参看《马克思恩格斯文集》第3卷
式在伦敦出版   第131—186页

关于茹尔·法夫尔的通告的信[516]

致《泰晤士报》编辑

（全文见本卷《法兰西内战》附录二，此处略。——译者注）

致《泰晤士报》[517]

本协会总委员会为答复贵报1871年6月19日所载关于"国际"的社论，特委托我通知贵报如下：

贵报将《巴黎报》以及诸如此类报纸所公布的纯系凡尔赛警察捏造的假巴黎宣言同我们的《法兰西内战》这一宣言混为一谈。

贵报断言：

在总委员会的宣言中也完全赞同地引证了我报最近引用的比斯利教授的《政治短评》，因而我们现在可以理解，授与前皇帝以社会救主的称号是多么公正。

但是总委员会在它的宣言中根本没有引证《政治短评》中的任何东西，只是提到了一位作者（他是一位著名的和受人敬重的法国学者①）关于参加这次巴黎革命的"国际会员"的个人品质所作的证明。这同"前皇帝"，同被他拯救的社会有什么关系呢？协会的"纲领"根本不是像贵报所说的那样，即在"七年前"由托伦和奥哲尔两位先生"准备的"。它是由1864年9月28日在朗-爱克街圣马丁堂的公开大会上选出的临时委员会通过的。托伦先生从来不是这个委员会的委员，在草拟这个纲领时他根本不在伦敦。

贵报断言，"米里哀尔"是"最残酷的公社委员之一"。但是米里哀尔从来不是公社委员。

贵报接着说："我们还应当指出不久以前担任协会主席的阿西"，等等。

阿西从来不是"国际"的会员，至于"协会主席"一职，早在1867年就被撤销了。

马克思写

原文是英文

参看《马克思恩格斯全集》中文第1版第17卷第395—396页

---

① 大概指科学家罗比耐。——译者注

关于侯里欧克的信的声明[518]

致《每日新闻》编辑

阁下：

国际工人协会总委员会委托我就《每日新闻》星期二所载乔治·杰科布·侯里欧克先生的信，做如下声明：

1. 关于说总委员会发表的宣言"会在凡尔赛造成有人被处死或放逐的后果"的谰言，总委员会认为它的巴黎朋友们对于这一点会比侯里欧克先生判断得更正确。

2. 总委员会所发表的一切正式文件都要附上全体委员的名字（不论出席的或缺席的），是总委员会的通例。但这一次曾作为例外，正式征询过缺席的委员的同意。

3. 至于说什么这篇宣言"虽然显系经过某个萨克森人或克尔特人的润色，但决非出自英国人的手笔"，总委员会提请注意，国际性组织的文献自然不能带有哪一个民族的特色。然而总委员会在这一点上并没什么可隐瞒的。宣言以及以前总委员会所发表的许多文件，都是由德国通讯书记卡尔·马克思博士起草的。宣言是一致通过的，也没有经过任何人"润色"。

4.1870年……①乔治·杰科布·侯里欧克曾自荐为总委员会委员候选人,但是遭到了否决。

阁下,我仍然是您的顺从的仆人

国际工人协会总委员会书记

恩格斯用英文写	按手稿刊印
载于1871年6月23日《每日新闻》和1871年6月24日《东邮报》第143号	参看《马克思恩格斯全集》中文第1版第17卷第398—399页

致《旁观者》(及《观察家》)编辑[519]

阁下:

如果您公布这一事实,即目前充斥于英国报刊的所有那些由巴黎"国际"发表的所谓宣言或其他文件(它们都首先刊载于臭名远扬的《巴黎报》)无例外地都是凡尔赛的警察捏造的,国际工人协会总委员会将十分感激。

此致
敬礼

---

① 原稿此处缺字。

恩格斯写于1871年6月21日左右

原文是英文
参看《马克思恩格斯全集》中文
第1版第17卷第400页

关于侯里欧克和鲁克拉夫特
的信的声明

致《每日新闻》编辑

阁下：

国际工人协会总委员会全权委托我来答复贵报星期一所载乔·杰·侯里欧克和本·鲁克拉夫特两位先生的信。从总委员会会议记录上可以看到，侯里欧克先生曾获准参加1869年11月16日总委员会会议，在这次会议上，他表示希望成为总委员会委员，并希望参加应于1870年9月在巴黎举行的最近一次国际工人协会全协会代表大会。侯里欧克先生退席后，约翰·韦斯顿先生提出他作为总委员会委员的候选人，但是这一提议所引起的反应，使韦斯顿先生没有坚持自己的建议，而将它撤回了。至于鲁克拉夫特先生声称，在投票表决宣言时，他未出席会议，对此我应当指出，鲁克拉夫特先生曾出席1871年5月23日举行的总委员会会议，当时曾正式宣布，宣言《法兰西内战》的草案将在下次即5月30日总委员会例会上予以宣读和讨论。因此鲁克拉夫特先生完全有可能决定，他是否要出席有关这个问题的会议。他不仅知道，按照总委员会的通例，总委员会的正式文件都由全体委员署名，不论他们出席与否，而且他还是这个通例的最热烈的拥护者之一，他曾不止一次地发言反对破坏这一通例的企图；例如在5月23日就是如此。那时他出自本意地告诉总委员会说，"他完全同情巴黎公社"。在6月20日星期二晚上举行的总委员会会议上，鲁克拉夫特先生不得不承认，甚至到这时他还没有读过宣言，只是根据报上的评论来判断它。关于奥哲尔先生的反驳，我只能这样说：有人专门拜访了他本人，通知他总委员会最近要发表宣言，并问他是否反对在宣言上有他的名字，他的回答是"不反对"。让社会舆论自己去做结论吧。我还能补充一点，总委员会已一致接受了鲁克拉夫特和奥哲尔两位先生的辞职。

阁下，我仍然是您的顺从的仆人

国际工人协会总委员会书记　约翰·黑尔斯
于西中央区海-霍尔本街256号

恩格斯写于1871年6月27日
载于1871年6月29日《每日新闻》和1871年7月1日《东邮报》第144号

原文是英文
参看《马克思恩格斯全集》中文第1版第17卷第403—404页

美国驻巴黎大使华施贝恩先生[520]

致纽约国际工人协会美国各支部中央委员会

公民们：

协会总委员会认为有责任把有关美国大使华施贝恩先生在法国国内战争时期的行为的材料以公开的方式传达给你们。

一

下列声明是罗伯特·里德先生发表的，他是苏格兰人，在巴黎住了17年，在国内战争时期曾任伦敦《每日电讯》和《纽约先驱报》[521]的记者。应该顺便指出，《每日电讯》为了凡尔赛政府的利益，竟把里德先生发送给该报的那些简短的电讯报道也歪曲了。

目前正在英国的里德先生准备以宣誓证词的形式来证实他的声明。

警报声混杂着大炮的轰隆声，整夜不息。无法安睡。我在想，欧美的代表们在哪里呢？他们岂能眼看着无辜鲜血汇流成河而不设法调解一下吗？想到这里，我再也不能平静下来，我知道华施贝恩先生住在城里，于是决定马上去见他。这大概是4月17日的事；不过，确切的日期可以从我给莱昂斯伯爵的信中查出来，因为我在当天就给他写了信。当我动身去华施贝恩先生官邸，穿过爱丽舍园街的时候，途中碰到许多救护马车，满载着受伤的和垂死的人。炮弹在凯旋门周围爆炸，梯也尔的一长串牺牲者名单上又加上了许多无辜者。

到了沙约路95号，我就问看门人，去见美国大使怎么走法，于是我被领到二楼。在巴黎，楼梯或你的住宅所在的那层楼几乎可以一丝不差地说明你的财产状况和社会地位；这是一种社会气压表。在窗户面向大街的第一层楼的住宅里，可以找到侯爵，而在窗户面向院子的第五层楼上，可以看到贫寒的工匠；把他们隔开的楼梯说明了他们之间存在的社会鸿沟。我在上楼的时候，没有看见穿红色便服和长筒丝袜的健壮的仆人，我就想："是呀！美国人是不乱花钱的，而我们简直是铺张浪费。"

走进秘书的房间时，我问华施贝恩先生在不在。 "您想见到他本人吗？"——"是的。"秘书通报了我的来访，于是我被领去见他。他懒洋洋地坐在安乐椅上读着报。我以为他会站起来，但他继续坐在那里，没有放下报纸。在一个人们通常是彬彬有礼的国家里，这种行为是极不礼貌的。

我对华施贝恩先生说．要是我们不设法进行调解，那从我们方面说来，是不人道的。无论如何，我们有义务试一试，而且这样做的时机似乎特别有利，因为当时普鲁士人坚决要求凡尔赛对问题作最终解决。美英共同施加影响将大大有利于和平。

华施贝恩先生回答说："巴黎人都是些暴徒，让他们放下武器吧！"我反驳说，国民自卫军有拿起武器的合法权利，但是问题不在这里。当人道精神被侮辱的时候，文明世界有权利干预。所以我请求您在这件事上同莱昂斯伯爵合作。华施贝恩先生说："这些凡尔赛人什么也不愿意听。"我说："如果他们拒绝，那他们将负道义上的责任。"华施贝恩先生说："我并不这样认为。在这方面我什么也不能做。你最好还是亲自去见莱昂斯伯爵吧。"

我们的会见就这样结束了。我大失所望地离开了华施贝恩先生。我发现他是一位无礼而傲慢的人，完全没有民主共和国的代表所应有的兄弟感情。当考莱伯爵任我国驻法国代表时，我曾有幸同他交谈过两次。他那坦白而亲切的态度，同这位美国大使冷冰冰的、傲慢的、摹仿贵族式的语调相比，真有天壤之别。

我同时也劝莱昂斯伯爵，为了人道英国有责任尽力促进和解，因为我相信，只要不列颠政府不愿受到一切人道者的咒骂，它就不能对像克拉马车站和穆兰·萨克的大屠杀那样的兽行漠然视之，更不用说讷伊的惨状了。莱昂斯伯爵通过他的秘书爱德华·马利特先生口头回答我说，他已把我的信送交政府了，并且今后也愿意转交我对这个问题的任何其他有关报道。当时情况对于进行调解特别有利，只要我国政府那时施加自己的影响，就不致于发生巴黎的大屠杀。如果不列颠政府不履行自己的义务，无论如何这不是莱昂斯伯爵的过错。

我们还是回过来谈华施贝恩先生吧。5月24日，星期三早晨，我路过卡普勤修女林荫道，听见有人叫我的名字，我回过头去，看见是霍萨特博士，他站在华施贝恩先生旁边，华施贝恩先生当时坐在敞篷马车上，周围围了一大群美国人。寒暄之后，我就同霍萨特博士谈起来了。话题很快就转到周围发生的可怕事件，华施贝恩先生带着相信自己正确的神情，对我说道："**凡是公社社员和一切同情公社的人，都要枪毙。**"唉，我知道，他们杀害老人和小孩，只因为这些人的全部罪状就在于**同情**公社，但我没有料想到会从华施贝恩先生嘴里半正式地听到这一点；而当他**重复**这一句残忍的话时，他还是有时间去救大主教的。[522]

二

5月24日，华施贝恩先生的秘书出席了在第十一区区政府召开的公社会议，他带来了普鲁士人关于在下列条件下调解凡尔赛人同公社社员之间的纷争的建议。

"停止军事行动；

"公社和国民议会双方都进行改选；

"凡尔赛军队撤离巴黎。驻扎在防御工事及其周围；

"国民自卫军继续守卫巴黎；

"凡过去或现在在公社军队中服役的人，不应受到任何惩处。

公社在非常会议上接受了这些建议，但是有一个附带条件，即必须给法国两个月的期限，以便准备制宪议会的普选。

同美国大使馆的秘书还举行了第二次会面。公社在5月25日早晨的会议上，决定派五名公民——其中包括韦莫雷尔、德勒克吕兹和阿尔诺德——作为全权代表，前往文森，根据华施贝恩先生的秘书的通知，普鲁士代表就在那里。但是，到了文森城门口，国民自卫军的哨兵不准这个代表团过去。由于同美国大使馆的那位秘书又举行了一次也是最后的一次会面，公民阿尔诺德才从他那里得到了通行证，于5月26日前往圣丹尼，但是他在那里也**没有**受到普鲁士人的接待。

美国的这种干预的结果（这种干预使人相信普鲁士人会恢复中立态度，相信他们有意充当交战双方的调解人），是防线在最紧要的关头瘫痪了两天。虽然为了使这次谈判能严守秘密，曾经采取了预防措施，但是国民自卫军的士兵们很快就知道了这次谈判，他们完全相信普鲁士的中立态度，跑到了普鲁士阵线方面去，当了俘虏。大家都知道，普鲁士人如何卑鄙地利用了这种轻信行为；有一部分逃跑的被他们的哨兵枪杀了，而被俘的则引渡给凡尔赛政府。

在整个国内战争期间，华施贝恩先生一直不断地通过他的秘书要公社相信，他是热烈同情公社的，似乎只是由于他的外交官身份才使他不便公开表示这种同情，并且要公社相信，他是坚决谴责凡尔赛政府的。

第二个声明是巴黎公社的一位委员[①]写的，他也像里德先生一样，准备在必要时以宣誓证词的形式来证实这个声明。

为了全面地评价华施贝恩先生的行为，必须把里德先生和巴黎公社委员的这两份指出同一计谋的两个方面的声明联系起来看。一方面华施贝恩先生对里德先生说，公社社员都是罪有应得的"暴徒"；另一方面他又要公社相信他同情公社的事业，相信他看不起凡尔赛政府。就在5月24日这同一天，他一方面当着霍萨特博士和许多美国人的面，对里德先生说，不仅公社社员，甚至连一般同情公社社员的人都将无条件地

[①] 赛拉叶。

被处死，另一方面他又通过他的秘书通知公社，不仅公社委员，而且连公社军队的全体战士都能保全生命。

亲爱的公民们，我们请你们把这些事实告诉美国的工人阶级，要他们来决定，华施贝恩先生是否是美利坚共和国的合适代表。

国际工人协会总委员会：

马·詹·布恩	G·H·巴特里
凯希尔	科尔布
弗·列斯纳	托·莫特斯赫德
查·默里	帕·麦克唐奈
约翰·罗奇	普芬德
考埃尔·斯特普尼	吕尔
弗·布拉德尼克	萨德勒
威廉·黑尔斯	阿尔弗勒德·泰勒
乔治·米尔纳	威·唐森

通讯书记：

欧仁·杜邦——法国	卡尔·马克思——德国和荷兰
弗·恩格斯——比利时和西班牙	海·荣克——瑞士
P. 卓瓦基尼——意大利	捷维·莫里斯——匈牙利
安东尼·扎比茨基——波兰	詹姆斯·柯思——丹麦
约·格·埃卡留斯——美国	

主　　席　海尔曼·荣克
财务委员　约翰·韦斯顿
财务书记　乔治·哈里斯
总 书 记　约翰·黑尔斯

1871年7月11日于伦敦西中央区
海-霍尔本街256号

卡尔·马克思写
1871年7月13日左右以传单形式发表，1871年7—9月在国际的许多机关报上发表

原文是英文
参看《马克思恩格斯全集》中文第1版第17卷第411—415页

致国际工人协会比利时联合会委员会[523]

1871年8月9日于伦敦

同志们：

总委员会刚刚接待了来自纽卡斯尔的机械工人代表团。

正如你们所知道的，这些工人已经罢工好几个星期了，为的是争取把工作时间每天减少一小时，亦即争取每天只工作九小时。

这一运动，正如你们所看到的，同韦尔维耶的机械工人所开展的运动完全一样。

纽卡斯尔的工人们原来以为即将取得胜利，他们所有的要求即将全部得到满足，但是刚刚获悉他们的雇主们已去大陆招雇工人，像他们通常做的那样用花言巧语对工人进行诱骗。

估计雇主们已经雇到了3000名工人，大部分是比利时人，他们很快就要前来顶替他们的英国弟兄。

总委员会不能允许这样干。它自然必须尽力防止工人们彼此发生灾难性的竞争，从而使他们自己的状况恶化。

因此，总委员会决定派两名代表前往比利时，向比利时工人的高尚情感呼吁，务使他们懂得他们的责任是帮助英国工人，而不是试图顶替他们。

比利时联合会委员会是不会愿意落后的。

因此，同志们，我们希望你们尽一切可能制止比利时人做出这种事情。我们尤其希望他们懂得，如果他们到这里来使英国工人的正义要求遭到失败，那他们将是怎样地忘恩负义，因为英国工人最近刚刚做出了这样一个团结互助的好榜样：他们支援了安特卫普雪茄烟工人的罢工。

就说那次罢工吧。比利时工人理所当然地对荷兰工人的到来很生气，认为自己有权把他们当作敌人对待，结果无产者内部产生了令人痛心的不和，这使我们的宿敌大为高兴。

谁能担保比利时人在纽卡斯尔不会受到同样的对待？如果发生这样的事，他们该怪谁呢？

怪他们自己，只有怪他们自己。

我们急切地呼吁比利时联合会委员会把英国代表到来的消息通知给比利时所有的支部，尽快召集机械工人，向他们讲明他们的弟兄们的处境，要求他们不要前来顶替他们，而是向他们提供帮助和支援。

我们还希望联合会委员会能将这些事实转告所有的工人报纸，以便他们能够同时采取行动，这样来防止那种会在全英国败坏比利时工人名声的公然的不义行为。

又及：约·格·埃卡留斯和詹姆斯·科恩两位同志均为总委员会的代表。

比利时通讯书记　阿尔弗勒德·埃尔曼[524]

阿尔弗勒德·埃尔曼写 　　　　　　　　　　第一次用原文发表
　　　　　　　　　　　　　　　　　　　原文是法文

关于涅恰耶夫盗用国际名义的声明[525]

国际工人协会

　　1871年9月17日至23日在伦敦举行的国际工人协会代表会议委托总委员会公开声明：

　　涅恰也夫从来不是国际工人协会的会员或代表；

　　他声称①他创建了布鲁塞尔的国际支部并受布鲁塞尔支部委托前往日内瓦，他的这种说法是谎言；

　　涅恰也夫是为了欺骗和牺牲俄国人而盗用国际工人协会的名义。

　　受总委员会的委托

　　　　　　　　　　　　　　　　　　　1871年10月14日

马克思写　　　　　　　　　　　　　　原文是英文
　　　　　　　　　　　　　　　　　　参看《马克思恩格斯全集》中文
　　　　　　　　　　　　　　　　　　第1版第17卷第470页

---

① 《人民国家报》上发表的德译文在这里加有："人们从圣彼得堡的政治审判案中才知道这点"。

关于1871年法国人支部章程的决议

1871年10月17日总委员会会议

致1871年法国人支部的成员

公民们：

鉴于巴塞尔代表大会通过的有关组织问题的决议第四条规定："每个新成立的支部或团体，如欲加入国际，必须立即将其申请通知总委员会"；

第五条规定："总委员会有权接受或不接受新的支部和小组……"[526]

总委员会批准1871年法国人支部的章程，但须作如下的修改：

一、第二条应删除"**说明其生活来源**"一语，只说："凡欲被接受为支部成员者，必须提供行为端正的保证"等等。

共同章程第九条规定：

"每一个承认并维护国际工人协会原则的人，都可成为国际工人协会的会员。每个支部对它所接受的会员的品质纯洁负责。"（"*Every branch is responsible for the integrity of the members it admits.*"）[527]

在可疑的情况下，支部可以把生活来源作为"行为端正的保证"加以调查，尽管在许多其他情况下——例如对于流亡者、罢工工人等等——没有生活来源完全可以作为他们行为端正的保证。但是，如果要求申请者把说明其生活来源作为加入国际的一般条件，那将是一种资产阶级式的新做法，是与共同章程的文字和精神相抵触的。

二、（1）鉴于共同章程第四条规定："The Congress elects the members of the General Council with power to add to their number"（"代表大会选举总委员会委员，并授予总委员会增加新委员的权利"）[528]，因此，共同章程承认选举总委员会委员的方式只有两个：或者由代表大会选举，或者由总委员会加聘；因而1871年法国人支部章程第十一条中"将派一个或几个代表参加总委员会"一语，是和共同章程相抵触的，共同章程没有给予任何分部、支部、小组或联合会以派代表参加总委员会的权利。

组织条例第十二条规定："每一个支部均有权根据当地条件和本国法律的特点制订自己的地方性章程和条例，**但其内容不得与共同章程有任何抵触**。"[259]鉴于前述各点，

总委员会不能批准"1871年法国人支部"章程中的前述条款。

（2）确实曾建议伦敦的各个支部派代表参加总委员会，而总委员会为了不违反共同章程，一向采取如下做法：

首先，它规定每一个支部派代表参加总委员会的名额，并保留有根据这些代表能否胜任他们所应负担的全面领导职务来决定接受或不接受这些代表的权利。这些代表之成为总委员会委员，不是由于他们是自己支部派出的代表，而是由于根据共同章程，总委员会有权加聘新的委员。

在最近这次代表会议做出决议以前，伦敦委员会既是国际工人协会的总委员会又是英国的中央委员会，因此它认为，除了委员会直接加聘的委员之外，再接受由相应的支部直接提名的委员是适当的。

如果把国际工人协会总委员会的选举程序同巴黎联合会委员会的选举混为一谈，那是非常错误的。后者甚至不是一个像布鲁塞尔联合

会委员会和马德里联合会委员会那样的由全国代表大会选出的全国委员会。

由于巴黎联合会委员会只是由巴黎各支部的代表组成的，这些支部的代表就完全可以凭限权代表委托书参加这样一个委员会，在其中维护本支部的利益。相反地，总委员会的选举程序是由共同章程规定的，它的成员除共同章程和组织条例所规定的委托书外，不能接受任何其他限权代表委托书。

（3）总委员会准备按照共同章程规定的、伦敦其他支部均无异议的条件，接受"1871年法国人支部"的两名代表参加总委员会。

三、"1871年法国人支部"章程第十一条中有这样一款："**支部的每个成员必须作为本支部的代表参加总委员会。**"

这个条款如果照字面来解释，是能够被接受的，因为它只是说，"1871年法国人支部"的成员不能作为任何其他支部的代表参加总委员会。

但是如果注意到在它前面的条款，那末上述条款的含义就只能是完全改变总委员会的选举程序，并且违背共同章程第三条的规定而把总委员会变成伦敦各支部代表的会议，在这个会议里整个**国际工人协会**的影响将为各地方组织的影响所代替。

"1871年法国人支部"章程第十一条的上述条款的这种含义完全得到了证实，因为这个条款规定必须在支部成员的身份和总委员会委员的职务之间作出选择。

有鉴于此，总委员会不能批准上述条款，因为它与共同章程相抵触，它剥夺总委员会为国际工人协会的共同利益而自由补充自己成员的权利。

四、总委员会相信，"1871年法国人支部"会了解所建议的修改的必要性，并毫不犹豫地使自己的地方性章程符合于共同章程和组织条例的文字和精神,从而避免发生任何分歧。在目前条件下,任何分歧都只能阻碍国际工人协会的发展。

敬礼和平等

代表总委员会并受总委员会的委托
法国通讯书记　奥古斯特·赛拉叶

马克思用法文起草

参看《马克思恩格斯全集》中文第一版第17卷第471—474页

1871年9月17日至23日在伦敦举行的国际工人协会代表会议的决议

（协会总委员会发布的通告）

一
关于总委员会的成员

代表会议建议总委员会对委员人数的增添加以限制,并且在增添委员时不要过多地拣选一个民族的公民。

二
关于各国委员会等组织的名称[530]

1. 按照巴塞尔代表大会（1869年）的决定,设有**国际**经常性组织的各国的中央委员会，今后应定名为**联合会委员会**，冠以该国的国名；国际工人协会中央委员会仍用**总委员会**名称。

2. 所有地方分部、支部、小组及其委员会，今后一律定名为**国际工人协会**分部、支部、小组和委员会，冠以该地地名。

3. 因此，所有分部、支部和小组，今后不得再用宗派名称，如实证论派、互助主义派、集体主义派、共产主义派等等，或者用**宣传支部**以及诸如此类的名称成立妄想执行与协会共同目标不符的特殊任务的分立主义组织。

4. 但是，决定的第1、2两条，不适用于附属国际的各**工会**。

三

关于总委员会的代表

由总委员会任命执行特殊任务的一切代表，均有权出席联合会委员会、区域和地方的委员会以及支部的一切会议并发表意见，但没有表决权。

四

关于向总委员会缴纳数额为每个会员

1 便士①的会费[531]

1. 总委员会应印发每张价值1便士的会费券，每年向各联合会委员会按要求数量供应这种会费券。

2. 联合会委员会向各地方委员会，在没有地方委员会时，则向各支部按其会员人数寄发会费券。

---

① 德文版在"1便士"一词后面附有：（"格罗申"）；法文版在这一处和下面的"1便士"均印作："10生丁"。

3. 这种会费券应粘贴在会员证的专页或协会每个会员均须持有的章程上。

4. 每年3月1日，各国联合会委员会均应将与所用会费券价值相符的金额寄给总委员会，并交回剩余的会费券。

5. 这些表示个人会费金额的会费券，须印明年份。

五
关于成立女工支部

代表会议建议在工人阶级当中成立妇女支部。但是，不言而喻，这项决议绝不应妨碍由男女工人混合组成的旧支部的存在和新支部的建立。

六
关于对工人阶级的普遍统计

1. 代表会议提议总委员会将最初的章程中涉及对工人阶级进行普遍统计的第五条以及1866年日内瓦代表大会就这一问题所做的决议付诸实施。[532]

2. 每个地方支部均应任命一个专门的统计委员会，以便随时在力所能及的范围内答复本国联合会委员会或总委员会可能向它提出的问题。鉴于统计委员会书记的工作将给工人阶级带来共同利益，因此建议所有支部对统计委员会书记均支付薪金。

3. 每年8月1日，联合会委员会应将在本国收集的材料寄往总委员会，总委员会则应根据这些材料写成总报告，提交每年9月间举行的代表大会或代表会议。

RESOLUTIONS

OF THE CONFERENCE OF DELEGATES

of the

INTERNATIONAL WORKING MEN'S ASSOCIATION.

Assembled at London from 17th to 23rd September 1871

(Circular issued by the General Council of the Association.)

LONDON
PRINTED FOR THE ASSOCIATION
by the
International Printing Office.
1871.

总委员会就1871年伦敦代表会议发表的通告（英文本）

RÉSOLUTIONS

DES DÉLÉGUÉS DE LA CONFÉRENCE

DE

L'ASSOCIATION INTERNATIONALE

DES

TRAVAILLEURS.

Réunie à Londres, du 17 au 23 Septembre 1871.

(Circulaire publiée par le Conseil Général de l'Association)

LONDRES
Imprimé pour l'Association, par l'Imprimerie Internationale.
1871.

总委员会就1871年伦敦代表会议发表的通告(法文本)

Beschlüsse
der
Delegirtenkonferenz
der
Internationalen Arbeiterassoziation,
abgehalten
zu London vom 17. bis 23. September 1871.

(Separatabdruck aus dem „Volksstaat".)

Leipzig.
(Verlag der Expedition des „Volksstaat".)

总委员会就 1871 年伦敦代表会议发表的通告（德文本）

4. 应将拒绝提供所需材料的工会和国际支部通知总委员会，总委员会将对此采取相应措施。

七
关于工会的国际联系

提议总委员会照旧赞助各国工会要求同所有其他国家的相应工会建立联系的日益增强的愿望。总委员会作为沟通各国工会之间联系的国际机构，其工作的成效，将主要取决于它们对国际进行的劳动普遍统计所给予的协助。

提议所有国家的工会理事会将自己的地址通知总委员会。

八
关于农民

1. 代表会议提议总委员会和联合会委员会为下次代表大会准备关于用什么方法使农民加入工业无产阶级运动的报告。

2. 同时提议联合会委员会派宣传鼓动员前往农业地区，以便组织公开集会，宣传国际的原则和建立农村支部。

九
关于工人阶级的政治行动[533]

鉴于：

章程的导言中说："工人阶级的经济解放是一切政治运动都应该**作为手段服从于它的伟大目标**"；

国际工人协会成立宣言（1864年）宣称："土地巨头和资本巨头总是要利用他们的政治特权来维护和永久保持他们的经济垄断的。他们不

仅不会赞助劳动解放的事业,而且恰恰相反,会继续在它的道路上设置种种障碍……所以,夺取政权已成为工人阶级的伟大使命";

洛桑代表大会(1867年)曾通过如下决议:"工人的社会解放同他们的政治解放是不可分割的"[534];

总委员会就全民投票(1870年)前夕臆造的国际法国支部会员密谋事件发表的声明中说:"根据我们章程的宗旨,我们在英国、在大陆上和在美国的所有分部的专门任务,确实不仅要作为工人阶级斗争的组织中心,而且要支持它们各国的一切有助于达到我们的最终目标——工人阶级的经济解放——的政治运动";

最初的章程的歪曲了的译文给曲解章程提供了凭据,这种曲解已给国际工人协会的发展和活动带来危害;

肆无忌惮的反动势力正在残酷地镇压工人的一切争取解放的尝试,并竭力用暴力来保存阶级差别以及由此产生的有产阶级的政治统治;

鉴于:

工人阶级在它反对有产阶级联合权力的斗争中,只有组织成为与有产阶级建立的一切旧政党对立的独立政党,才能作为一个阶级来行动;

工人阶级这样组织成为政党是必要的,为的是要保证社会革命获得胜利和实现这一革命的最终目标——消灭阶级;

工人阶级由于经济斗争而已经达到的本身力量的团结,同样应当成为它在反对大土地所有者和大资本家的政权的斗争中的杠杆。

代表会议提请**国际**会员们注意,在工人阶级的斗争中,它的经济运动是和政治行动密切联系着的。

十
关于国际经常性组织受到政府阻挠的国家的总决议[535]

在因政府阻挠而现时无法设立**国际**经常性组织的国家内,协会及其地方性团体可以进行改组，改用各种其他名称；但是，无论现在和今后，成立任何真正的秘密团体都是绝不许可的。

十一
关于法国的决议

1. 代表会议坚信：一切迫害只能使**国际**的拥护者加倍振作，并且组织支部的工作即使不是用建立大中心的方法，至少在车间和通过自己的代表彼此联系的车间联合会内，将继续进行。

2. 根据这一点，代表会议提议所有支部坚持在法国继续宣传我们的原则，并把**国际**的一切出版物和章程尽量运入自己国内。

十二
关于英国的决议[536]

代表会议提议总委员会号召伦敦的英国各支部成立伦敦联合会委员会，这个委员会在得到外地支部和参加国际的团体公认后，即由总委员会承认为**英国联合会委员会**。

十三
代表会议的特别决议

1. 代表会议同意把巴黎公社的参加者增补为总委员会委员。
2. 代表会议声明，德国工人在普法战争期间尽到了自己的职责。
3. 代表会议对西班牙联合会的会员就国际组织的情况提出报告表示兄弟般的感谢。这个报告再次证明了他们对我们的共同事业的忠诚。
4. 总委员会应立即发表声明，表明国际工人协会与所谓涅恰也夫阴谋完全无关，涅恰也夫是用欺骗方法僭取了国际的名义。

十四
关于给公民吴亭的委托[537]

请公民吴亭根据俄文报纸的材料在《平等报》上发表关于涅恰也夫审判案的简短报道。该报道必须在发表前先呈交总委员会。

十五
关于应届代表大会的召开

代表会议授权总委员会确定——根据事态的发展——应届代表大会或代表会议的时间和地点。

十六
关于社会主义民主同盟

鉴于：

"社会主义民主同盟"已经宣布解散（见1871年8月10日从日内瓦给总委员会的信，签署人为"同盟"书记、公民尼·茹柯夫斯基）；

代表会议在9月18日的会议（见本通告第二项）上决定，**国际现有的一切组织，今后应按共同章程的精神和文字，一律定名为国际工人协会分部、支部、联合会等等，并冠以该地地名**；

因此，现有的支部和团体，今后不得再用宗派名称，如实证论派、互助主义派、集体主义派、共产主义派等等，或者用**宣传支部、社会主义民主同盟**以及诸如此类的名称成立妄想执行与协会共同目标不符的特殊任务的分立主义组织，

国际工人协会总委员会今后应以此精神解释和运用巴塞尔代表大会关于组织问题的决议的第五条[538]，即"总委员会有权接受或不接受新的

支部和小组"，等等①，——

代表会议宣布关于社会主义民主同盟的问题已获解决。

十七
关于瑞士罗曼语区的分裂[539]

1. 宣布汝拉各支部的联合会委员会对代表会议的权限问题所提出的各种反对意见是站不住脚的。（这只是第 1 条的简要叙述，该条全文将在日内瓦的《平等报》上刊出。）

2. 代表会议批准总委员会1870年6月29日的决议。

同时，鉴于目前**国际**受到的迫害，代表会议号召发扬团结一致的精神，这种精神应当比过去任何时候都更能使工人阶级受到鼓舞；

代表会议建议汝拉各支部的全体正直工人重新加入罗曼语区联合会的各个支部；

如果这种联合不能实现，代表会议决定请分裂出去的汝拉各支部今后定名为"**汝拉联合会**"；

代表会议预先声明，今后如果国际的任何机关报效法《进步报》和《团结报》，在它们的篇幅内当着资产阶级公众讨论那些只应在地方委员会和联合会委员会以及总委员会的会议上、或者在联合会代表大会或全协会代表大会讨论组织问题的秘密会议上予以讨论的问题，那末总委员会将有义务对这些机关报加以公开揭露并取消对它们的承认。

---

① 在德文版和法文版上不是"等等"，而是"但是它们有权向应届代表大会申诉"

通　知

不准备发表的决议将由总委员会的通讯书记通知各国联合会委员会。

根据代表会议的决定并以代表会议的名义——

总委员会：

罗·阿普尔加思	马·詹·布恩
弗·布拉德尼克	G. H. 巴特里
德拉埃	欧仁·杜邦（因公在外）
威·黑尔斯	乔·哈里斯
胡利曼	茹尔·若昂纳尔
弗·列斯纳	罗赫纳
沙·龙格	孔·马丁
捷维·莫里斯	亨利·梅奥
乔治·米尔纳	查理·默里
普芬德	约翰·罗奇
吕尔	萨德勒
考埃尔·斯特普尼	阿·泰勒
威·唐森	爱·瓦扬
约翰·韦斯顿	

通讯书记：

奥·赛拉叶——法国	瓦列里·符卢勃列夫斯基——波兰
卡·马克思——德国和俄国	海尔曼·荣克——瑞士
弗·恩格斯——意大利和西班牙	托·莫特斯赫德——丹麦

阿·埃尔曼——比利时　　　　沙·罗沙——荷兰

J. 帕·麦克唐奈——爱尔兰　　约·格·埃卡留斯——美国

勒穆修——在美国的法国人支部　莱奥·弗兰克尔——奥地利和匈牙利

　　　　　　　　　　　　主　　席　弗·恩格斯

　　　　　　　　　　　　财务委员　海尔曼·荣克

　　　　　　　　　　　　总 书 记　约翰·黑尔斯

　　　　　　　　　　　　1871年10月17日于伦敦西中央区

　　　　　　　　　　　　海-霍尔本街256号

马克思和恩格斯于1871年9—10月拟定、校订和准备付印 1871年11—12月分别用英文、德文和法文印成小册子，并在国际各机关报上发表

原文是英文

参看《马克思恩格斯全集》中文第1版第17卷第451—461页

国际工人协会的共同章程和组织条例

国际工人协会共同章程

鉴于：

工人阶级的解放应该由工人阶级自己去争取；工人阶级的解放斗争不是要争取阶级特权和垄断权，而是要争取平等的权利和义务，并消灭

一切阶级统治；

劳动者在经济上受劳动资料即生活源泉的垄断者的支配，是一切形式的奴役的基础，是一切社会贫困、精神沉沦和政治依附的基础；

因而工人阶级的经济解放是伟大的目标，一切政治运动都应该作为手段服从于这一目标；

为达到这个伟大目标所做的一切努力之所以至今没有收到效果，是由于每个国家里各个不同劳动部门的工人彼此间不够团结，由于各国工人阶级彼此间缺乏亲密的联合；

劳动的解放①既不是一个地方的问题，也不是一个国家的问题，而是涉及存在现代社会的一切国家的社会问题，它的解决有赖于最先进的国家在实践上和理论上的合作；

目前欧洲各个最发达的工业国工人阶级运动的新高涨，在鼓起新的希望的同时，也郑重地警告不要重犯过去的错误，要求立刻把各个仍然分散的运动联合起来；

鉴于上述理由，创立了国际工人协会。

协会宣布：

加入协会的一切团体和个人，承认真理、正义和道德是他们彼此间和对一切人的关系的基础，而不分肤色、信仰或民族；

协会认为：**没有无义务的权利，也没有无权利的义务**[540]。

根据上述精神，制定章程如下：

第一条 本协会的成立，目的是要成为追求共同目标即工人阶级得到保护、发展和彻底解放的各国工人团体进行联络和合作②的中心。

第二条 本协会定名为"国际工人协会"。

---

① 在德文版中是"工人阶级的解放"。
② 在德文版中，在"合作"的前面加有"有计划的"。

第三条 每年召开由协会各支部选派代表组成的全协会工人0代表大会。代表大会宣布工人阶级共同的要求,采取使国际协会能够顺利进行活动的措施,并任命协会的总委员会。

第四条 每次代表大会规定下次代表大会召开的时间和地点。代表按规定的时间在规定的地点集会,不再另行通知。总委员会有权在必要时改变集会地点,但无权推迟集会时间。代表大会每年确定总委员会驻在地,并选举总委员会委员。当选的总委员会有权增加新的委员。

全协会代表大会在年会上听取总委员会关于一年来活动的公开报告。在紧急情况下,总委员会可以早于规定的一年期限召开全协会代表大会。

第五条 总委员会由参加国际协会的各国工人代表组成。总委员会从其委员中选出处理各种事务的必要负责人,如财务委员、总书记、各国通讯书记等。

第六条 总委员会是在协会各国的全国性组织和地方性组织之间进行联系的国际机关,应使一国工人能经常了解其他各国工人阶级运动的情况;在统一领导下①对欧洲各国社会状况同时进行调查;使一个团体中提出的但具有普遍意义的问题能由一切团体加以讨论,并且在需要立刻采取实际措施,例如在发生国际冲突时,使加入协会的团体能同时一致行动。在一切适当场合,总委员会应主动向各国的全国性团体或地方性团体提出建议。为了加强联系,总委员会发表定期报告。

第七条 既然每个国家的工人运动的成功只能靠团结和联合的力量来保证,而国际总委员会活动的成效又在很大程度上取决于它是同少数全国性的工人协会中心还是同许多小而分散的地方性团体联系,所以,国际协会的会员应竭力使他们本国的分散的工人团体联合成以全国性中

---

① 在法文版中是"在共同精神下"。

央机关为代表的全国性组织。但是，不言而喻，本条规定的运用要取决于每一国家法律的特点，并且除非存在法律障碍，任何独立的地方性团体均可与总委员会直接通信。

第七条（a）[541]　无产阶级在反对有产阶级联合力量的斗争中，只有把自身组织成为与有产阶级建立的一切旧政党不同的、相对立的政党，才能作为一个阶级来行动。

为保证社会革命获得胜利和实现革命的最高目标——消灭阶级，无产阶级这样组织成为政党是必要的。

由于经济斗争而已经达到的工人力量的联合，同样应该成为这个阶级在反对它的剥削者的政权的斗争中所掌握的杠杆。

由于土地巨头和资本巨头总是要利用他们的政治特权来维护和永久保持他们的经济垄断，来奴役劳动，所以，夺取政权已成为无产阶级的伟大使命。

第八条　每一个支部均有权任命一名与总委员会通讯的书记。

第九条　每一个承认并维护国际工人协会原则的人，均可成为国际工人协会的会员。每一支部应对接受的会员的品行负责。

第十条　国际协会的每个会员，在由一个国家迁居另一国家时，应得到加入协会的工人的兄弟般的帮助。

第十一条　加入国际协会的工人团体，在彼此结成亲密合作的永久联盟的同时，完全保存自己原有的组织。

第十二条　本章程可以在每次代表大会上进行修改，但须获得三分之二与会代表的赞同。

第十三条　凡本章程规定未尽事宜，得由每次代表大会上审订的专项条款加以补充。

卡·马克思修订于 1871 年 9 月底　　原文是英文
10 月初—大约 11 月 6 日　　　　　参看《马克思恩格斯文集》第 3 卷
1871 年 11 月上半月在伦敦以小册　　第 226—229 页
子形式出版

组织条例

按历届代表大会(1866—1869)和
伦敦代表会议(1871)的决议修订

一

全协会代表大会

第一条　国际工人协会的每一个会员有参加选举全协会代表大会的代表和被选为代表的权利。

第二条　每一个支部，不论其成员多少，均有权派遣一名代表参加代表大会。

第三条　每一个代表在代表大会上只有一票表决权。

第四条　代表的费用，由选出代表的支部和小组负担。

第五条　如某一支部无力派遣代表，可与邻近支部共同选举一名代表。

第六条　成员在 500 人以上的支部或小组，每超过 500 人即有权增派代表一名。

第七条　今后只有加入国际并向总委员会缴清会费的团体、支部或小组的代表，才能参加代表大会，享有表决权。同时，国际的经常性组织遭到法律禁止的那些国家的工会和工人合作团体的代表，可以参加代表大会有关原则问题的讨论，但不得参加有关组织问题的讨论以及这些问题的表决。

第八条　代表大会的会议分两种：讨论组织问题的秘密会议以及讨论和表决大会议程中列有的一般问题的公开会议。

第九条　总委员会制订代表大会的议程。议程中须包括上次代表大会提出的问题和总委员会补充提出的问题，以及各支部和小组或它们的委员会提请总委员会批准的问题。

所有支部，小组或委员会，如果要把上次代表大会没有提出的问题提交将举行的代表大会讨论，应于 8 月 31 日前通知总委员会。

第十条　总委员会负责组织代表大会并通过联合会委员会将大会议程及时通知各个支部。

第十一条　代表大会为它所应讨论的每一个问题任命一个特别委员会。每一个代表可提出他愿意参加的委员会。每一个委员会应研究各支部和小组对交由该委员会审查的问题所提出的报告。委员会根据这些报告编写一个总报告，在公开会议上只宣读总报告。委员会此外还决定，上述报告中的哪些报告应当作为关于代表大会工作的正式报告的附录。

第十二条　代表大会在其公开会议上，应首先讨论总委员会提出的问题；然后讨论其余问题。

第十三条　对有关原则问题的一切决议，均须举行记名投票（appel nominal）。

第十四条　每一个支部或支部联合会，至迟均须在每年召开代表大会前两个月向总委员会提出关于该组织本年度内的工作和发展情况的详细报告。总委员会根据这些报告编写一个总报告，在代表大会上只宣读总报告。

二
总委员会

第一条 国际工人协会中央委员会仍用总委员会名称。设有国际经常性组织的各国中央委员会，应定名为联合会委员会，冠以各该国的国名。

第二条 总委员会必须执行代表大会的决议。

第三条 总委员会应在经费许可的范围内经常出版关于国际工人协会所关心的一切情况的**通报**和报告。

为此目的，总委员会应收集各国联合会委员会寄给它的一切材料以及它能通过其他途径获得的另一些材料。

用各种文字编写的**通报**应免费寄发各联合会委员会，由各联合会委员会转发给自己的支部，每个支部一份。

总委员会在无法印行此等**通报**时，应每三个月给各联合会委员会寄发书面通知一次，供各该国的报纸，而主要是供国际的机关报发表之用。

第四条 每一个想加入国际的新支部或团体，必须立即将其申请通知总委员会。

第五条 总委员会有权接受或不接受新的支部和小组，但它们保留有向应届代表大会提出申诉的权利。

但在设有联合会委员会的地方，总委员会在决定接受或不接受新的支部或团体之前，须听取属于联合会委员会权限范围以内的意见；但总委员会仍有临时决定问题的权利。

第六条 总委员会也有权将任何支部暂时开除出国际，听候应届代表大会裁决。

第七条 总委员会有权解决属于一个全国性组织的团体或支部之

间、或各全国性组织之间可能发生的纠纷，但是，它们保留有向应届代表大会进行申诉的权利，应届代表大会的决定才是最终决定。

第八条 由总委员会任命执行特殊任务的一切代表，均有权出席联合会委员会、区域和地方的委员会以及地方支部的一切会议并发表意见，但没有表决权。

第九条 用英文、法文和德文出版的共同章程的条例，应按总委员会颁布的正式文本印行。

共同章程和条例的所有其他文字的译文，均应在发表前提请总委员会批准。

三

应向总委员会缴纳的会费

第一条 总委员会向一切支部和附属团体征收会费，数额为每个会员每年1便士。

这笔会费用来支付总委员会的下述开支：总书记的薪金，通讯及发表文件的费用，代表大会筹备工作的开支，等等。

第二条 总委员会应印发每张价值1便士的固定式样的会费券，每年向各联合会委员会按要求数量供应这种会费券。

第三条 这种会费券应粘贴在会员证的专页或协会每个会员均须持有的那份章程上。[①]

第四条 每年8月1日，各国联合会委员会均应将与所用会费券价值相符的金额寄给总委员会，并交回剩余的会费券。

---

① 在德文版和法文版上，第三条为"联合会委员会向各地方委员会，在没有地方委员会时，则向各支部按其会员人数寄发会费券。下面德文版和法文版的第四、第五和第六条相当于英文版的第三、第四和第五条。

第五条 这些表示个人会费金额的会费券，须印明年份。

四
联合会委员会

第一条 联合会委员会的费用由所属各支部负担。

第二条 联合会委员会应向总委员会每月至少呈交一次报告。

第三条 联合会委员会应向总委员会每三个月提出一次有关所属各支部的组织工作和财务状况的报告。

第四条 每一个联合会均有权不接受或者开除个别团体或支部。但它无权取消它们的国际组织的名称；它只能向总委员会提出将它们临时开除的建议。

五
地方性团体、支部和小组

第一条 每一个支部均有权根据当地条件和本国法律的特点制订自己的地方性章程和条例。但是，此种章程和条例的内容，不得与共同章程和条例有任何抵触。

第二条 所有地方支部、小组及其委员会，今后一律定名为国际工人协会支部、小组和委员会，冠以该地地名。

第三条 因此，所有支部和小组，今后不得再用宗派名称，如实证论派、互助主义派、集体主义派、共产主义派等等，或者用**宣传支部**以及诸如此类的名称成立妄想执行与协会共同目标不符的特殊任务的分立主义组织。

第四条 本节第二条不适用于附属国际的各工会。

第五条 建议国际的所有支部和分部以及附属国际的工人团体，废除各该支部或团体中的主席职位。

第六条 建议在工人阶级当中成立妇女支部。但是，不言而喻，这项决议绝不应妨碍由男女工人混合组成的旧支部的存在和新支部的建立。

第七条 凡遇有攻击国际的言论发表时，就近的支部或委员会须立即将发表此种言论的出版物寄总委员会一份。

第八条 协会所有机关报均应每三个月公布一次国际所有委员会的地址以及总委员会的地址。

六

关于对劳动的普遍统计

第一条 总委员会应将章程中涉及对工人阶级进行普遍统计的第六条以及1866年日内瓦代表大会就这一问题所做的决议付诸实施。

第二条 每个地方支部均应任命一个专门的统计委员会，以便随时在力所能及的范围内答复本国联合会委员会或总委员会可能向它提出的问题。

鉴于统计委员会书记的工作将给工人阶级带来共同利益，因此建议所有支部对统计委员会书记均支付薪金。

第三条 每年8月1日，联合会委员会应将在本国收集的材料寄往总委员会，总委员会则应根据这些材料写成总报告，提交每年9月间举行的代表大会或代表会议。

第四条 应将拒绝提供所需材料的工会和国际支部通知总委员会，总委员会将对此采取相应措施。

第五条 本节第一条中提及的1866年日内瓦代表大会的决议中说：由工人阶级自己进行的对文明国家的工人阶级状况的统计调查，将是国际联合行动的伟大范例。为了行动起来有些把握，应该熟悉所要涉及的材料。工人一旦开始这项巨大的劳动，就会证明：他们能够把自己的命运掌握在自己手中。

因此，代表大会建议在设有本协会分部的每个地区，应立即开始工作，按下述调查大纲所示各点收集实际资料；代表大会号召欧洲和美国的工人参加收集关于工人阶级情况的统计材料的工作，报告和实际资料应寄给总委员会。总委员会将根据这些材料编写报告，把实际资料作为报告的附录。这个报告将同附录一起提交每年的例行代表大会，经代表大会批准后，由协会出资刊印。

调查大纲如下（当然每个地区均可有所改动）：1. 生产部门的名称。2. 该生产部门的从业工人的年龄和性别。3. 该生产部门从业工人的人数。4. 工资：（a）学徒工资；（b）计日工资或计件工资。中间人所付的工资额。平均每周工资，平均每年工资。5. （a）工厂中工作日的长短；（b）如有小企业主和家庭生产这一类生产形式，则调查其中的工作日的长短，（c）夜工和日工。6. 吃饭的时间和对工人的态度。7. 对车间和劳动条件的评定：房屋拥挤，通风不良，光线不足，采用瓦斯照明，清洁条件等等。8. 劳动对身体的影响。9. 道德状况。教育。10. 生产情况：生产是季节性的或全年内开工比较平衡的；是否经常发生较大的波动，是否遭到国外的竞争，它主要是为国内市场或国外市场服务，等等。

附 录

1871年9月17日至23日在伦敦举行的代表会议，委托总委员会用英、法、德三种文字印行经过重新修订的《国际工人协会共同章程和条例》的标准版，这是从以下考虑出发的：

一、共同章程

日内瓦代表大会（1866年）通过了1864年11月在伦敦公布的协会临时章程，仅对它做了少许补充。这次代表大会同时做出决定（见《1866年9月8日至8日在日内瓦举行的国际工人协会工人代表大会》1866年日内瓦版第27页注释），要总委员会公布经代表大会通过的、所有人均须遵守的章程和条例的正式文本。由于日内瓦代表大会的会议记录在携经法国时为波拿巴政府所没收，总委员会未能执行这一指示。后来，由于当时英国外交大臣斯坦利勋爵的干预，记录终于被退还，然而这时日内瓦已经出版了法文本，并且其中的章程和条例立即被所有讲法语的地区翻印了。这个文本在许多方面都是错误的。

1. 伦敦临时章程的巴黎版曾被认为是准确的译本；但是制定这个译本的巴黎委员会在章程的引言中作了极其重大的改动。在答复总委员会的质询时，巴黎委员会说，在法国现有的政治形势下，这些改动是必要的。由于英语知识不够，他们对章程的有些条文又作了错误的理解。

2. 在应赋予临时章程以定稿性质的日内瓦代表大会上，为此目的而任命的委员会仅简单地删去了所有提到临时性问题的地方，但是却不曾注意到，这些地方有许多都包含有绝非临时性质的极其重要的论点。在洛桑代表大会（1867年）后公布的英文版本上，又做了同样的删节。

二、组织条例

到目前为止，同章程一起公布过的只有日内瓦代表大会（1866年）通过的组织条例。因此，必须把其后各次代表大会和不久前伦敦代表会议通过的最近几个条例合成一个整体。

这次修订曾利用了下列出版物：

《国际工人协会的宣言和临时章程……》1864 年伦敦版；

《国际工人协会章程》1867 年伦敦版

《1866 年 9 月 8 日至 8 日在日内瓦举行的国际工人协会工人代表大会》1866 年 1 日内内瓦版；

《1867 年 9 月 2 日至 8 日在洛桑举行的国际工人协会代表大会会议记录》1867 年绍德封版；

《国际工人协会第三次代表大会（布鲁塞尔代表大会）正式报告》1868 年布鲁塞尔版；

《国际工人协会。1866 年日内瓦代表大会和 1868 年布鲁塞尔代表大会的决议》1868 年伦敦版；

《关于 1869 年 9 月在巴塞尔举行的第四次国际代表大会的报告》1869 年布鲁塞尔版；

《关于 1869 年在巴塞尔举行的国际工人协会第四次年度代表大会的报告》，总委员会公布，1869 年伦敦版；

《1869 年在巴塞尔举行的国际工人协会第四次代表大会。一个代表给日内瓦各工人支部的报告》1869 年日内瓦版；

《1871 年在伦敦举行的国际工人协会代表会议的决议》1871 年伦敦版。

在有关巴塞尔代表大会方面，也参阅了在巴塞尔以传单形式出版的关于代表大会各次会议的德文报道和总书记在代表大会期间所做的札记。

这次修订利用这些不同资料的情况如下：

共同章程

引言部分。——在"**上述理由**"之后恢复了"创立了国际工人协会"一语。见临时章程第13页。

"他们认为,一个人有责任……"这段话被省去了,因为这段话有两个同样有效的、但互相矛盾的措词。而且这段话的真正涵义已经包括在前面紧接着的那段话和后面紧接着的"没有无义务的权利……"一语中。

第三条按临时章程第三条恢复。

第四条为1867年伦敦版章程第三条的一部分和第四条全部。

第五条为1867年章程第三条的引言部分。"主席"一词按巴塞尔代表大会通过的关于组织问题的决议第一项取消。

第六条为1867年章程的第五条。"合作的团体"改为"协会的全国性团体和地方性团体",因为在某些译本中,这个用语被错误地理解为"合作社团体"。

第七条为1867年章程的第六条。

第八条为1867年章程的第十条。

第十条为1867年章程的第八条。

第十二条为《1867年章程》中的组织条例的第十三条。

第十三条为1867年章程的第十二条。

1867年章程的第七条取消,因为这一条同洛桑代表大会的一项决议相抵触。见《洛桑代表大会记录》第36页。

组织条例

一、全协会代表大会

第一条为日内瓦代表大会通过的条例的第十一条（《日内瓦代表大会》1866年日内瓦版第27页等等）；1867年章程的第十条（该条是不完全的）。

第二条为日内瓦代表大会的第九条；1867年章程的第六条。

第三条为日内瓦代表大会的第十三条；1867年章程的第十一条。

第四条为日内瓦代表大会的第十条；1867年章程的第九条。

第五条为日内瓦代表大会的第九条；1867年章程的第七条。

第六条为日内瓦代表大会的第十二条；1867年章程的第八条。

第七条为巴塞尔通过的组织条例的第八项。

第八条取自《国际代表大会举行办法》（《关于巴塞尔代表大会的报告》1869年布鲁塞尔版），并以上面援引过的巴塞尔代表大会的其他材料作了补充。

第九条第一部分同第八条的来源相同。第二部分为洛桑代表大会的决议（会议记录第74页第一条）。

第十条为日内瓦代表大会的第一条b项；1867年章程的第一条b项。

第十一条为巴塞尔代表大会通过的举行办法的第三条和第十一条。

第十二条为举行办法的第十条。

第十三条为举行办法的第七条。

第十四条为举行办法的第四条。

二、总委员会

第一条为1871年伦敦代表会议的第二项第一条。

第二条为日内瓦代表大会的第一条，1867年章程的第一条。

第三条头两段为日内瓦代表大会和1867年章程的第二条和第一条a项。第三段为日内瓦代表大会的第三条。最后一段为洛桑代表大会会议记录第37页第二条。

第四条至第七条为巴塞尔通过的关于组织问题的决议第四项至第七项。

第八条为伦敦代表会议的第三项。

第九条为伦敦代表会议9月18日和22日会议的决议。

三、应向总委员会缴纳的会费

第一条第一段为洛桑代表大会会议记录第37页第三条，以及在巴塞尔通过组织的关于组织问题的决议第九条。第二段为旧内瓦代表大会和1867年章程的第四条。

第二条至第六条为伦敦代表会议的第四项第一条至第五条。

四、联合会委员会

第一条为日内瓦代表大会和1867年章程的第六条。

第二条为同上第五条。

第三条为布鲁塞尔代表大会《正式报告》第50页附录，关于组织问题的会议第8号决议。

第四条为在巴塞尔通过的关于组织问题的决议第六条。

五、地方性团体、支部和小组

第一条为日内瓦代表大会的第十四条；1867年章程的第十二条。

第二条至第四条为伦敦代表会议的第二项第二条至第四条。

第五条为在巴塞尔通过的关于组织问题的决议的第一条。

第六条为伦敦代表会议的第五项。

第七条为在巴塞尔通过的关于组织问题的决议的第二条。

第八条为同上第三条。

六、对劳动的普遍统计

第一条至第四条为伦敦代表会议的第六项第二条至第四条。

第五条为日内瓦代表大会的决议（日内瓦代表大会和布鲁塞尔代表大会的决议，伦敦版第4页）。

根据1871年伦敦代表会议的决定并代表伦敦代表会议

总委员会：

罗·阿普尔加思	马·詹·布恩
弗·布拉德尼克	G. H. 巴特里
德拉埃	欧仁·杜邦（因公在外）
威·黑尔斯	乔·哈里斯
胡利曼	茹尔·若昂纳尔
哈利埃特·罗	弗·列斯纳
罗赫纳	沙·龙格

孔·马丁　　　　　　　捷维·莫里斯

亨利·梅奥　　　　　　乔治·米尔纳

查理·默里　　　　　　普芬德

约翰·罗奇　　　　　　吕尔

萨德勒　　　　　　　　考埃尔·斯特普尼

阿·泰勒　　　　　　　威·唐森

爱·瓦扬　　　　　　　约翰·韦斯顿

通讯书记：

莱奥·弗兰克尔——奥地利和匈牙利；　　J. 帕·麦克唐奈——爱尔兰；
阿·埃尔曼——比利时；　　　　　　　　弗·恩格斯——意大利和西班牙；
托·莫特斯赫德——丹麦；　　　　　　　瓦列里·符卢勃列夫斯基——波兰；
奥·赛拉叶——法国，　　　　　　　　　海尔曼·荣克——瑞士；
卡尔·马克思——德国和俄国；　　　　　约·格·埃卡留斯——美国；
沙尔·罗沙——荷兰；　　　　　　　　　勒穆修——美国的法国人支部；

　　　　　　　　　主　　席　　沙尔·龙格
　　　　　　　　　财务委员　　海尔曼·荣克
　　　　　　　　　总 书 记　　约翰·黑尔斯
　　　　　　　　　1871 年 10 月 24 日于伦敦西中央区
　　　　　　　　　　　　　　　海-霍尔本街 256 号

1871 年 11—12 月用英文和法文、　　　原文是英文
1872 年 2 月用德文以小册子形式发表　　参看《马克思恩格斯全集》中文
　　　　　　　　　　　　　　　　　　　第 1 版第 17 卷第 475—492 页

注　释

1　这里所指的是新民主会为答复总委员会1869年11月23日通过致纽约新民主会的公开信而写的信。这封信发表在1870年1月8日《蜂房报》上。——3

2　3000名瓦尔登堡（西里西亚）矿工的罢工开始于1869年12月1日，原因是雇主们禁止工人加入工会组织。在这次委员会会议上宣读的这封信是白拉克1869年12月28日写的，是寄给埃卡留斯的。白拉克以社会民主工党不伦瑞克委员会的名义，要求马克思和所有总委员会委员给罢工矿工以一切可能的援助，并要求寄给他数千张国际协会的会员证卡片。——4

3　《哨兵报》的试版出版于苏黎世（1869年12月11日），内有一篇文章载有记录中所提到的瑞士德语区支部的纲领。巴枯宁主义派对这一纲领的批评载于1869年12月25日《进步报》第28号和1870年1月1日《平等报》第1号。——4

4　为了履行这一决定，马克思起草了一份关于肖的讣文寄至比利时，讣文发表于1870年1月16日《国际报》第53号。——5

5　这封信是德国工人总会（纽约第五劳工同盟）的通信书记齐格弗里特·迈耶尔1869年12月28日写给考埃尔·斯特普尼的。

　　德国工人总会（The General German Working Men's Association）是由纽约的德国移民于1865年成立的。起初它曾受到拉萨尔派的强烈影响，1869年1月改组并加入了美国全国劳工同盟，成为纽约第五劳工同盟。1869年12月12日，该会决定加入国际，在迈耶尔致斯特普尼的信中作了这一声明。——6

6　指捐款以支持奥哲尔为英国议会选举的候选人。在《蜂房报》（1870年1月15日）对这次委员会会议的报道中，详细叙述了这封马赛来信。——7

7　指日内瓦罗曼语区联合会委员会1870年1月4日写给荣克的信，该委员会在信中说明它不同意《平等报》对总委员会所作的攻击。该联合会委员会又称：社会主义民主同盟并未获准加入罗曼语区联合会，该同盟的目标与国际工人协会的任务毫无共同之处。巴枯宁主义分子自《平等报》编辑委员会中辞职一事，是由昂利·培列在1870年1月4日致荣克的私人函件中报告的。这两封信是在收到《总委员会致瑞士罗曼语区联合会委员会》通知以前，为答复荣克1869年11月份的信件由日内瓦寄发的。——7

8　指印有"国际工人协会总委员会，伦敦西中央区，海-霍尔本街256号"的信纸，此为委员会正式函件用纸。——7

9　格里戈里的信载于1870年1月22日《蜂房报》发表的对这次委员会会议的报道中。——8

10　指戈克1870年1月4日致考埃尔·斯特普尼的信。戈克通知总委员会说，他们已经通过贝克尔送来会费，并建议用社会民主工党的不伦瑞克委员会作为德国支部与总委员会之间的中间人，而不用贝克尔领导的德语区支部的中央委员会作为中间人。——8

11　见1870年1月15日《平等报》第3号。——8

12　韦斯顿指的是商业大臣约翰·布莱特1870年1月11日在伯明翰选民大会上所作的演说，演说发表于1870年1月12日《泰晤士报》和1月16日《雷诺新闻》。——9

13　曼彻斯特学派是英国经济学家中的一个流派，它代表工业资产阶级的利益，主张自由贸易和不受国家干涉。他们的中心在曼彻斯特，该地的运动由两个纺织工厂厂主——科布顿和布莱特领导。在19世纪60年代初期，自由贸易主义者是自由党党人。——10

14　1870年1月29日《蜂房报》在关于这次会议的报道中，登载了巴黎外科医疗器械工人罢工失败的通告和关于瓦尔登堡矿工继续罢工的通告（均未载入记录本）。——10

15　指国际金属制造工人协会汉诺威分会执行委员会于1870年1月12日写给马克思的信。——11

16　关于此事的正式通告见安斯1870年1月21日写给考埃尔·斯特普尼的信。——11

17　1870年1月，在皮埃尔·波拿巴亲王谋杀了一名给《马赛曲报》（在国际会员积极参与下1870年1月在巴黎出版）写稿的共和派新闻记者维克多·努瓦尔之后，巴黎的反波拿巴主义运动高涨起来，并有大量工人加入国际。孔博成立了一个支部的消息载于1870年1月15日《马赛曲报》。——11

18　即《1869年9月6—11日在巴塞尔召开的国际工人协会第四次年度代表大会。于国民咖啡馆。日内瓦各工厂支部的代表的报告》（日内瓦1869年版）。——12

19　罗曼语区联合会委员会在收到《总委员会致瑞士罗曼语区联合会委员会》的通知之前改组了《平等报》编辑部。在巴枯宁主义分子从编辑部撤出之后，这张报纸开始支持总委员会的路线。1860年（应为1870年。）1月8日《平等报》报道了《平等报》编辑部七名成员辞职。1月15日，该报宣布主编人员撤离。——12

20　指国际比利时联合会委员会对外国通讯的书记万丹胡亭寄给比利时通讯书记赛拉叶的信。万丹胡亭写道：联合会委员会完全赞同总委员会在同《平等报》斗争中的立场。——12

21　指美国内战（1861—1865年）。——14

22　对这次会议的报道发表在1870年2月12日《蜂房报》上。——15

23　指罗曼语区联合会的成立代表大会。——15

24　指站在法国左翼共和派方面的旧里昂支部成员（舍特尔等人）同巴枯宁派里沙尔集团之间的斗争。小委员会于1870年2月19日举行了会议。马克思写信给恩格斯说："今天晚上我还得再进一趟城。我被叫去出席小委员会的会议。而事情也实在重要，因为里昂人把里沙尔开除出协会了，而总委员会必须作出最后决定。里沙尔以前一直是里昂的领导人，一个很年轻的人，非常积极。他除了屈从于巴枯宁和因此而卖弄聪明外，我不知道他有什么可以责难的。看来，我们最近的通告信引起了强烈的反应，瑞士和法国都在驱逐巴枯宁分子。但一切总归有个限度，对此我将予以注意，以免发生不当。"（参看《马克思恩格斯全集》第1版第32卷第434页。）——17

25　指1870年2月8日巴黎警方挑起的事件。巴黎警方逮捕了《马赛曲报》总编辑罗什弗尔,因为他写了一篇有关谋杀努瓦尔的文章,在一些市区筑起了街垒。警方在军队的帮助下摧毁了街垒,进行了大逮捕。由《马赛曲报》编辑人员和巴黎支部成员签名的对逮捕罗什弗尔的抗议书,发表于1870年2月9日《马赛曲报》第53号。——17

26 路德维希·诺马耶是奥地利社会民主党人,国际会员;他自1870年1月12日起在维也纳新城出版《平等报》,该报第2号载有贝克尔撰写的《致农业人口的声明》(也见1869年12月的《先驱》)。这篇文章成了对编者进行审讯的借口。2月12日诺马耶写信给马克思说:"他们显然要扩大这一案件……为的是以后给国际协会一个沉重的打击。"在这次委员会会议上宣读的诺马耶的信里,还要求把《平等报》视为国际协会的机关报。审讯在1870年3月28日举行,诺马耶利用审讯来宣传国际的思想。他被宣判无罪。——17

27 这一支部于1869年秋季成立,由列·弗兰克尔领导,与总委员会和日内瓦的德语区支部的中央委员会有联系。——19

28 瓦尔兰于1870年2月13日以危害国家安全罪名被捕。——19

29 这一抗议书于2月17日由巴黎的德国人支部的成员弗兰克尔、彼得逊等人签名,发表于1870年2月26日《平等报》第9号。——19

30 由于马克思生病,小委员会于3月5日星期六晚8时在马克思的住所里开会。——19

31 指休谟1870年2月20日致埃卡留斯的信。——20

32 这一决定由法国通讯书记杜邦签名,发表于1870年3月27日《国际报》第63号。——21

33 马克思在因病长期未参加会议之后,第一次出席了这次会议。关于"**实证主义派**"工人入会问题的讨论,马克思于3月19日写给恩格斯的信中说:"星期二我又开始出席了总委员会会议。……众所周知,巴黎的'实证主义无产者'早就派过一个代表(莫尔。——译者注)参加巴塞尔大会。当时就是否接纳他的问题进行过争论,因为他代表的是一个哲学团体,而根本不是工人组织(虽然他和他的伙伴们'本人'都属于工人阶级)。他最后被作为**国际**个人会员的代表接纳了。这些青年目前在巴黎组成了**国际**的支部。伦敦和巴黎的孔德主义者们便借这件事大肆喧嚣。他们认为自己已成功(在国际中)打进了一个楔子。总委员会在答复'实证主义无产者'的入会申请书时,很有礼貌地提醒他们,总委员会只有了解了他们的纲领之后才能吸收他们。于是,他们送来了一份纲领——真正孔德主义正统派的纲领。星期二讨论了这个纲领。会议主席是马德尔斯赫德〔莫特斯赫德〕。他是个很有见识的(虽然敌视爱尔兰人)老宪章主义者,孔德主义的私敌和(问题)专家。经过长时间的讨论后决定:由于他们是工人,可以接纳为一个一般的支部,但不能是'实证主义者的支部',因为孔德主义的原则是同我们的章程直接抵触的。至于他们怎样使他们独有的哲学观点和我们章程的原则一致起来,那是他们的事情。"(参看《马克思恩格斯全集》中文第1版第32卷第448—446页。)——22

34 1870年3月13日,巴黎、马赛、鲁昂、第戎及其他法国城市的支部领导人在里昂开会,讨论下列两个问题:无产阶级对政治斗争的态度;无产阶级对合作运动的态度。这次会议实际上是国际协会法国各支部的一次代表大会。有些会议参加者由于受了巴枯宁派的影响,倾向于反对法国工人参加政治斗争。但是瓦尔兰极力主张工人参加政治活动。对这次大会的报道发表于1870年3月26日《进步报》第13号和4月2日《平等报》第14号。——22

35 为了使法国各支部联合起来并成立一个巴黎联合会,由瓦尔兰发起,在1870年3月7日召开了一次全体代表会议,会议成立了一个委员会来起草这一联合会的章程。章程草案于3月18日在巴黎石印出版,标题为《国际巴黎各支部联合会章程草案》。——22

36 卡尔·马克思是美国各德语支部的通讯书记。——23

37 指约翰·菲·贝克尔1870年3月12日致荣克的信。——23

38 第一国际的俄国支部是由一批俄国政治流亡者于1870年春天在日内瓦成立起来的,他们是伟大俄国革命民主主义者车尔尼雪夫斯基和杜勃罗留波夫的思想哺育起来的青年。1870年3月12日,这个支部的委员会把它的纲领和章程寄给总委员会,这些纲领和章程也发表在支部的报纸《人民事业》报1870年4月15日第1号上。该委员会致书马克思,请他作他们在总委员会的代表。由总委员会出面的正式答复是马克思于1870年3月24日写的,发表在1870年4

月15日《人民事业》报上。

在马克思和恩格斯对巴枯宁派分裂活动的斗争中，俄国支部对他们有很大帮助。支部的成员尼·吴亭、安·特鲁索夫、叶·巴尔田涅娃、维·巴尔田涅夫、伊·德米特里耶娃、安·科尔文-克鲁科夫斯卡娅积极参加了瑞士和国际的工人运动。他们之中有些人参加了巴黎委员会。这个支部力求与俄国的革命运动建立联系。——24

39 参见注34。——编者注——24

40 这一要求载于左尔格1870年3月初写给埃卡留斯的信件中。——25

41 1870年4月4日，埃卡留斯写信给马克思：" 亲爱的马克思！首要的是我必须向你宣告：总委员会根据公民鲁克拉夫特的提议，对你经久未愈的疾病特表关切。"——26

42 在《平等报》编辑部改组之后，巴枯宁派企图夺回他们失去的阵地，曾在1870年4月4—6日在拉绍德封举行的罗曼语区联合会的例行代表大会上，弄到了表面上的多数票。这次代表大会讨论了工人阶级对政治斗争的态度。巴枯宁派与日内瓦支部相对立，引证章程的法文译文，鼓吹放弃政治斗争。在巴枯宁的坚持下，代表大会一开始就讨论接受新成立的支部加入联合会的问题。在是否接受所谓"社会主义民主同盟—中央支部"和拉绍德封的亲巴枯宁支部问题上，发生了尖锐的斗争。日内瓦的俄国支部领导人之一吴亭揭露了巴枯宁的分裂活动。分裂发生了：日内瓦的代表和另外一些总委员会的拥护者单独继续开会。1870年4月9日《平等报》宣布了拉绍德封的分裂。

巴枯宁派选出了一个新联合会委员会，并把它改设在拉绍德封。这样，就出现了两个瑞士罗曼语区联合会委员会——一个在日内瓦，另一个在拉绍德封。巴枯宁派开始出版报纸《团结报》，由詹姆斯·吉约姆编辑，先在纳沙泰尔（1870年4月11日至1871年5月12日）出版，后在日内瓦出版。事实上它是《进步报》的延续。1870年4月初，罗曼语区联合会委员会的代表们和该同盟的拥护者给总委员会寄来关于拉绍德封代表大会的详细报告，并要求总委员会通过一项关于这一分裂的决议。在总委员会的这次会议上，荣克宣读了一封罗曼语区联合会委员会1870年4月7日的来信。总委员会的决议见本卷

第368页。——28

43 显指《人民报》出版者冯·勒兹根·冯·弗洛斯致马克思的信。马克思于1870年3月24日写给安特卫普的一名会员克楠的信中谈及此事:"公民:我昨天收到了在鹿特丹出版的《人民报》的试刊,以及它的出版者菲力浦·冯·勒兹根·冯·弗洛斯的信。他在信中除谈到其他事外,还请求我给他寄一张国际会员证。我既不了解菲·冯·勒兹根·冯·弗洛斯先生,也不了解我们在鹿特丹工作的情况。我想,您较了解情况,因此劳驾您回答我下列两个问题:(1)国际在鹿特丹的情况怎样;(2)总委员会要不要和菲力浦·冯·勒兹根·冯·弗洛斯先生建立联系。敬礼和兄弟情谊。卡尔·马克思。"(参看《马克思恩格斯全集》第1版第32卷第649页。)——28

44 马克思于4月18日(与致拉法格的信一起)把委托书寄给昂利·韦莱并向法国社会主义者提出宗派主义危险的警告:"寄上给昂·韦莱先生的全权委托书。让他不要给正在筹建的新支部起任何宗派主义的'名称',不管是'共产主义'的还是任何别的名称。在国际协会中必须避免宗派主义的'标签'。工人阶级的共同愿望和意向是从它所处的现实条件中产生的。正因为如此,这种愿望和意向为整个阶级所共有,尽管在工人的意识中运动以极其多样的形式反映出来,有的幻想性较多,有的幻想性较少,有的较多符合于这些现实条件,有的较少符合于这些现实条件。因此,只有最能理解我们眼前进行的阶级斗争的内在含义的人即共产党人,才会最少犯赞同或鼓励宗派主义的错误。"(参看《马克思恩格斯全集》第1版第32卷第658—659页。)——28

45 指克勒佐的矿工自1870年3月21日至4月15日的第二次罢工。警方为了压制罢工进行了大逮捕,并于4月7日开始审讯25名矿工,并判处长达三年的监禁。工人失败了,许多罢工工人被开除了。

在这次委员会会议上通过的发表声明的决议,并未履行。4月底在法国发生的警察大迫害,迫使总委员会改变了计划:不发表这个声明而发出一个由马克思撰写的关于迫害法国各支部成员的传单。——28

46 为履行这一决议,荣克于4月13日送交马克思一份机械工人联合会的征询意见表:

1. 日工作多少小时?
2. 一周工作多少天,星期日是否工作?
3. 工资多少?
4. 加班付多少工资?
5. 会员数目多少?
6. 一周交多少会费?
7. 除对工资加以保护外,是否还从工会得到其他利益,如疾病救济、退职金、意外事故救济和埋葬费等?每项钱数多少?
8. 业务等情况如何?
9. 哪些行业属于该工会?——28

47 这一意见由埃卡留斯在以总委员会名义写的一封信件中加以说明。——29

48 指瑞士罗曼语区联合会分裂后成立的拉绍德封的巴枯宁派联合会委员会。荣克指的是罗曼语区联合会委员会和拉绍德封委员会在同一天写的信件。在这次委员会会议之后,马克思于4月19日把这两封信转寄给恩格斯,征求他对总委员会对这一分裂所应采取态度的意见。恩格斯在回信中一般地说明了该同盟活动的性质:"实际上事情很清楚,对于同盟来说,即使得到总委员会的容许,它在像瑞士罗曼语区这样的地方组织内也没有存在的余地,因为它要么退出地方组织,要么放弃它的国际性。"(《马克思恩格斯全集》中文第1版第32卷第470页。)——30

49 指布鲁塞尔代表大会的决议,该决议指令比利时支部通过一个关于韦济尼埃事件的决定。——30

50 法国革命者古斯塔夫·弗路朗斯在被指控有反对拿破仑三世的阴谋之后逃离法国。马克思于1870年4月28日写给恩格斯的信中谈到他:"弗路朗斯来我家好几次了。他是个很可爱的小伙子。他身上的主要特点是大无畏精神。但他的自然科学造诣也很深。他在巴黎大学讲过一年人种学课程,游历过南欧、土耳其、小亚细亚等地。充满幻想和对革命的焦躁情绪,但仍不失为一个很有生气的青年,绝非'一本正经'的学究之辈。他被推荐为我们委员会委员的候选人,曾以客人身份两次出席委员会的会议。如果他在这儿多呆一阵,那就太好了。值得做做他的工作。但是，如果波拿巴在全民投票之后宣布大赦，他就要回巴黎去。"（参看《马克思恩格斯全集》中文第 1 版第 32 卷第 473 页。）——30

51　国际的荷兰支部和弗兰芒支部的第一次联合代表大会于 1870 年春季在安特卫普举行。比利时和尼德兰的一些工会的代表参加了代表大会。这次大会表现出工人运动在这些国家中的发展以及国际协会影响的增长。——31

52　这是吉约姆 1870 年 4 月 21 日致荣克的信，信中谈及拉绍德封的分裂。——31

53　彼得逊是巴黎德国人支部的一名会员，总委员会因为他去访问哥本哈根，于 1870 年 4 月 5 日授权他在丹麦成立一个支部。在这次委员会会议上宣读了彼得逊 1870 年 4 月 22 日的来信。——31

54　为筹备成立巴黎联合会而设立的委员会的工作取得了成果：1870 年 4 月 18 日，由瓦尔兰主持的巴黎各支部的全体会议宣告了巴黎联合会的成立。有近 1300 人参加的这次全体会议通过了联合会的章程，章程随即印成小册子发行。保尔·拉法格参加了成立巴黎联合会的工作。在他的帮助下，这个联合会在 1870 年 4 月下半月出版了国际工人协会章程的正确的法文译本，在此以前这个章程一直是以被蒲鲁东主义歪曲了的形式广泛传播的。杜邦的报告是以劳拉和保尔·拉法格 1870 年 4 月 18 日和 19 日给马克思的两封信为依据的。保尔·拉法格要求马克思在总委员会提出授权他在巴黎联合会担任总委员会代表的议题。——31

55　试图加强其软弱地位的拿破仑三世政府于 1870 年 4 月开始筹备一次公民投票。4 月 20 日，它公布了新宪法的全文，这个新宪法是独裁制与议会制之间的折中产物。随后于 4 月 23 日宣告，要求法国人民回答下列问题："他们是否赞同皇帝在高层政府机构帮助下自 1860 年以来采取的自由改革？他们是否承认 1870 年 4 月 20 日的上议院会议？"问题是以一种只有反对所有的民主改革才能不赞同帝国的政策的方式提出的。

　　巴黎联合会于 1870 年 4 月 24 日在巴黎发表的小册子《国际巴黎联合会各支部和工人协会联合总会反对公民投票的宣言》中，揭露了波拿巴分子的这一计谋。——31

56 高压法（The Coercion Bill）是格莱斯顿于 1870 年 3 月 17 日在下院提出的，它规定在爱尔兰停止宪法保障，宣布戒严，并给予英国当局特别全权，以镇压爱尔兰民族解放运动。——31

57 对这次会议的报道发表于 1870 年 5 月 7 日《蜂房报》和伦敦东头工人的报纸《东邮报》。——33

58 1870 年 4 月底，由于准备在法国举行公民投票，对社会主义者进行了大逮捕，他们被指控加入了国际工人协会，并被指控"牵连"进警察局长皮埃特里所捏造的反对拿破仑三世的阴谋（布卢瓦案件）。1870 年 5 月 5 日的《公报》公布了第二帝国的总检查官格朗佩雷的起诉书，控告包括当时住在英国的弗路朗斯在内的一些人参与了这一阴谋。同一天的《高卢人报》报道：据信弗路朗斯因遭受英国警察的迫害而不得不隐居起来。更详细的情况见马克思 1870 年 5 月 7 日致恩格斯的信。——34

59 对巴黎委员会委员的第一次审讯于 1868 年 3 月举行，第二次审讯于 1868 年 5 月 22 日至 6 月 19 日举行。——35

60 这一声明的英文全文于 1870 年 5 月 4 日以传单的形式印行，题为"国际工人协会总委员会的声明"，并发表于 5 月 4 日《每日电讯》报和 5 月 7 日《东邮报》；法文翻译是马克思所作，发表于 5 月 7 日《马赛曲报》、5 月 8 日《自由报》、5 月 14 日《平等报》等报纸；在德国发表于 5 月 11 日《人民国家报》和 1870 年 5 月份《先驱》第 5 号。——35

61 针对法国的捕人事件，总委员会在这次会议上通过了一项决定（未收入记录本），授予雅克拉尔下述权力："伦敦国际工人协会中央委员会，伦敦西区中心，海-霍尔本街256号，国际工人协会总委员会，1870 年 5 月 3 日。国际工人协会总委员会授予公民雅克拉尔下述通讯权力：组织国际的支部；接纳工人团体加入国际；接受会费；在他认为必要的地方根据协会的章程和条例来传播国际工人协会的原则。代表伦敦总委员会并受总委员会法国通讯书记杜邦的委托。"——36

62 马克思特指有关所谓伦敦的法国人分部于 1870 年 5 月 3 日为接待弗路朗斯所举行的宴会的报道。这一报道被哈瓦斯通讯社和路透通讯社发送至法国、德国及其他国家,并发表在5月5日《辩论日报》上。报道说,该宴会由"国际协会的主席维·勒·吕贝"主持,可是勒·吕贝早在1866年就因诽谤行为而被国际协会开除。——38

63 用英文写的这一决议发表在1870年5月14日《便士蜂房报》第418号上。——38

64 1870年5月9日,社会民主工党的不伦瑞克委员会发了一封信给总委员会,正式提议国际的下一届代表大会定在德国举行。马克思在这次会议上宣读的显然就是这封信。——40

65 由马克思提议的这一决议发表于1870年5月25日《人民国家报》第42号,1870年6月《先驱》第6号,1870年5月28日《平等报》第22号和1870年5月29日《米拉波》报第45号。——40

66 指即将召开的西班牙联合会代表大会,它于1870年6月在巴塞罗那举行。——41

67 1870年5月8日举行的公民投票的结果是:将近350万公民实际表明了他们反对帝国(1894681弃权,1577939票反对)。大多数的反对票来自士兵;仅在巴黎就有4.6万名士兵表示不赞成帝国的政策。恩格斯在1870年5月11日写给马克思的信中谈到这次公民投票的结果时说:"法国各大城市的选举结果很好。其他地方是假造的,可不必考虑。至于共和派号召军队投'反对票',那只是在要实行直接发动的时候才会有某种意义,而这次并没有设想有这样的情况。现在的投票只会使士兵们遭到报复,'可靠'部队将开进巴黎。"(参看《马克思恩格斯全集》中文第1版第32卷第491页。)——41

68 1869年,自由主义派资产阶级分子赛米尔·莫利购买了《蜂房报》,成为它的发行人。——41

69 决议全文发表于5月11日《人民国家报》第38号和1870年5月5日《先驱》第5号。——41

70 这是左尔格1870年5月13日致马克思的信。——43

71 指路易·波拿巴1840年8月6日为了实行政变而在布洛涅登陆。这里也暗讽把杀害努瓦尔的皮埃尔·波拿巴说成是正当的。——44

72　1870年4月19日总委员会讨论了休谟关于为各国不同民族指定特别代表的建议之后，埃卡留斯写了这封信。记录本中粘贴着这份刊载埃卡留斯信件的美国报纸的剪报。这份报纸的名称不详。——45

73　尽管有大逮捕和警察迫害，法国的国际协会的威信和声誉仍继续增长。马克思于1870年5月18日写信给恩格斯说："我们的法国委员们向法国政府清楚地证明政治性的秘密团体和真正的工人联合会之间的差别。法国政府还没有来得及拘禁巴黎、里昂、鲁昂和马赛等处的委员会的全体委员（他们有一部分人逃到瑞士和比利时去了），就有多一倍的委员会在报刊上发表勇敢而坚决的声明，宣布自己是它们的继承者（而且还有先见之明地附上了自己的私人地址）。法国政府终于做了我们希望已久的事情——把是帝国还是共和国这样一个政治问题变成工人阶级的生死存亡问题！"（参看《马克思恩格斯全集》中文第1版第32卷第502页。）

　　6月11日，巴黎联合会的报纸《社会主义者报》第1号在纳沙泰尔出版；6月18日，第2号问世。当企图把报纸转运到法国时，这两号报纸均被法国警方没收。——52

74　指1868年3—4月日内瓦3000建筑工人带动其他行业工人参加的罢工。由于瑞士、英国、法国和德国的工人的援助，日内瓦工人取得了胜利。——52

75　国民大会1870年6月7日于选举大厅通过的抗议书发表在《平等报》第23号上。该报编者于6月14日出版了一份第23号的特别增刊，宣传日内瓦建筑工人的罢工。——52

76　城市会议是在1870年6月12日举行的。——53

77　指德国社会民主工党不伦瑞克委员会于1870年6月12日写给总委员会的一封信。——56

78　指即将在1870年8月在辛辛那提举行的美国全国劳工同盟代表大会。它通过了下列决议："决议：全国劳工同盟召开了代表大会，宣布同盟拥护国际工人协会的原则，并希望在最近期间加入上述协会。"然而这一决议并未履行。该同盟的领导人不久就对一个空想的货币改革方案着了迷，该方案的目的是废除银行制度和取得国家低息贷款。在1870—1871年间，一些工会退出了全国劳

工同盟；该同盟到1872年已不存在。——56

79 西班牙各支部的代表大会于1870年6月19日在巴塞罗那开幕。它讨论了下列各项问题：互济会，合作社，对政治斗争的态度，等等。代表大会有来自巴塞罗那、马德里、巴伦西亚、塞维利亚、帕尔马及其他城市的90名代表参加。巴枯宁派控制了大会。代表大会选举出的西班牙联合会委员会由安赫尔·莫拉、弗朗西斯科·莫拉，安·洛伦佐等人组成，设在马德里。——56

80 指总委员会将通过的关于拉绍德封代表大会分裂的决定。——56

81 指接受社会主义民主同盟加入国际。——56

82 指对在法国举行公民投票前夕被捕的国际会员进行的第三次审讯（1870年6月22日至7月5日）。这一指控进行阴谋活动的起诉虽然终于失败了，但被告人却因为身为国际会员而遭受了审讯。——58

83 杜邦因政治问题被乐器工厂开除；1870年7月，在马克思的忠告下，他离开伦敦到曼彻斯特去工作。——62

84 指国际工人协会章程第3款。——66

85 指1847年秋季在布鲁塞尔成立的国际民主协会，其中有无产阶级革命家（原是德国革命流亡者）和先进的小资产阶级民主派。马克思和恩格斯对成立这一协会起了积极的作用。马克思担任它的副主席，在他的帮助下，民主协会于1848—1849年革命前夕成为国际民主运动的中心之一。——66

86 是威廉·李卜克内西（在他1870年4月27日给马克思的信中）建议把这个问题纳入美因兹代表大会的议程中的。在1870年6月4—7日的社会民主工党斯图加特代表大会上，也曾对这个问题加以讨论。李卜克内西作了关于这个问题的报告。——66

87 这一法令由皮尔政府于1844年通过，它把英国银行分成两个具有自己的现款基金的独立分支——一个单纯从事银行业务，另一个发行钞票（发钞银行）。——67

88 这次罢工发生于1870年7月至9月。因普法战争而未能组织有效的援助。——69

89 这封信是罗曼语区联合会委员会寄来的，信上的日期是1870年7月10日。信中对总委员会1870年6月28日就罗曼语区联合会分裂问题而通过的决议表示感谢。该信还向总委员会汇报了那不勒斯支部的情况，汇报是以卡波鲁索给日内瓦的意大利支部的信为依据的。——69

90 关于日内瓦钟表匠支持罢工的建筑工人一事，见1870年6月18日《平等报》第24号上发表的《日内瓦工厂工人致建筑工人》。

《平等报》（L'Egalité）是瑞士的一家周报，国际罗曼语区联合会的机关报，1868年12月至1872年12月在日内瓦用法文出版。在1869年11月至1870年1月期间，巴枯宁、佩龙、罗班和编辑部其他成员企图利用该报攻击总委员会。1870年1月，罗曼语区联合会委员会撤销了巴枯宁分子的职务，从而改变了编辑部的成分；自此以后该报开始支持总委员会的路线。——69

91 总委员会关于罗曼语区联合会分裂的决议是以马克思起草的草案为基础通过的，载于1870年7月23日《团结报》第16号和1870年7月24日《米拉波报》第53号。

《米拉波报》（Le Mirabeau）是比利时的一家周报，国际比利时各支部的机关报，1868年至1874年在佛尔维耶出版。——69

92 这里指的是在《马赛曲报》被政府禁止发行后，曾试图在纳沙泰尔（瑞士）出版《社会主义者报》，作为巴黎联合会的机关报。——69

93 这里指的是1870年6月22日至7月5日在巴黎进行的对巴黎各支部成员的第三次审讯。这次审讯的报道于1870年7月以《对巴黎国际工人协会的第三次审判》为题作为小册子发表。——69

94 巴黎的国际会员的宣言载于1870年7月12日《觉醒报》。马克思提到的信是拉法格写来的。——69

95 机械工人联合会借给罢工的巴黎翻砂工人264镑。这笔钱交给了他们的代表，时间显然是在1870年7月底以前。——70

96 这里指的是《国际工人协会总委员会关于普法战争的第一篇宣言》，1870年7月23日由小委员会批准。——70

97 这次会议的报道载于1870年8月6日《蜂房报》第460号。

《蜂房》（The Bee-Hive）是英国工联的周报，1861年至1876年在伦敦出版，用过《蜂房》（The Bee-Hive）、《蜂房报》（The Bee-Hive Newspaper）、《便士蜂房》（The Penny Bee-Hive）等几种名称。该报受到资产阶级激进派和改良派的强烈影响。1864年11月被宣布为国际的机关报。《蜂房》发表国际工人协会的正式文件和总委员会会议的报道，但常常是加以歪曲或删节。1869年它实质上已成为资产阶级激进派的喉舌。1870年4月，总委员会根据马克思的建议与该报断绝了关系。然而，1870年8月普法战争的时候，总委员会由于没有自己的报纸不得不在《峰房》上发表了几篇会议报道。——71

98 这次总委员会会议的新闻报道说，这一消息根据的是特雷盖（Treguer，报上误拼作Treinie）的一封信。1870年7月在布雷斯特审讯国际会员时，检察官在讲话中声称他认为马志尼和皮阿是国际协会的创建人。在巴黎第三次审讯国际会员时，检察官也讲了同样的话。——71

99 1870年7月在米卢斯（法国）发生了罢工；罢工是由织工发动的，后来木工、粉刷工、机械工、马车制造匠、石匠和其他行业的工人也参加了，于是就形成了总罢工。工人要求缩短工作时间，增加工资和集会自由。尽管当局企图以武力镇压罢工，但罢工工人还是取得了将工作日减至11小时而工资不减的胜利。——71

100 奥古斯特·倍倍尔和威廉·李卜克内西的联合声明是在1870年7月21日的德意志联邦议会会议上宣读的，刊登在1870年7月23日《人民国家报》第59号上。马克思把这个声明译成了英文，发表在这次总委员会会议的新闻报道里。

《人民国家报》（Der Volksstaat）是德国社会民主工党的中央机关报，1869年10月2日至1876年9月29日在莱比锡出版（开始是每周出两次，1873年7月起每周出三次）。该报反映德国工人运动中革命派的观点，并因发表大胆的革命言论而经常受到政府和警察的迫害。李卜克内西负责报纸的总的领导，倍倍尔负责《人民国家报》出版社。该报经常发表马克思和恩格斯的文章。马克思和恩格斯非常重视该报的活动，他们关注该报的工作，批评它的错误，帮助纠正该报的路线。因此，《人民国家报》得以成为19世纪70年代中最好的工人报纸之一。——72

101 《泰晤士报》没有发表这篇宣言。

《泰晤士报》(*The Times*)是英国最大的一家保守派日报，1785年起在伦敦出版。——72

102 马克思把总委员会关于普法战争的第一篇宣言投送给《派尔·麦尔新闻》。1870年7月28日宣言在该报登出。

《派尔·麦尔新闻》(*The Pall Malt Gazette*)是英国的一家日报，1865年至1920年在伦敦出版，采取保守派立场。——72

103 1870年7月25日《泰晤士报》刊登了一个法普两国条约的草案，这个草案里特别提出了这样一种可能性，即把比利时归并给法国以换取法国对北德意志联邦同南德意志各邦统一的承认。马克思误认为这个文件是伪造的。事实上，条约草案是由法国驻柏林大使贝内代蒂在俾斯麦1866年提出的建议的基础上起草的。——74

104 总委员会1870年6月28日和7月5日的会议讨论了把总委员会的所在地从伦敦迁到布鲁塞尔的问题。——77

105 这里指的是总委员会1870年6月28日关于在瑞士罗曼语区发生的分裂的决议。——77

106 和平协会（促进永久与普遍和平协会）(The Peace Society, 全称: The Society for Promoting of Permanent and Universal Peace) 是1816年由一个宗教派别战栗教派（Quakers）在伦敦建立的资产阶级和平主义组织。这个组织得到自由贸易派的积极支持。——77

107 这里指的是詹姆斯·吉约姆在1870年7月23日《团结报》第16号上发表的一篇没有署名的文章。

《团结报》(*La Soiidarit 6*)：巴枯宁派汝拉各支部的喉舌，1870年4月11日至1871年5月12日先后在纳沙泰尔和日内瓦出版，1870年9月3日以后停刊，1871年3月28日恢复出版。——77

108 1870年7月30日《团结报》（第17号）刊登了一篇题为《德国》的文章。这篇文章就倍倍尔和李卜克内西在北德意志联邦议会发表的反对军事贷款的声明写道："他们的行动又一次证明，我们不参与现政府和国家的一切政策的策略原则是正确的。"

倍倍尔和李卜克内西在这个问题上采取的策略在当时实际上也是很正确的，并且得到了马克思的完全支持。——78

109 指1865年9月25—29日举行的国际伦敦代表会议。——78

110 这里指的是那不勒斯支部1870年7月22日写给总委员会的信。该支部在其下一封信，即1870年8月1日的信里，向总委员会报告了1870年7月24日召开的支部大会，会议通过了把卡波鲁索开除出支部的决定。

记录中提到的卡波鲁索的文章载于1870年7月26日《答案报》上。——82

111 这里看来是指制革工人协会。——83

112 工人和平委员会（The Workmen's Peace Committee）是1870年7月由英国工联主义者、改革同盟盟员在资产阶级激进派支持下成立的；它赞成资产阶级和平主义观点，同和平协会（见注19）有联系，得到它的资助；1871年，这个委员会改组为工人和平协会（The Workmen's Peace Association）。——85

113 1870年8月7日德语区各支部中央委员会的来信完全赞成总委员会关于下届国际代表大会延期的提议。这封信，还有一份内容相似的德国社会民主工党委员会决议，都是由当时在拉姆斯盖特休假的马克思在他1870年8月12日的信中转给海尔曼·荣克，提交总委员会研究的。——85

114 全国星期日同盟（The National Sunday League）是一个慈善性质的教育组织。它主张在星期日为工人开放博物馆、音乐厅和其他类似的场所，因为他们在寻常日子是无法到这些地方去的。

1868年6月至1872年2月，总委员会作为转租户使用该同盟在伦敦海-霍尔本街256号的办公室。——86

115 这里指的是全国劳工同盟于1870年8月在辛辛那提举行的第五次代表大会。

全国劳工同盟（The National Labour Union）1866年8月在美国成立，它很快就同国际协会建立了联系。在辛辛那提代表大会上通过了如下的决议："全国劳工同盟代表大会宣布拥护国际工人协会的原则，希望在最近期间加入协会。"然而，由于小资产阶级分子夺得了同盟的领导权，这一决定没有实

现。——87

116 罗曼语区委员会在其1870年8月14日的信中向总委员会报告说,曾在绍德封代表大会(1870年4月4—6日)上支持巴枯宁分子的沃韦支部已决定回到罗曼语区联合会来。这封信还说,在1870年8月13日召开的日内瓦中央支部的会议上,巴枯宁和佩龙"作为制造并造成罗曼语区联合会分裂的分子"被开除出支部。——87

117 协会第五次年度代表大会延期举行的决议,发表于1870年8月27日《蜂房报》第463号上的一篇关于总委员会两次会议——1870年8月16日和23日——的综合报道中。——88

118 在纽约的国际法国人支部(The French section of the International in New York),通称第二支部,是1870年6月初由法语共和联盟的两个地方分部合并而成的。法语共和联盟(Union républicaine de langue francaise)是一个移居美国的法国人的组织,成立于1868年11月,其成员中有小资产阶级民主主义者、空想社会主义的拥护者。联盟的有些分部甚至在1870年之前就同总委员会保持着联系。

该联盟的机关刊物是《法语共和联盟公报》(Bulletin de Union ré-publicaine de langue francaise)。支部的反战宣言就发表在1870年8月15日的《公报》上。——88

119 指的是《关于1869年9月在巴塞尔举行的第四次国际代表大会的报告》1869年布鲁塞尔版。——89

120 纽约新民主协会或政治共同体(The New Democracy of New York or Political Commonwealth)是美国资产阶级民主组织,1869年成立,存在了近一年的时间。这个组织宣布的宗旨是,通过劳动改革和弛会组织工作把政治活动和和平革命结合起来。——92

121 这里指的是左尔格1870年7月21日和8月4日写给马克思的信,左尔格在后一封信里寄来了几张由休谟发出的印有"自由、平等、博爱"口号的国际会员卡。——92

122 马克思给德国社会民主工党委员会的信,是为了答复不伦瑞克委员会的请求而写的；不伦瑞克委员会请求就德国无产阶级对普法战争应采取什么态度给予指导。马克思还认为有必要对《人民国家报》的编辑们（李卜克内西等人）的行为表示意见，他们虽然总的说来采取了国际主义立场，但在战争开始时对战争表现出片面态度和在一定程度上忽略了德国的国家统一任务。马克思于1870年8月22日至30日之间在曼彻斯特同恩格斯会面时，同他讨论了给委员会的答复。这封信由马克思署名寄往德国。该信只有社会民主工党委员会1870年9月5日以传单形式发表的关于战争的宣言里引用的那一部分保存下来了。传单上说，本宣言中所引的那段话是"我们在伦敦的一位最老的最有威望的同志"写的。该宣言宣布德国工人忠于无产阶级的国际事业，建议德国工人组织群众大会，抗议普鲁士政府的兼并计划。——93

123 1870年9月5日，巴黎联合会委员会寄给马克思和埃卡留斯一封由昂·巴赫鲁赫署名的信，请求尽快发表一篇告德国人民的宣言。随信附有一份呼吁书，题为"告德国人民，告德国社会民主派"。呼吁书是以一些法国工人团体和国际协会支部的名义写的。1870年9月4—5日以传单的形式发表。——93

124 这次会议是工人代表同盟和工联领袖们在1870年9月13日就法兰西共和国宣布成立一事而召开的。乔治·豪威耳在会上提出的决议案，只限于对法国人民表示同情，对共和国的和平建立表示祝贺；该决议案还提议请求英国政府正式承认法兰西共和国，并对德国和法国施加友好影响以结束战争。

总委员会委员阿普耳加思提出修正案，要求英国政府使用其全部影响来结束法德之间的战争和抗议肢解法国，法国被肢解必然要引起欧洲政治形势的恶化。修正案还要求订立确保欧洲持久和平的条约。因为资产阶级和平主义者设法拼凑了一个微弱的多数，使会议面临通过豪成耳决议案的危险，所以就用电报把总委员会的委员们召来参加会议。经过长时间和激烈的讨论，会议以7票的多数通过了阿普尔加思的修正案。——96

125 1870年9月9日因发表关于战争的宣言《社会民主工党委员会宣言。告全体德国工人！》而被捕的人是：白拉克、邦霍斯特、施皮尔、屈恩、格拉勒（以上均系德国社会民主工党委员会委员）、社会民主工党党员埃勒斯、印刷工人西弗斯。此宣言于1870年9月6日以传单形式出现，1870年9月11日又发

表在《人民国家报》第 7 号上。——98

126 收有总委员会两篇宣言的小册子出版时用的书名是《国际工人协会总委员会论普法战争》（1870 年伦敦版）。——101

127 马克思指的是 1870 年 9 月 23 日《科伦日报》第 264 号上的一篇文章。文中除其他内容外，还反映出德国工业家担心可能遇到阿尔萨斯棉纺织工业的竞争。——102

128 由工人代表同盟组织的英国工人和民主团代表团，于 1870 年 9 月 2 日受到首相格莱斯顿的接见。代表团团员包括一些工联领袖（阿普耳加恩、科尔森、多德森等人）和资产阶级民主派的知名领袖（比斯利、康格里夫）。他们要求英国承认法兰西共和国，要求促进和平。格莱斯顿许下了促进战争结束的含糊诺言。——102

129 工人代表同盟（The Labour Representation League）成立于 1869 年。其成员中包括一些想通过同自由党取得一致来保证工人在下院占有席位的工联领袖。——102

130 此处系指《海上国际法原则宣言》，这是结束 1853—1856 年克里木战争的 1856 年巴黎条约的一个附件。它是由法国、英国、俄国、撒丁、土耳其、奥地利和普鲁士的代表于 1856 年 4 月 16 日签署的。宣言根据 1780 年叶卡捷琳娜二世政府宣布的武装中立原则规定了海上战争守则，其中规定：禁止海上私掠；敌方船只上的中立国货物和中立国船只上的敌方货物（战时禁运品除外）不受侵犯；只承认实际有效的封锁。英国出席巴黎和会的代表克拉伦登代表英国在宣言上签了字。——103

131 1870 年 9 月 27 日，格莱斯顿对英国工人代表团说，只有在法国政府得到法国人民自己的承认以后，也就是说在国民议会选举之后，英国政府才会承认它。他援引了这样一件事：以德比勋爵为首的英国政府于 1852 年 12 月 4 日、即在全民投票之后才承认法兰西第二帝国。英国当时的外交大臣是马姆兹伯里勋爵。马克思指的则是帕麦斯顿对路易-波拿巴政权给予的实际承认。当时帕麦斯顿任英国外交大臣。他在 1851 年 12 月 2 日政变的第二天同法国驻伦敦大使谈话时，赞同了波拿巴的篡权行为。——104

132 指的是1870年9月26日布鲁斯在格拉斯哥的讲话,讲话反映了英国政府的亲普鲁士情绪。——104

133 里昂起义是1870年9月4日在色当失败的消息传来的时候开始的。巴枯宁在9月15日到达里昂后企图领导这场运动,并实现其无政府主义纲领。9月28日,无政府主义者企图发动政变,结果彻底失败。——105

134 这里指的是1867年10月8日总委员会对埃卡留斯所写的关于洛桑代表大会的报道进行的讨论,这些报道是发表在1867年9月6日至11日《泰晤士报》上的。彼得·福克斯尖锐地批评了这些报道。马克思尽管很清楚报道中存在着某些缺点,还是保护了埃卡留斯,以免总委员会的无产阶级核心的声望因埃卡留斯受到损伤。——109

135 这两篇报道发表在1866年9月8日和15日《共和国》上,没有署名。——110

136 审讯社会民主工党党员德雷埃尔和斯特尔曼的消息载于1870年10月19日《人民国家报》第84号。——114

137 总委员会关于普法战争的第二篇宣言的一部分发表在1870年10月23日《国际报》第93号上。

《国际报》(*L'Internationale*)是国际比利时各支部的周报,1869—1873年在布鲁塞尔出版,德帕普曾积极参加该报的工作。——114

138 1870年10月14日,施韦泽的报纸《社会民主党人报》刊登了一篇文章,重复关于国际巴黎各支部中有许多警探在活动的谣言,文章特别提到了巴黎联合会委员会委员奥古斯特·布里昂的名字。——115

139 指的是由伦敦的一个叫做友谊社(Freundschaft)的德国民族主义团体于1870年10月11日和18日组织的两次集会。会上,这一组织据说是用伦敦德国工人的名义,提出兼并阿尔萨斯和洛林的要求。

作为回答,伦敦德意志工人教育协会和条顿尼亚社联合向伦敦的德国工人发表了一篇宣言,揭露那些鼓吹兼并阿尔萨斯和洛林的人的毫无根据的论点。这篇宣言登在1870年第11和12期《先驱》上,同时还作为传单在日内瓦发表,标题是《伦敦工人教育协会和条顿尼亚社的声明》,1870年日内瓦印行。

《先驱》（Der Vorbote）是瑞士国际各德语区支部的机关刊物，月刊。1866—1871年在日内瓦出版，约翰·菲力浦·贝克尔任主编。《先驱》总的说来执行马克思和总委员会的路线，经常登载国际的文件并报道各国国际支部的活动情况。——115

140 马克思讲述的是波尔特1870年10月12日来信的内容。纽约的德国人支部和法国人支部的联席会议是1870年10月16日举行的。这些支部通过的致欧洲工人的宣言，由左尔格在1870年10月19日的信中转给马克思，这是国际纽约各支部的第一份联合文件。这篇宣言载于1870年10月22日《工人辩护士报》（芝加哥）、1870年10月29日《新时代》（纽约）、1870年11月第11期《先驱》（日内瓦）；另外还用法文和英文以传单的形式发表。法文的标题是《国际工人协会纽约各支部的德国公民和法国公民致欧洲兄弟》，英文的标题是国际工人协会纽约法国人支部和德国人支部致欧洲兄弟的宣言》。——116

141 指的是拉法格1870年10月28日写给马克思的信。——118

142 当时马克思反对成立美国中央委员会，是因为国际在美国的影响还没有深入到美国当地工人之中；他担心在条件不成熟的情况下成立这样一个委员会会把国际的活动局限于外来的工人。——119

143 关于布鲁塞尔上诉法院总检察官梅斯达格·德·特尔基勒和他在列日的同僚的讲话，1870年10月30日《国际报》第94号上进行了报道。比利时联合会委员会极为重视驳斥对国际工人协会的诽谤攻击，因此它全文发表了梅斯达格的讲话，然后在1870年12月至1871年1月，在《国际报》上发表了一组说理充分的文章，揭露他的毫无根据的胡说。——119

144 《制陶业观察家报》（Potteries Examiner）是19世纪60年代和70年代在制陶工业中心汉利（斯塔福德郡）出版的民主派报纸，当时的编辑是威·欧文。——120

145 英法干预委员会（The Anglzo—French Intervention Committee）是1870年10月由国际民主协会的小资产阶级领导人、土地和劳动同盟的工会会员建立起来的，英国实证论者领导人也起了重要作用。这个委员会的成员有康格里夫、比斯利、勒吕贝、韦斯顿、奥利弗、布恩等人。

委员会的纲领所提出的要求中有：立即承认法兰西共和国，谴责普鲁士的侵略政策，同法国签订军事防御条约。

委员会领导人利用部分工人对英国政府亲普鲁士政策的不满，特别是对格莱斯顿1870年9月27日对工人代表团答复的不满，企图在支持法兰西共和国的运动中取得领导地位，并在1870年10月到11月在伦敦组织了几次集会。——120

146 马克思指的是左尔格1870年10月30日的信。左尔格提到的反对战争的群众大会，是由国际各支部、工会、自由思想家协会以及其他组织召集，于1870年11月19日在纽约举行的。由将近2000人参加的这次大会，通过了一篇宣言，谴责继续对法兰西共和国作战和兼并阿尔萨斯—洛林，呼吁美国政府运用它的影响以组织对法兰西共和国的援助。——121

147 恩格斯指的是1870年11月12日《人民意志报》上的消息，1870年7月为政府所取缔的维也纳工人教育协会已获准恢复活动。但是当局要求协会的章程要规定讲课不得涉及政治问题。

《人民意志报》(*Volkswille*) 是奥地利的工人报纸，1870年1月至1874年6月在维也纳出版。——121

148 指1870年10月31日俄国外交大臣哥尔查科夫所发的通告，它宣布俄国废止1856年巴黎条约中有关禁止该国拥有一支黑海舰队的条款。（巴黎条约是1856年3月30日由克里木战争参战国签订的。一方是法国、英国、撒丁、土耳其、奥地利、普鲁士，另一方是俄国。）——121

149 指杜邦1870年11月21日给马克思的信。——124

150 马克思讲述的是1870年11月23日《人民国家报》第94号上发表的一则通讯的内容。通讯里援引了《北德总汇报》上的一篇指责马克思在这里提到的几个德国社会民主党党员的文章。——124

151 1870年11月20日在韦尔维耶举行的工人集会和示威，是由当地的国际支部组织的。——124

152 这是指由国民自卫军的一些队伍、法国和外国的（主要是意大利的）志愿兵

组成的孚日军团;1870年10月至1871年2月,这支部队由朱泽培·加里波第指挥,曾多次打败德国人。——125

153 纽约的捷克工人协会成为国际的第三支部。——126

154 1871年5月,纽约劳工同盟和当时已不存在的新民主协会的某些前成员组成了第九支部。——128

155 指特尔特1870年12月6日给马克思的信。——129

156 国际比利时联合会第六次半年代表大会于1870年12月25日到26日在布鲁塞尔举行;会议听取了财务报告、关于联合会报纸《国际报》的工作的报告以及关于国际协会在比利时所处地位的报告。——130

157 备忘录发表在1870年12月30日《泰晤士报》上。在上面署名的有实证论者比斯利、哈里逊、康格里夫等人,以及某些总委员会委员——埃卡留斯、奥哲尔、阿普尔加思。备忘录中的最后一条要求英国政府向普鲁士宣战。——137

158 这里指的是一批资产阶级激进派实证论者,他们是法国唯心主义哲学家奥古斯特·孔德的追随者,属于民主运动的左翼。这批实证论者的领袖人物是爱德华·比斯利、弗雷德里克·哈里逊和理查·康格里夫。实证论者在承认法兰西共和国的运动中表现得非常积极,并企图领导工人阶级运动。在某些时期,马克思及其在总委员会的拥护者曾同实证论者采取联合行动,但总的说来,他们同实证论者把英国工人阶级运动纳入资产阶级激进主义轨道的企图进行了不懈的斗争。——137

159 这封信是西班牙联合会委员会寄来的,信上的日期是1870年12月14日,署名是弗朗西斯科·莫拉。——138

160 1871年1月1日布鲁塞尔《国际报》第103号发表了塞萨尔·德帕普在比利时各支部第六次代表大会上作的一项声明,声明说恩格斯已被委任为比利时通讯书记。——139

161 《邮袋报》(Fellvisen)是瑞士报纸,瑞士的德意志工人教育协会的机关报,1862年至1874年在苏黎世和日内瓦出版。

瑞士各地的德意志工人教育协会于1868年8月在它们的纳沙泰尔代表大

会上宣布加入国际。德国在普法战争中获胜后,这些协会中日益滋长民族主义倾向,结果使它们实际上退出了国际。1871年1月18日,马克思写信给荣克说,总委员会委托荣克警告《邮袋报》的编辑们,"如果他们坚持不履行自己的义务……,并坚持对符合国际章程的总委员会的政策持反对立场……,那末,总委员会就要行使巴塞尔代表大会赋予它的权力,将它们暂时开除出国际,听候下届代表大会裁决。"——140

162 1871年1月6日和10日,英国的实证论者在圣詹姆斯堂召开了群众大会,要求英国承认法兰西共和国。奥哲尔在大会上提出了一项吹捧国防政府的决议案。1871年1月6日在迈尔-恩德的群众大会上,奥哲尔支持一项为茹尔·法夫尔即将访问伦敦而提出的属于同类性质的决议案。——141

163 巴黎的示威游行是由各革命的俱乐部在1848年5月15日组织的,有将近15万人参加,主要是工人。游行者由奥古斯特·布朗基率领,向定于当天讨论波兰问题的制宪议会走去,要求给予为争取独立而斗争的波兰以军事援助,还要求采取果断措施消除失业和贫困。由于这些要求没有得到答复,示威者们就宣布解散制宪议会并成立革命政府,游行队伍被军队和国民自卫军的资产阶级部队驱散了。——141

164 指执行委员会(Executtive Committee),即法兰西共和国政府,它是由制宪议会在1848年5月10日建立起来的,用以代替已经辞职的临时政府。它存在到1848年6月24日卡芬雅克专政确立为止。——141

165 指制宪议会于1848年8月9日和11日通过的有关出版物的反动的法律。定期出版的刊物必须缴纳很高的保证金,这就等于说进步报刊和工人报刊只好停办。这些法律还针对反政府、反现行制度、反私有制的文章规定了严厉的惩罚(监禁和罚款)。这些法律是以复辟时期和七月王朝时期制定的类似法律为基础的。——141

166 1849年4月,法国资产阶级政府联合奥地利和那不勒斯对罗马共和国进行了武装干涉,其目的是消灭罗马共和国,恢复教皇的世俗政权。罗马遭到了法军残酷的轰击。罗马共和国尽管进行了英勇的抵抗,但终于被推翻,罗马也被法军占领。——142

167　1871年1月21日《东邮报》第121号刊登的关于这次总委员会会议的报道里披露了马克思关于国防政府的发言,但没有提及马克思的名字。——142

168　这次总委员会会议的报道载于1871年1月28日《东邮报》第122号,报道中还扼要转述了1871年1月22日《国际报》第106号刊登的约翰·雅科比的信。——142

169　北美各支部中央委员会于1870年12月1日成立,由几个支部的代表组成(这几个支部是:德国人第一支部,法国人第二支部,捷克人第三支部)。第一支部是国际在美国的最老的支部,它在创建这个中央委员会中起了重要作用。马克思认为这样一个联合会的领导班子最好是由支部代表会选举产生,以防止敌视工人阶级运动的人作为各个支部的代表而混入中央委员会。——142

170　马克思指的是齐格弗里特·迈耶尔在1871年1月10日写的一封信,信中谈到北美各支部中央委员会的成立,并且表示不赞成左尔格在成立该委员会方面所进行的活动以及他在工作中所遵循的原则。马克思在1871年1月21日给迈耶尔的回信中对成立中央委员会一事提出了批评,他强调必须克服内部矛盾,共同工作。——143

171　指娜塔利亚·李卜克内西1871年1月18日写给马克思的信。——143

172　这次群众大会是1871年1月23日在特拉法加广场举行的。大会以英国工人的名义要求英国政府对普鲁士施加压力,促使后者结束战争,并缔结不损害法国荣誉的和约。——143

173　《东邮报》(《The Eastern Post》)是英国的一家工人周报;1868年至1873年在伦敦出版。1871年1月,该报开始发表有关总委员会会议的报道,事实上成了总委员会的机关报(至1872年6月止)。——144

174　这个词出自乔治·哈尼1870年12月30日给埃卡留斯的信。哈尼在这封信中批评了英国政府的亲普鲁士政策。埃卡留斯把信中的这一部分作为"一位老宪章派"的来信摘录载入了关于1871年1月17日总委员会会议的新闻报道(此事见埃卡留斯1871年1月20日给马克思的信)。——144

175　这次会议的报道载于1871年2月5日《东邮报》第123号。——144

注 释

176　信上的日期是1871年1月14日。该支部在信中特别谈到有必要重新出版一份德文的工人报纸，以代替1870年9月停刊的《工人联合报》。——145

177　这封信写于1871年1月22日。罗曼语区联合会的机关报《平等报》从1870年秋至1871年1月没有出版。信中提到的联合会代表大会是在1871年5月举行的。

　　　阿讷西（在法国境内）支部在组织上同罗曼语区联合会有联系。——145

178　《社会革命报》(La Revolucion social) 于1871年1月在帕尔马开始出版，以代替被政府取缔的《工人报》。《社会革命报》仅出版了三期，在该报编辑以"侮辱国王"的罪名受到审讯后被查封。——145

179　这里说的是米哈伊尔·巴枯宁于1868年10月作为国际性组织创立的社会主义民主同盟（Alliance of Socialist Democracy），同盟的纲领在1868年12月22日和1869年3月9日的总委员会决议中受到批判。这个纲领特别反对"不以工人反对资本的事业的胜利为直接和立即的目的的任何政治行动"。显然，马克思所指的就是这个在西班牙的一部分国际会员中传播很广的观点。——146

180　见本卷注130。

　　　恩格斯要求英国不受巴黎宣言的约束，是根据1871年出现的国际形势，当时，按照马克思和恩格斯的看法，采取这样一个行动就可以防止沙皇俄国作为普鲁士的盟国参加欧洲战争，并且可以抵制俄国和普鲁士反革命政府的日益增强的影响。——146

181　指1866年秋在设菲尔德发生的工联会员对罢工破坏者使用暴力的事件。政府专门组织了一个委员会对这一事件进行调查，这个委员会直到1867年还工作了好几个月。资产阶级报纸广泛利用调查的结果来破坏工联和整个工人阶级运动的声誉。

　　　1867年7月4日，比斯利在伦敦的一次群众大会上讲话时，揭露了资产阶级的伪善：他们谴责工联会员的暴力行为，但是却对血腥镇压1865年牙买加起义的埃尔将军大加称赞。比斯利因这个讲话而遭到资产阶级报界的恶毒攻击。伦敦工联公开向比斯利致谢。马克思1867年7月写信给受到围攻的比斯利表示同情。——147

182 见本卷注162。——147

183 恩格斯在分析法兰西共和国的军事形势时,把两个时期的形势进行了对比,前一个时期是1870年10月至11月,这时巴黎的保卫战拖住了强大的普鲁士军队,奥雷尔·德·帕拉丹将军指挥的卢瓦尔军团与普军作战取得胜利;后一个时期是1871年1月,即1月10日至12日法国西部的勒芒战役之后,在那次战役中,弗里德里希—卡尔亲王指挥的德同军队打败了新组成的由尚济将军指挥的卢瓦尔军团;后者败退时损失惨重。——147

184 这次战争是1808年至1813年英国在西班牙对拿破仑的军队作战。——148

185 总委员会关于普法战争的第二篇宣言的这段话指的是下述事实。1865年10月,俾斯麦在比亚里茨和拿破仑第三会晤时,从皇帝那里争取到了法国对普鲁士和意大利结盟以及普鲁士对奥地利作战的实际承认;拿破仑第三作出这种承认,是打算在普鲁士遭到失败时插手这次战争,谋取利益。

在1870—1871年的普法战争开始时,沙皇政府的外交大臣哥尔查科夫在柏林和俾斯麦举行谈判时声明,俄国在战争中将采取中立,并将对奥地利施加外交压力;同时普鲁士政府则答应不给沙皇俄国对东方的政策制造障碍。——148

186 关于卢森堡中立的伦敦条约是由奥地利、比利时、英国、法国、意大利、卢森堡、尼德兰、普鲁士、俄国在1867年5月11日订立的。这个条约结束了所谓的卢森堡危机。造成这个危机的原因是,拿破仑第三要普鲁士同意法国兼并卢森堡,作为对他在1866年普奥战争中保持中立的报偿。根据条约,卢森堡被宣布为永久中立国,由各缔约国保证它的中立。

1870年12月9日,俾斯麦鉴于卢森堡对法国过于友好,宣称准备今后不承认它的中立,但在英国的压力下于12月19日被迫放弃这种威胁。——148

187 见本卷注130。——149

188 见本卷注107。——151

189 1871年2月11日《东邮报》第124号刊登换关于这次总委员会会议的新闻报道中,引用了1870年5月初法国首相埃米尔·奥利维埃写的一些信件并注明引自日内瓦的《平等报》。信件的内容是为了即将举行的全民投票而逮捕国际会员。这些信件是寄给图卢兹、鲁昂和艾克斯的总检察官的。此外，新闻报道中还说，一些英国报纸，特别是《回声报》，转载了《东邮报》上关于总委员会会议的报道，而未注明出处。——151

190 这里埃卡留斯是在扼要地讲述1871年2月4日《人民国家报》第11号上发表的消息。——152

191 这次集会是1871年1月5日在大炮街的一家旅馆里举行的，它的召集者是法国同情者委员会，在此以前，他们曾向伦敦市长申请在市政厅开会未获批准。以律师梅里曼为主席的这个委员会得到西蒂区的小资产阶级的支持。会上通过了一项决议，要求英国政府促进普法两国媾和并承认事实上存在的法兰西共和国；决议还谴责普鲁士在色当事件以后的政策，对法国人民表示同情。韦斯顿出席了这次会议。——152

192 这次大会是在1870年9月10日举行的；会上通过了一项英国工人致法国人民的宣言和一个要求英国承认法兰西共和国的决议。——152

193 这里谈到的是细木工联合会书记J.斯密斯1871年2月14日的来信。——158

194 这里指的是1871年2月8日奥地利宣布对那些被以叛国罪名判刑的人实行大赦。1870年7月被捕的肖伊、奥伯温德、莫斯特以及其他一些社会民主党人也被赦免。

下文提到的关于赛拉叶讲话的报道，载于1871年2月11日《派尔·麦尔新闻》。——158

195 此处记录不准确。杜邦在1871年1月25日给马克思的信上写道，在鲁贝有一位办事员写信给他，要求加入国际，这个人是从鲁贝的国际通讯员那里得到杜邦在曼彻斯特的地址的。——158

196 这是对1871年2月1日《人民国家报》第10号刊登的一篇短讯的不准确的简单转述。短讯报道的是一位被斯图加特地区提名为帝国议会议员候选人的法兰克福工人约瑟夫·施奈德被驱逐出斯图加特的消息。——159

197 这里马克思的发言记得不准确。1871年2月19日《东邮报》第125号上关于这次会议的报道里用了这段记录。马克思在下一次的总委员会会议上对这段记录提出了尖锐的批评。——160

198 关于这次会议见本卷注191。——160

199 马克思指的是1855年6、7月间伦敦举行的群众示威。当时英国议会决定限制酒店在星期日的营业时间和完全禁止星期日的零售贸易。示威就是为了反对这一决定而举行的。马克思参加了一次这样的示威。——161

200 马克思显然是指1870年9月16日财政大臣娄在埃尔金的讲话,9月26日内务大臣布鲁斯在格拉斯哥的讲话、10月14日议会议员卡德威尔在牛津的讲话。所有这些讲话的基本内容都是说英国必须严守中立。——162

201 这里指的是,普鲁士驻伦敦大使伯恩施托尔夫和英国外交大臣格兰维尔勋爵于1870年8月至10月就英国向法国提供军火和其他军事装备一事交换照会。——162

202 指1870年12月21日英国船"国际号"在泰晤士河口被海关官员所阻拦;该船载有为敷设敦刻尔克和波尔多之间的电报线路用的海底电缆。1871年1月17日,英国的一个法院把海关官员的这种做法判定为非法。——162

203 马克思指的是,1871年2月10日奥伯龙·赫伯特在下院质问英国政府是如何对待法国代表前来出席修改巴黎条约的会议这一问题的。——163

204 这次会议的报道载于1871年2月26日《东邮报》第126号。——163

205 土地改革协会(The Land Tenure Reform Association)是1869年7月在约翰·斯图亚特·穆勒的赞助下成立的。这个组织的宗旨是用租给失业者小块荒地的办法来复活小农阶级。——167

206 土地和劳动同盟(The Land and Labour League)是1869年10月在伦敦成立的。总委员会的委员参与了创建工作,并有十多个委员参加了同盟的执行委员会。同盟的纲领是埃卡留斯在马克思的指导下起草的,内容包括一般的民主要求(财政税收制度和国民教育的改革等等)、土地国有化和缩短工作日的要求,以及宪章运动的普选权和建立国内移民区的要求。马克思认为同盟肯定能够在工人阶级革命化中起作用,并把它看作是在英国建立独立的无产阶级政党的途径之一.随着资产阶级分子在土地和劳动同盟中的影响逐渐增加,同盟很快就同国际失去了联系。——167

207 工人和平协会计划于1871年2月22日在共济会大厅举行会议。

马克思反对总委员会的委员参加这一会议，因为该协会具有资产阶级和平主义的性质。——167

208 马克思指的是倍倍尔、李卜克内西和赫普纳被控以叛国罪并于1870年12月17日被捕一事。关于这件事，马克思在1871年1月16日写信给《每日新闻》的编辑说："由于俾斯麦的特别命令，倍倍尔先生和李卜克内西先生已经以叛国罪被逮捕，其实这仅仅是因为他们敢于履行他们作为德国人民的代表所承担的责任，即在联邦议会里抗议兼并阿尔萨斯和洛林，投票反对新的军事贷款，表示同情法兰西共和国，抨击想要把德国变成普鲁士兵营的企图。"娜塔利亚·李卜克内西在1871年2月22日的信中告诉马克思，控告的提法有了新的改变。——169

209 赛拉叶于1870年9月7日前往巴黎。1870年9月12日马克思在给比斯利的信中写道："国际工人协会总委员会委员奥·赛拉叶已作为总委员会的全权代表于上星期三前往巴黎。他认为他有责任留在那里，不仅是为了参加防御工作，而且也是为了影响我们的巴黎联合会委员会。"（参看《马克思恩格斯全集》中文第1版，第33卷第151页）——169

210 《觉醒报》（Le Réveil）是法国左派共和党人的机关报，原为周刊，1869年5月起改为日报；1868年7月至1871年1月在巴黎出版，由沙尔·德勒克吕兹主编。该报曾刊登国际的文件和有关工人运动的各种材料。

《号召报》（Le Rappel）是法国左翼共和派的日报，由维克多·雨果和昂利·罗什弗尔创办，1869年至1928年出版。该报曾尖锐地抨击第二帝国。——169

211 这次示威是为了要求进行公社的选举而组织的。——169

212 1870年10月31日，在得到法军在梅斯投降、在布尔歇战败和梯也尔奉国防政府指示与普鲁士人开始谈判的消息以后，巴黎工人和国民自卫军中的革命派举行了起义。他们占领了市政厅，成立了自己的革命政府——以布朗基为首的公安委员会。国防政府在工人的压力下不得不答应辞职并定于11月1日举行公社的选举。然而，巴黎的革命力量没得到很好的组织，起义领导者们——布朗基派和小资产阶级雅各宾民主派当中存在着分歧。国防政府乘虚

而入。政府在国民自卫军的若干个忠于它的营的帮助下，夺回了市政厅，恢复了权力。——169

213 需要成立新的联合会委员会有两个原因：一个是巴黎各支部组织上混乱，另一个是旧的委员会里有一些右派蒲鲁东分子，他们利用国际作掩护来推行他们自己的调和政策。赛拉叶依靠巴黎各支部的革命会员成立了一个新的联合会委员会。新委员会的成员有金、奥贝尔、吕西皮亚、贝累及其他人。开会地点在阿拉斯路三号。1871年1月，两个联合会委员会合并；右派蒲鲁东分子没有参加合并后的委员会。——170

214 1871年1月22日，巴黎的无产阶级和国民自卫军举行示威游行，要求推翻政府，成立公社。根据国防政府的命令，守卫在市政厅大厦的布列塔尼别动队向示威者开枪射击。政府逮捕示威者，下令封闭巴黎的俱乐部，禁止公众集会，查封了好几家报纸。在用恐怖手段镇压了革命运动之后，政府便开始准备交出巴黎。——170

215 一开始，巴黎各支部的领导人就很重视国民议会的选举，巴黎联合会委员会决定派弗兰克尔和赛拉叶这两位巴黎各支支部的久经考验的领导人去波尔多，以帮助托伦和马隆这两位当选为议员的国际会员。——171

216 这个问题在1871年2月15日的巴黎联合会委员会的会议上进行了讨论。——172

217 指1871年1月27日、28日和29日在巴黎发生的事件。——172

218 1871年1月4日，第十九区的区长德勒克吕兹辞职，以抗议政府的投降政策。——172

219 1871年1月9日，伦敦的几个资产阶级和小资产阶级组织的代表在这家酒店开会，讨论为要到伦敦来的茹尔·法夫尔举行欢迎仪式的问题。奥哲尔也出席了这次会议，他声称他与法国大使馆有联系。——173

220 这里讲的可能是1870年9月10日在海德公园举行的集会，奥哲尔、勒吕贝、比斯利和梅里曼在会上讲了话。奥哲尔受委托向茹尔·法夫尔递交这次会上通过的一份告法国人民书。奥哲尔同威廉·特兰特一起前往巴黎，9月17日受到法夫尔接见，并向他递交了告法国人民书。——173

221 伦敦的法国人分部（The French branch in London）建立于1865年秋天。分部里除了有无产阶级分子（欧仁·杜邦、海尔曼·荣克、保尔·拉法格等人）以外，还有一些小资产阶级分子（勒吕贝，后来还有费利克斯·皮阿）。1868年，在总委员会根据马克思的建议通过了一项决议谴责皮阿的挑拨性演说以后，法国人分部发生了分裂。工人阶级分子退出了分部，分部实际上就与国际失去了联系。以皮阿为首的留在分部里的那一批人仍然称自己为伦敦的法国人分部并用国际协会的名义发表文件。而且它还常常支持在总委员会里反对马克思路线的那些反无产阶级集团。1870年春天，总委员会又通过一项决议，声明所谓的伦敦的法国人分部已同国际协会没有任何关系。——173

222 指北美各支部的中央委员会写给总委员会的信，日期是1871年2月12日，署名是弗·阿·左尔格，信中附有奥斯本·华德1871年1月24日的报告。——175

223 此处记录有误：左尔格信上所说的代表大会预定在圣·路易斯举行；1871年8月召开了这次会议。——175

224 此处记录不准确。左尔格的信是说1871年1月22日纽约各支部举行宴会获得巨大成功。"现在他们已被允许出席朕合会的会议"这句话，虽然反映了左尔格信中这方面的意思，但是不确切；左尔格信中说的是：国际各支部的中央委员会委员以后将定期出席纽约工人联合会会议。

纽约鞋匠为抗议厂主企图降低工资15%，从1870年12月开始罢工。

宾夕法尼亚煤矿工人的总罢工，从1871年1月开始，持续半年多；罢工的工人要求提高工资和参加工会的权利；罢工获得成功。——175

225 左尔格在信中抱怨说，他没有收到伦敦的任何文件。——175

226 这是指号召对根据预备和约要占领巴黎西部地区几天的普鲁士军队进行抵抗一事。巴黎联合会委员会知道，与普军发生冲突只能对反动派有利，所以，它说服国民自卫军的中央委员会呼吁群众在1871年3月1日至3日占领期间不要采取任何行动。——177

227 这次会议的报道发表在1871年8月18日《东邮报》第129号（误刊为128号）。——178

228 这封信由伯明翰工联理事会书记威廉·吉利韦于1871年3月7日寄给埃卡留斯。——178

229 这封注明日期为1871年3月2日的信是国际北美各支部中央委员会写给总委员会的。新成立的爱尔兰人支部称为第七支部。——178

230 指德意志帝国第一届帝国议会的选举,议会于1871年3月21日开幕。——178

231 马克思简略叙述了1871年3月13日卡尔·考布收到的一封巴黎来信。——179

232 指1871年1月至3月在伦敦举行的一次国际会议,会上俄国、英国、奥地利、匈牙利、德国、法国、意大利和土耳其的代表讨论修改1856年巴黎条约的问题。——181

233 这一声明发表于1871年3月23日《泰晤士报》(由埃卡留斯署名)和1871年8月25日《东邮报》第130号。——184

234 指1871年上半月在巴黎成立的反德同盟。

赛马俱乐部(Jockey Club)是1833年在巴黎成立的贵族俱乐部。——185

235 1871年8月,在苏黎世举行了德国有产者庆祝德国在普法战争中获得胜利的大会。一群被拘留在瑞士的法国军官在会上和德国人发生了冲突。反动报刊为了借机挑拨离间以达到破坏各国工人国际联系的目的,企图将此事归咎于国际的活动。国际瑞士支部特别发表声明,揭露了资产阶级报刊的污蔑诽谤。该城的许多工会也发表声明,表明国际会员与苏黎世的冲突事件完全无关。——185

236 对巴黎反动报刊上的这一谎言的详细揭露,见本卷马克思的声明《致〈人民国家报〉编辑部》。

赛拉叶错误地把捏造的信件的发信日期说成是2月24日;这封信在报上发表时所注的日期是2月28日。——185

237 由恩格斯起草的这封信的内容发表于1871年8月22日《泰晤士报》。——185

238 这封信是娜塔利亚·李卜克内西写给马克思的,写信日期是1871年3月16日。——185

239 显然是指国际布雷斯特支部的领导人之一勒多雷1871年12月24日的来信和皮埃尔·特雷凯1871年1月26日关于1870年9月至10月布雷斯特事件的报告。——186

240 在1871年8月25日《东邮报》第130号刊载的总委员会这次会议的报道中,转述了恩格斯的发言,但没有提到他的名字;此外,还把赛拉叶在这次会上讲的一些事实包括了进去。这显然是要使英国工人了解巴黎事件的完整的、真实的情况。在恩格斯的发言前面加了这样几句话:"关于巴黎最近几天发生的事件,我们得到一些非常重要的消息,这些消息说明'本报通讯员'不是对事态的发展完全无知,就是恶意诽谤巴黎工人。"——186

241 指1871年1月22日的巴黎事件。——187

242 1871年3月18日,投到起义方面的士兵在蒙马特尔枪毙了克莱芒·托马将军和克劳德·勒孔特将军。——187

243 总委员会这次会议的报道发表于1871年4月1日《东邮报》第131号。它还包含有记录中未提到的下列几件事:日内瓦成立全国工人政治协会,马赛码头工人罢工获得胜利,该地的矿工罢工还在进行。——188

244 赛拉叶于1871年8月29日到达巴黎。——189

245 1871年3月27日《泰晤士报》。——189

246 1870年秋,英国的共和运动从争取英国承认法兰西共和国的运动中取得了力量。1871年春,实现了组织上的统一,并建立了共和大同盟。

在巴黎公社的影响下,左翼开始形成,它在共和的口号中加进了社会的内容,并积极地支持公社。国际总委员会利用许多共和派的集会来组织支持公社的运动。

1871年3月22日在威灵顿音乐厅举行了这样一个集会。它由奥哲尔主持,通过了必须成立中央共和协会的决议,并选出了包括奥哲尔、埃卡留斯、希普顿、韦斯顿、勒吕贝、埃利奥特等在内的执行委员会。——189

247 这次集会是资产阶级激进主义者侯里欧克、布拉德洛等人于1871年3月24

日在科学宫召开的，目的是要在伦敦成立一个共和派俱乐部。韦德在会上发言说，真正的共和主义者恰好是那些当时被英国报纸诽谤的法国人。——190

248 这是指1701年王位继承法，根据这项法令，在英王无嗣时，将由议会决定英国王位的命运。——190

249 这次总委员会会议的报道发表于1871年4月8日《东邮报》第132号。——191

250 在这封旧金山德语支部1871年3月9日的来信中，约翰·阿·申纳和亚历山大·亨宁格谈到准备在说英语的工人中成立一个国际支部，为此就需要给他们寄去协会的英文本文件。——192

251 指1871年8月29日克楠给马克思的信。在1871年4月5日给克楠的回信中，恩格斯告诉他总委员会已采取紧急援助罢工工人的措施。——192

252 在1868年9月29日的总委员会会议上，科恩报告说，"他成功地引导布鲁塞尔雪茄烟工人成立了工会并且加入了国际协会"。——192

253 由总书记埃卡留斯签名的总委员会致各工人团体的通告信于1871年4月5日发表（见本卷《国际工人协会总委员会》1871年4月5日的通告）。——193

254 这封信是旧金山法语支部书记拉费寄来的，信写于1871年3月12日。——193

255 显然是指李卜克内西1871年4月1日写给马克思的信。1870年12月17日，倍倍尔、李卜克内西和赫普纳以叛国的罪名被逮捕，直到1871年3月28日才从审前羁押中释放出来。对他们的审判是在1872年3月进行的。——193

256 这次总委员会会议的报道发表于1871年4月15日《东邮报》第133号。其中包含有在记录本中未记载的关于柏林和奥格斯堡工人罢工的消息，比利时矿工示威游行的消息。报道特别提到了发表在《总汇报》上的通篇诽谤国际的伦敦通讯，报道说："根据这种对伦敦鼓动家们的描述，伦敦的工人们将能想象得出，伦敦报纸上时而刊登的关于大陆工人的通讯会是什么货色。"——194

257 这封信（1871年4月10日）是布里斯托尔激进派协会书记托·豪斯寄来的。——194

258 D. 斯波尔丁于1871年4月4日写信给埃卡留斯。——195

259 这里指的是1871年4月5日总委员会就安特卫普雪茄烟工人罢工所写的那封通告信。——195

260 显然是指巴塞罗那纺织工人的罢工、桑坦德箍桶工人的罢工和瓦伦西亚制革工人的罢工。恩格斯接着宣读的是《人民国家报》1871年4月5日刊载的一篇巴塞罗那通讯。——195

261 恩格斯指的是巴枯宁主义者。——195

262 记录不准确。这里是指在波尔多出版的君主派报纸《外省人报》（见马克思1871年4月10日左右写给李卜克内西的信）。——196

263 指1871年3月26日举行的公社选举。巴黎人民起义胜利后，国民自卫军中央委员会自1871年3月18日至28日执掌政权，以后中央委员会把全权交给了公社。——196

264 恩格斯这句极其简短的评语，是针对法夫尔在1871年4月10日的国民议会中的发言而说的。法夫尔在发言中企图为实际上已同俾斯麦结盟以镇压巴黎公社的凡尔赛政府开脱，假惺惺地说政府拒绝了俾斯麦给它提供的援助。马克思和恩格斯在他们一系列的文章和发言中，特别是在《法兰西内战》中，揭露了法国反革命资产阶级为了镇压工人运动而同外来敌人缔结的卖国协定。——196

265 共和大同盟（The Universal Republican League）是1871年4月底成立的小资产阶级组织；它的领导人有奥哲尔、布拉德洛、勒吕贝。同盟宣布自己的目的是，用联合世界各国的共和主义者并由他们传播各种著作和小册子的办法，以及用在群众大会上作学术报告和发表演说以实现全面交流知识的办法来达到人类智力上、道德上和物质上的幸福。同盟的纲领除了要求土地国有化和普选权而外，还要求废除僧侣和贵族的封号和特权，在未来的世界共和国中实现联邦原则。——196

266 加入国际民主协会（The International Democratic Association）的有在伦敦的法国和德国的小资产阶级流亡者以及英国的资产阶级共和主义者。——196

267 改革同盟（The Reform League）是根据国际总委员会的倡议和在它的直接参

加下，于1865年2月在伦敦建立的，这是英国工人群众改革运动的政治中心。改革运动的纲领和对待资产阶级政党的策略都是在马克思的直接指导下制订的，他主张英国工人阶级实行不依赖执政党的独立的政策。但是由于参加改革同盟领导的、慑于群众运动的资产阶级激进派的动摇，由于工联机会主义领袖的妥协，同盟未能贯彻总委员会拟定的路线；英国资产阶级使运动发生了分裂，在1867年夏天进行了一次残缺不全的改革，这次改革仅仅把选举权给了小资产阶级和工人阶级的上层，而工人阶级的基本群众仍然和原先一样处于政治上无权的地位。——197

268 这次会议的报道发表在1871年4月22日《东邮报》第134号。它包含有在记录中未记载的关于法国和瑞士各地举行声援巴黎公社的群众集会的消息，还摘引了《人民意志报》和《人民国家报》发表的莱奥·弗兰克尔的来信中关于宣布成立公社的段落。——199

269 这封信是牛津共和派俱乐部书记理查兹于1871年4月10日寄来的。报上刊登的有关总委员会这次会议的报道中转载了该俱乐部的纲领。——199

270 指H.塞尔夫于1871年4月17日寄给埃卡留斯的信。——199

271 这封信是西班牙联合会委员会于1871年4月11日寄来的，信上署名是弗朗西斯科·莫拉。4月19日，恩格斯就西班牙纺织工人罢工一事给埃卡留斯写了信，这封信实际上是总委员会致曼彻斯特纺织工人工会的呼吁书的草稿。呼吁书没有找到。——199

272 这些群众大会是在柏林、埃尔伯费尔德、汉诺威、汉堡、莱比锡、德累斯顿等城市举行的。——199

273 这一消息是马克思通过库格曼从约翰·米凯尔那里得到的（见马克思1871年6月12日给比斯利的信）。——200

274 这个决议于1871年4月16日发表在巴黎一个支部的机关报《政治和社会革命报》上。1871年4月17日的《旗帜报》报道了这方面的消息。——200

275 国际民主协会为声援巴黎公社于1871年4月16日召开了这次群众大会。大会通过了给公社的致敬信。这封信曾在公社的会议上宣读，并刊登在巴黎报刊上。——200

276 这次会议的新闻报道（载于1871年4月29日《东邮报》第135号）载有总委员会开除托伦的决议；会议记录本中未记载这个决议。(原记录缺1页。缺页中载有开除托伦的决议，不久前发现此缺页，已补入这次会议记录中。——译者注）——202

277 1871年4月20日F.舒尔茨写信给埃卡留斯，邀请他参加该协会的这次会议。——202

278 指由左尔格署名的1871年4月2日北美各支部中央委员会报告。——203

279 赛拉叶于1871年4月16日的补充选举中由巴黎第二区选入公社；总委员会委员欧仁·杜邦也被提名为候选人，但是他由于不能从英国前往巴黎而没有选上。在这次选举中，昂提姆·让·马·杜邦由第17区选入了公社。——205

280 指皮阿和韦济尼埃对被选入巴黎公社的总委员会法国委员赛拉叶和杜邦的诽谤。皮阿为了破坏赛拉叶在公社的威信，散布了损坏他的政治威望和道德名誉的谣言。马克思在1871年4月26日给弗兰克尔的信中驳斥了这些诽谤攻击。——205

281 在《东邮报》关于这次会议的报道中，对马克思发言的下半部是这样报道的：
"根据收到的信件来看，巴黎人民不相信外省会举行任何起义来帮助他们，他们完全意识到他们所面对的是优势兵力；但是，倘若普鲁士人不插手干涉的话，他们对此不在乎。他们最担心的是粮食不足。大资本家都逃走了，而小商人和手工业者不喜欢凡尔赛政府。要是没有公社关于房租和商业期票的法令，他们中间有四分之三的人将要破产。中等阶级的国民自卫军有很大一部分人加入了伯利维尔的国民自卫军。其中有一封信写道，无法想象人民和国民自卫军的热情多么高，凡尔赛人要想进巴黎，那真是愚蠢。杜瓦尔和弗路朗斯的被杀害，使人们都想为他们报仇。弗路朗斯不是牺牲在战斗中，而确确实实是在一所房子里被暗杀的。他的家属和公社派了一位法律专职人员去调查死因，应该进行验尸，但是凡尔赛方面断然拒绝了。

"总委员会收到一些消息，它们表明那些电讯和通讯员的可靠性究竟如何。公社工作人员最先做的工作之一，就是检查前任政府的帐目。在国防政府内务部的开支中,有一笔是制造改良的可搬动的断头机的费用。这个屠杀巴黎工人的新工具,是现在在凡尔赛搞阴谋的所谓爱国者装腔作势要保卫巴黎不受普鲁士人侵犯的时候制造的。它被查获后,按照公社的命令,和旧的未改良的断头机一起被当众烧掉了。那些电讯和通讯员却把事情说成是人们烧毁了断头机是为了不让公社砍他们的头。

"另一个奇谈是煤气公司被抢。市政府的账目表明,煤气公司从巴黎居民缴纳的地方税中拿了100多万法郎,把这笔钱作为借款,而该公司却在法兰西银行有相当可观的存款。公社要求它退还钱款,它不理,便派法院执行员去查封了他们的钱财;该公司感到问题严重,才如数开了一张法兰西银行的支票,它的钱财也就被启封了。这两件事可作为典型的例子。

"公社最大的罪过就是以如此低的费用办了所有这些事情。普通公务员的薪俸和熟练工人的工资一样,而最高官员的薪金每年也只有240镑。他们当然都是平民,他们中间不可能有什么绅士。请想一想,有靠240镑年俸举行部长级的舞会和市长级的宴会的绅士吗?"——205

282　弗路朗斯于4月8日被杀害,杜瓦尔于1871年4月4日被凡尔赛军队枪杀。——206

283　指马克思受总委员会的委托当时正在起草的关于公社的宣言。——206

284　这次会议的报道发表于1871年5月6日《东邮报》第136号。——207

285　指托·豪斯1871年4月26日给埃卡留斯的信。——207

286　指巴枯宁分子加·森蒂尼翁1871年4月15日给埃卡留斯的信。——207

287　荣克指的是1871年4月24日伊丽莎白·托马诺夫斯卡娅的来信。——208

288　米尔纳曾在1870年2月8日的总委员会会议上提过这个问题。——209

289　关于收集劳动的普遍统计材料的决议最初是在国际日内瓦代表大会上通过的,后来得到洛桑代表大会、布鲁塞尔代表大会和巴塞尔代表大会的批准。1871年的伦敦代表会议在国际工人协会的组织条例中加了一条这方面的条款。——209

290　这次会议的报道发表于1871年5月13日《东邮报》第137号。——210

291　指伦敦排字工人协会书记H.塞尔夫的信(1871年5月2日)和泰晤士河船

舶捻缝工协会书记 A. 洛埃的信（1871年5月9日）。——211

292　这封信是罗曼语区联合会委员会书记昂利·佩雷1871年4月23日寄来的。——211

293　坎特伯雷工人共同保卫协会书记约翰·沃利斯的信，在1871年5月13日《东邮报》第137号发表的关于这次总委员会会议的报道中刊登出来。——212

294　恩格斯指的是在1871年4月30日的市镇选举中获胜的小资产阶级共和派打算在波尔多、里昂、利尔和南特召开市镇参议员代表大会，以结束内战。根据1855年禁止市镇参议员互相交往的法律规定，梯也尔政府禁止了这些代表大会的召开。——213

295　这次集会于1871年5月16日在共济会大厅召开。——213

296　指1832年的选举改革。——213

297　这是欧文派发动的组织工人消费者协会的运动，运动的中心在罗奇代尔。——214

298　恩格斯大概是指1812——1813年出版的欧文著作《人性形成论》。——214

299　1818年欧文在国外旅游期间访问了艾克斯拉沙佩勒（亚琛），适逢神圣同盟正在该处召开会议，他就在那里写信给亚历山大二世，企图说服沙皇相信他的原则是正确的。——214

300　指荷兰联合会委员会书记 J. E. 凯勒1871年5月10日写来的信，信中引用了《商业报》的消息。——216

301　这次总委员会会议的报道发表于1871年5月27日《东邮报》第139号，标题是"国际协会与公社"。——221

302　《国际报》（L'International）是1863年至1871年在伦敦用法文出版的日报。——222

303　1851年12月2日政变后，许多法国人移居英国。英国工人对法国难民中的无产者和民主人士提供了援助。——222

304　为履行这一决议，总委员会的英国委员于1871年5月31日在总委员会所在地召开了工人和民主派代表会议，讨论如何帮助公社流亡者的问题，特别是鉴于茹尔·法夫尔提出了引渡他们的要求。会议决定派代表团去见格莱斯顿，代表英国工人要求政府允许公社社员有权在英国避难，格莱斯顿拒绝接见代表团。——223

305 指1871年5月17日罗曼语区联合会第三次代表大会（在日内瓦举行）给巴黎公社的致敬信。——224

306 这里所说的宣言，是指科学共产主义的最重要著作之一《法兰西内战》；它根据巴黎公社的经验，进一步发展了马克思主义关于阶级斗争、国家、革命和无产阶级专政的学说的基本原理。

　　巴黎公社一宣布成立，马克思就开始细心搜集和研究所有关于公社活动的消息，如法国、英国、德国的报纸材料，巴黎来信中提供的情况，等等。从4月18日起，马克思开始动手写总委员会关于巴黎公社的宣言，一直进行到5月底。他先写出了《法兰西内战》的初稿和二稿，随即着手宣言的定稿工作。

　　《法兰西内战》最初于1871年6月13日在伦敦用英文印成小册子发表（印数1000册）。——224

307 指1870年7月23日和9月9日总委员会关于普法战争的两篇宣言。——224

308 这次会议的报道载于1871年6月10日《东邮报》第141号。——225

309 芬尼亚兄弟会（Fenian Brotherhood），即爱尔兰革命兄弟会，是一个秘密组织，于19世纪50年代后期在侨居美国的爱尔兰人中间成立，后来又发展到爱尔兰本土。该会会员为爱尔兰的独立、为建立爱尔兰共和国而斗争。芬尼亚兄弟会会员在客观上代表着爱尔兰农民的利益，尽管他们大部分是城市小资产阶级和知识分子。马克思和恩格斯不止一次地指出芬尼亚运动的弱点，批评芬尼亚兄弟会会员的密谋策略以及他们的宗派主义和资产阶级民族主义的观点。然而他们也高度评价了该组织的革命性，努力指引它走开展群众斗争、与英国工人阶级共同行动的道路。

　　烧炭党人（Carbonari）是19世纪头30年活跃在意大利、19世纪20年代活跃于法国的一个秘密团体的成员。

　　玛丽安娜社（Marianne）是1850年在法国成立的一个共和派秘密组织，

第二帝国时期它反对拿破仑第三。——226

310 《现代评论》（*The Contemporary Review*）是英国资产阶级自由派的月刊，1866年起在伦敦出版。马克思提到的那篇马志尼的文章载于该杂志1871年6月号。——226

311 这次会议的报道载于1871年6月17日《东邮报》第142号。——228

312 这封信是由马克思和恩格斯起草的。——229

313 指国民议会议员让·米里哀尔发表的揭露茹尔·法夫尔的丑史的文件（见本卷《法兰西内战》）。——231

314 纽卡斯尔细木工的罢工标志着英国工人争取九小时工作日运动的高涨。罢工开始于1871年4月，持续了4个月以上。罢工期间，工人们多次同雇主们从国外主要是从比利时招募工人以破坏罢工的阴谋作斗争。荣克提到的这封信于1871年6月10日由他寄给了布里斯梅。——234

315 这次总委员会会议的报道载于1871年6月24日《东邮报》第143号。报道说，总委员会收到了许多支持总委员会的宣言《法兰西内战》的来信。——234

316 侯里欧克在他的发表于1871年6月20日《每日新闻》的信中断言，奥哲尔和鲁克拉夫特在总委员会的宣言《法兰西内战》上的署名可能是非法加上去的。侯里欧克的信和由恩格斯起草的总委员会复信（见本卷《关于侯里欧克的信的声明》）都在《东邮报》刊登的这次总委员会会议的报道中转载了。——235

317 莫特斯赫德指的是鲁克拉夫特被选进伦敦国民教育局。这个机构开会的地点是伦敦市政厅。——237

318 这次总委员会会议的新闻报道对马克思的发言是这样转述的："公民马克思说他高兴地注意到在公社问题上大陆上的工人都毫无保留地讲出了心里话。日内瓦、布鲁塞尔、慕尼黑、维也纳、柏林都举行了集会，谴责梯也尔和法夫尔搞的大屠杀。他还提请大家注意法国报纸刊登了许多据称是国际巴黎支部发表的所谓宣言。这些所谓的宣言都是法国警察当局为欺骗那些容易上当的人们而捏造出来的；这表明一个卑鄙的政府能干出多么肮脏的事情来。"

总委员会揭露凡尔赛警察捏造行为的信是恩格斯写的，寄给了《观察家》和《旁观者》的编辑，但是没有发表。该信的全文见本卷第423页。

《观察家》(*The Examiner*)是英国资产阶级自由派的周刊，1808—1881年在伦敦出版。

《旁观者》(*The Spectator*)是英国自由派的周报，1828年起在伦敦出版。——238

319　这次总委员会会议的报道载于1871年7月1日《东邮报》第144号。报道说总委员会收到一封从巴塞罗那寄来的支持公社的信，报道中还提到德国工人支持倍倍尔在议会发表的为公社社员申辩的演说。——239

320　这封信是恩格斯因1871年6月26日《每日新闻》发表约翰·侯里欧克和本杰明·鲁克拉夫特的信而起草的。侯里欧克在总委员会于6月21日发表声明（见本卷《关于侯里欧克的信的声明》）以后还对《法兰西内战》进行诽谤攻击。鲁克拉夫特则在他的信中公开表示他不同意宣言，并且宣布退出总委员会。恩格斯起草的这封信载于1871年6月29日《每日新闻》和1871年7月1日《东邮报》第144号。——241

321　由马克思署名的这封信载于7月1日《东邮报》第144号。（戴维斯的信载于1871年6月26日《每日新闻》。）——243

322　指的是英国保守的政论家和政治活动家戴维·乌尔卡尔特在19世纪30和40年代发表的揭露帕麦斯顿对外政策的文章和文件。这些材料刊载在一部外交文件汇编——《公文集》里以及他办的各种刊物上。——244

323　这份关于出版《法兰西内战》第2版的传单，是由特鲁拉夫在1871年7月1日印发的。——244

324　这次会议的报道载于1871年7月8日《东邮报》第145号。——245

325　马克思下面所讲的是根据约翰·麦克唐奈1871年7月4日的信。——245

326　指1870年9月在爱尔兰成立的，准备参加法兰西共和国方面作战的志愿救护队。组织救护队的号召在爱尔兰得到了广泛的响应，这引起了英国政府的怀疑。在伦敦招募志愿兵的麦克唐奈竟以"破坏中立法"的罪名而被逮捕。——246

327 恩格斯先是叙述后是引述卡洛·卡菲埃罗1871年6月12日的信。——246

328 指北美各支部中央委员会1871年6月20日寄来的由左尔格署名的报告。——246

329 里德1871年6月30日写信给马克思,谈了他的打算。——247

330 马克思1871年6月30日寄给《派尔·麦尔新闻》编辑的信,该报没有刊登,而是载于1871年7月8日《东邮报》第145号。——249

331 这次总委员会会议的报道载于1871年7月15日《东邮报》第146号。这篇新闻报道对马克思的这段发言转述如下:"马克思博士着重揭露了这两份文件都是警察当局的伪造材料,并指出,它们不过是警察当局编造的一系列假材料中的一部分。凡尔赛政府不敢触及国际的原则,只好求助于造假材料这种卑劣手段来破坏工人协会的声誉,和取得迫害协会会员的借口。国际不像它的诽谤者那样,它做什么事情都是光明磊落的。它没有必要使用密码这类手段——在任何情况下它从来没有使用过。国际非常理智,不想破坏本来应该属于生产者的财富。"

总委员会发表声明驳斥法国警察当局的诽谤是非常必要的,尤其是因为警察当局在攻击国际时,利用了截获的社会主义民主同盟领导人(主要是巴枯宁)的密码信件。——250

332 关于该支部成立大会的报道载于1871年7月15日《东邮报》第146号。——250

333 《晨报》(*The Morning Advertiser*)是英国的一家资产阶级激进派的日报,1794年至1934年在伦敦出版。

马克思1871年7月11日致《晨报》编辑的信载于7月13日《晨报》。——251

334 指A. O. 拉特森1871年7月7日的来信。马克思于7月12日给他写了回信,并给他寄去了国际最重要的文件。——251

335 这次总委员会会议的报道载于1871年7日22日《东邮报》第147号。赛拉叶和莫特斯赫德批判奥哲尔的发言在新闻报道中记载得比会议记录更为详细。——252

336 这份报告载于1871年7月22日《东邮报》第147号。——255

337 总委员会宣言《法兰西内战》在1871年用下列各文种全文或部分地发表：用荷兰文发表于海牙的《未来报》（6—7月）；用德文发表于《人民国家报》（6—7月）、《先驱》（8—10月）并印成小册子出版；用法文发表于布鲁塞尔的《国际报》（7—9月）和日内瓦的《平等报》（8—10月）；用西班牙文发表于《解放报》（7—9月），用意大利文发表于《平等》周报（11—12月）；用俄文在苏黎世印成小册子出版（12月）。——255

338 记录显然不确切；成立宣言不是在圣马丁堂会议上通过的，而是总委员会在1864年11月1日会议上通过的。——256

339 马克思指的是1871年7月6日由几个敌视总委员会的小资产阶级民主主义者——马尔克·拉塔齐、勒吕贝、乔丹等——署名的通告，以及和这份通告一起散发的关于东布罗夫斯基的遗孀的贫困状况的信。东布罗夫斯基的弟弟泰·东布罗夫斯基在1871年7月10日写信给拉塔齐，对关于东布罗夫斯基夫人的经济困难的喧嚷提出强烈抗议。总委员会委员哈里斯在1871年7月16日《国民改革者》第8期上发表的信中也谈到了这一问题。——257

340 这次会议的报道载于1871年7月29日《东邮报》第148号。——257

341 指新奥尔良国际共和主义俱乐部和互助会（Club International Républicain et d'Assistance Mutuelle de la Nouvelle Orléans）主席查理·卡隆的来信。马克思在1871年7月26日给卡隆写了回信，通知他该俱乐部已被接纳为国际的支部，称为第十五支部。

《公社报》（*La Commune*）是新奥尔良国际支部的月刊，1871年6月至1873年12月出版。——258

342 北美各支部的中央委员会建议各支部将注明其成员职业和地址的名单送交中央委员会。在华盛顿的第二十三支部回答说，它希望同国际总委员会，而不是同中央委员会保持直接联系。马克思在1871年9月12日给左尔格的信中指出，按照国际章程规定，每个支部都有权同总委员会直接联系。——258

343 在关于这次会议的新闻报道中，恩格斯的发言记载得比会议记录更为详细。——259

344 指1871年7月13日《人民罗马》报上发表的马志尼的《致意大利工人》一文；这篇文章是卡菲埃罗寄给恩格斯看的。——259

345 关于巴枯宁的同盟与国际工人协会之间的关系问题，是由于吴亭在日内瓦发表的一项声明曾说这个同盟从未被接纳入国际而引起的。

总委员会1868年12月22日和1869年3月9日的两项决定确实曾经拒绝接纳同盟为国际的组织，但是，如果同盟自动解散的话，它的各个小组将被许可加入国际工人协会，成为协会的支部。同盟宣布解散后，总委员会于1869年3月9日将自称为社会主义民主同盟的日内瓦中央支部吸收入国际。后来，这个支部事实上成了巴枯宁分子的秘密组织的领导核心。——260

346 在1870年4月4—6日召开的罗曼语区联合会代表大会上发生了分裂。巴枯宁分子选举了一个新的联合会委员会，并把会址迁到拉绍德封。总委员会在1870年6月28日作出决议，准许旧的委员会称为罗曼语区联合会委员会，建议拉绍德封委员会使用其他名称。——260

347 这次总委员会会议的报道载于1871年8月5日《东邮报》第149号。——262

348 马克思讲的是里德1871年7月27日和29日的两封信中所谈的情况。——263

349 《自由报》(La Liberté) 是比利时民主派的报纸，1865—1873年在布鲁塞尔出版；1867年起成为国际工人协会在比利时的机关报。——263

350 在1871年8月5日《东邮报》第149号上刊载的关于这次总委员会会议的新闻报道中接下去写道："当然，刊登这种话的目的是可以理解的。它想制造对国际的恐惧，为的是可以更容易地对国际进行迫害。莫斯科曾起过大火，人们认为这是由于发表了一些为巴黎公社辩护的文章而引起的。还能有比这更恶毒的诡辩吗？"——265

351 1867年9月24日总委员会会议通过的关于撤销总委员会主席职位的决议，在巴塞尔代表大会（1869年9月）上被批准。——266

352 1871年5月在纽卡斯尔爆发了机械工人的大罢工。这次罢工是由争取九小时工作日同盟领导的。该同盟首次吸引没有加入工会的工人参加了罢工，因而这次罢工具有特别尖锐的性质。由于罢工得到总委员会的有力支持，所以从

国外招雇工人以破坏罢工的阴谋未能得逞。10月份，机械工人争得了54小时工作周的制度，罢工遂告胜利。——267

353 总委员会于8月9日给比利时联合会委员会寄去一封由埃尔曼署名的信，告知纽卡斯尔的罢工情况（见本卷《致国际工人协会比利时联合会委员会》）。

总委员会关于派遣代表团赴比利时的决议于1871年8月19日刊登在《东邮报》第151号和《蜂房报》第514号上。到比利时去的只有科恩一人，但他在那里并不是作为总委员会的代表而是作为工会的代表出面，并且是离开协会的组织独自行动的。回到英国后，他又企图把比利时各支部所做的一切都归功于自己。在1871年伦敦代表会议上，科恩的行为受到了严厉的批评。——271

354 在1871年8月19日《东邮报》第151号刊载的有关这次总委员会会议的新闻报道中，部分地引述了加尔各答的来信："……人民怨声载道，英国政府极其不得人心。苛捐杂税繁重不堪，而全部财政收入都被用来维持一个开销巨大的官僚制度。和其他地方一样，统治阶级的豪华奢侈同以自己劳动创造了这些被挥霍的财富的工人的贫穷困苦形成了令人痛心的对照。如果成立一个支部，国际的原则就会把人民群众吸引来加入它的组织。"——273

355 显然是指世界主义者会议（Cosmopolitan Conference），它是19世纪70年代初期在美国存在了一个很短时期的各种资产阶级社会改革者的组织之一。——273

356 显然是指1871年7月12日卡菲埃罗给恩格斯的信。——273

357 关于这次总委员会会议的报道载于1871年8月26日《东邮报》第152号。——275

358 1871年8月26日《东邮报》第152号上发表的短评《被俘的公社社员》表述了总委员会对这一问题的观点。——275

359 在《东邮报》刊登的关于这次总委员会会议的报道中写道："……这样，协会很快就可以把自己的分支扩展到半岛的每个角落。共和派队伍内已发生了很大的变化。在巴黎公社刚成立时，并不了解其社会原则的西班牙共和派领导人曾支持公社。但当他们发现公社并非仅仅是为建立地方自治而斗争时，便立即转而谴责公社。这使在共和派内占大多数的西班牙工人阶级感到愤慨。不愿充当别人工具的人民在看清真相后就转向了国际。公民恩格斯还报告说,马克思博士的女婿、前总委员会委员公民保尔-拉法格在西班牙被逮捕并由宪兵押送到马德里。然而该国政府找不到他的任何罪证,后来将他释放了。"——277

360 指1871年8月7日弗里德里希·波尔特给马克思的信。号召为流亡者捐款的致美国各支部呼吁书是由马克思起草并于1871年9月5日寄给左尔格的。这份呼吁书没有找到。——277

361 流亡者协会(The Refugees' Society)于1871年7月在伦敦成立。它企图把总委员会为流亡者募集的捐款发放的权力抓到自己手里。它的领导成员特利埃(书记)、梅洛泰、鲁耶、奥布吕、杜律等人企图同国际在其他国家的支部建立直接的联系,以便从他们那里直接拿到为流亡者募集的钱,或获得有关送交总委员会的钱数的消息。1872年初,该协会改组为一个互助会。——278

362 《雷诺新闻》(Reynolds's Newspaper)是英国激进资产阶级的周报,由接近宪章派的小资产阶级民主主义者雷诺创办;1850年起在伦敦出版,现在是合作运动的喉舌。——278

363 这次总委员会会议的报道载于1871年9月9日《东邮报》第154号。由于总委员会在这次会议上开始讨论有关筹备伦敦代表会议因而不打算发表的一些问题,所以报上的报道摘引了总委员会从波士顿、比利时及其他地方收到的来信,其中波士顿的来信是请求同意在那里建立一个支部。——281

364 特鲁拉夫在1871年8月9日写给马克思的信中告诉马克思说,《法兰西内战》第1版还有200册未售出,第2版还有600册,而第3版则全部还在他手里。他在9月4日又一次写信,要求偿付账单。——282

365 显然是指准备以总委员会的名义向代表会议提出的那些建议中的第1—5条及第8条(见本卷卡·马克思和弗·恩格斯:《应以总委员会名义在代表会议上提出的建议》)。——286

366 这一条是根据莫特斯赫德在1871年9月9日的小委员会会议上提出的建议制定的(见本卷《1871年9月9日小委员会会议》)。——286

367 伦敦代表会议在1871年9月22日的会议上通过决议，成立一个临时的英国联合会委员会。——291

368 1871年9月30日《东邮报》第157号关于这次会议的报道中，报道了都灵成立支部以及西班牙各大城市成立支部的情况。其中还报道了伦敦代表会议作出的关于必须建立女工支部和成立英国联合会委员会的两项决议，但它没有说明这两项决议是代表会议通过的，而只说是总委员会的。

伦敦代表会议（The London Conference）于1871年9月17—23日举行，它标志着国际的历史中的一个重要阶段。代表会议的召开，是由于必须采取便于促进国际思想上的团结和组织的巩固的共同决定，由于同巴枯宁派和其他力图分裂国际运动的宗派组织的斗争势在必行，另外还有些其他的紧迫任务；而当时整个形势使正常的代表大会无法召开。直到1871年夏天才有了召开代表会议的可能性。大多数联合会都同意召开秘密代表会议。参加会议的有22名有表决权的代表和10名有发言权但无表决权的代表。马克思代表德国，恩格斯代表意大利，杜邦代表法国，埃卡留斯代表美国。代表会议总共开了九次会议，都属于秘密的工作会议性质。有关代表会议的报告不得公布。代表会议最重要的决议是第九项决议《关于工人阶级的政治行动》，这项决议宣布，必须在每个国家建立独立的无产阶级政党，其目的是由工人阶级夺取政权。

代表会议的记录及其他文件由苏共中央马列主义研究院于1936年第一次用俄文发表。这些文件的原文载于《第一国际文件集》1962年日内瓦版，第2卷第145—315页。——291

369 1871年伦敦代表会议任命了一个由马克思、瓦扬、韦里肯、麦克唐奈、埃卡留斯组成的特别委员会，负责调查瑞士的冲突；恩格斯也参加了这个工作。在该委员会9月18日的会议（在马克思的住处举行）和代表会议9月22日的会议上，作为证人应邀出席会议的吴亭揭发了另一个证人、巴枯宁分子罗班（此人在1870年1月以前一直是《平等报》编辑部的成员）1869年和1870年在日内瓦反对总委员会的阴谋，以及他后来在巴黎期间写信支持瑞士分裂分子的事实。罗班给总委员会写了一封信，说他拒绝参加讨论这个问题。

代表会议的参加者要求罗班收回他的这封信。恩格斯起草了代表会议的提议："鉴于公民罗班给代表会议的信包含有与事实不符的说法并且有损代表会议任命的委员会及代表会议本身的名誉，鉴于代表会议不能同意这封信，代表会议建议公民罗班收回这封信，并警告他，如果他不这样做，这件事将提交总委员会解决。"——291

370 1870年4月瑞士罗曼语区发生分裂。伦敦代表会议讨论了这个问题，并作了有利于真正的罗曼语区联合会委员会的解决；会议建议巴枯宁分子的委员会定名汝拉联合会委员会。——292

371 指H.布里克斯、P.盖列夫、路·皮奥、安德森等人1871年9月18日以《社会主义者报》编辑部的名义写给马克思的信。信中谈到哥本哈根新建的国际支部所取得的初步成果，《社会主史者报》在该国广泛发行，将国际共同章程译成丹麦文，为国际在丹麦扩大影响创造了有利条件，以及该支部打算参加即将到来的竞选运动。这封信的内容登在《东邮报》发表的关于这次总委员会会议的报道中。

《社会主义者报》（*Socialisten*）是丹麦的一家工人报纸，1871年7月至1874年5月在哥本哈根出版，1872年4月起改为日报。——292

372 显然是指柏林支部的成员古斯塔夫·克瓦斯尼夫斯基的信。马克思1871年9月29日写信给他说："上星期在伦敦召开的国际工人协会代表会议决定，今后总委员会不再发会员卡。总委员会将发会费券（类似邮票）来代替它，每个协会会员都要把会费券贴在自己的那份章程上，或者贴在会员卡（即本国，比如说瑞士所发的会员卡）上。因此，会费券一旦印好，我就给您寄去。"

该支部的通讯书记约泽维茨在另外一封信中（1871年10月18日），还就举行群众性集会一事征求了意见。马克思在11月6日给他的回信中说："至于柏林，依我看，在没有进行更多的宣传工作之前，'一般'不要举行群众性的集会。然而，应当利用一些具有普遍意义的和大家都关心的事由来举行集会和公布文件。"（参看《马克思恩格斯全集》中文第1版第33卷第316页）——293

373 指克勒诺尔1871年9月24日写给瓦扬的信。——293

374 这一条不清楚，此处显然指德帕普关于罢工结束消息的信。——294

375 1871年9月22日伦敦代表会议第八次会议通过了下述决议："代表会议赞成总委员会的财务工作，并且同意特别委员会的结论，请总委员会特别注意必须采用更清楚的记账方式。"——295

376 这次总委员会会议的报道载于1871年10月22日《雷诺新闻周报》。——296

377 指伦敦代表会议的第一项决议（见本卷《1871年9月17日至23日在伦敦举行的国际工人协会代表会议的决议》）。——296

378 见本卷注353。——298

379 国际工人协会章程的最初文本是由马克思在1864年10月用英文写的，同年11月1日经中央委员会批准为临时章程（见《总委员会。1864—1866》第288—291页）。在1866年日内瓦代表大会上，章程经过某些补充和修改，同附在章程后面的组织条例一起由大会批准。1866年秋，章程和组织条例由马克思和拉法格译成法文，于11月底在伦敦出版单行本；出版这个单行本时考虑了日内瓦代表大会上所作的主要修改。1867年章程和组织条例的英文本在伦敦出版，这个文本考虑了自1864年临时章程通过后日内瓦代表大会和洛桑代表大会对章程所作的修改。国际后来的两次代表大会——布鲁塞尔代表大会和巴塞尔代表大会——通过了一系列决议，这些决议是对章程的补充。然而当时流传的章程文本中都没有这些补充和修改。日内瓦代表大会和洛桑代表大会以后出版的英文本中也有一些重要的不确切的地方。此外，由于章程没有各种文字的正式版本，以致在好多国家出现了不准确的章程译文。1866年出版的右派蒲鲁东主义者托伦的法文译本就把关于为工人阶级的解放而进行的政治斗争的作用这一最重要的论点歪曲了。鉴于所有这一切情况，马克思和恩格斯为伦敦代表会议准备了一个关于用英文、法文、德文出版新的标准版章程和组织条例的决议草案。伦敦代表会议通过了马克思提出的这个决议案。并决定以后所有别种文字的译文都应该经过总委员会的批准。

1871年9月底至10月，马克思和恩格斯参照国际各次代表大会和伦敦代表会议的决议，准备了章程和组织条例的新版文本。同时，他们还删除了已经失效的条款。他们写了一个《附录》，详细叙述了所有修改和补充的理由。

马克思和恩格斯直接监督了将章程和条例译成德文和法文的工作。共同章程和组织条例的英文正式版本（《国际工人协会的共同章程和组织条例》）于11月上半月在伦敦以单行本出版，法文版于1871年12月出版，章程和条例的德文本是在莱比锡以单行本发表，另外还在1872年2月10日《人民国家报》第12号上发表。由于缺乏资金，在恩格斯参与下翻译的章程和条例的意大利文正式版本未能发表。《人民报》和《平等》周报出版社出版了章程和条例的意大利文节译本。——299

380 这次总委员会会议的报道载于1871年10月22日《雷诺新闻周报》。——300

381 工人团体联合会（The Federal Chamber of Working Men's Societies）是巴黎的工会以及其他工人团体的联合组织，1869年在国际的倡导下成立。联合会包括50多个组织，每个组织都向联合会派出1至3名代表。联合会为罢工工人组织互助，同国际保持密切联系。——300

382 恩格斯提出的这一决议，由马克思署名，用德文载于1871年10月14日《人民国家报》第83号；用法文载于10月15日《自由报》第174号；10月17日《谁来了！》第13号，10月21日《平等报》第20号；10月22日《米拉波报》第118号；用意大利文载于10月19日《人民报》第122号；用西班牙文载于10月23日《解放报》第19号。同决议一起在《人民报》上发表的，还有恩格斯的附言："《人民报》编辑公民：总委员会委托我将下列决议寄上，请贵报予以发表。请接受我崇高的敬意。意大利书记弗里德里希·恩格斯。10月13日于伦敦。"——301

383 1871年9月20日，在伦敦代表会议第六次会议上，瓦扬提出了一项决议草案，谈到政治问题和社会问题的不可分割的联系和使工人的力量在政治基础上团结起来的必要性。在讨论瓦扬的决议案时，赛拉叶提议在决议案前加一个前言，阐明被歪曲了的章程译文的危害性。代表会议授权总委员会完成这两项提议的最后修订工作。包括有瓦扬的和赛拉叶的提议的决议新文本是由马克思和恩格斯起草的（见本卷《1871年9月17日至23日在伦敦举行的国际工人协会代表会议的决议》第九条"关于工人阶级的政治行动"）。——301

384 这次总委员会会议的报道载于1871年10月22日《雷诺新闻周报》。——302

385 1871年法国人支部（The French Section of 1871）是由法国流亡者于1871年9月在伦敦组成的。密探杜朗混入了支部，但不久就被总委员会揭露出来。支部的领导人同在瑞士的巴枯宁的追随者建立了密切的联系，并同他们勾结起来攻击国际的组织原则。1871年法国人支部章程刊登在1871年10月8—9日《谁来了!》第6号上。

《谁来了!》（Oui Vivet）是一家日报，1871年法国人支部的机关报，1871年在伦敦出版。——302

386 埃卡留斯写的关于伦敦代表会议的报道刊登在1871年10月2日《苏格兰人报》上。恩格斯在1872年5月27—28日写给李卜克内西的信中说："代表会议开完后过了几天，在《苏格兰人报》和《曼彻斯特卫报》上登了一篇文章（接着所有的英国报纸和欧洲报纸也都登了这篇文章），详细地报道了代表会议的一些会议情况和代表会议的决议。你可以想象得到，大家都很气愤。所有的人都说这是叛卖，要求惩罚叛徒，以儆效尤。凡是有国际的报纸的地方，都骂总委员会，说它竟让这样的东西登在资产阶级报纸上，而我们自己的报纸倒没有得到任何消息。

"谁是叛徒，我们马上就明白了。事情是这样的：报道出去的情况仅仅是埃卡留斯参加的那些会议的情况，至于其他的一些会议，除对一些决议作了不确切的转述之外，连一句话也没有提到。当我们有机会单独同埃卡留斯在一起时，马克思就直截了当地向他提出了这一点，并且友好地规劝他诚恳悔过，接受应得的责备，今后表现得谦虚一些。埃卡留斯跑到为此事而成立的调查委员会主席荣克那里，承认他确实把一篇关于代表会议的文章交给了纽约《世界报》在这里的代表机构，但是，附有一个必须遵守的条件：不能把文章透露给英国报纸。然而，他对这些人的诈骗性和他们同英国外省报纸的联系都是清楚的，他也应该知道，他无权把有关代表会议情况的消息出卖给美国报纸。"

《苏格兰人报》（The Scotsman）是苏格兰自由主义者的报纸，1817年起在爱丁堡出版，1855年起改为日报。——304

387　从国际成立以来直至1871年秋，总委员会一直代行英国联合会委员会的职能。1871年10月，英国各支部的代表和加入国际的一些团体的代表组成了不列颠临时联合会委员会。从一开始起，委员会的领导中就存在一个以反对总委员会的总委员会书记黑尔斯为首的改良主义者集团。他们还反对国际在爱尔兰问题上所奉行的无产阶级国际主义政策。海牙代表大会以后，不列颠联合会委员会中的改良主义分子拒绝承认代表大会决议，并同巴枯宁分子一起大肆诽谤总委员会和马克思。不列颠委员会中的另一部分主张革命的人（维克里、杜邦、赖利、默里、米尔纳、列斯纳等人）则积极支持马克思和恩格斯。1872年12月初，不列颠联合会委员会发生分裂。委员会中一部分忠于海牙代表大会决议的人组成了不列颠联合会委员会，并同已经迁到纽约去的总委员会建立了直接的联系。马克思和恩格斯对不列颠委员会的工作安排给予了帮助。改良主义者妄想左右国际不列颠联合会的全部企图都遭失败。

　　不列颠联合会委员会于1874年底停止存在，这时整个国际的活动趋于停止，而机会主义者也在英国工人阶级运动中获得暂时的胜利。——305

388　这次会议的报道载于1871年10月21日《东邮报》第160号。——307

389　号召为巴黎公社流亡者捐款的致美国各支部的呼吁书，是由马克思起草并寄给左尔格的。这份呼吁书没有找到。

　　42镑是美国的德国人第一支部为巴黎公社流亡者募集并交给总委员会支配的。由于伦敦的法国流亡者协会的一个代表团在出席1871年8月29日总委员会会议时，要求总委员会对流亡者救济基金的分配情况作出说明，总委员会根据恩格斯的提议，通过一项决议，声明除捐款人外，任何人都无权要求总委员会说明基金的发放情况。——307

390　国际地方组织的章程，一般是由总委员会批准的。最初，是由总委员会于1871年10月6日为准备新版的共同章程和组织条例而成立的一个包括马克思、荣克和赛拉叶的特别委员会进行审查；1872年1月2日总委员会通过一项决议，将这个临时性的特别委员会改组成为一个章程审查委员会。——308

391　代表会议通过的四个关于总委员会成员的决议只发表了第一个（第一项决议《关于总委员会的成员》）和第四个（第十三项决议《代表会议特别决议》第

一条)。第二个和第三个决议,除了总委员会的会议记录以外,在伦敦代表会议的会议记录中也有记载(见《第一国际文件集》1962年日内瓦版第2卷第213页)。——308

392 见注375。——308

393 关于涅恰耶夫的声明(全文见本卷《关于涅恰耶夫盗用国际名义的声明》)是马克思根据伦敦代表会议的决议起草的。会议委托总委员会发表一项声明,宣布国际工人协会与所谓涅恰也夫密谋完全无关。

1869年,涅恰也夫同巴枯宁建立了联系以后,在许多俄国城市展开了成立密谋组织"人民惩治会"的活动。涅恰也夫组织的小组中鼓吹庸俗的"彻底破坏"的思想,散发无政府主义的传单。具有革命思想的学生和资产阶级知识分子参加了涅恰也夫的组织,这是因为该组织对沙皇制度的尖锐批评以及对它进行坚决斗争的号召吸引了他们。涅恰也夫被巴枯宁委以所谓的欧洲革命联盟代表的职务,他利用这一职务冒充国际的代表,从而蒙蔽他的组织中的成员。

由于涅恰也夫的组织被破获以及该组织的参加者于1871年夏在彼得堡受审,涅恰也夫的讹诈、恫吓、欺骗等手法遂被揭发出来。尽管国际与涅恰也夫毫无关系,但是资产阶级报刊却利用这一案件来诋毁国际。

总委员会的这个声明是由恩格斯译成法文的。声明用德文载于1871年11月1日《人民国家报》第88号(由马克思以德国和俄国通讯书记的身分署名);用法文载于1871年11月5日《平等报》第21号;1871年10月18日《谁来了!》第14号;用意大利文载于1871年11月8日《玫瑰小报》第306号;1871年10月19日《人民报》第122号。——308

394 1871年9月22日在伦敦代表会议第八次会议上讨论国际在法国的组织状况问题时,吴亭提出了四项《关于法国的决议》,这些决议都是以马克思在这次会议上所提出的主张为基础的。在代表会议就这一问题所通过的四项决议中,只有头两项发表了(见本卷《1871年9月17日至23日在伦敦举行的国际工人协会代表会议的决议》第十一项"关于法国的决议"和第十二项"关于英国的决议")。第三项决议责成比利时和西班牙的联合会委员会以及瑞士罗曼语区的联合会委员会保证法国人支部和总委员会之间的联系,并把由法国流亡者成立的支部吸收进各该国的联合会。第四项决议建议总委员会发表一篇告法国工人的宣言,号召工人们同反革命政府进行公开的斗争,并且要不怕迫害而按照总委员会的章程建立国际组织,最后这个决议没有付诸实行,因为10月24日的总委员会会议决定不发表宣言,以免给被囚禁的公社社员造成危害。

告意大利工人的宣言的起草工作被推迟到预计在1871年11月初召开的意大利工人代表会议结束以后。给各国政府的回答也同样推迟了。——309

395 指《代表会议的特别决议》(第十三项)。第一个决议于9月22日在伦敦代表会议第八次会议上由德帕普提出并得到通过。第二个决议是9月22日在代表会议第九次会议上通过的,其基本内容是马克思就国际在德国和英国的状况所作的发言中包含的结论。马克思在这篇发言中强调了德国工人对巴黎公社的支持,还谈到吴亭的提议。第三个决议于9月20日在第五次会议上,在宣读了西班牙联合会关于西班牙国际组织情况的介绍后通过的。第四个决议是德帕普于9月22日在伦敦代表会议第九次会议上就吴亭关于涅恰也夫案件的报告而提出的;吴亭的报告揭露了巴枯宁派在俄国进行的阴谋。马克思也就这个问题发了言,他指出,资产阶级报刊利用了涅恰也夫密谋事件来对国际工人协会进行诽谤。——309

396 第五项决议——《关于成立女工支部》,由马克思于1871年9月19日在伦敦代表会议第三次会议上以总委员会的名义提出并得到通过。马克思在论证这个决议案时强调指出,必须在那些有大量妇女从事工业生产的国家里成立妇女支部。本项决议被收入组织条例,列为第五节第六条。

第六项决议——《关于对工人阶级的普遍统计》,由马克思于1871年9月19日在伦敦代表会议第三次会议上以总委员会的名义提出,经吴亭和弗兰克尔加以补充后通过。

马克思在论证本项决议时指出,普遍统计对于各国工人组织援助别国罢工工人的活动极为重要,同时对于他们以国际无产阶级的团结精神进行的其他的联合行动也是必要的。这项决议被收进组织条例,列为第六节第一条至

第四条。

在国际召开的几次代表大会上都讨论过向总委员会寄送劳动统计材料的问题，总委员会曾不止一次向各地方支部发出通告信，要它们提供这种材料。——309

397 指第三项决议——《关于总委员会的代表》，由马克思于1871年9月19日在伦敦代表会议第四次会议上以总委员会名义提出。本项决议被收入组织条例，列为第二节第八条。——310

398 指第八项决议——《关于农民》，由马克思于1871年9月22日在伦敦代表会议第八次会议上提出并得到通过。马克思在就这一决议发言时，强调必须在农村进行宣传，并建议讨论保证工人阶级和劳动农民群众联盟的问题。——310

399 指第十五项决议——《关于应届代表大会的召开》，由德帕普和欧仁·斯滕斯于1871年9月22日在伦敦代表会议第九次会议上提出。——310

400 指第七项决议——《关于工会的国际联系》，由弗兰克尔、巴斯特利卡、吴亭、赛拉叶、罗伦佐、德帕普于1871年9月20日在伦敦代表会议第五次会议上讨论德拉埃的建议时提出。德拉埃的建议受到了马克思以及代表会议的其他代表的批评，并被否决。本项决议是由马克思和恩格斯最后定稿的。——310

401 第十六项决议——《关于社会主义民主同盟》，由马克思于1871年9月21日在伦敦代表会议第七次会议上提出。在这次会议上，当这个问题经过一个委员会讨论以后，马克思作了关于同盟以及巴枯宁派在瑞士的分裂活动的报告。根据这一报告，代表会议通过了这项决议和第十七项决议。——310

402 由于国际的代表会议是协商性的会议，根据共同章程规定，它的各项决议不像正常的代表大会的决议那样具有约束力，1871年伦敦代表会议的决议便以总委员会致国际各联合会和支部的通告信形式发表。

通告信于1871年11月初在伦敦出版了英文和法文的单行本；大概于1871年底在莱比锡出版了德文的单行本。此外，决议的法文本还在1871年11月19日《平等报》第22号和1871年11月26日《国际报》第150号上发表。德文本在1871年11月15日《人民国家报》第92号,1871年12月《先驱》第12期上发表,西班牙文本在1871年11月27日《解放报》第24号上发表。意大利的《人民报》在1871年11月23日第136号上用意大利文摘要发表了第九项决议。——310

403 指代表会议的决议《关于工人阶级的政治行动》(第九项)。——310

404 总委员会根据马克思的报告一致通过的决议全文见本卷《关于1871年法国人支部章程的决议》。——315

405 这次总委员会会议的新闻报道(1871年10月21日《东邮报》第160号)详细报道了恩格斯的报告。这个报告指出马志尼对工人的影响已经削弱,工人的报刊有所发展,由于政府解散了那不勒斯和弗洛伦萨的支部,全国各地普遍建立起了支部。——315

406 纽约第十二支部(Section No. 12 of New York)是企图利用在美国的国际来实现其资产阶级改革纲领的资产阶级改良主义分子创立的。在总委员会拒绝承认它是美国的领导支部后,它便把一切小资产阶级分子联合在自己周围,掀起了反对总委员会的运动。这引起了美国的无产阶级支部和小资产阶级支部的分裂。1872年3月总委员会把第十二支部开除出国际,此决定于1872年9月得到海牙代表大会的批准。——315

407 小委员会作为总委员会的执行机构,担负了大量的对国际各项活动的日常指导工作和草拟日后要提交总委员会审阅的文件的工作。1872年6月起它改称总委员会的执行委员会。——315

408 指一小群在苏黎世学习的塞尔维亚和保加利亚的大学生,他们在无政府主义者的影响下组织为同盟的一个小组,自称"斯拉夫人支部"。1871年10月28日吴亭在回答马克思提出的问题时说,巴枯宁主义者企图组织一个斯拉夫人支部与国际在俄国的支部对抗。1872年春天,这个小组几度试图使自己成为国际的一个支部,但遭到了总委员会的拒绝。此后,这个小组便于1872年6月至7月间加入了汝拉联合会(它的纲领是巴枯宁起草的);1873年夏,这个小组瓦解了。——315

409 指以总委员会的通告信形式正式出版的伦敦代表会议决议。——315

410 奥勃莱恩的信徒布恩提出的决议案全文是:"总委员会认为,现在已应该成立国际仓库管理局,让国际成员在那里储存他们生产的产品,并领得作为国际支付手段的国际钞票;这种钞票应该在国际的所有成员之间(以及其余公众之间,如果他们愿意接受的话)进行流通。这种以有用的和可交换的财富(如:靴子、衣服、怀表等)为基础的国际交换制度,将是使国际成为强大的兄弟联盟的手段,并且将使得有可能建立起一种使各国工人阶级能够在没有各国商人的参与和控制下完全按成本论价来交换产品的交换制度。"

奥勃莱恩派认为工人可以通过生产合作社,摆脱资本主义的奴役。马克思在1871年11月给波尔特的信中写道,这些奥勃莱恩派"满脑子是诸如货币流通方面的愚蠢计划和虚假的妇女解放之类的胡思乱想",然而"这些奥勃莱恩派尽管很愚蠢,但是他们在总委员会中形成一种常常是十分必要的、与工联主义者相对抗的力量。他们比较革命,在土地问题上比较坚定,较少民族主义,不易为资产阶级用各种方式所收买。否则他们早就被驱逐出去了"。——315

411 指国际工人协会共同章程和组织条例。恩格斯在1871年11月4日写给李卜克内西的信中说:"重新修订的章程的英文本正在印刷,法文本、德文本和意大利文本正在翻译。这些事使我们付出了巨大的劳动,因为马克思和我担负了几乎全部的组织工作和校订工作。"——317

412 一群法国流亡者,巴黎公社的参加者(阿·克拉里斯、贝·马隆、茹尔·盖得、安德烈·莱奥等人)和前日内瓦"社会主义民主同盟"支部的成员,于1871年9月在瑞士成立了一个宣传革命社会主义行动支部。他们的第一封信(给瑞士通信书记荣克)是1871年9月8日寄出的,第二封信是1871年10月4日寄出的,第三封信是1871年10月20日寄出的。第三封信上有荣克批的一段话:"回复公民们,我已要罗曼语区联合会委员会提供情况;并且给该委员会写信。"——318

413 这一通告是马克思写的,作为对巴枯宁派在《平等报》和《进步报》专栏中对总委员会进行多次攻击的答复。本信起初并未打算发表。1872年,在马克思和恩格斯起草的机密通告《所谓国际内部的分裂》中发表了它的一个摘录,

1902年7月12日《新时代》第2卷第15期上发表了它的全文。现存这一文件的几种手稿是：两份手稿副本，一为燕妮·马克思所抄并经马克思校正（此即为本版所据）；另一为海尔曼·荣克所抄；第三个手稿附本是杜邦所抄，保存在里昂市档案处。马克思的手稿还录于1870年3月28日他致库格曼的信件中，后者以《机密通知》为题而闻名。——323

414 公共福利同盟（The League of Common Good）是1464年年底在法国出现的封建贵族联盟，它反对国王路易十一所执行的把法兰西联合成一个统一的中央集权国家的政策。同盟的参加者打着争取法兰西"共同福利"的旗帜。——324

415 《在巴塞尔举行的国际工人协会第四次代表大会记录》第1—7号，1869年9月7—14日，第90页。）——325

416 《工人代表大会。国际工人协会。临时章程》1864年巴黎版第1页。——329

417 指刊登在1869年7月16日《社会民主党人报》第82号上的编辑部的文章。——330

418 李卜克内西1869年2月18日的声明刊登在1869年2月20日《民主周报》第8号。——330

419 关于施韦泽的拒绝的消息发表在1869年2月24日《社会民主党人报》第24号。——330

420 马克思按照总委员会1870年1月4日的决定撰写了这份讣告，并于1870年1月8日寄往比利时交比利时联合会委员会；一起寄去的还有一份关于总委员会活动的报告。讣告刊于1870年1月16日《国际报》第53号，编辑部加的标题是《伦敦来讯》。——331

421 这封信是按照总委员会的决议由马克思撰写的，信中接受俄国支部（见注309）加入国际工人协会，并任命马克思为这一支部在总委员会的代表。这封信刊登于1870年4月15日该支部的报纸《人民事业》报第1号。——332

422 这一决议是马克思起草的，以回答日内瓦委员会的强烈请求，即请求总委员会对在拉绍德封代表大会上的罗曼语区支部的分裂作出决定。决议于1870年6月28日经总委员会通过，并由瑞士通讯书记荣克寄交两个联合会委员会。

这一决议刊于1870年7月23日《团结报》第16号和7月24日《米拉波报》第53号。——334

423　1870年6月21日的总委员会会议专门讨论了关于日内瓦对建筑工人实行的同盟歇业问题；在这次会议上马克思被委托起草告欧洲和美国各工会及国际各支部书。马克思写的呼吁书在7月5日的会议上被总委员会批准，并且用英、德、法三种文字印成传单。德文稿还刊登在1870年7月13日《人民国家报》第56号、1870年7月16日《人民意志报》第25号和1870年7月《先驱》第7号上。——335

424　指1870年6月2日日内瓦州建筑业主联合会会议上通过的、以招贴画形式刊印的呼吁书。呼吁书把在日内瓦组织罢工的全部责任都推在国际身上；企业主们要求当局运用联邦宪法规定的政府有权把"危害瑞士内部和外部安全的外侨"驱逐出境的条文。——336

425　国际协会的美因兹代表大会的议程是由马克思起草的，于1870年7月12日经总委员会批准，用英文印成传单，标题是《国际工人协会第五次年度代表大会》。

　　它也用法文和德文刊登在下列报纸上：1870年7月30日《团结报》第17号；7月31日《自由报》第162号；8月13日《人民国家报》第65号；7月7日《先驱》第7号。——337

426　这是美因兹代表大会议程的全文，马克思于1870年7月14日把它寄给了荣克，以备在瑞士和比利时报纸上发表。——338

427　这一文件是在总委员会讨论了改变总委员会驻在地问题之后，由马克思起草的。马克思在他1869年7月14日写给荣克的信里附寄了这个文件。各支部则支持伦敦继续作为总委员会驻在地。——339

428　这些建议由马克思在1871年9月5日的总委员会会议上提出并得到通过。现存的手稿是恩格斯写的，其中有一处马克思作了修改。手稿开头写的"财务报告"一语，是指总委员会提议准备一篇关于当前财务状况的报告提交代表会议。——340

429　这些建议是马克思于1871年9月9日在小委员会会议上作为伦敦代表会议决

议草案提出并得到同意的。后来草案又经过补充，特别增添了关于成立女工支部和关于对工人阶级进行普遍统计这两条。9月12日，在恩格斯作了报告以后总委员会讨论并同意了这些决议草案。这些决议草案由马克思代表总委员会在伦敦代表会议上提出。其中一部分经过整理以后编入了正式出版的代表会议决议（见伦敦代表会议决议第二、三、四、十各项）。决议草案的第二套编码（在手稿中用黑体字）看来是在总委员会讨论之后加上去的，显示着在代表会议上拟按这个次序进行讨论。

手稿是恩格斯写的，其中有马克思作的补充。——341

430 第一篇宣言——《国际工人协会总委员会关于普法战争的第一篇宣言》是马克思在1870年7月19日到23日写成的。宣言的德译文首次发表于1870年8月7日莱比锡《人民国家报》第63号（是威廉·李卜克内西翻译的）。马克思对此译文作了彻底的校改，重新翻译了将近全文的一半。新的德译文刊登在1870年8月日内瓦《先驱》第8期上，并且还作为传单发行。1891年，为纪念巴黎公社20周年，恩格斯在柏林《前进报》出版社出版的《法兰西内战》德文版中发表了总委员会的第一篇和第二篇宣言。两篇宣言都是由路易莎·考茨基在恩格斯指导下翻译的。

第一篇宣言的法译文发表于1870年8月《平等报》8月7日《国际报》第82号和1870年8月7日《米拉波报》第55号。总委员会也曾组织人把这篇宣言译成法文，作为传单发行。

第一篇宣言的俄译文最初发表于日内瓦《人民事业》1870年8—9月第6—7期。1905年，第一篇和第二篇宣言都收进了由列宁审订的按1891年德文版翻译的《法兰西内战》俄文版中。

《人民事业》（Народное дело）是一批流亡的俄国革命者于1868年至1870年在日内瓦出版的报纸（1870年4月以前为杂志）；第一期是巴枯宁主编的；后来在1868年10月，包括尼·吴亭在内的编辑部同巴枯宁决裂并反对他的观点。1870年4月，该报成为国际俄国支部的机关报，执行马克思和总委员会的路线，登载国际的文件。——349

431 拿破仑第三的政府企图巩固引起人民不满的摇摇欲坠的第二帝国政权，于

1870年5月举行了全民投票。提付表决的问题都是以这样一种方式提出来，即要对第二帝国的政策表示不赞同，就意味着反对一切民主改革。尽管政府采取了这种蛊惑性的伎俩，全民投票仍然表明了反政府力量的增长。政府在准备全民投票的同时，作了镇压工人运动的部署。

国际的巴黎联合会和巴黎工会联合会在1870年4月24日发表宣言，揭露了波拿巴派玩弄的手腕，并号召工人不参加投票。在全民投票前夕，政府以捏造的谋刺拿破仑第三的罪名逮捕了巴黎联合会的会员。在1870年6月22日至7月5日举行的审判中，完全暴露出这一罪名的虚伪性。然而波拿巴的法庭却仅以属于国际工人协会为罪名对法国的一些国际会员判处了徒刑。

在法国对国际的迫害引起了工人阶级的广泛抗议。——349

432 指路易·波拿巴于1851年12月2日举行的政变，这次政变导致了第二帝国的诞生。——350

433 《马赛曲报》(*La Marseitlaise*) 是法国左派共和党人的日报，1869年12月至1870年9月在巴黎出版。该报曾刊载有关国际的活动和工人运动的材料。——351

434 指十二月十日会（Society of December 10）（为纪念该会庇护人路易·波拿巴在1848年12月10日当选法兰西共和国总统而取此名）。这是波拿巴派的秘密团体，成立于1849年，主要由堕落分子、政治冒险家、军阀等组成。虽然1850年11月该会在表面上被解散了，但它的成员还继续进行波拿巴主义的宣传，并且参与了1851年12月2日的政变。马克思在《路易·波拿巴的雾月十八日》一书中对十二月十日会作了详尽的描述（参看《马克思恩格斯全集》第1版第8卷第173—176页。）——351

435 萨多瓦之役（柯尼希格雷茨之役）于1866年7月3日发生在波希米亚，交战双方是：奥地利和萨克森的军队为一方，普鲁士的军队为另一方。这次战役对普鲁士在1866年普奥战争中取得胜利起了决定作用。——351

436 1870年7月16日在不伦瑞克和7月17日在开姆尼茨举行的工人大会，是德国社会民主工党的领导人（爱森纳赫派）为抗议统治阶级所奉行的掠夺政策而召开的。

不伦瑞克大会的决议,马克思引自1870年7月20日《人民国家报》第58号。——352

437 马克思和恩格斯的这封信只有宣言中所引用的那一部分保存下来。在苏共中央马克思列宁主义研究院(莫斯科)收藏的那份宣言的传单上面有恩格斯亲笔作的批注,这些批注证明这封信是马克思和恩格斯共同写的。——355

438 蒂尔西特和约是拿破仑法国同参加第四次反法同盟的战败国俄国和普鲁士在1807年7月7日和9日签订的和约。和约条件对普鲁士极为苛刻,使普鲁士丧失很大一部分领土(包括易北河以西的全部属地)。拿破仑第一强迫签订的这个掠夺性的蒂尔西特和约,引起了德国人民的强烈不满,从而为后来在1813年蓬勃发展的反拿破仑统治的解放运动奠定了基础。——355

439 民族自由党(National-Liberals)是德国资产阶级、主要是普鲁士资产阶级的政党,于1866年秋在资产阶级的进步党分裂之后成立。民族自由党为了满足本阶级的物质利益而放弃了争取资产阶级政治统治的要求,给自己提出的基本任务是把德意志各邦统一于普鲁士的领导之下。他们的政策反映了德国自由资产阶级对俾斯麦的投降。

德国人民党(The German People's Party)成立于1865年,由主要是德国南部各邦的小资产阶级民主派以及一部分资产阶级民主派组成。与民族自由党不同,德国人民党反对确立普鲁士对德国的领导权,主张实行既包括普鲁士又包括奥地利在内的所谓大德意志计划。这个党执行反普鲁士政策,提出一般民主口号,但同时也显示了德意志某些邦的分立主义倾向。它宣传建立联邦制的德国的思想,反对以集中统一的民主共和国的形式统一德国。——357

440 这篇宣言——《国际工人协会总委员会关于普法战争的第二篇宣言》——是马克思在1870年9月6日和9日之间写成的。

马克思在写这篇宣言时,利用了恩格斯寄给他的各种材料,这些材料揭露普鲁士军阀、容克地主和资产阶级企图用军事战略上的需要来为他们兼并法国领土的野心进行辩解。9月11—13日,宣言用英文以传单的形式出版,发行1000份。9月底又出版了将第一篇和第二篇宣言印在一起的新版本。在这一版中改正了第一版的刊误，并作了某些文字上的修改。

第二篇宣言的德译文是马克思翻译的，他在翻译时补充了几句专对德国工人说的话，并且省略了某些地方。这个译文发表于1870年9月21日《人民国家报》第76号和1870年10—11月《先驱》杂志第10—11期，并且以传单形式在日内瓦出版。1891年恩格斯在《法兰西内战》的德文版中刊印了第二篇宣言，这一版上的宣言是由路易莎·考茨基在恩格斯的指导下翻译的。

第二篇宣言的法译文载于《国际报》（1870年10月23日第93号），部分地（全文未登完）载于《平等报》（1870年10月4日第35号）。

第二篇宣言的俄译文于1905年首次发表在由列宁审订的按1891年德文版翻译的《法兰西内战》的小册子中。——357

441 1618年勃兰登堡选帝侯国与16世纪初由条顿骑士团领地组成并臣属于波兰贵族共和国的普鲁士公国（东普鲁士）合并。勃兰登堡选帝侯作为普鲁士大公，到1657年以前一直是波兰的藩臣。1657年他利用了波兰对瑞典作战的困难，争得了对普鲁士领地的完全的主权。——359

442 指1795年4月5日普鲁士同法兰西共和国单独缔结的巴塞尔和约，这个和约导致了欧洲各国的第一次反法同盟的瓦解。——360

443 见本卷注185。——361

444 这是指德国封建反动势力在拿破仑统治覆灭后所取得的胜利。——362

445 指1848年6月23—26日巴黎工人的英勇起义。——363

446 英国工人为谋取承认1870年9月4日成立的法兰西共和国并在外交上给予它以支持而开展了一场运动。——364

447 这里暗指资产阶级和贵族的英国积极参与促使封建专制国家结成联盟于1792年对革命的法国发动战争（英国参战是在1793年）；以及英国政府在欧洲最先承认了法国在1851年12月2日路易·波拿巴政变后建立的波拿巴制度。——364

448 此信发表于1871年1月1日《国际报》第103号，但没有登最后三段，因为这三段是不准备在报刊上发表的。——366

449 恩格斯作为西班牙临时通讯书记，为答复西班牙联合会委员会1870年12月

14日的来信而写了这封信。——368

450 《联盟》(La Federacion)是西班牙的一家工人周报,国际的巴塞罗那联合会的机关报,1869年至1873年在巴塞罗那出版,受巴枯宁派的影响。

《团结报》(La Solidaridad)是西班牙报纸,国际马德里各支部的机关报,1870年1月起在马德里出版,1871年1月被政府查封。

《工人报》(El Obrero)是西班牙的一家周报,1870年至1871年在帕尔马(马霍卡岛)出版。1871年1月被政府禁止后,以《社会革命报》(La Revolution Social)的名称继续出版。《社会革命报》只出版了三期,因为该报编者以"侮辱国王"的罪名受到审讯。——368

451 指的是1871—1872年出版的阿根廷工人报纸《布宜诺斯艾利斯印刷工人协会年鉴》(Anales de la Sociedad Tipografica Bonaerense)。——370

452 这封信收有马克思在3月21日写的总委员会致《泰晤士报》等报纸编辑的声明(德译文略有改动)。此信用德文载于1871年3月29日《人民国家报》第26号和1871年4月23日《先驱》第4期;用法文载于1871年3月31日《平等报》第6号,《平等报》对头两段做了删节。刊登这封信的除国际的机关报外,还有1871年3月26日的《未来报》。——371

453 "Hauptche"("主脑")是普鲁士警官施梯伯在1852年审判科伦共产主义者同盟时对暗探奸细舍尔瓦尔的称呼。施梯伯为了达到挑拨的目的,力图把舍尔瓦尔说成是在同盟中起领导作用的人,并造成舍尔瓦尔同马克思以及被告等有联系的假象(见马克思的小册子《揭露科伦共产党人案件》)。——371

454 总委员会在1871年4月4日的会议上决定就安特卫普雪茄烟工人的罢工向各工人团体发出一份呼吁书。——373

455 巴黎各支部联合会委员会关于将工人阶级事业的叛徒托伦开除出国际工人协会的决议,于1871年4月16日发表在巴黎一个支部办的《政治和社会革命报》上。1871年2月,托伦作为巴黎工人的代表当选为国民议会议员。巴黎公社成立后,托伦仍然留在镇压巴黎革命的凡尔赛议会中,拒绝执行公社关于工人议员应当同这个反动议会决裂的要求。托伦的变节行为表明右翼蒲鲁东主义者公开转向反革命。

恩格斯草拟的总委员会关于将托伦开除出国际的决议的手稿，由马克思作了一些修改。决议用英文发表于 4 月 29 日《东邮报》第 135 号；用法文发表于 5 月 14 日《国际报》第 122 号；用德文发表于 5 月 24 日《人民国家报》第 42 号和 1871 年 7 月《先驱》第 7 期。决议手稿中的最后一段话，只在《国际报》发表的文本中刊出了，该报发表的决议后面有恩格斯作为比利时临时通讯书记的署名。——375

456 阿道夫·西蒙·吉奥给苏桑的信发表于 1871 年 4 月 25 日《公报》第 115 号。

《公报》（*Journal Officiel*）是《法兰西共和国公报》（*Journal Officiel de la République Francaise*）的简称。该报是巴黎公社的正式机关报，出版于 1871 年 3 月 20 日至 5 月 24 日。它沿用了 1870 年 9 月 5 日起出版的法兰西共和国政府官方报纸的名称（巴黎公社时期，梯也尔政府在凡尔赛也用同一名称出版了一份报纸）。3 月 30 日，报纸曾用《巴黎公社公报》（*Journal Officiel de la Commune de Paris*）的名称出版。——378

457 1871 年 1 月 28 日，俾斯麦同国防政府的代表法夫尔签订了关于停战和巴黎投降的协定。——378

458 投降派（capitulards）是对 1870—1871 年巴黎被围期间主张巴黎投降的人的蔑称；后来在法文中这个词泛指投降主义者。——378

459 《宣言》，载于 1871 年 4 月 28 日《复仇者报》第 30 号。——378

460 《旗帜报》（*L'Etendard*）是法国波拿巴派的报纸，1866 年至 1868 年在巴黎出版。该报由于被揭发靠欺骗行为作为财政来源而停办。——379

461 在 1871 年和 1891 年的德文版中不是"约·密勒"，而是"卡尔·福格特"，在 1871 年法文版中是"福斯泰夫"。——编者注——379

462 动产信用公司（Société Générale du Crédit Mobilier）是法国的一家大银行，1852 年创办。它的利润的主要来源是用它所开办的股份公司的有价证券进行投机。该银行同第二帝国政府人士有密切关系。1867 年，该银行破产，1871 年清算完毕。马克思在《纽约每日论坛报》发表的许多文章中揭示了该银行的本质。——379

463 《自由选民》（*L'Electeur Libre*）是一家周报（普法战争爆发时起改为日报），

共和派右翼的机关刊物，1868 年至 1871 年在巴黎出版；1870 年至 1871 年同国防政府的财政部有联系。——379

464　指 1831 年 2 月 14 日和 15 日巴黎发生的反对正统派和反对教会的行动，这些行动得到外省的响应。为了对在贝里公爵追思弥撒仪式上表现出的正统主义表示抗议，群众捣毁了圣日尔曼奥赛鲁瓦教堂和以同情正统派闻名的大主教凯朗的宅邸。奥尔良派的政府由于想打击对它抱敌视态度的正统派，没有采取措施来制止群众的行动。而且，捣毁教堂和大主教宅邸时在场的梯也尔要国民自卫军不加干涉。

　　1832 年，当时任内务大臣的梯也尔下令逮捕了正统派的法国王位僭望者尚博尔的母亲贝里公爵夫人，随即对她进行严格的监视并施以侮辱性的身体检查，目的在于宣扬她的私婚，从而破坏她的政治声誉。——380

465　指的是梯也尔在镇压 1834 年 4 月 13—14 日巴黎工人和小资产阶级反对七月王朝统治的起义中所扮演的卑鄙角色。（这次起义是由共和派的秘密的人权协会领导的。）军阀们在野蛮地镇压这次起义时在特朗斯诺南街上把一所房子里的人全部杀死。梯也尔是起义时以及起义被镇压后对民主派实行残酷镇压的主要指使者。

　　九月法令是法国政府 1835 年 9 月颁布的反动法令。这项法令限制了陪审人员的活动，对出版采取了严厉措施。定期刊物要缴纳更多的保证金，刊印反对私有制和现存国家制度的材料者，处以监禁和高额罚款。——380

466　1841 年 1 月，梯也尔在众议院提出在巴黎四周建立城防工事的计划——修筑一道围墙和若干堡垒。革命民主派看出这是借口需加强巴黎防务而对人民运动实行镇压的准备措施。他们了解到，梯也尔的计划里规定在巴黎东部和东北部的工人区附近修筑最多、最坚固的堡垒。——380

467　1848 年 1 月，斐迪南二世（后来在同年秋天因野蛮地炮轰墨西拿而获得炮弹国王的绰号）的那不勒斯军队炮击巴勒莫城，企图镇压人民起义。这次起义成了 1848—1849 年意大利各邦发生资产阶级革命的信号。——380

468　指资产阶级共和派政府残暴地镇压 1848 年 6 月 23—26 日巴黎无产阶级的起义。——381

469 "秩序党"(The Party of Order)是1848年成立的保守的大资产阶级政党,是法国两个保皇派即正统派(波旁王朝的拥护者)和奥尔良派(奥尔良王朝的拥护者)的联合。从1849年到1851年12月2日政变,该党在第二共和国的立法议会中一直居于领导地位。路易·波拿巴集团利用秩序党的反人民政策的破产建立了第二帝国。——381

470 1840年7月15日,英国、俄国、普鲁士、奥地利和土耳其在伦敦签订了关于援助土耳其苏丹反对法国所支持的埃及统治者穆罕默德-阿利的公约。由于协定没有法国参加,法国有同欧洲各国同盟发生战争的危险,但是路易-菲力浦未敢发动战争,拒绝给穆罕默德-阿利以援助。——382

471 梯也尔想加强凡尔赛军队以镇压革命的巴黎,曾要求俾斯麦允许他扩大部队员额(按照1871年2月26日签订的初步和约,梯也尔的部队总人数不得超过4万人)。梯也尔政府向俾斯麦保证军队只用来镇压巴黎的起义,于是按照1871年3月28日签订的鲁昂协定,遂获准将凡尔赛军队的人数增至8万人,后又增至10万人。德国司令部遵照这些协议,急忙将法国战俘(主要是在色当和梅斯投降的部队)遣送回国。凡尔赛政府把这些部队驻扎在秘密的军营里,施以仇恨巴黎公社的思想训练。——382

472 正统派(Legitimists)是1792年被推翻的波旁王朝的拥护者,代表大土地贵族和高级僧侣的利益。在第二帝国时期,正统派得不到人民的支持,他们采取了等待时机的策略,出版一些批评性的小册子,1871年参加了反革命势力对巴黎公社的大围剿以后,开始活跃起来。——384

473 "无双议院"("Chambre introuvable")是1815—1816年(复辟时期初期)由极端反动分子组成的法国众议院。——384

474 "乡绅议会"(The Assembly of "Rurals")是对1871年国民议会的卑称。这个议会的绝大部分议员都是反动的保皇派:在农村选区当选的外省地主、官吏、食利者和商人。因此该议会有"乡绅议会"或"乡绅议会"之称。——384

475 指俾斯麦作为初步和约的一个条件而提出的赔款要求。和约是1871年2月26日以梯也尔、茹尔·法夫尔为一方,以俾斯麦、南德意志各邦的代表为另一方在凡尔赛签订的。根据这项和约,法国把阿尔萨斯和洛林东部割让给德国,

赔款50亿法郎，在赔款付清以前，德国继续占领一部分法国领土。正式和约于1871年5月10日在法兰克福签字。——385

476　1871年3月10日国民议会通过了一项关于处理过期期票的法令。根据这项法令，凡是在1870年8月13日到11月12日期间立的财务票据，均应在从票据签署之日起七个月内偿清。11月12日以后立的票据则不得延期偿付。因此，3月10日的法令实际上未能使大部分债务人的债务延期偿付，这对工人和居民中的贫苦阶层来说是一个沉重的打击，并导致许多小工商业者的破产。——385

477　十二月分子（Décembriseur）指的是1851年12月2日波拿巴政变的参加者以及这种政变行动的拥护者。维努瓦参与了政变，他用军队镇压了法国一个省里的共和派准备发动起义的活动。——385

478　根据报纸的报道，从梯也尔政府发现的内债中，梯也尔本人及其政府的其他成员应当得到3亿多法郎的"佣金"。梯也尔后来承认，和他商谈借债的金融界代表曾要求迅速扑灭巴黎的革命。凡尔赛军队镇压了巴黎公社以后，发现内债的法令于1871年6月20日被通过。——386

479　卡宴（Cayenne）是南美法属圭亚那的城市，是监禁和流放罪犯的地方。——387

480　《国民报》（Le Natianal 是法国的一家日报，1830年至1851年在巴黎出版，温和的资产阶级共和派的机关报。——388

481　"布列塔尼兵"（Bretons）即布列塔尼别动队，特罗胥把它当作宪兵部队用来镇压巴黎的革命运动。

　　　科西嘉兵（Corsicans）是第二帝国宪兵队的重要组成部分。——389

482　Sommations是政府为了驱散示成和集会而采取的一种警告形式。根据1831年的法令，这种警告在鼓声和喇叭声中重复三次以后，政府就有权使用武力。

　　　骚扰取缔令（The Riot Act）是英国在1715年开始实行的法令，禁止12人以上的"叛乱性集会"。当局先提出特别警告，如果集会者在一小时内不散去，则使用武力。——390

483　10月31日起义发生时，国防政府的成员被扣留在市政厅，起义者中有人曾提

议将他们枪决，但为起义的领导者古·弗路朗斯所阻止。——392

484 此段引文出自1871年4月5日的公社法令。按照此项法令，所有被控与凡尔赛方面有勾结的人，其罪行一经查实，一律作为人质关押。巴黎公社采取这项措施的目的，是要阻止凡尔赛军队继续杀害被俘的公社战士。

此法令于1871年4月6日在巴黎《法兰西共和国公报》第96号上发布，4月7日，伦敦的《每日新闻》作了报道。——392

485 等级授职制是中世纪封建主授予藩属封地或神职的制度。其特点是等级低的人完全听任等级高的世俗封建主和教会封建主的摆布。——399

486 1870年12月21日，英国著名科学家托·赫胥黎曾向伦敦国民教育局提出一项建议，认为该局秘书的薪金应该定为每年1000英镑。后来此职位的年薪被定为800英镑。——402

487 指1871年4月16日巴黎公社颁布的关于一切债务延期三年偿付并取消利息的法令。这项法令在经济上缓和了小资产阶级的处境，不利于放债的大资本家。——402

488 1848年8月22日制宪议会否决了关于"友好协议"的法案，该法案规定凡能证明是因革命造成业务停滞而沦于破产的债务人可延期偿还债务。法案被否决使很大一部分小资产阶级彻底破产，不得不忍受大资产阶级债主们宰割。——402

489 无知兄弟会是对1680年产生于法国兰斯的一个宗教团体的蔑称。该团体的成员承担了教育穷人子弟的义务；在这个团体所办的学校里，学生主要接受宗教教育，得不到其他方面的知识。马克思以此暗指资产阶级法国的初等教育水平很低，而且具有教权主义性质。——402

490 指外省共和联盟。这是一个由居住在巴黎的外省小资产阶级人士组成的政治组织，大约于1871年4月中由让·巴·米里哀尔创立。该组织曾号召各省支持巴黎公社，反对凡尔赛政府和保皇派的国民议会，主张实行民主改革，其宗旨是巩固共和国制度，确保公社的独立性。——402

491 引自巴黎公社的《告农村劳动者》，这份文献曾于1871年4—5月初刊登在公社的各报上，并以传单形式单独印发。——403

492 查理十世的反动政府于1825年4月27日颁布了一项法令，规定对在法国资产阶级革命时期被剥夺地产的前流亡者给以赔偿，赔偿总额约10亿法郎。这笔赔偿费大部分落到了法国大地主、高级宫廷贵族手中。——403

493 1848年3月16日，法国资产阶级临时政府决定对各种直接税每1法郎增加45生丁（100生丁合1法郎）附加税。这种附加税的负担主要落在了农民身上。资产阶级共和派采取的这种政策使大地主和天主教僧侣借机策动农民反对巴黎的民主派和工人，壮大了反革命势力。——403

494 指下列法律：将法国分为若干军区和授予各军区司令以处理地方事务的广泛权力的法令；授予共和国总统以任免区长的权力的法案；将农村教师置于省长控制之下的农村教师法；加强僧侣对教育的影响的国民教育法。马克思在《1848年至1850年的法兰西阶级斗争》（《马克思恩格斯文集》第2卷）一书中，对这些法律曾加以阐述。——404

495 旺多姆圆柱又称凯旋柱，是为了纪念拿破仑第一的战功，于1806—1810年在巴黎旺多姆广场修建的。整个圆柱全部用缴获的武器上的青铜制成，顶上有一座拿破仑雕像，雕像在复辟时期被拆除，但在1833年又重新复原。1871年根据巴黎公社的决议，旺多姆圆柱作为军国主义的象征被推倒。1875年圆柱又被资产阶级政府修复。——405

496 1871年5月5日《口令报》公布的材料揭露了修道院的种种罪行。经调查发现，巴黎圣安东郊区的毕克普斯女修道院有把修女长年监禁在小修道室里的情况，并找到了刑具。在圣洛朗教堂发现一个存放尸骨的秘密地窖，这是凶杀的证据。公社为反宗教宣传而出版的小册子《教士罪行录》也公布了这些材料。——406

497 威廉堡是普鲁士国王的一座城堡，法国皇帝拿破仑第三及其随从被普鲁士人俘虏后，于1870年9月5日—1871年3月19日囚禁于此。为自己卷香烟是这些囚犯们的主要活动之一。——406

498 在外地主（来自"absentee"——"缺席者"一词）通常指那些在爱尔兰拥有地产却长期居住在英格兰的地主。他们把地产交给土地代理人管理，或者出租给靠投机获利的经纪人，这些经纪人再以苛刻的条件转租给小佃

户。——407

499 法语 francs-fileurs 直译是:"自由逃亡者",是对巴黎被普鲁士军队包围时从城里逃出的资产者的讽刺性称呼,因 francs-fileurs 的读音与 francs-tireurs(自由射手,即积极参加反普鲁士斗争的法国游击队员)相近,所以听起来就更具讽刺意味。——409

500 科布伦茨是德国西部的一座城市,在18世纪末法国资产阶级革命时期是流亡的贵族保皇党人策动对革命的法国进行干涉的中心,得到封建专制国家支持,以路易十六极端反动的大臣沙·卡龙为首的流亡政府就设在这里。——409

501 朱安兵原指18世纪末法国资产阶级革命时期,法国西北部发生的反革命叛乱的参加者。巴黎公社时期,公社战士把由沙雷特率领对公社战士作战,怀有保皇情绪的一支凡尔赛军队称做朱安兵,他们都是从布列塔尼招募来的。——410

502 朱阿夫兵是法国的一种轻步兵("朱阿夫"的称呼来自阿尔及利亚的一个部落的名称)。朱阿夫兵是19世纪30年代法国在阿尔及利亚建立的一支殖民地部队,起初由当地人和法国人组成,后来全部由法国人组成,但仍保持原有的东方服饰。教皇的朱阿夫兵指1860年仿效朱阿夫兵组织和训练的教皇警卫团,由法国贵族青年的志愿兵组成。在意大利军队占领罗马并废除教皇的世俗权力之后,教皇的朱阿夫兵于1870年9月被调往法国,改编为"西方志愿军团",在卢瓦尔第一军团和第二军团的编制内参加了对普军的战斗。1871年,这个军团曾参与镇压巴黎公社,以后被解散。——410

503 巴黎的无产阶级革命产生了巴黎公社。在这一革命的影响下,里昂、马赛以及法国许多其他城市也爆发了人民群众的革命运动。1871年3月22日,里昂的国民自卫军和工人占领了市政厅。3月26日巴黎代表团到达以后,里昂便宣布成立公社并选举了由五人组成的地方委员会。但是,该委员会尽管拥有一些武装力量,由于同人民群众和国民自卫军缺乏足够的联系,最终丧失了自己的权力。里昂工人于4月30日再次发动起义,遭到军队和警察的残酷镇压。

马赛的起义居民于1871年3月23日占据了市政厅,逮捕了省长,成立了省委员会,决定于4月5日进行公社选举。马赛的革命起义于4月4日遭

到政府军队镇压。——411

504 指茹·杜弗尔在1839年5月共和派秘密组织四季社举行武装暴动期间,为巩固七月王朝而进行的活动,及其在1849年6月第二共和国时期反对在野的小资产阶级山岳派时所起的作用。

1839年5月12日,以奥·布朗基和西·巴尔贝斯为首的四季社筹划的巴黎武装暴动,由于没有依靠群众,并且带有密谋性质,因而遭到政府军队和国民自卫军的镇压。为了扑灭革命组成了一个新内阁,杜弗尔为内阁成员之一。

1849年6月,山岳派反对共和国总统路易·波拿巴的活动所造成的政治危机日益加剧,当时身为内务部长的杜弗尔提议发布一系列法令,以对付一部分革命的国民自卫军、民主主义者和社会主义者。——412

505 指国民议会1871年7月6日正式通过的《报刊违法行为惩办法令》,此项法令使以前反动的新闻出版法(1819年和1849年)的条款重新生效,规定对那些发表反对政府言论的出版物实行严厉的惩罚,直至查封;此外还有关于以前被撤职的第二帝国官员复职的法令以及关于追还被公社没收的财产并把没收财产之举定为刑事犯罪的特别法令。——412

506 由茹·杜弗尔提出并于1871年4月6日在国民议会通过的关于军事法庭审判程序的法令,进一步简化了1857年军事法典上规定的审判程序。法令确认部队司令和陆军部长有权直接进行司法追究,而不必经过预审,在这种情况下,定案(包括审阅上诉书)和执行判决在48小时内即可结束。——412

507 指1860年1月23日签订的英法商约。商约规定,法国放弃保护关税政策,不再禁止英国货进口,只是对英国货征收30%的进口税,而法国向英国出口的货物大部分可以免税。商约签订以后,英国货大量涌入法国,大大加剧了法国国内市场的竞争,引起了企业家的不满。——413

508 指公元前1世纪古罗马社会政治斗争尖锐化时期,两度出现的血腥迫害和恐怖统治的局面。

苏拉专政(公元前82—79年)——苏拉是奴隶主贵族拥戴的独裁者,在他专政的时期曾大规模地屠杀自己的政敌。他第一次宣布了公敌名单,凡列入名单者,可以不经审判而被处死。

  罗马前后三头执政（公元前60—53年及46—43年）是由三个最有威望的罗马军队统帅分掌政权的专政。前三头执政是庞培、凯撒和克拉苏，后三头执政是屋大维、安东尼和李必达。三头执政是为消灭罗马共和国以及建立罗马单一的君主政权而采取的行动的一个阶段。三头执政广泛地采用了从肉体上消灭敌人的手段。——415

509 英美战争期间，英军占领华盛顿后，于1814年8月纵火焚毁了国会大厦、白宫和首都的其他公共建筑。
  英国和法国对中国进行殖民战争期间，英法联军于1860年10月劫掠并焚毁了北京的圆明园——中国建筑和艺术的精华。——418

510 1812年，拿破仑以50万大军进攻俄国。9月7日在莫斯科附近的博罗季诺会战中，俄军被迫放弃并焚毁莫斯科，并切断了拿破仑军队的后路，使之陷于饥寒交迫被围困的绝境而不得不引军后退。俄军乘机反攻，拿破仑军队溃败，仅2万余人得以逃生。——418

511 汪达尔是古代日耳曼的一个部落，曾多次与罗马作战，公元455年占领罗马，破坏了无数文物。汪达尔行为指破坏文物的行为。——418

512 在古罗马，帝王或将相私人的、享有特权的近卫军称为御用军。罗马帝国时期，御用军经常参与内讧，并扶助主子登上王位。后来，"御用军"一词就成为横行霸道的雇佣兵和军阀的同义语。——419

513 马克思把普鲁士于1849年1—2月根据普鲁士国王在1848年12月5日反革命政变日钦赐的宪法所选举的议会称做普鲁士的"无双议院"，因为它同1815—1816年法国的"无双议院"极为相似。根据这部宪法，该议会由享有特权的第一议院即"贵族院"和第二议院组成，只有所谓"独立的普鲁士人"才能参加第二议院的两级选举，这就保证了容克官僚集团和右翼资产阶级分子在第二议院中的优势。1849年选入第二议院的俾斯麦是该院极右派容克集团的首领之一。——420

514 圣灵降临节在复活节后的第七个星期日，约在春末夏初，是基督教重大节日之一。这里是指5月28日，即公社的最后一日。——421

515 这封信是马克思和恩格斯起草的国际总委员会就1871年6月6日茹·法夫尔

的通告发表的声明。这一声明曾收入《法兰西内战》英文第二、三版以及1871、1876、1891年的德文版，也曾单独发表在英、法、德等国许多家报纸上（参看《马克思恩格斯全集》中文第1版第17卷第392—394页）。——425

516 这封信除载于《泰晤士报》外，还曾用英文载于1871年6月17日《东邮报》第142号；用法文载于1871年6月18日《国际报》第127号，1871年6月17日《自由报》第57号，1871年6月27日《平等报》第11号；用德文载于1871年6月21日（《人民国家报》第50号；用西班牙文载于1871年6月26日《解放报》第2号。——427

517 马克思写这封信，是由于6月19日《泰晤士报》社论诬蔑巴黎公社和国际，赞扬路易·波拿巴镇压革命工人运动的"功绩"。《泰晤士报》编辑部拒绝刊登这封信。在马克思的信稿中，有几处曾由恩格斯作了文字上的修改。——427

518 见本卷注316。——429

519 这封信是恩格斯根据1871年6月20日总委员会的一项决议写的，未发表。——430

520 马克思代表总委员会起草这一文件时，使用了英国《每日电讯》驻巴黎记者里德的信（本文第一部分）和巴黎公社委员、总委员会委员赛拉叶的报告（本文第二部分）。里德回到英国以后，即同马克思和总委员会建立了联系，以同他们一起保卫巴黎公社。7月11日，这一文件在伦敦作为传单第一次发表。纽约国际美国各支部中央委员会收到这一文件后，设法于1871年8月1日发表在发行甚广的纽约资产阶级报纸《太阳报》上。《太阳报》在登载时还发表了由左尔格和纽约委员会的其他委员写的阐明公社重大意义的前言；前言指出华施贝恩是一大批靠社会劳动养活的寄生虫的代表。纽约委员会号召工人不要相信卖身投靠的资产阶级报纸所散布的消息。

《美国驻巴黎大使华施贝恩先生》一文还曾发表于以下的美国报纸，1871年8月5日《工人辩护士报》，1871年9月9日《国民旗帜》，1871年9月30日《伍德赫尔和克拉夫林周刊》第20/12期；用德文发表于1871年7月26日《人民国家报》第60号；用法文发表于1871年7月19日《自由报》第88

号;用西班牙文发表于1871年9月18日《解放报》第14号。——433

521 《纽约先驱报》(The New York Herald)是美国的一家日报,共和党的机关报;1835年至1924年在纽约出版。——433

522 这里指的是华施贝恩实际上拒绝劝说梯也尔政府接受巴黎公社的如下建议:用公社为回答枪杀公社社员而连同其他人质一起逮捕的达尔布瓦大主教来交换被凡尔赛政府关进监狱的布朗基。为制止凡尔赛政府的恐怖行为,公社被迫处死了大主教。华施贝恩就利用这件事在他的言论和讲演中诽谤巴黎公社。——435

523 就纽卡斯尔机械工人罢工一事向比利时工人进行呼吁的决定,是总委员会在1871年8月8日通过的。——438

524 接着还有如下附言:

"我准备亲自向安特卫普、沙勒罗瓦、列日、根特、韦尔维耶等地去信,但如果你们写信并坚决采取一切必要措施防止此事发生,我将十分感谢。

请给我寄送一份《国际报》(你们知道,你们是应该经常把这报纸寄给你们的通信人的)。

我的地址是:伦敦西中央区尤斯顿广场高尔街8号。"

比利时联合会委员会在1871年8月20日《国际报》第136号上就纽卡斯尔机械工人罢工一事发表了告比利时工人书,它根据总委员会提供的情况,号召工人挫败雇主招雇罢工破坏者的计划。——439

525 见本卷注393。——440

526 《国际工人协会。关于1869年9月在巴塞尔举行的第四次国际代表大会的报告》1869年布鲁塞尔版第172页。——441

527 《国际工人协会章程。1864年9月28日创建》1867年伦敦版第5页。——441

528 同上。——442

529 同上,第7页。——442

530 第二项决议——《关于各国委员会等组织的名称》,是1871年9月18日在伦敦代表会议第二次会议上由马克思以总委员会的名义提出并得到通过的。本项决议的第一条略经修改后载入组织条例，列为第二节第一条；第二条至第四条相应地列为第五节第二条至第四条。决议是为了打击小资产阶级分子的分立主义活动，他们企图把自己的宗派主义原则强加于国际的地方组织，以与国际的共同章程相对抗，并将这点在地方支部的定名上反映出来。这些小资产阶级分子有自称为互助主义派，即主张通过互助来解决社会问题的右派蒲鲁东主义者，伪装拥护集体主义的巴枯宁派、追随资产阶级哲学家奥古斯特·孔德的实证论者等等。——444

531 这一决议于9月20日在伦敦代表会议第六次会议上由弗兰克尔提出并得到通过。弗兰克尔是代表一个为研究如何进一步保证会费按时缴纳而选出的委员会提出这项决议案的。在准备代表会议期间，马克思在1871年9月9日总委员会小委员会会议上提出了会费的问题。本项决议略经修改后载入组织条例，列为第三节（见本卷《国际工人协会的共同章程和组织条例》中"组织条例"第三节）。——445

532 指1867年总委员会在伦敦发表的国际工人协会章程的文本。这个文本反映了日内瓦代表大会（1866年）和洛桑代表大会（1867年）对章程所作的修改。在1864年印发的临时章程国，这一条——没有后来补充上去的最后一句话——被列为第六条。所说的协会日内瓦代表大会决议（决议载入组织条例第六节）是以马克思所写的《临时中央委员会给代表的指示》第二点C项为基础的。——446

533 代表会议委托总委员会起草了这个第九项决议——《关于工人阶级的政治行动》。总委员会为此于1871年10月7日成立了一个有恩格斯参加的委员会。

1871年10月16日，总委员会批准了恩格斯就这一问题所作的报告。

根据1872年海牙代表大会的决定，国际工人协会共同章程中包括了一个第七条（a）项，其中重申了伦敦代表会议第九项决议中的主要部分。——450

534 《1867年9月2日至8日在洛桑举行的国际工人协会代表大会会议记录》1867年绍德封版第19页。——451

535 第十项决议是马克思以总委员会的名义，于1871年9月22日在伦敦代表会

议第九次会议上提出的。马克思为论证这一决议案作了关于秘密团体的发言。——451

536 《关于英国的决议》（第十二项），是由马克思于1871年9月22日在伦敦代表会议第八次会议上提出的。马克思在论证这项决议案时说，总委员会以前反对成立英国联合会委员会。因为，英国工人有代表在总委员会，这使他们受到了国际主义和社会主义无产阶级学说的教育，防止了资产阶级攫取英国工人运动的领导权。然而，如马克思所指出的，从巴黎公社以来，总委员会活动规模之巨大，已经使得有必要在英国也成立联合会委员会了。——452

537 这一决议是1871年9月22日伦敦代表会议第九次会议上在吴亭谈了涅恰也夫审判案的情况后，由瓦扬提出并得到通过的。马克思建议把关于涅恰也夫审判案的报告提交总委员会。——453

538 《国际工人协会。关于1869年9月在巴塞尔举行的第四次国际代表大会的报告》1869年布鲁塞尔版第172页。——453

539 第十七项决议——《关于瑞士罗曼语区的分裂》是马克思于1871年9月21日在伦敦代表会议第七次会议上提出的。在伦敦代表会议决议的单行本里，这项决议是以摘要形式刊载的，其全文发表于1871年10月21日《平等报》第20号。——454

540 1864年的临时章程在"没有无义务的权利，也没有无权利的义务"这句话的前面还有下面这样一句话："他们认为，一个人有责任不仅为自己本人，而且为每一个履行自己义务的人要求人权和公民权。"这两句话和前面一整段话都带有宣言性质。由于1864年中央委员会为起草国际的纲领性文件而选出的小委员会其他委员的坚持，马克思把这两段话加进了1864年临时章程的引言部分（参看《马克思恩格斯全集》中文第2版第21卷第17页）。马克思在准备共同章程的1871年新版本时删去了"他们认为，一个人有责任……"这句话，并在章程的附录里作了说明（参看《马克思恩格斯全集》中文第1版第17卷第488页）。——457

541 第七条（a）是根据1872年海牙代表大会的决议补入本章程的，是对1871年伦敦代表会议第九项决议的简要概括。——459

人名索引

A

阿尔诺德，若尔日（Arnold, Georges 生于 1840 年）——法国建筑师，国民自卫军中央委员会委员，巴黎公社委员；公社被镇压后被流放到新喀里多尼亚岛。

阿尔德肖特（Aldershot）。

阿尔托纳（Altona）。

阿夫里亚尔朵，奥古斯坦（Avrial, Augustin 1840—1904）——法国工人，机械匠；法国工人运动活动家；左派蒲鲁东主义者；机械工人工会的组织者，国际巴黎支部联合会委员会委员（1870）；巴黎公社委员，公社的劳动和交换委员会委员、执行委员会和军事委员会委员；公社被镇压后流亡英国，在那里曾一度加入反对总委员会的 1871 年法国人支部。

阿戈萨（Agossa）。

阿弗尔，德尼·奥古斯特（Affre, Denis Auguste 1793—1848）——法国神父，巴黎大主教（1840—1848）；巴黎 1848 年 6 月起义时被政府军士兵枪杀，当时他正企图劝说起义的工人放下武器。

阿兰，威廉（Allan, William 1813—1874）——英国工人，机械匠，工联领袖，改良主义者；英国工人的第一个大的工联组织——机械工人联合会的组织者之一和总书记（1851—1874）；19 世纪 60 年代是伦敦工联理事会领导人之一，曾反对参加国际，工人代表同盟（Labour Representation League）领导人之一。

阿姆斯特朗，威廉·乔治（Armstrong, William George 1810—1900）——英国厂主。

阿普尔加思，罗伯特（Applegarth, Robert 1834—1924）——英国工人，细木工；工

联运动的领袖之一，木工和细木工协会联合会总书记（1862—1871），伦敦工联理事会理事；国际总委员会委员（1865、1868—1872），国际巴塞尔代表大会（1869）代表，改革同盟的领导人之一；后来脱离了工人运动。

阿普尔顿（Appleton）。

大阿瓦纳（Avoine, Father）——法国制模工，巴黎公社参加者，公社被镇压后流亡英国。

阿西，阿道夫·阿尔丰斯（Assi, Adolphe Alphonse 1840—1886）——法国工人，机械匠；法国工人运动活动家，克利索罢工运动（1870）的组织者；生于科西嘉，加里波第的拥护者；在巴黎支部第三次审判案中受到牵连；国民自卫军中央委员会委员和巴黎公社委员；公社被镇压后被流放到新喀里多尼亚岛。

埃尔曼，阿尔弗勒德（Herman, Alfred）——比利时工人运动活动家，国际比利时支部的组织者之一；总委员会委员和比利时通讯书记（1871—1872）、国际布鲁塞尔代表大会（1868），伦敦代表会议（1871）和海牙代表大会（1872）的代表；在海牙代表大会上加入无政府主义少数派。

埃卡留斯，约翰·格奥尔格（Eccarius, Johann Georg [John George] 1818—1889）——国际工人运动和德国工人运动的著名活动家，工人阶级政论家，裁缝，在伦敦的侨民；正义者同盟盟员，后为共产主义者同盟盟员；伦敦德意志工人教育协会的创建人之一；1864年9月28日圣马丁堂国际成立大会的参加者；国际总委员会委员（1864—1872），总委员会总书记（1867—1871），美国通讯书记（1870—1872）；国际历次代表大会和代表会议的代表；后来成为英国工联改良派的领袖之一。

埃克朗男爵，若尔日·沙尔·当太斯（Heckeren, George Charles d'Anthès, baron de 1812—1895）——法国政治活动家，保皇党人；俄军军官（1834—1837），杀害亚历山火·普希金（伟大的俄国作家）的刺客；1848年起为波拿巴主义者，第二帝国参议员，1871年3月22日巴黎反革命行动的策划者。

埃利奥特，托马斯（Elliott, Thomas）——英国工联主义者，国际英国联合会委员会委员（1872）；共和运动的参加者。

埃斯帕特罗，巴尔多梅罗（Espartero, Baldomero 1793—1879）——西班牙军人和国

家活动家，进步党领袖，西班牙摄政（1841—1843），内阁首相（1854—1856）。

埃尔韦，爱德华（Hervé, Edouard 1835—1899）——法国政论家，《巴黎报》创办人之一和主编，资产阶级自由主义者，第二帝国崩溃后为奥尔良主义者。

安斯，欧仁（Hins, Eugéne 1839—1923）——比利时教师，蒲鲁东主义者，后为巴枯宁主义者；国际比利时支部创始人之一；国际工人协会布鲁塞尔代表大会（1868）和巴塞尔代表大会（1869）的代表。

奥布里，埃米尔（Aubry, Emile 1829左右—1900）——法国石印工人；蒲鲁东主义者，法国著名的国际会员，国际鲁昂联合会的创建人和领袖；《社会改革报》（鲁昂）编辑；国际日内瓦代表大会（1866）、洛桑代表大会（1867）、布鲁塞尔代表大会（1868）和巴塞尔代表大会（1869）的代表；巴黎公社参加者，1871年后居住在比利时。

奥布吕（Aubrue）。

奥哈洛伦（O'Halloran）——《世界报》巴黎通讯员。

奥雷尔·德·帕拉丹，路易·让·巴蒂斯特·德（Autelle de Paladiaes, Louis Jean Baptiste d' 1804—1877），——法国将军，教权主义者，普法战争时期任卢瓦尔军团司令；1871年3月任巴黎国民自卫军司令，1871年国民议会议员。

奥利弗，赛米尔（Oliver, Samuel）——国际民主协会会员和共和大同盟盟员。

奥利维埃，艾米尔（Olivier, Emile 1825—1913）——法国政治活动家，温和的资产阶级共和党人；从60年代后期起为波拿巴主义者；政府首脑（1870年1—8月）。

奥尼尔，阿瑟（O'Neil, Arthur）——来自伯明翰的英国主教，和平主义者。

奥沙利文，詹姆斯（O'Sullivan, James）——纽约爱尔兰人支部成员。

奥特班（Otterbein, F.）——在伦敦的法国流亡者。

奥哲尔，乔治（Odger, George 1820—1877）——英国工联改良派领袖之一，鞋匠，曾参加创建伦敦工联理事会，1862—1872年是理事会书记；英国波兰独立全国同盟、土地和劳动同盟和工人代表同盟的盟员，改革同盟执行委员会委员；1864年9月28日圣马丁堂国际成立大会的参加者；国际总委员会委员（1864—1871）和主席（1864—1867）；伦敦代表会议（1865）和日内瓦代表大会（1866）的参加者；1871年反对巴黎公社，拒绝在总委员会的宣言《法兰西内战》上签名，并退出了总委员会。

B

巴丹（或布丹）（Badin 或 Boudin 生于1853年）——法国人，国际工人协会会员，巴黎公社参加者，流亡伦敦。

巴赫鲁赫，昂利（Bachruch, Henri）——匈牙利工人，在巴黎的国际德国人支部书记（1870），国际巴黎联合会委员会委员，1870—1871年冬居住在匈牙利；1871年夏迁回巴黎。

巴枯宁，米哈伊尔（Bakunin, Mikhail 1814—1876）——俄国革命家和政论家，德国1848—1849年革命的参加者；民粹主义者，无政府主义思想家之一；由于进行分裂活动，在1872年的海牙代表大会上被开除出国际。

巴里，马尔特曼（Barry, Maltman 1842—1909）——英国新闻工作者，社会主义者，国际工人协会会员，海牙代表大会（1872）代表；总委员会委员（1871—1872）和不列颠联合会委员会委员（1872—1874），支持马克思和恩格斯反对巴枯宁派，英国工联改良派领袖。国际停止话动后，他仍继续参加英国社会主义运动，同时为保守派报纸《旗帜报》撰稿，在90年代参加了保守党人所谓的"社会主义派"。

巴斯特利卡，安德烈（Bastelica, André 1845—1884）——法国印刷工人；法国工人运动活动家；巴枯宁主义者，1870年10—11月马赛革命行动的参加者；巴黎公社参加者；国际总委员会委员（1871），1871年伦敦代表会议代表；后来脱离了工人运动。

巴特勒，本杰明·富兰克林（Butler, Benjamin Franklin 1818—1893）——美国政治活动家，共和党左派；将军，美国内战时期为夺取新奥尔良远征军的指挥官。

巴特里（Buttery, G. H.）——国际总委员会委员（1871—1872）。

班克斯（Banks）。

贝克尔，菲（Becker, Ph. ）。

贝累，沙尔（Beslay, Charles 1795—1878）——法国企业家；蒲鲁东主义者；国际会员和巴黎公社社员；驻法兰西银行代表，奉行拒绝银行国有化的政策；公社被镇压后流亡瑞士，以后又流亡英国。

贝里公爵夫人，玛丽·卡罗琳·斐迪南达·路易莎（Berry, Marie Caroline Ferdinande Louise, Duchess 1798—1870）——正统派法国王位追求者尚博尔伯爵的母亲，1832年企图在万第发动暴乱推翻路易-菲力浦。

贝利斯顿，约翰（Belliston, John）——英国摄影师，国际工人协会会员，共和大同盟盟员和世界联盟委员会委员。

贝内特，乔治（Bennett, George）——改良主义者，国际不列颠联合会委员会委员（1872—1873），英国各支部诺丁汉代表大会（1872）代表；国际海牙代表大会以后加入不列颠联合会委员会的改良派。

贝热瑞，茹尔·维克多（Bergeret, Jules Victor 1839—1905）——国民自卫军中央委员会委员和巴黎公社社员，国民自卫军将军；公社被镇压后流亡英国，后流亡美国。

倍倍尔，奥古斯特（Bebel, August 1840—1913）——国际工人运动和德国工人运动的杰出活动家；职业是镟工。1867年起领导德意志工人协会联合会，第一国际会员，1867年起为议会议员，德国社会民主党创始人和领袖之一；曾进行反对拉萨尔派的斗争；普法战争时站在无产阶级国际主义立场；捍卫巴黎公社；马克思和恩格斯的朋友和战友。

比埃特里，约瑟夫·马利（Piétri, Joseph Marie 1820—1902）——法国政治活动家，波拿巴主义者，巴黎警察局长（1866—1870）。

比夫（Biff）。

比果，莱昂（Bigot, Léon 1826—1872）——法国律师和新闻工作者，左派共和党人；公社被镇压后作为公社社员的辩护人出席凡尔赛军事法庭。

比斯利，爱德华·宾斯塞（Beesly, Edward Spencer 1831—1915）——英国历史学家和政治活动家，资产阶级激进派，实证论哲学家，伦敦大学教授；在1864年9月28日国际成立大会上担任主席；积极参加1867年改革运动；1870—1871年争取英国政府承认法兰西共和国运动的领导人之一；在英国报刊上为巴黎公社辩护；同马克思保持友好关系。

俾斯麦公爵，奥托，冯·申豪森（Bismarck, Otto, von Schönhausen, Prince 1815—1898）——国家活动家和外交家，普鲁士容克；普鲁士首相（1862—1871），德意志帝国首相（1871—1890）；以反革命手段实现了德国的统一；工人运动的死敌；反社会党人非常法（1878）的制定者。

比舍普（Bishop, H. C.）——无神论者，英国共和运动参加者；国际总委员会委员（1871）。

庇护九世（Pius IX 1792—1878）——罗马教皇（1846—1878）。

波尔特，弗里德里希（Bolte, Friedrieh）——德国雪茄烟工人，美国工人运动活动家；国际北美各支部联合会委员会书记（1872）；《工人报》编辑部成员，在海牙代表大会上被选为总委员会委员（1872—1874）。

波克罕，西吉斯蒙特·路德维希（Borkheim, Sigismund Ludwig 1825—1885）——德国新闻工作者，民主派，1849年巴登起义的参加者，起义失败后离开德国；1851年以后在伦敦经商。同马克思和恩格斯保持友好关系。

波拉，乔万尼（Bora, Giovanni）——日内瓦意大利人支部成员；在伦敦时是总委员会委员，任意大利通讯书记（1870—1871）。

波拿巴，路易（Bonaparte, Louis），即见拿破仑第三，拿破仑第一的侄子，第二共和国总统（1848—1851），法国皇帝（1852—1870）。

勃朗，路易（Blanc, Louis 1811—1882）——法国小资产阶级社会主义者，历史学家，1848年临时政府成员，卢森堡委员会主席；主张与资产阶级妥协；1848年8月流亡英国，在伦敦的小资产阶级流亡者的领导人之一；国民议会议员（1871）；巴黎公社的反对者。

伯恩施托尔夫，阿尔勃莱希特伯爵（Bernstorff, Albrecht, Count 1808—1873）——普鲁士外交官，驻伦敦大使（1862—1873）。

伯内特，约翰（Burnett, John 1847—1893以后）——英国工人，机械匠；政论家；争取九小时工作日同盟主席；1874年起任机械工人联合会总书记。

博德里（Baudry）——法国人，巴黎公社参加者，流亡伦敦。

博桑（Bossens）。

布恩，马丁·詹姆斯（Boon, Martin James）——英国工人，机械匠；英国工人运动活动家，奥勃莱恩的社会改良主义观点的拥护者；国际总委员会委员（1869—1872），土地和劳动同盟书记，工人代表同盟委员，英国联合会委员会委员（1872）。

布拉德洛，查理（Bradlaugh, Charles 1833—1891）——英国新闻工作者和政治活动家，资产阶级激进派，无神论者，《国民改革者》周刊编辑；巴黎公社以后曾猛烈攻击马克思和国际工人协会。

布莱尔，塔尔弗德（Blair, J. Talfourd）——苏格兰人，国际格拉斯哥支部书记（1872），英国联合会委员会委员。

布里纳（Briner）。

布朗基，奥古斯特（Blanqui, Auguste 1805—1881）——法国革命家，空想共产主义者，一些秘密社团和密谋活动的组织者；1830年和1848年革命的积极参加者；法国工人运动的著名领袖；巴黎公社时期在监狱中。

布朗舍，斯塔尼斯拉斯（Blanchet, Stanistas），真姓普里尔（Pourille）——还俗的僧侣，警探；巴黎被围时期在国民自卫军服役，被选为巴黎公社委员；1871年5月被告发逮捕。

布雷尼利（或布林德利）（Brenilly 或 Brindly）。

布里斯梅，德吉烈（Brismée, Désiré 1823—1888）——比利时印刷工人；比利时民主运动和工人运动活动家；蒲鲁东主义者；国际比利时支部创始人之一（1865）；1869年起为比利时联合会委员会（总委员会）委员；国际布鲁塞尔代表大会代表（1868）巴塞尔代表大会副主席（1869），海牙代表大会代表（1872）；追随巴枯宁派；后又放弃无政府主义；比利时工人党党员。

布拉德尼克，弗雷德里克（Bradnick, Frederick）——英国弹性织品织工；国际总委员会委员（1870—1872），1871年伦敦代表会议代表；海牙代表大会（1872）以后加入不列颠联合会委员会里的改良派，反对大会的决议；根据1873年5月30日总委员会决议，被开除出国际。

布鲁斯，亨利·奥斯丁（Bruce, Henry Austin 1815—1895）——英国国家活动家，自由党人，内务大臣（1868—1873）。

布罗德黑德，威廉（Broadhead, William 1815—1879）——英国著名的工联主义者，锉锯工人工会书记。

布吕内尔，安都昂·马格卢瓦尔（Brunel, Antoine Magloire 生于1830年）——法国军官，布朗基主义者；国民自卫军中央委员会委员和巴黎公社社员；1871年5月遭凡尔赛分子枪击，受重伤；公社被镇压后流亡英国。

D

达贝尔卡（D'Albêca）——伦敦流亡救济基金委员会委员。

达尔布瓦，若尔日（Darboy, Georges 1813—1871）——1863年起为巴黎大主教，1871年5月作为人质被公社社员枪毙。

达格贝尔（Dagbert, L.）——法国人，巴黎公社的参加者，国际工人协会会员。流亡美国。

达武（Davoust）——法国人，巴黎公社的参加者，流亡美国。

达希，朱泽培（Dassy, Giuseppe）——意大利工联副主席，切里尼奥拉工人互助会推选的出席国际日内瓦代表大会（1866）的代表，总委员会驻那不勒斯通讯员。

戴维斯，约翰·卢埃林（Davies, John Llewellyn 1826—1916）——英国主教，自由党人。

丹特（Danter）

道林，约翰（Dawling, John）——国际纽约爱尔兰人支部成员。

德比伯爵，爱德华·乔治·杰弗里·斯密斯·斯坦利（Derby, Edward George Geoffrey Smith Stanley, Earl 1799—1869）——英国国家活动家，托利党领袖，后为保守党领袖之一；曾任内阁首相（1852、1858—1859和1866—1868）。

德帕普，塞扎尔（De Paepe, César 1841—1890）——比利时工人运动和社会主义运动的著名活动家，印刷工人，后为医生；国际比利时支部的创建人之一；比利时联合会委员会委员；国际伦敦代表会议（1865）、洛桑代表大会（1867）、布鲁塞尔代表大会（1868）、巴塞尔代表大会（1869）和伦敦代表会议（1871）的代表，1872年海牙代表大会以后，曾一度支持巴枯宁派；比利时工人党（1885）

的创建人之一。

德博福,拉斐尔·勒多(De Baufort, Raphael Ledos)——在伦敦的法国流亡者。

德拉埃,皮埃尔·路易(Delahaye, Pierre Louis 生于1820年)——法国工人,机械匠;1864年起为国际工人协会会员,巴黎公社的参加者,公社被镇压后流亡英国;国际总委员会委员(1871—1872),1871年伦敦代表会议代表。

德赖,戴维(Dry, David)——英国工联主义者,伦敦弹性织品织工协会书记(1870)。

德朗克尔(Dronkel)

德勒克吕兹,路易·沙尔(Delescluze, Louis Charles 1809—1871)——法国政治活动家和新闻工作者,小资产阶级革命家,1830年和1848年革命的参加者;1871年国民议会议员。巴黎公社社员。公社军事代表。1871年5月巴黎巷战时牺牲在街垒上。

德雷尔,西蒙(Dereure, Simon 1838—1900)——法国工人运动和国际工人运动活动家;鞋匠;布朗基主义者,国际巴黎支部成员,《马赛曲报》编辑部成员;巴黎公社社员,公社被镇压后去美国;国际巴塞尔代表大会(1869)和海牙代表大会(1872)的代表;海牙代表大会上当选为总委员会委员;1882年加入法国工人党。

德马列(Desmarets)——法国宪兵军官,杀害古·弗路朗斯的凶手。

德穆兰(Desmoulins)。

德尼,皮埃尔(Denis, Pierre)——法国蒲鲁东主义者,巴黎公社的参加者;新闻工作者,《人民呼声报》和《复仇者报》撰稿人。

德·沃尔弗斯,阿尔弗勒德(De Wolfers, Alfred)——国际总委员会委员(1871—1872)。

德沃伊,约翰(Devoy, John 1842—1928)——19世纪60年代爱尔兰芬尼亚运动的积极参加者,土地同盟的领导人之一(19世纪80年代);北美各支部中央委员会委员,在美国的爱尔兰人支部的组织者之一;后为爱尔兰民族解放运动的参加者。

狄克逊,托马斯(Dixon, Thomas)。

迪耳克,查理·温特沃思(Dilke, Charles Wentworth 1843—1911)——英国政治活动家和作家,自由党激进派领袖,议会议员,外交副大臣(1880—1882),地方自治事务大臣(1882—1885)。

迪斯累里,本杰明,贝肯斯菲尔德伯爵(Disraeli, Benjamin, Count Beaconsfield 1804—1881)——英国国家活动家和作家,19世纪下半叶为保守党领袖;财政大臣(1852、1858—1859和1866—1868),内阁首相(1868和1874—1880)。

迪斯曼斯(Dismans)。

蒂巴尔迪,帕奥洛(Tibaldi, Paolo 1825—1901)——意大利革命家,加里波第的拥护者,国际工人协会会员,巴黎公社的参加者。

东布罗夫斯基,泰奥菲尔(Dombrowski [Dabrowski] Teofil 1841—1890)——波兰革命者;巴黎公社的参加者,曾指挥公社社员的队伍;公社被镇压后流亡英国;雅罗斯拉夫·东布罗夫斯基之兄弟。

东布罗夫斯基,雅罗斯拉夫(Dombrowski [Dabrowski], Jaroslaw 1836—1871)——波兰革命民主主义者,19世纪60年代波兰民族解放运动的参加者;巴黎公社的将军,1871年5月初起为巴黎公社所有武装力量的总司令,在街垒战中牺牲。

东布罗夫斯卡娅,佩拉吉娅(父姓彼得罗夫斯卡娅)(Dombrowska [Dabrowska], Pélagia [nèe Piotrowaka] 1843—1909)——雅罗斯拉夫·东布罗夫斯基之妻。

杜埃,费利克斯(Douay, Félix 1816—1879)——法国将军,普法战争时期任第七军军长,在色当被俘,镇压巴黎公社的刽子手之一,凡尔赛军队第四军军长。

杜邦,欧仁(Dupont, Eugéne 1831左右—1881)——国际工人运动的著名活动家;法国工人,乐器匠;曾参加1848年巴黎六月起义;1862年起住在伦敦;国际总委员会委员(1864年11月—1872年),法国通讯书记(1865—1871),国际伦敦代表会议(1865)、日内瓦代表大会(1866)的参加者;洛桑代表大会(1867)主席,布鲁塞尔代表大会(1868)、伦敦代表会议(1871)和海牙代表大会(1872)的代表;在国际中支持马克思的政策;1870年迁居曼彻斯特,在那里建立了一个国际分部;1872年任国际伦敦联合会委员会委员;1874年迁居美国。

杜邦鲁,费利克斯(Dupanloup, Félix 1802—1878)——法国神学家和政治活动家,天主教党领袖之一,1849年起为奥尔良大主教,1871年国民议会议员。

杜弗尔，茹尔·阿尔芒·斯塔尼斯拉斯（Dufaure, Jules Armand Stanislas 1798—1881）——法国律师和国家活动家，奥尔良党人，镇压巴黎公社的刽子手之一；曾任公共工程大臣（1839—1840），内务部长（1848和1849），司法部长（1871—1873、1875—1876和1877—1879），内阁总理（1876，1877—1879）。

杜朗，古斯塔夫·保尔·艾米尔（Durand, Gustave Paul Emile 生于1835年）——法国首饰匠；巴黎公社被镇压后冒充流亡者居住伦敦；1871年法国人支部书记；1871年10月其警探面目被揭露，开除出国际。

杜瓦尔，艾米尔·维克多（Duval, Emite Victor 1841—1871）——法国铸工；法国工人运动活动家，布朗基主义者；国际巴黎各支部联合会委员会书记；国民自卫军中央委员会委员和巴黎公社社员，公社国民自卫军将军；1871年4月4日被俘后遭凡尔赛分子枪杀。

多德森（或多德肖恩），乔治（Dodson or Dodshon, Georeg）——英国工联主义者，鞋匠联合会书记，工人代表同盟执行委员会委员和自由贸易同盟盟员。

多耳富斯，让（Dollfus, Jean 1800—1887）——阿尔萨斯大厂主，资产阶级慈善家，牟罗兹市长。

多雷（Dore）。

E

恩格斯，弗里德里希（Engels, Friedrich 1820—1895）。

F

法夫尔，茹尔（Favre, Jules 1809—1880）——法国律师和政治活动家，温和的资产阶级共和派领袖之一；1848年任内务部秘书长，后为外交副大臣，制宪议会和立法议会议员（1848—1851）；外交部长（1870—1871），曾同德国进行关于巴黎投降和签订和约的谈判；镇压巴黎公社的刽子手。

菲力浦（Philippe）——巴黎公社的参加者，在伦敦的流亡者。

菲力浦斯，温德尔（Phillips, Wendell 1811—1884）——美国著名的社会和政治活动家，卓越的演说家；废奴运动革命派领袖之一，反对奴隶制协会主席（1865—1870）；70年代参加工人运动，主张在美国建立独立的工人政党；1871年加入国际，捍卫巴黎公社。

菲普森（Phipson）。

斐迪南二世（Ferdinand II 1810—1859）（炮弹国王）。

费里，茹尔（Ferry, Jules 1832—1893）——法国律师和政治活动家，温和的资产阶级共和派领袖之一，国防政府成员，巴黎市长（1870—1871），1871年国民议会议员，内阁总理（1880—1881、1883—1885）。

芬伦，詹姆斯（Finlen, James）——宪章运动的著名活动家，宪章派全国协会执行委员会委员（1852—1858）。

丰德维（Fondewille, E.）——巴黎公社的参加者，在英国的流亡者，国际工人协会会员，波尔多支部出席1871年伦敦代表会议的代表。

丰维耶，维尔弗里德·德（Fonvielle, Wilfried de 1828—1914）——法国政论家，波拿巴派的《自由报》编辑之一。

福格尔·冯·法尔肯施坦，爱德华（Vogel von Falckenstein, Eduard 1797—1885）——德国将军，普法战争时期任德国沿海地区总督。

福格特，奥古斯特（Vogt, August 1830左右—1883左右）——社会主义者，德国和美国工人运动活动家；鞋匠；共产主义者同盟盟员，德国1848—1849年革命的参加者；全德工人联合会会员；在德国工人运动中同李卜克内西一起反对拉萨尔主义；国际工人协会会员；1867年移居美国，纽约共产主义俱乐部成员，国际在美国的支部的组织者之一；总委员会通讯员；马克思和恩格斯的战友。

福格特，卡尔（Vogt, Karl 1817—1895）——德国自然科学家，庸俗唯物主义者，小资产阶级民主主义者；法兰克福国民议会议员（1848—1849），属于左派；1849年6月是帝国五摄政之一；1849年离开德国；19世纪50年代和60年代是路易·波拿巴雇用的密探，曾积极参加诽谤革命者的运动。

福克斯，彼得（真名：彼得·福克斯·安得烈）（Fox, Peter [real name Peter Fox Andre] 死于1869年）——新闻工作者，英国民主运动和工人运动的活动家；受实证论者的影响。英国波兰独立全国同盟领导人之一；《共和国》编辑之一

(1866);改革同盟执行委员会委员;1864年9月28日圣马丁堂国际成立大会的参加者;国际总委员会委员(1864—1869);总委员会总书记(1866年9—11月),美国通讯书记(1866—1867)。

福塞特,亨利(Fawcett, Henry 1833—1884)——英国庸俗经济学家,约翰·斯图亚特·穆勒的信徒,1865年起为议会议员,自由党人。

福斯特,罗伯特(Foster, Robert)——国际工人协会会员,英国联合会委员会书记(1871—1872)。

伏尔泰,弗朗斯瓦·马利(真姓:阿鲁埃)(Voltaire, Frangois Marie [real name Arouet] 1694—1778)——法国自然神论哲学家,讽刺作家,历史学家,18世纪资产阶级启蒙运动的著名代表,反对专制制度和天主教。

符卢勃列夫斯基,瓦列里(Wroblewski, Walery 1836—1908)——波兰革命民主主义者,1863—1864年波兰起义领导人之一,巴黎公社的将军;国际总委员会委员和波兰通讯书记(1871—1872),海牙代表大会(1872)的代表,积极参加反对巴枯宁派的斗争。

弗兰克尔,莱奥(Frankel, Leo 1844—1896)——首饰匠;匈牙利工人运动和国际工人运动的著名活动家;国际巴黎联合会委员会委员,巴黎公社社员,曾领导劳动和交换委员会;国际总委员会委员(1871—1872),国际伦敦代表会议(1871)和海矛代表大会(1872)的代表;匈牙利全国工人党的创始人之一;第二国际历届代表大会的代表;马克思和恩格斯的战友。

弗朗坎(Franquin)。

弗里德里希二世(Friedrich II 1712—1786)——普鲁士国王(1740—1786)。

弗路朗斯,古斯塔夫(Flourens, Gustave 1838—1871)——法国自然科学家和革命家,布朗基主义者,1870年10月31日1871年1月22日巴黎起义的组织者;巴黎公社社员;1871年4月被凡尔赛分子杀害。

弗洛孔,斐迪南(Flocon, Ferdinand 800—1866)——法国政治活动家和政论家,小资产阶级民主主义者,《改革报》编辑,临时政府成员(1848)。

G

甘必大，莱昂（Gambetta, Leon 1838—1882）——法国国家活动家，资产阶级共和党人，国防政府成员（1870—1871），图尔代表团团长；1871 年创办《法兰西共和国报》；内阁总理兼外交部长（1881—1882）。

冈宁（Gunning）。

哥尔查科夫，亚历山大（Горчаков Александр 1798—1883）——公爵，俄国国家活动家和外交家，外交大臣（1856—1882）。

戈克，阿（Goegg, A.）。

戈让（Gaujean）。

格拉勒（Gralle）。

格拉泽·德·维尔布罗尔，E.（Glaser de Willebrord, E.）——比利时工人运动活动家，国际布鲁塞尔支部成员，帮助在布鲁塞尔出版《法兰西内战》。

格莱斯顿，威廉·尤尔特（Gladstone, William Ewart 1809—1898）——英国国家活动家，托利党人，后为皮尔分子；19 世纪下半叶为自由党领袖之一，曾任财政大臣（1852—1855、1859—1866）和首相（1868—1874、1880—1885、1886 和 1892—1894）。

格兰维尔伯爵，乔治·鲁森-高尔（Granville, George Leveson-Gower, Earl 1815—1891）——英国国家活动家，辉格党人；后为自由党领袖之一，曾任外交大臣（1851—1852，1870—1874 和 1880—1885），枢密院院长（1852—1854），殖民大臣（1868—1870，1886）。

格雷夫（Greffe）。

格里戈里（Gregory, J. W.）。

根茨（Ghent）。

古赞-蒙多邦，沙尔·吉约姆·马利·阿波利内尔·安都昂，八里桥伯爵（Cousin-Montauban, Charles Guillauem Marie Apollinaire Antoine, Comte de Palikao 1796—1878）——法国将军，波拿巴主义者；1870 年 8—9 月为陆军大臣和政府首脑。

H

哈里斯，乔治（Harris, George）——英国工人运动的积极活动家，宪章主义者布朗特尔·奥勃莱恩的信徒；全国改革同盟盟员；国际总委员会委员（1869—1872）；总委员会财务书记（1870—1871）。

哈里逊，弗雷德里克（Harrison, Frederic 1831—1923）——英国法学家和历史学家，资产阶级激进派，实证论者；19世纪60年代民主运动的积极参加者；国际会员。

哈尼，乔治·朱利安（Harney, George Julian 1817—1897）——著名的英国工人运动活动家，宪章派运动左翼领袖之一；《北极星报》、《红色共和党人》周刊及其他宪章派刊物的编辑；共产主义者同盟盟员；在19世纪50年代初期同小资产阶级阶层合作，一度脱离了革命运动；1862年至1888年侨居美国，国际工人协会会员；同马克思和恩格斯保持友好联系。

海奈曼（Heinemann）——在伦敦的普鲁士警探，1869年起为《海尔曼》周报主编。

汉德韦尔克（Handwerek）。

汉德逊，艾德蒙·纽曼斯·沃尔科特（Henderson, Edmund Newman Wolcott 1821—1896）——英国军官，伦敦警察局长（1869—1886）。

赫伯特，奥伯龙·爱德华·威廉（Herbert, Auberon Edward William 1838—1906）——英国哲学家和政论家，下院议员（1870—1874）。

赫普纳，阿道夫（Hepner, Adolf 1846—1923）——德国社会民主党人，《人民国家报》编辑；在普法战争时期采取无产阶级国际主义立场；国际海牙代表大会（1872）的代表；后成为社会沙文主义者。

赫胥黎，托马斯·亨利（Huxley, Thomas Henry 1825—1895）——英国自然科学家，查·达尔文的亲密战友及其学说的普及者；不彻底的唯物主义者。

黑尔斯，威廉（Hales William）——国际总委员会委员（1867、1869—1872）。

黑尔斯，约翰（Hales, John 生于1839年）——英国工人，织工，工联领袖；改革同盟执行委员会委员，土地和劳动同盟盟员；国际总委员会委员（1866—1872）和书记；国际伦敦代表会议（1871）和海牙代表大会（1872）的代表；从1872年初起领导不列颠联合会委员会中的改良派；反对马克思及其拥护者，企图夺取国际在英国组织的领导权；根据1873年5月30日总委员会的决议，被开除出国际。

亨尼西，帕特里克（Hennessy, Patrick 死于1897年以后）——爱尔兰民族解放运动活动家，奥康奈尔的拥护者，工联主义者，土地和劳动同盟主席，星期日同盟盟员。

亨宁格（Henninger）。

侯里欧克，乔治·杰科布（Holyoake, George Jacob 1817—1906）——英国改论家；改良主义者，19世纪30年代和40年代成为欧文主义者和宪章派；合作运动的著名的活动家。

胡利曼（Hurliman）——国际总委员会委员（1871—1872），伦敦瑞士协会的代表。

华德，奥斯本（Ward, Osborne）——美国工人运动活动家；工程师；国际勃鲁克林支部成员；受资产阶级改良主义者影响，在国际海牙代表大会（1872）上被选为总委员会委员，但拒绝当选。

华金，爱德华·威廉（Watkin, Edward William 1819—1901）——英国工业家，议会议员，自由党人。

华施贝恩，艾利修·本杰明（Washburne, Elihu Benjamin 1816—1887）——美国政治活动家和外交家，属于共和党，曾任驻巴黎公使（1869—1877），实行反对巴黎公社的破坏性的挑衅政策。

惠茨通，弗雷德里克（Whetstone Frederick 生于1834年）——英国工联主义者，机械工人联合会主席和改革同盟盟员；争取九小时工作日运动的积极参加者。

惠特利（Wheatley）——英国工联主义者，争取九小时工作日运动领袖之一。

霍萨特（Hossart）。

J

基佐，弗朗斯瓦·皮埃尔·吉约姆（Guizot, Francois Pierre Guillaurae 1787—1874）——法国资产阶级历史学家和国家活动家，1840年至1848年二月革命期间实际上操纵了法国的内政和外交，代表大金融资产阶级利益。

吉安（Guillain）。

吉奥，阿道夫·西蒙（Guiod, Adolphe Simon 生于1805年）——法国将军，普法战争的参加者，1870—1871年巴黎被围时期为炮兵总指挥。

吉利韦（Gilliver）。

吉兰（Guillain）。

吉沙尔（Guichar）。

吉约姆，詹姆斯（Guillaume, James 1844—1916）——瑞士教师，无政府主义者，巴枯宁的拥护者；国际工人协会会员，国际日内瓦代表大会（1866）、洛桑代表大会（1867）、巴塞尔代表大会（1869）和海牙代表大会（1872）的代表；《进步报》、《团结报》和《汝拉联合会简报》的编辑；由于进行分裂活动在海牙代表大会上被开除出国际；在第一次世界大战年代里是社会沙文主义者。

加里波第，朱泽培（Garibaldi, Giuseppe 1807—1882）——意大利革命家，民主主义者，意大利民族解放运动的领袖，曾站在法国方面参加普法战争，佛日军团司令；19世纪70年代曾声援巴黎公社，赞成在意大利建立国际的支部。

加利费侯爵，加斯东·亚历山大·奥古斯特（Galliffet, Gaston Alexandre Auguste, Marquis de 1830—1909）——法国将军，普法战争时期任骑兵团团长，在色当被俘；后被释放参加反对公社的战争，镇压巴黎公社的刽子手之一；曾任凡尔赛军队骑兵旅旅长。

加内斯科，格莱哥里（Ganesco, Grégori 1830左右—1877）——法国新闻工作者；出生于罗马尼亚；第二帝国时期是波拿巴主义者，后为梯也尔政府的支持者。

杰克逊（Jackson）。

杰瑟普，威廉（Jessup, William J.）——美国木工；美国工人运动活动家；美国全国劳工同盟副主席（1866）和该同盟纽约州通讯书记（1867），纽约工人联合会领导人之一；总委员会美国通讯书记。

金（Kin）。

K

卡贝，埃蒂耶纳（Cabet, Etienne 1788—1856）——法国政论家，空想的和平共产主义的卓越代表人物，《伊加利亚旅行记》一书的作者。

卡德威尔，爱德华（Cardwell, Edward 1813—1886）——英国国家活动家，自由党人；曾任贸易大臣（1852—1855），爱尔兰事务大臣（1859—1861），殖民大臣（1864—1866）和陆军大臣（1868—1874）。

卡迪奥（或卡德罗）（Cadiot 或 Caerot）——巴黎公社的参加者。

卡菲埃罗，卡洛（Cafiero Carlo 1846—1892）——意大利工人运动的参加者，国际工人协会会员；1871年同恩格斯通信，在意大利执行总委员会的路线；1872年起为意大利无政府主义组织的领导人之一；70年代后期抛弃了无政府主义；1879年用意大利文出版了马克思的《资本论》第1卷书写本。

卡芬雅克，路易·欧仁（Cavaignac, Louis Eugéne 1802—1857）——法国将军和政治活动家，温和的资产阶级共和党人，19世纪30—40年代曾参加侵占阿尔及利亚；1848年5—6月为陆军部长，残酷镇压巴黎工人的六月起义，曾任政府首脑（1848年6—12月）。

卡龙，沙尔·亚历山大·德（Calonne, Charles Alexandre de 1734—1802）——法国国家活动家，财政总稽核（1783—1787）；18世纪末法国资产阶级革命时期是反革命流亡分子的领袖之一。

卡罗（Carrot）。

卡梅利纳，泽非兰（Camélinat, Zéphyrin 1840—1932）——法国青铜匠；法国工人运动的卓越活动家；国际巴黎支部领导人之一，巴黎公社的参加者，造币厂厂长，公社被镇压后流亡英国；回国后，积极参加法国社会主义运动；1920年后是法国共产党党员。

卡波鲁索，斯蒂凡诺（Caporusso, Stefano）——意大利裁缝，无政府主义者；国际那不勒斯支部创建人之一，并任该支部主席，巴塞尔代表大会代表（1869）；1870年由于盗用公款而被开除出支部。

卡斯泰拉尔-里波耳，埃米利奥（Castelary Ripoll, Emilio 1832—1899）——西班牙政治活动家，历史学家和作家，因参加1866年起义而被缺席判处死刑，逃往国外；

1868年革命后回到西班牙；1869年被选为制宪议会议员，共和党反对派领袖之一；1873年9月至1874年1月是政府首脑，该政府为西班牙君主制复辟铺平了道路，右翼共和党领袖。

卡特，詹姆斯（Carter, James）——英国工人，香料制造工，工人运动的积极参加者；改革同盟盟员；国际总委员会委员（1864年10月—1867年），意大利通讯书记（1866—1867）；国际伦敦代表会议（1865）代表，日内瓦代表大会（1866）和洛桑代表大会（1867）的参加者。

卡瓦纳，赛米尔（Kavanagh, Samuel）——爱尔兰人；美国工人运动的参加者；海牙代表大会（1872）上被选为总委员会的委员。

凯伦，奥古斯特（Kern, Auguste）——法国资产阶级民主主义者；公社的参加者，公社被镇压后流亡伦敦。

凯希尔，爱德华（Caihil, Edward）——国际总委员会委员（1870—1871）。

康纳（Connor）。

考莱伯爵，亨利·理查·查理·威尔斯里（Cowley, Henry Richard Charles Wellesley, Earl 1804—1884）——英国外交家，驻巴黎大使（1852—1867）。

科恩（或柯因），詹姆斯（Cohn or Cohen, James）——英国雪茄烟工人；英国和丹麦工人运动活动家。伦敦雪茄烟工人协会主席，国际总委员会委员（1867—1871），丹麦通讯书记（1870—1871），国际布鲁塞尔代表大会（1868）和伦敦代表会议（1871）的代表。

科贝特，威廉（Cobbett, William 1762—1835）——英国政治活动家和政论家，小资产阶级激进派的著名代表人物，曾为英国政治制度的民主化而进行斗争；1802年起出版《科贝特氏政治纪事周报》。

科尔邦，克劳德·昂蒂姆（Corbon, Claude Anthime 1808—1891）——法国共和党人，制宪议会议员（1848—1849）；第二帝国崩溃后任巴黎的区长，1871年国民议会议员。

科尔布（可能是考布），卡尔（Kolb［可能是 Kaub］, Karl）——国际总委员会委员。

科赫（Koch）。

科勒，约瑟夫（Collet, Joseph）——法国新闻工作者，共和主义者；流亡伦敦。全国改革同盟成员；《国际信使》编辑；国际总委员会委员（1866—1867）。

克勒索（Creusot）。

科宁斯比（Coningsby）。

科塔姆（Cottam）。

科特洛贡伯爵，路易·沙尔·艾曼纽尔（Coëtlogon, Louis Charles Emmanuel, Comte de 1814—1886）——法国官员，波拿巴主义者，1871年8月22日巴黎反革命暴乱策划者之一。

克拉伦登伯爵，乔治·威廉·弗雷德里克·维利尔斯（Clarendon, George William Frederick Villiers, Earl 1800—11870）——英国国家活动家，辉格党人，后为自由党人；曾任爱尔兰总督（1847—18852），残酷地镇压了1848年爱尔兰起义。外交大臣（1853—1858、1865—1866和1868—1870）。

克莱芒特，让·巴蒂斯特（Clément, Jean Baptiste 1836？—1903）——法国青铜匠；布朗基主义者；巴黎公社参加者（公共工程委员会委员和教育委员会委员）；公社被镇压后流亡英国；1874年布朗基主义宣言《革命的公社》的签署者；1880年大赦后回到法国，加入了工人党；该党分裂后加入了可能派，1890年为阿列曼分子。

克里默，威廉·朗达耳（Cremer, William Randall 1838—1908）——英国工联主义运动和资产阶级和平主义运动的积极参加者，改良主义者，木工和细木工协会联合会的创建人和领导人之一，伦敦工联理事会理事，英国波兰独立全国同盟、土地和劳动同盟的盟员，改革同盟执行委员会委员；反对革命策略，在改革运动中同资产阶级勾结；1864年9月28日圣马丁堂国际成立大会的参加者；国际总委员会委员和总书记（1864—1866）；国际伦敦代表会议（1865）和日内瓦代表大会（1866）的代表；后为自由党人，议会议员（1885—1895和1900—1908）。

吕泽烈，古斯塔夫·保尔（Cluseret, Gustav Paul 1823—1900）——法国政治活动家，加里波第的拥护者，美国内战中站在北部方面参加作战；国际工人协会会员，追随巴枯宁派；里昂和马赛革命起义（1870）的参加者；巴黎公社社员，军事代表（1871年4月），公社被镇压后流亡比利时，后又流亡美国。

克楠，菲力浦（Cocnen, Philippe）——比利时鞋匠；比利时工人运动的著名活动家；安特卫普《工人报》编辑部秘书；国际布鲁塞尔代表大会（1868）、伦敦代表会议（1871）和海牙代表大会（1872）的代表，在海牙代表大会上加入无政府主义少数派；后为比利时社会党组织者之一。

孔博，阿梅代·本杰明（Combault, Amédée Benjamin 生于1838左右—死于1884以后）——法国首饰匠；法国工人运动活动家；第一次侨居伦敦期间任国际总委员会委员（1866—1867），后在巴黎积极参与国际工作；1870年创建国际巴黎支部，并成为巴黎联合会委员会委员；巴黎公社的参加者，直接税局局长。

孔潘斯基，欧根尼乌什（Kompanski, Eugcniusz 生于1845左右）——波兰钢琴家，巴黎公社的参加者。

孔斯旦（Constant）。见勒穆修。

库坦（Coutin）——波拿巴主义者，将军。

L

拉波特（Laporte）。

拉德洛，约翰·马尔科姆·福布斯（Ludlow, John Malcolm Forbes, 1821—1911）——英国基督教社会主义的创始人之一，律师，政论家；合作社运动的参加者。

拉法格，保尔（Lafargue, Paul 1842—1911）——法国社会主义运动和国际社会主义运动的著名活动家，杰出的马克思主义宣传家；总委员会委员，西班牙通讯书记（1866—1869）。曾帮助建立国际的法国支部（1869—1870）、西班牙和葡萄牙的支部（1871—1872）。国际海牙代表大会的代表（1872）；法国工人党的创建人之一，马克思和恩格斯的学生和战友。

拉菲特，雅克（Laffitte, Jacques 1767—1844）——法国大银行家和政治活动家，奥尔良党人，金融资产阶级代表，政府首脑（1830—1831）。

拉夫罗夫，彼得·拉甫罗维奇（Lavrov, Pyotr 1823—1900）——俄国社会学家和政论家，民粹派思想家之一；哲学上的折衷主义者；国际工人协会会员，巴黎公社的参加者，《前进》杂志编辑（1873—1876）和《前进》报编辑（1875—1876）。

拉格朗日（Lagrange）——巴黎秘密警察头子。

拉姆利（Lumley）。

拉萨西（Lassassie, F.）——法国理发师；在伦敦的侨民；国际总委员会委员（1865—1868）；1865年敦代表会议的参加者，伦敦法国人分部成员，在分部里捍卫了总委员会的政策；国际民主协会成员。

拉塔齐，马尔克（Ratazzi, Marc）——援助公社流亡者伦敦委员会主席。

拉特森（Rutson, A. O.）——英国内务大臣布鲁斯的私人秘书。

莱昂斯伯爵，理查·比克顿·佩梅尔（Lyons, Richard Bickerton Pemell, Earl 1817—1887）——英国外交家，驻华盛顿大使（1858—1865），驻君士坦丁堡（1865—1867）和驻巴黎（1867—1887）大使；1870年9月为法夫尔和俾斯麦之间的谈判而奔走的中介人。

莱勒，托马斯（Lalor, Thomas）——纽约国际爱尔兰人支部成员。

莱诺（Leno）。

莱热（Leégeé）——法国工人，工程师；巴黎公社的参加者，在伦敦的流亡者。

赖德律-洛兰，亚历山大·奥古斯特（Ledru-Rollin, Alexandre Auguste 1807—1874）——法国政论家和政治活动家，小资产阶级民主派领袖之一，《改革报》编辑；临时政府成员（1848），制宪议会和立法议会议员，在议会中领导山岳党；1849年6月13日示威游行后流亡英国，一直住到1870年初；1871年国民议会议员，为抗议与德国签订和约而辞职。

朗德克，贝尔纳（Landeek, Bernard 生于1832年）——法国首饰匠，在马赛的公社代表；国际工人协会会员和未被国际接受的伦敦1871年法国人支部成员。

朗德兰，埃米尔（Landrin, Emile 生于1841年）——法国雕刻工，国际工人协会会员，巴黎公社的参加者。

勒布朗，阿尔伯·马利·费利克斯（Leblanc, Albert Marie Félix 生于1844年）——法国工程师；法国工人运动活动家，曾追随巴枯宁派；巴黎公社的参加者；在里昂的公社代表，试图在那里建立公社；公社被镇压后流亡英国，波拿巴主义者。

勒迪克，阿尔伯（Leduc, Albert）——巴黎公社的参加者，在伦敦的流亡者。

勒多雷，孔斯旦（Ledoré, Constant）。

勒夫洛，阿道夫·艾曼纽尔·沙尔（Le Flô, Adolphe Emmanuel Charles 1804—1887）——法国将军，政治活动家和外交家，保皇派，第二共和国时期为制宪议会和立法议会议员；曾任国防政府和梯也尔政府的陆军部长（1870—1871），1871年国民议会议员；驻彼得堡大使（1848—1849和1871—1879）。

勒格廖利耶（Legreulier）。

勒孔特，克劳德·马丁（Lecomte, Claude Martin 1817—1871）——法国将军，普法战争时任旅长；1871年3月18日在梯也尔政府夺取国民自卫军大炮的企图失败后，被起义的士兵枪毙。

勒鲁（Leroux）。

勒鲁，皮埃尔（Leroux, Pierre 1797—1871）——法国小资产阶级政论家，空想社会主义者，基督教社会主义的代表人物。

勒吕贝，维克多（Le Lubez, Victor 生于1834年左右）——在伦敦的法国侨民，和英法两国的资产阶级共和主义激进派分子有联系；曾参加1864年9月28日圣马丁堂国际成立大会；国际总委员会委员（1864—1866），法国通讯书记（1864—1865）；1865年伦敦代表会议的参加者；由于进行阴谋活动和诽谤，被日内瓦代表大会（1866）开除出总委员会。

勒梅特尔，弗雷德里克（Le Maitre, Frédéric）——法国侨民，小资产阶级民主主义者，伦敦法国人分部成员；伦敦一家小印刷所的主人。

勒穆修，本杰明（化名孔斯旦）（Le Moussu, Benjamin [Pseudonym Constant]）——法国雕刻工；法国工人运动活动家；巴黎公社社员，公社被镇压后流亡伦敦；国际总委员会委员和美国法国人支部通讯书记（1871—1872），海牙代表大会（1872）的代表；支持马克思和恩格斯对巴枯宁的斗争。

雷吉斯，维塔勒（假名埃蒂耶纳·佩沙尔）（Regis, Vitale [Pseudoym Etieline Péchard]）——意大利革命家，在伦敦的国际意大利人支部成员，巴黎公社的参加者，总委员会委员（1871—1872）；西班牙1873年各次革命事件的参加者。

雷特兰热尔（Reitlinger）——茹尔·法夫尔的朋友和私人秘书。

李卜克内西，娜塔利亚（Liebknecht, Natalie 1835—1909）——威廉·李卜克内西的

妻子。

李卜克内西，威廉（Liebknecht, Wilhelm 1826—1900）——德国工人运动和国际工人运动的著名活动家；1848—1849年革命的参加者，共产主义者同盟盟员；国际会员；德国工人运动中反对拉萨尔主义和捍卫国际原则的积极战士；国际巴塞尔代表大会（1869）的代表；1867年起为议会议员；德国社会民主党的创建人和领袖之一；《人民国家报》编辑（1869—1876）；普法战争和巴黎公社时期反对普鲁士容克和资产阶级的掠夺计划，捍卫巴黎公社；马克思和恩格斯的朋友和战友。

里德，罗伯特（Reid, Robert）——英国民主主义新闻工作者，1871年为英美报纸驻巴黎的通讯员，同情巴黎公社。

里沙尔（Richard）——在伦敦的法国流亡者。

里廷豪森，摩里茨（Rittinghausen, Moritz 1814—1890）——德国政论家，小资产阶级民主主义者；1848—1849年曾为《新莱茵报》撰稿，科伦民主协会会员和国际科伦支部成员，国际巴塞尔代表大会（1869）的代表，后为德国社会民主党党员（至1884年止）。

理查兹（Richards）。

莱诺，约翰·布雷德福德（Leno, John Bredford 生于1826年）——英国印刷工人；宪章主义者，后为工联主义者；劳动阶级福利总同盟盟员和改革同盟盟员；1864年9月28日圣马丁堂国际成立大会的参加者；国际总委员会委员（1864—1867），伦敦代表会议（1865）的参加者；《工人辩护士报》发行人。

列斯纳，弗里德里希（Lessner, Friedrich 1825—1910）——德国工人运动和国际工人运动的著名活动家；裁缝；共产主义者同盟盟员；1848—1849年革命的参加者，从1856年起侨居伦敦。伦敦德意志工人教育协会会员，国际总委员会委员（1864年11月—1872年）；国际伦敦代表会议（1865）、洛桑代表大会（1867）、布鲁塞尔代表大会（1868）、巴塞尔代表大会（1869）和海牙代表大会（1872）以及伦敦代表会议（1871）的代表；不列颠联合会委员会委员；在国际中为马克思的路线积极斗争；英国独立工党的创建人之一；马克思和恩格斯的朋友和战友。

林特恩（Lintern, W.）——英国工人，工联主义者；国际总委员会委员（1870）。

龙格，沙尔（Longuet, Charles 1839—1903）——法国新闻工作者；法国工人运动的领袖之一，蒲鲁东主义者，国际总委员会委员（1866—1867 和 1871—1872）；比利时通讯书记（1866）；国际洛桑代表大会（1867）和布鲁塞尔代表大会（1868）、伦敦代表会议（1871）和海牙代表大会（1872）的代表，曾参加保卫巴黎（1870—1871）；巴黎公社社员；公社被镇压后流亡英国，后来加入法国社会主义运动中的机会主义派别——可能派。

娄，罗伯特（Lowe, Robert 1811—1892）——英国国家活动家和政论家，议会议员，自由党人，财政大臣（1868—1873），内务大臣（1873—1874）。

鲁克拉夫特，本杰明（Lucraft, Benjamin 1809—1897）——英国工人，木器匠；英国工联的改良派领袖之一；1864 年 9 月 28 日圣马丁堂国际成立大会的参加者，国际总委员会委员（1864—1871），国际布鲁塞尔代表大会（1868）和巴塞尔代表大会（1869）的代表；改革同盟执行委员会委员，工人代表同盟盟员；1871 年反对巴黎公社和总委员会的宣言《法兰西内战》，因而退出总委员会。

鲁利埃，爱德华（Roullier, Edouard）——法国鞋匠，蒲鲁东主义者；1848 年革命的参加者，国际巴黎组织的成员，巴黎公社的参加者，公社驻教育部的代表；公社失败后流亡英国，反对国际总委员会。

路透，保罗·尤利乌斯（Reuter, Paul Julius 1816—1899）——1851 年伦敦路透通讯社的创建人。

路易-菲力浦，奥尔良公爵（Louis-Philippe, duc d'Orlèans 1773—1850）——法国国王（1830—1848）。

路易斯，乔治·康沃尔（Lewis, George Cornewall 1806—1863）——英国国家活动家，辉格党人，财政部秘书长（1850—1852）；《爱丁堡评论》的出版者和编辑（1852—1855），财政大臣（1855—1858），内务大臣（1859—1861）和陆军大臣（1861—1863）。

罗，哈里埃特（Law, Harriet 1832—1897）——英国民主运动和无神论运动著名活动家，国际总委员会委员（1867—1872）和曼彻斯特支部成员（1872）。

罗班，保尔（Robin, Paul 生于 1837 年）——法国教师，巴枯宁主义者；社会主义民主同盟领导人之一（1869 以后）；总委员会委员（1870 年 10 月—1871 年）；国际巴塞尔代表大会（1869）和伦敦代表会议（1871）的代表；1871 年 10 月被开除出总委员会。

罗比耐，让·弗朗斯瓦·欧仁（Robinet, Jean Francois Eugène 1825—1899）——法国医生和历史_学家，实证论者，共和党人；1848 年革命的参加者；1870—1871 年围城时期为巴黎的区长，巴黎权利共和联合同盟盟员，主张凡尔赛同公社和解。

罗宾逊（Robinson）。

罗伯斯比尔，马克西米利安（Robespierre, Maximilien 1758—1794）——18 世纪末法国资产阶级革命的杰出活动家，雅各宾派的领袖，革命政府的首脑（1793—1794）。

罗赫纳，格奥尔格（Lochner, Georg 生于 1824 左右）——德国工人，细木工；德国工人运动和国际工人运动的活动家；共产主义者同盟盟员，伦敦德意志工人教育协会会员；国际总委员会委员（1864 年 11 月—1867 年和 1871—1872），国际伦敦代表会议（1865 和 1871）的代表；马克思和恩格斯的朋友和战友。

罗奇，约翰（Roach, John）——英国工人运动活动家，国际总委员会委员（1871—1872），海牙代表大会（1872）的代表，不列颠联合会委员会通讯书记（1872），在委员会里附和改良派，反对国际海牙代表大会的决议。

罗森堡（Rosenburg）。

罗森塔尔（Rosenthal）。

罗沙，沙尔（Rochat, Charies 生于 1844 年）——法国工人运动活动家；国际巴黎联合会委员会委员，荷兰通讯书记（1871—1872），1871 年伦敦代表会议的代表。

罗斯坦（Rostain）。

罗瓦尔（Rovart）。

罗扎洛夫斯基，弗拉基米尔兹（Rozalowski, Wlodzimierz 1838—1876）——1863 年波兰起义的参加者和巴黎公社的参加者，在伦敦的流亡者。

洛埃（Loe）。

洛克，约翰（Locke, John 1632—1704）——杰出的英国二元论哲学家，感觉论者；

资产阶级经济学家。

洛帕廷，格尔曼（Лопатин，Герман 1845—1918）——俄国革命者，尼·加·车尔尼雪夫斯基的学生，民粹派，国际总委员会委员（1870）；曾将马克思的《资本论》第1卷一大部分译成俄文；卡尔·马克思的朋友。

吕埃格（Rüegg）。

吕尔（Rühl, J.）——德国工人；伦敦德意志工人教育协会会员；国际总委员会委员（1870—1872）。

吕西皮亚（Lucipia）。

M

马丁，亨利（Martin, Henry）

马丁，孔斯旦（Martin, Constant）——法国革命家，布朗基主义者，在巴黎被围期间为巴黎二十区中央委员会书记，公社社员；公社被镇压后流亡伦敦，国际总委员会委员（1871—1872）；1871年伦敦代表会议代表。

马尔科夫斯基（Марковкии）——沙皇政府在法国的密探；1871年梯也尔的合作者之一。

马尔儒纳尔（Maljournal 生于1843左右）——国民自卫军军官；国际工人协会会员；国民自卫军中央委员会委员，公社社员。

马克思，卡尔（Marx, Karl 1818—1883）

马利特，爱德华·鲍尔德温（Malet, Edward Baldwin 1837—1908）——英国外交官，驻巴黎大使馆秘书（1867—1871）。

马隆，贝努瓦（Malon Benoit 1841—1893）——法国染色工人；政论家，社会主义者，国际巴黎支部领导人之一，日内瓦代表大会（1866）的代表，1871年国民议会议员，后辞职。国民自卫军中央委员会委员和公社社员。公社被镇压后流亡意大利，后迁居瑞士，在那里成为巴枯宁主义者；后来成为法国社会主义运动中的机会主义流派——可能派的首领和思想家之一。

马罗坦（Marrotan）。

罗特（Marottc）。

马姆兹伯里伯爵，詹姆斯·霍华德·哈里斯（Malmesbury, James Howard Harris, Earl 1807—1889）——英国国家活动家，19世纪后期为保守党的著名活动家；外交大臣（1852、1858—1859）；掌玺大臣（1866—1868，1874—1876）。

马志尼，朱泽培（Mazizni, Giuseppe 1805—1872）——意大利革命家，资产阶级民主主义者，意大利民族解放运动的领袖之一；意大利1848—1849年革命的参加者，1864年成立国际时企图置国际于其影响之下；1871年反对巴黎公社和国际，阻碍意大利独立工人运动的发展。

迈耶尔，齐格弗里特（Meyer, Siegfried 1840左右—1872）——德国和美国工人运动活动家，社会主义者，工程师；全德工人联合会会员；反对拉萨尔主义在德国工人运动中的影响；1864年自己出经费在德国出版了《共产党宣言》；1866年移居美国，共产主义者俱乐部会员和国际在美国的支部的组织者之一；马克思和恩格斯的拥护者。

麦克雷（Mac Rae, R.）——英国工联主义者，1869年伯明翰工联代表大会秘书。

麦克马洪，马利·埃德姆·帕特里斯（MacMahon, Marie Edme Petrice, 1808—1893）——法国反动元帅和政治活动家，波拿巴主义者；普法战争时期先后任第一军军长和夏龙军团司令，在色当被俘；镇压巴黎公社的刽子手之一，凡尔赛军队总司令，第三共和国总统（1873—1879）。

麦克唐奈，J. 帕特里克（Mae Donnell, J, Patrick 1845左右—死于1906）——爱尔兰工人运动活动家；总委员会委员和爱尔兰通讯书记（1871—1872），国际伦敦代表会议（1871）和海牙代表大会（1872）的代表；1872年移居美国，美国工人运动的积极参加者。

麦肯齐（Mackenzie）。

曼托伊费尔男爵，埃德温（Manteuffel, Edwin, Baron 1809—1885）——德国将军，1873年起为元帅，在石勒苏益格任总督和普军司令（1865—1866）；普法战争时期任第一军军长，后为第一军团（1870年10月起）和南方军团（1871年1月起）司令，驻法国的德国占领军总司令（1871—1873）。

毛奇，赫尔穆特·卡尔·伯恩哈特（Moltke, Helmuth Karl Bernhard 1800—

1891）——普鲁士将军、元帅，反动作家，普鲁士军国主义和沙文主义的思想家之一，普鲁士总参谋长（1857—1871）和帝国总参谋长（1871—1888）；普法战争时期实际上是总司令。

梅奥，亨利（Mayo, Henry）——英国工人运动活动家，国际总委员会委员（1871—1872）和不列颠联合会委员会委员（1872）；在不列颠联合会委员会里成为右派，反对国际海牙代表大会的决议；根据1873年5月30日总委员会决议，被开除出国际。

梅里曼，乔赛亚（Merriman, Josiah J.）——英国法学家，国际总委员会委员（1864年11月—1867年）；改革同盟盟员。

梅洛泰（Mellote）。

梅斯达格·德·特尔基勒（Mestdagh de Ter Kiele）。

孟德斯鸠，沙尔（Montesquieu, Charles 1689—1755）——杰出的法国社会学家、经济学家和作家，18世纪资产阶级启蒙运动的代表人物，君主立宪制的理论家。

米尔纳，乔治（Milner, George）——爱尔兰人，裁缝；英国工人运动活动家，宪章派奥勃莱恩的社会改良主义观点的信徒；全国改革同盟、土地和劳动同盟盟员，国际总委员会委员（1868—1872），1871年伦敦代表会议代表；不列颠联合会委员会委员（1872—1873）；在总委员会里与改革派的一翼作斗争。

米尔斯，查理（Mills, Charles）——国际总委员会委员（1871）。

米里哀尔，让·巴蒂斯特（Milliere, Jean Baptiste 1817—1871）——法国新闻工作者，左派蒲鲁东主义者；1871年国民议会议员，批判梯也尔政府，为巴黎公社辩护，1871年5月被凡尔赛分子枪杀。

密勒，约瑟夫（约）（Miller, Joseph [Joe] 1684—1738）——英国的著名喜剧演员。

缪拉，安德烈·皮埃尔（Murat, Andrè Pierre 1833—1893）——法国工人，机械匠；右派蒲鲁东主义者，国际巴黎委员会委员；日内瓦代表大会（1866）、洛桑代表大会（1867）、布鲁塞尔代表大会（1868）和巴塞尔代表大会（1869）的代表，巴黎公社的参加者。

莫里斯，弗里德里克·丹尼森（Maurice, Fredeick Denison 1805—1872）——英国主教和政论家，英国基督教社会主义领袖之一，鼓吹合作的欧文主义者。

莫里斯，捷（Maurice Zévy）——国际总委员会委员（1866—1872），匈牙利通讯书记（1870—1871）。

莫特斯赫德，托马斯（Mottershead, Thomas G. 1825左右—1884）——英国纺织工人，总委员会委员（1869—1872）；丹麦通讯书记（1871—1872）；伦敦代表会议（1871）和海牙代表大会（1872）的代表；改良主义者，在总委员会和不列颠联合会委员会中反对马克思的路线；根据1873年5月30日总委员会决议，被开除出国际。

默里（Murray）。

默里，查理（Murray, Charles）——英国鞋匠；英国工人运动活动家；宪章派；全国改革同盟领袖之一；委员会委员（1870—1872）和不列颠联合会委员会委员（1872—1873）；马克思和恩格斯的拥护者，19世纪80年代是社会民主联盟中的积极分子。

穆勒，约翰·斯图亚特（Mill, John Stuart 1806—1873）——英国资产阶级经济学家和实证论哲学家，政治经济学古典学派的拥护者；为公社社员的避难权辩护。

穆尼，托马斯（Mooney, Thomas）——小资产阶级民主主义者，在英国的国际工人协会会员。

N

拿破仑第一，波拿巴（Napoleon I Bonaparte 1769—1821）——法国皇帝（1804—1814和1815）。

纳斯（纳泽）（Naas［Naze］）——在伦敦的法国流亡者。

耐格里（Nägeli）。

涅恰也夫，谢尔盖（Нечаев, Сергей 1847—1882）——俄国密谋革命家，1868—1869彼得堡学生运动的参加者，1869年莫斯科革命组织的创建人之一；1869年起流亡瑞士；1869—1871年曾与巴枯宁有密切关系；1872年被瑞士当局引渡给俄国政府，死于彼得堡的彼得-保罗要塞。

纽曼（Newman）。

诺艾，阿梅代·沙尔·昂利（化名为卡姆）（Nohay, Amédée Charles Henri [Pseudo-nym Cham] 1818—1879）——法国制图工，巴黎公社的参加者，在伦敦的流亡者。

O

欧斯曼，若尔日·欧仁（Haussmann, Georges Eugène 1809—1891）——法国政治活动家，波拿巴主义者，1851年12月2日改变的参加者；塞纳省省长（1853—1870）；曾领导改建巴黎的工作。

欧文，罗伯特（Owen, Robert 1771—1858）——著名的英国空想社会主义者。

欧文，威廉（Owen, William）——著名的英国工联主义者，陶业区工联理事会领导人之一；工人代表同盟盟员，《制陶业观察家报》编辑。

P

帕麦斯顿子爵，亨利·约翰·尔（Palmerston, Henry John Tempie, Viscount 1784—1865）——英国国家活动家，初为托利党人，1830年起为辉格党领袖之一，依靠该党右派；外交大臣（1830—1834，1835—1841和1846—1851），内务大臣（1852—1855）和首相（1855—1858和1859—1865）。

帕内尔，詹姆斯（Parnell, James）——英国弹性织品织工；国际总委员会委员（1869—1870）。

帕斯卡利斯（Pascalis）。

潘迪，让·路易（Pindy, Jean Louis 1840—1917）——法国细木工；蒲鲁东主义者，布鲁塞尔代表大会（1868）和巴塞尔代表大会（1869）的代表；在布雷斯特组织国际的支部（1869年9月）；巴黎联合会委员会委员；1870年牵连到巴黎的对国际第三次审判案中，被判徒刑；巴黎公社社员；公社被镇压后流亡瑞士，在那里加入巴枯宁派。

佩恩，昂利·德（Pène, Henri de 1830—1888）——法国新闻工作者，保皇派，1871年3月22日巴黎反革命行动的组织者之一。

佩雷，昂利（Perret, Henri）——瑞士雕刻工；瑞士工人运动活动家；在瑞士的国际领导人之一；社会主义民主同盟盟员（1868—1869）；罗曼语区联合会委员会总书记（1868—1873）；《平等报》编辑；国际日内瓦代表大会（1866）、巴塞尔代表大会（1869）和伦敦代表会议（1871）的代表；海牙代表大会后采取调和主义立场。

佩里雄（Périchon）。

佩龙，沙尔·欧仁（Perron, Charles Eugène 1837—1919）——瑞士工人运动活动家；珐琅彩绘工，后为制图家；巴枯宁主义者；国际洛桑代表大会（1867）和布鲁塞尔代表大会（1868）的代表；社会主义民主同盟中央局委员，《团结报》编辑，汝拉联合会领导人之一；后来脱离工人运动。

佩普，弗莱彻（Pape, Fletcher）——国际不列颠联合会委员会委员（1872），改良派；根据1873年5月30日总委员会决议，被开除出国际。

佩沙尔，埃蒂耶纳（Péchard, Étienne）。见雷吉斯，维塔勒。

皮阿，费利克斯（Pyat, Félix 1810—1889）——法国政论家、剧作家和政治活动家，小资产阶级民主主义者；1848年革命的参加者；1849年起侨居瑞士、比利时和英国；反对独立的工人运动；曾多年利用伦敦法国人分部进行反对马克思和国际的诽谤运动；1871年国民议会议员；《战斗报》和《复仇者报》的编辑；巴黎公社社员，执行委员会、财政委员会和公安委员会的委员；公社被镇压后流亡英国。

皮卡尔，厄内斯特（Picard, Ernest 1821—1877）——法国律师和政治活动家，温和的资产阶级共和党人，国防政府财政部长（1870—1871），梯也尔政府内务大臣（1871），镇压巴黎公社的刽子手之一。

皮卡尔，欧仁·阿尔图尔（Picard, Eugène Arthur 生于1825年）——法国政治活动家和证券交易商，温和的资产阶级共和党人，《自由选民》周报的主编，厄内斯特·皮卡尔的弟弟。

皮克，茹尔（Pie, Jules）——法国新闻工作者，波拿巴主义者，《旗帜报》发行负责人。

皮-马尔加尔，弗朗西斯科（Piy Margall Fransisco 1824—1901）——西班牙政治活

动家，受空想社会主义思想影响的左派联邦共和主义者领袖；律师和文学家；1854—1856年和1868—1874年资产阶级革命的参加者；内务部长（1873年2月13日—6月11日），共和国政府的临时总统（1873年6月11日—7月18日）。

皮亚扎（Piazza）——国民自卫军军官，二十区中央委员会委员；公社的参加者。

普凡（Pfann）——奥地利工人，维也纳第一裁缝合作社的组织者之一。

普芬德，卡尔（Pfänder, Karl 1818—1876）——德国工人运动和国际工人运动的领袖之一，画家，从1845年起侨居伦敦。伦敦德意志工人教育协会会员，共产主义者同盟中央委员会委员，国际总委贝会委员（1864—1867和1870—1872）；马克思和恩格斯的朋友和战友。

普兰塔德（Plantade）——L. 普兰塔德的妻子。

普兰塔德（Plantade, L.）——伦敦法国人分部成员，1868年8月退出该分部，在伦敦开了一家小餐馆和旅店，许多法国流亡者在此寄宿。

普伦内茨（Prenez, E.）——国际在拉西约塔（法国）的通讯员。

普隆斯科夫斯基，亚历克西斯（Plaskowski, Alexis 生于1843年）——1863年波兰起义和巴黎公社的参加者，侨居伦敦。

普罗托，欧仁（Protot, Eugéne 1839—1921）——法国律师，医生和新闻工作者；布朗基主义者，巴黎公社社员，司法委员会委员；巴黎公社被镇压后流亡瑞士，后迁居英国；后来反对国际和马克思主义者。

普耶-凯尔蒂埃，奥古斯丹·托马（Pouyer-Quertier, Augustin Thomas 1820—1891）——法国大厂主和政治活动家，保护关税派；财政部长（1871—1872）；曾参加同德国签订和约的法兰克福谈判（1871）。

R

热内（Genin）。

荣克，海尔曼（Jung, Hermann 1830—1901）——著名的国际工人运动活动家；钟表匠，在伦敦的侨民；国际总委员会委员和瑞士通讯书记（1864年11月—1872年），总委员会财务委员（1871—1872），国际伦敦代表会议（1865）的副主席，日内瓦代表大会(1866)、布鲁塞尔代表大会(1868)、巴塞尔代表大会(1869)和伦敦代表会议(1871)的主席;不列颠联合会委员会委员;1872年海牙代表大会以后成为英国工联的改良派领袖之一。

茹柯夫斯基,尼古拉·伊万诺维奇(N. Joukowsky, 1833—1895)——俄国无政府主义者;1862年起侨居瑞士;所谓社会主义民主同盟的日内瓦支部书记。

若昂纳尔,茹尔·保尔(Johannard, Jules Paul 1843—1888)——法国工人;法国工人运动领袖之一;国际总委员会委员(1868—1869、1871—1872)和意大利通讯书记(1868—1869);1870年在圣丹尼建立国际支部;巴黎公社社员,追随布朗基派;公社被镇压后流亡伦敦;海牙代表大会(1872)的代表。

若贝尔伯爵,伊波利特·弗朗斯瓦(Jaubert, Hippolyte Francois, Count 1798—1874)——法国政治活动家,保皇派,梯也尔内阁的公共工程大臣(1840),1871年国民议会议员。

S

萨德勒(Sadler)——英国工人运动活动家,国际总委员会委员(1871—1872)。

萨姆纳,查理(Sumner, Charles 1811—1874)——美国政治活动家,共和党左翼领袖之一;1851年起为参议员,参议院外交事务委员会主席(1861—1871),主张对南部奴隶主采取革命的斗争方法;内战中北部获胜后,主张赋予黑人以政治权利,国际的支持者。

萨列尔(Sarrel)。

萨维奥,彼得罗(Savio, Pietro)——意大利民族解放运动和巴黎公社的参加者,公社被镇压后流亡英国。

赛拉叶,奥古斯特(Serraillier, Auguste 生于1840年)——法国工人运动和国际工人运动的活动家;制楦工人,国际总委员会委员(1869—1872);比利时通讯书记(1870)和法国通讯书记(1871—1872);1870年9月,第二帝国失败以后,曾作为总委员会全权代表被派往巴黎;巴黎公社社员,劳动和交换委员会委员;伦敦代表会议(1871)和海牙代表大会(1872)的代表,不列颠联合会委员会委员（1873—1874）；马克思的战友。

赛拉叶，欧仁（Serraillier Eugène）——奥古斯特·赛拉叶的妻子。

赛塞，让（Saisset, Jean 1810—1879）——法国海军上将和政治活动家，保皇派；1870—1871年巴黎被围期间领导东面堡垒群的防御阵地；巴黎国民自卫军司令（1871年3月20—25日），曾妄图集结巴黎的反动力量镇压3月18日的无产阶级革命。1871年国民议会议员。

沙兰，路易·德尼（Chalain, Louis Denis 生于1845年）——法国旋工；蒲鲁东主义者，法国工人运动活动家；巴黎公社的参加者，公社社会保安委员会、劳动和交换委员会委员。公社被镇压后流亡英国，总委员会委员（1871年9—11月）。曾一度加入反对总委员会的1871年法国人支部，后成为无政府主义者。

沙诺（Chanoz）。

尚济，安都昂·阿尔弗勒德·欧仁（Chanzy, Antoine Alfred Eugéne 1823—1883）——法国将军；普法战争时期先后任第十六军军长和卢瓦尔第二军团司令；1871年国民议会议员。

尚加尔涅，尼古拉·安·泰奥杜尔（Changarnier, Nicolas Anne Théodule 1793—1877）——法国将军和资产阶级政治活动家，保皇派，第二共和国时期为制宪议会和立法议会议员；1848年6月以后为巴黎卫戍部队和国民自卫军司令，曾参加驱散巴黎1849年6月13日的示威游行；1851年12月2日政变后被捕流放，1859年回到法国；普法战争时期在莱茵军团司令部任职，在梅斯被俘；1871年国民议会议员。

舍弗尔（Scheffer）——法国国民自卫军战士，公社社员。

申纳，约翰·阿（Schoenner）。

圣马丁（Saint-Martin）——见马丁，孔斯旦。

施穆茨（Schmutz）——国际总委员会委员（1870—1871）。

施奈德，约瑟夫（Schneider, Josef）——德国工人，拉萨尔分子，1871年起流亡伦敦，伦敦德意志工人教育协会会员，由于进行分裂活动和发表诽谤总委员会的演说于1871年底被开除出该协会。

施韦泽，约翰·帕普提斯特（Schweitzer, Johann Baptist 1833—1875）——德国拉萨

尔派著名代表人物之一；1864—1867年为《社会民主党人报》编辑；全德工人联合会主席（1867—1871），支持俾斯麦所奉行的在普鲁士霸权下"自上"统一德国的政策，阻挠德国工人加入国际；反对社会民主工党；由于他同普鲁士当局勾结，于1872年被开除出联合会。

舒尔采-德里奇，海尔曼（Schulze-Delitzsch, Hermann 1808—1883）——德国政治家和庸俗经济学家，主张在普鲁士的霸权下统一德国；60年代是进步党领袖之一，他企图用组织合作社的办法来使工人脱离革命斗争。

斯波尔丁（Spalding, D. A.）。

斯密斯（Smith, J.）——英国工人，细木工联合会书记，1872年诺丁汉工联代表大会的参加者。

斯密斯，约翰（Smith, John）——宪章派，60年代为怀特彻奇合作社的书记，国际工人协会会员。

斯坦利，爱德华·亨利（Stanley, Edward Henry, 1826—1893），1869年起为德比伯爵（Earl of Derby）——英国国家活动家，托利党人，19世纪60—70年代为自由党人；曾任殖民大臣（1858、1882—1885），印度事务大臣（1858—1859），外交大臣（1866—1868、1874—1878）。

斯坦斯比，威廉·德（Stainsby, William D.）——英国工联主义者，裁缝；1864年9月28日圣马丁堂国际成立大会的参加者；总委员会委员（1864—1868）；改革同盟执行委员会委员和工人代表同盟盟员。

斯特普尼，威廉·弗雷德里克·考埃尔（Stepney, William Frederick Cowell 1820—1872）——英国社会主义者，改革同盟和和平和自由同盟的盟员，国际总委员会委员（1866—1872）和财务委员（1868—1870），国际布鲁塞尔代表大会（1868）、巴塞尔代表大会（1869）和伦敦代表会议（1871）的代表，不列颠联合会委员会委员（1872）。

斯托尔（Stoll）——国际总委员会委员（1870）。

斯托科（Stokoe）——英国机械工人。

苏拉，鲁齐乌斯·科尔奈利乌斯（Sulla, Lucius Cornelius 公元前138—78）——罗马统帅和国家活动家，曾为执政官（公元前88）和独裁者（公元前82—79）。

苏桑，路易（Susane, Louis 1810—1876）——法国将军；曾任陆军部军械局局长多年，写过许多法军历史方面的著作。

塔米西埃，弗朗斯瓦·罗朗·阿尔丰斯（Tamisier, Francois Laurent Alphonse 1809—1880）——法国将军和政治活动家，共和党人；第二共和国时期为制宪议会和立法议会议员；巴黎国民自卫军司令（1870年9—11月）；1871年国民议会议员。

塔西佗，普卜利乌斯·科尔奈利乌斯（Tacitus, Publius Cornelius 55左右—120左右）——罗马历史学家。

塔伊费（Taillefer）——同出版波拿巴派报纸《旗帜报》有关的舞弊案的参加者。

泰勒（Taylor）——国际民主协会会员。

泰勒，阿尔弗勒德（Taylor, Alfred）——英国工人；国际总委员会委员（1871—1872）和不列颠联合会委员会委员（1872）。

泰勒，彼得·阿尔弗勒德（Taylor, Peter Alfred 1819—1891）——英国政治活动家，资产阶级激进派，议会议员。

泰斯，阿尔伯·费利克斯（Theisz, Albert Fèlix 1839—1880）——法国金属切割工；法国工人运动活动家；蒲鲁东主义者，国际布鲁塞尔代表大会（1868）的代表；巴黎公社社员；巴黎公社被镇压后流亡英国，国际总委员会委员（1872）和财务委员。

汤普逊（Thompson）。

唐森，威廉（Townshend, William）——国际总委员会委员（1869—1872），19世纪80年代为英国社会主义运动活动家。

特兰特，威廉（Trant, William）——政论家，团结法兰西共和国运动的参加者。

特雷维利克，理查（Trevellick, Richard）——美国工人运动活动家，全国劳工同盟盟员和主席（1869—1871），该同盟派往参加国际布鲁塞尔代表大会（1868）的代表，但未出席大会；《工人辩护士报》的主要撰稿人。

特利埃（Teulière, E.）——巴黎公社的参加者，左派共和党人报刊《战斗报》撰稿人，侨居伦敦，1871年法国人支部成员。

特鲁拉夫，爱德华（Truelove, Edward 1809—1899）——伦敦出版商，宪章主义者，欧文的信徒；改革同盟和星期日同盟的盟员；曾出版过总委员会关于普法战争的两篇宣言和《法兰西内战》。

特罗胥，路易·茹尔（Trochu, Louis Jules 1815—1896）——法国将军和政治活动家，奥尔良党人，侵占阿尔及利亚（19 世纪 30—40 年代）、克里木战争（1853—1856）和意大利战争（1859）的参加者；国防政府的首脑，巴黎武装力量总司令（1870 年 9 月—1871 年 1 月），破坏城防；1871 年国民议会议员。

梯也尔，阿道夫（Thiers, Adolphe 1797—1877）——法国资产阶级历史学家和国家活动家，奥尔良党人，内务大臣（1832、1834），首相（1836、1840）；内阁总理（1871）；共和国总统（1871—1873）；镇压巴黎公社的刽子手。

帖木儿（塔梅尔兰）（Timur [Tamerlane]）1336—1405——中亚细亚的统帅者和征服者。

托伦，昂利·路易（Tolain, Henri Louis 1828—1897）——法国工人雕刻匠，右派蒲鲁东主义者；1864 年 9 月 28 日国际成立大会的参加者；国际巴黎支部的领导人之一；国际伦敦代表会议（1865）、日内瓦代表大会（1866）、洛桑代表大会（1867）、布鲁塞尔代表大会（1868）和巴塞尔代表大会（1869）的代表；国民议会议员（1870 年 9 月 4 日以后）；在巴黎公社时期投靠凡尔赛分子，1871 年根据巴黎联合会委员会的决议，被开除出国际；后为参议员。

托马，克莱芒（Thomas, Clément 1809—1871）——法国政治活动家，将军，温和的资产阶级共和党人；第二共和国时期为制宪议会议员，镇压 1848 年巴黎六月起义的参加者；巴黎国民自卫军司令（1870 年 11）月—1871 年 2 月），破坏城防；1871 年 3 月 18 日被起义士兵枪毙。

托马诺夫斯卡娅，伊丽莎白（Tomanovskaya, Yelizaveta 1851—1909 以后），化名伊丽莎白·德米特里耶娃（Eliza Dmitriyeva）——俄国女革命家；1867 年到 1873 年侨居国外，参加出版《人民事业》杂志，日内瓦国际俄国人支部的成员，支持马克思反对巴枯宁派的斗争；马克思全家的朋友，巴黎公社的积极参加者，公社被镇压后离开法国；回国后随丈夫流放到西伯利亚，在那里她参加了非法的红十字协会组织，帮助政治犯和流亡者。

W

瓦尔兰，路易·欧仁（Varlin, Louis-Eugéne 1839—1871）——著名的法国工人运动活动家；装订工人，左派蒲鲁东主义者；国际法国支部的领导人之一；国际伦敦代表会议（1865）、日内瓦代表大会（1866）和巴塞尔代表大会（1869）的代表；国民自卫军中央委员会委员和巴黎公社社员；1871年5月28日被凡尔赛分子枪杀。

瓦朗坦，路易·厄内斯特（Valentin, Louis Ernest）——法国将军，波拿巴主义者；1871年3月18日起义前夕担任巴黎警察局局长。

瓦扬，爱德华（Vaillant, Édouard 1840—1915）——法国社会主义者，布朗基主义者，巴黎公社社员；国际总委员会委员（1871—1872），伦敦代表会议（1871）和海牙代表大会（1872）的代表；法国社会党创建人之一，后成为改良主义者。

王德威尔得（Vandervelde）。

韦德，查理（Wade, Charles）——英国共和运动的参加者。

威尔士亲王夫人（Wales, Princess）。见亚历山德拉。

威尔金森（Wilkinson, T. J.）——英国工程师；工联主义者，伯明翰工联代表大会主席。

威廉一世（Wilhelm I 1797—1888）——普鲁士亲王，摄政王（1858—1861），普鲁士国王（1861—1888），德国皇帝（1871—1888）。

韦济尼埃，皮埃尔（Vésinier, Pierre 1826—1902）——法国小资产阶级政论家，流亡者；伦敦法国人分部的组织者之一；1865年国际伦敦代表会议的参加者；因诽谤总委员会于1866年被开除出总委员会，并于1868年被开除出国际；巴黎公社社员，公社被镇压后流亡英国；1871年法国人支部书记，《联盟报》发行人和世界联盟委员会委员；反对马克思和国际总委员会。

韦莫雷耳，奥古斯特（Vermorel, Auguste 1841—1871）——法国政论家，蒲鲁东主义者，巴黎公社社员，1871年5月巴黎巷战时受重伤，被俘后牺牲。

韦斯顿（Weston）——约翰·韦斯顿的女儿。

韦斯顿，约翰（Weston, John）——英国工人，木匠；英国工人运动活动家；改革同盟执行委员会委员，土地和劳动同盟的领导人之一；1864年9月28日圣马丁堂国际成立大会的参加者，国际总委员会委员（1864—1872），1865年伦敦代表会议的代表，不列颠联合会委员会委员。

韦伯，路德维希（Weber, Ludwig）——德国钟表匠，德国1848—1849年革命后移居伦敦；拉萨尔分子；伦敦德意志工人教育协会会员；1865年4月因阴谋反对马克思及其战友被开除出该协会。

维多利亚（Victoria 1819—1901）——大不列颠联合王国女王（1837—1901）。

维努瓦，约瑟夫（Vinoy, Joseph 1800—1880）——法国将军，波拿巴主义者，1851年12月2日政变的参加者；普法战争时期任第十三军军长，后任巴黎第二军团第一军军长和巴黎第三军团司令，1871年1月22日起为巴黎总司令；镇压巴黎公社的刽子手之一，凡尔赛后备军司令。

维尔茨比茨基，克莱门斯（Wierzbicki, Klemens）——生于波兰；1863年民族起义的参加者；巴黎公社的参加者；公社被镇压后流亡英国；伦敦波兰人支部成员；曾试图创办拥护巴枯宁主义的报刊，《流亡者与祖国新闻报》编辑。

沃尔弗，鲁伊治（路易）（Wolff, Luigi［Louis］）——意大利少校，马志尼的信徒；伦敦意大利工人组织——共进会的会员；国际总委员会委员（1864—1865），1865年伦敦代表会议的参加者；1871年被揭露为波拿巴的警探。

乌尔卡尔特，戴维（Urquhart, David 1805—1877）——英国外交家，反动的政论家和政治活动家，亲土耳其分子；曾揭露帕麦斯顿和辉格党人的对外政策。

吴亭，尼古拉（Utin, Nikolai 1845—1883）——俄国革命家，尼·加·车尔尼雪夫斯基的学生，学生运动的参加者，土地和自由社社员，1883年流亡英国，后迁瑞士，日内瓦国际俄人支部的组织者之一；《人民事业》编辑（1868—1870）和《平等报》编辑（1870—1871）；积极支持马克思和总委员会反对巴枯宁分子的斗争，国际伦敦代表会议（1871）的代表，19世纪70年代中期回到俄国后脱离革命运动。

X

希普顿，乔治（Shipton George）——英国工联主义者，改良主义者，土地和劳动同盟盟员，彩画匠工联书记，伦敦工联理事会书记（1871—1896）。

西蒙，茹尔（Simon, Jules 1814—1896）——法国国家活动家和唯心主义哲学家，温和的资产阶级共和党人，制宪议会议员（1848—1849），国防政府的成员，国防政府和梯也尔政府的国民教育部长（1870—1873）；1871年国民议会议员，反对巴黎公社的鼓动者；内阁总理（1876-1877）。

席利，维克多（Schily, Victor 1810—1875）——德国民主主义者，律师，1849年巴登起义的参加者；后流亡法国，在巴黎的国际会员，马克思的朋友。

绍耳（Scholl）——法国工人，国际里昂支部的成员，侨居伦敦；1872年支持波拿巴主义者复辟帝国的计划。

绍塔尔（Chautard, B.）——法国奸细，曾钻进工人组织，伦敦1871年法国人支部成员。

谢尔策尔，安德烈亚斯（Scherzer, Andreas 1807—1879）——德国裁缝，拉萨尔分子，1850年共产主义者同盟分裂后为属于维利希-沙佩尔冒险主义宗派集团的一个巴黎支部的成员流亡英国；1871年末由于发表诽谤总委员会的演说和进行分裂活动而被开除出伦敦德意志工人教育协会。

舍马莱，费利克斯·欧仁（Chemalé, Félix Eugène 生于1839年左右）——法国建筑师，右派蒲鲁东主义者，国际日内瓦代表大会（1866），洛桑代表大会（1867）和巴塞尔代表大会（1869）代表。

谢泼德，约瑟夫（Shepherd, Joseph）——国际总委员会委员（1869—1870）

欣顿，查理·乔赛亚（Hinton, Richard Josiah）——英国新闻工作者，宪章派，侨居美国，约翰·布朗的朋友及其回忆录的作者；美国内战的参加者，国际工人协会会员，帮助出版和发行总委员会的宣言《法兰西内战》美国版。

休谟，罗伯特·威廉（Hume, Robert William）——美国小资产阶级激进主义者，新闻工作者；全国劳工同盟领袖之一；国际工人协会会员和总委员会通讯员。

休斯，托马斯（Hughes, Thomas 1822—1896）——英国律师和作家；议会议员（1865—1875），自由党人，欧文的拥护者和基督教社会主义者，19世纪60年代接近工人运动，曾参加出版《工人辩护士报》；皇家工联调查委员会委员（1867—1869），英国首届合作社代表大会主席（1869）。

Y

雅科比,约翰(Jacoby, Johann 1805—1877)——德国政论家和政治活动家,资产阶级民主主义者,1848年普鲁士国民议会左翼领袖之一,《未来报》的创办人(1867);1872年加入社会民主工党。

雅克美(Jacquemet)——法国神甫,1848年为巴黎大主教的大司铎。

亚当,安东·埃德蒙(Adam, Antoine Edmond 1816—1877)——法国政治活动家,资产阶级共和派;1871年国民议会议员,1870年起任巴黎警察局长。

亚历大二世(Alexander II 1818—1881)——俄国皇帝(1855—1881)。

亚历山德拉(Alexandra 1844—1925)——丹麦国王克里斯提安九世的长女,1863年嫁给威尔士亲王,亲王于1901年起为英国国王,称爱德华七世。

约翰逊,约翰(Johnson, John)——英国民主运动活动家,共和大同盟盟员;国际工人协会会员,声援巴黎公社运动的参加者。

约曼逊(Yeomanson)。

Z

扎比茨基,安东尼(Zabicki, Antoni 1810—1889)——波兰民族解放运动领袖之一,排字工人;1831年以后离开波兰;1848—1849年匈牙利革命的参加者;1851年起侨居英国;伦敦民主协会领导人之一,1863年起出版波兰民主主义流亡者的机关报《自由之声报》;波兰全国委员会书记,国际总委员会委员(1866—1871),波兰通讯书记(1866—1871)。

左尔格,弗里德里希·阿道夫(Sorge, Friedrich Adolf 1828—1906)——国际工人运动、美国工人运动和社会主义运动的卓越活动家;德国1848—1849年革命的参加者,1852年移居美国,国际美国各支部的组织者,联合会委员会书记,海牙代表大会(1872)代表,纽约总委员会委员和总书记(1872—1874),马克思主义的积极宣传家,马克思和恩格斯的朋友和战友。

报刊索引

《巴黎报》(Journal de Paris)。

《巴黎报》(Paris-Journal)。

《笨拙，或伦敦喧声》(Punch, or the London Charivari)。

《比利时人民报》(Le Peuple Beige)，布鲁塞尔。

《便士蜂房报》(Penny Bee-Hive)。

《辩论日报》(Des Débats)。

《布宜诺斯艾利斯印刷工人协会年鉴》(Anales de la Sociedad Tipografica Bonaerense)。

《晨报》(The Morning Advertiser)，伦敦。

《电讯》(Telegraph)。见《每日电讯》。

《东邮报》(The Eastern Post)，伦敦。

《法兰西共和国公报》(Journal Officiel de La République Franeaise)，巴黎。

《费加罗报》(Le Figaro)，巴黎。

《蜂房报》(The Bee-Hive Newspaper)，伦敦。

《高卢人报》(Gaulois)。

《格拉斯哥先驱报》(The Glasgow Herald)。

《工人报》(El Obrero)，帕尔马。

《工人报》(De Werker)，安特卫普。

《工人辩护士报》(The Workingman's Advocate)，芝加哥。

《工人联合报》(Die Arbeiter-Union)，纽约。

《公社报》(La Commune)，新奥尔良。

《吉伦特信使报》(Courrier de La Gironde),波尔多。

《进步报》(Le Progrés),勒洛克勒。

《觉醒报》(Le Réveil),巴黎。

《科伦日报》(Kölnischc Zeitung)。

《雷诺新闻》(Reynoldst's Newspaper),伦敦。

《里昂信使报》(Le Courrier de Lyon)。

《联盟》(La Federation),巴塞罗那。

《马赛曲报》(La Marseillaise),巴黎。

《共和国》(The Commonwealth),伦敦。

《观察家》(The Examiner),伦敦。

《国际报》(L'International),伦敦。

《国际报》(L'Internationale),布鲁塞尔。

《国民报》(Le National),巴黎。

《国民改革者》(The National Reformer),伦敦。

《海尔曼。伦敦德文周报》(Hermann. Duetsches Wochenblatt aus London)。

《号召报》(Le Rappel),巴黎。

《每日电讯》(Daily Telegraph),伦敦。

《每日新闻》(The Daily News),伦敦。

《美国工人》(American Workman)。

《美国工人周报》(The Weekly American Workman),波士顿。

《米拉波报》(Le mirabeau),佛尔维耶。

《纽约每日论坛报》(New-York Daily Tribune)。

《纽约民主主义者报》(New-Yorker Democrat)。

《纽约先驱报》(The New-York Herald)。

《派尔·麦尔新闻》(The Pall Mall Gazette),伦敦。

《旁观者》(The Spectator),伦敦。

《平等报》(L'Egalité),日内瓦。

《旗帜报》(L'Etendard),巴黎。

《旗帜报》(The Standard)，伦敦。

《旗帜晚报》(The Evening Standard)，伦敦。

《人民国家报》(Der Volksstaat)，莱比锡。

《人民罗马》(La Roma del Popolo)。

《人民意志报》(Volkswille)，维也纳。

《社会革命报》(La Révolucion Social)，帕尔马。

《社会民主党人报》(Der Social-demokrat)。

《社会主义者报》(Socialisten)，哥本哈根。

《时报》(Le Temps)，巴黎。

《世界报》(The World)，纽约。

《苏格兰人报》(The Scotsman)，爱丁堡。

《泰晤士报》(The Times)，伦敦。

《团结报》(La Solidaridad)，马德里。

《团结报》(La Solidaritè)，纳沙泰尔—日内瓦。

《先驱》(Der Vorbote)，日内瓦。

《现代评论》(The Contemporary Review)，伦敦。

《喧声》(Kladderadatsch)，柏林。

《邮袋报》(Felleisen)，苏黎世，日内瓦。

《制陶业观察家报》(Potteries Examiner)，汉利。

《自由》(La Libertè)，巴黎。

《自由报》(La Libertè)，布鲁塞尔。

《自由选民》(L'Electeur Libre)，巴黎。

《总汇报》(Allgemeine Zeitung)。

图书在版编目(CIP)数据

第一国际总委员会文献(1870—1871)/林德山主编.
—北京:中央编译出版社,2011.12
(国际共产主义运动历史文献. 第7卷)
ISBN 978-7-5117-1144-1

Ⅰ.①第…
Ⅱ.①林…
Ⅲ.①第一国际-会议资料-1870—1871
Ⅳ.①D125
中国版本图书馆 CIP 数据核字(2011)第 246522 号

第一国际总委员会文献(1870—1871)

出 版 人	和 龑
责任编辑	叶 芳
责任印制	尹 珺
装帧设计	田晗工作室
排版制作	醍醐(北京)文化发展有限公司
出版发行	中央编译出版社
地　　址	北京西城区车公庄大街乙 5 号鸿儒大厦 B 座(100044)
电　　话	(010)52612345(总编室)　　(010)52612337(编辑室)
	(010)66161011(团购部)　　(010)52612332(网络销售)
	(010)66130345(发行部)　　(010)66509618(读者服务部)
网　　址	www.cctphome.com
经　　销	全国新华书店
印　　刷	北京印刷一厂
开　　本	787 毫米×960 毫米　1/16
字　　数	493 千字
印　　张	38.5
版　　次	2011 年 12 月第 1 版第 1 次印刷
定　　价	200.00 元

本社常年法律顾问:北京大成律师事务所首席顾问律师　鲁哈达
凡有印装质量问题,本社负责调换,电话:(010)66509618